# 法理学十六讲

## 主题与理论

Sixteen Lectures on
Jurisprudence
Themes and Theories

主　编　张　骐
副主编　李清伟　孙海波
撰稿人（以撰写章节先后为序）
　　　　张　骐　赵英男　李　锦
　　　　刘　岩　陈　坤　高　尚
　　　　侯　建　李清伟　孙海波

北京大学出版社
PEKING UNIVERSITY PRESS

图书在版编目(CIP)数据

法理学十六讲：主题与理论/张骐主编. --北京：北京大学出版社，2024.5
ISBN 978-7-301-35042-3

Ⅰ．①法… Ⅱ．①张… Ⅲ．①法理学—研究 Ⅳ．①D90

中国国家版本馆 CIP 数据核字(2024)第 095368 号

| | |
|---|---|
| 书　　　名 | 法理学十六讲：主题与理论 |
| | FALIXUE SHILIUJIANG：ZHUTI YU LILUN |
| 著作责任者 | 张　骐　主编 |
| 责任编辑 | 张　宁 |
| 标准书号 | ISBN 978-7-301-35042-3 |
| 出版发行 | 北京大学出版社 |
| 地　　　址 | 北京市海淀区成府路 205 号　100871 |
| 网　　　址 | http://www.pup.cn |
| 新浪微博 | @北京大学出版社　@北大出版社法律图书 |
| 电子邮箱 | 编辑部 law@pup.cn　总编室 zpup@pup.cn |
| 电　　　话 | 邮购部 010-62752015　发行部 010-62750672　编辑部 010-62752027 |
| 印　刷　者 | 北京圣夫亚美印刷有限公司 |
| 经　销　者 | 新华书店 |
| | 730 毫米×980 毫米　16 开本　21.5 印张　471 千字 |
| | 2024 年 5 月第 1 版　2024 年 5 月第 1 次印刷 |
| 定　　　价 | 72.00 元 |

未经许可，不得以任何方式复制或抄袭本书之部分或全部内容。
版权所有，侵权必究
举报电话：010-62752024　电子邮箱：fd@pup.cn
图书如有印装质量问题，请与出版部联系，电话：010-62756370

# 作者简介

（以撰写章节先后为序）

**张　骐**　北京大学法学院教授、博士生导师，法学博士。目前担任北京大学法学院学术委员会委员、法学理论专业博士点及硕士点召集人、比较法与法社会学研究所执行所长，中国法学会法理学研究会副会长，中国法学会比较法学研究会副会长，中国法学会案例法学研究会副会长，最高人民法院案例指导工作专家委员会委员、最高人民法院司法案例研究院首批首席研究员、北京市公安局法律顾问专家咨询委员会委员等。曾先后多次在美国哈佛大学、耶鲁大学，德国海德堡大学、慕尼黑大学做访问学者，并曾担任美国斯坦福大学访问教授。先后主持国家社科基金重大项目和一般项目及最高人民法院项目；先后在《法学研究》《中国法学》《中国社会科学（英文版）》《中外法学》《法制与社会发展》《比较法研究》等刊物发表论文数十篇；代表性著作有：《法律推理与法律制度》《中国司法先例与案例指导制度研究》《司法案例的使用方法研究》《法理学》（参编）、《法理学与比较法学论集——沈宗灵学术思想暨当代中国法理学的改革与发展》（参编）、《法律：一个自创生系统》（译著）等。主要研究领域为法理学与法哲学、比较法学、司法先例与案例指导制度、法治与法律方法、产品责任法等。

**赵英男**　同济大学法学院助理教授，中国政法大学比较法学院师资博士后，法学博士。曾在美国圣路易斯华盛顿大学法学院做人文访问学者。先后在《法制与社会发展》《法律适用》《清华法治论衡》等刊物发表论文十余篇；代表性著作有：《司法案例的使用方法研究》（合著）、《类案检索实用指南》（合著）、《法律多元主义阐释：历史、理论与影响》（译著）、《法理学：主题与概念（第3版）》（译著）、《企鹅哲学史》（合译）、《正义的要素》（合译）。主要研究领域为比较法、西方法哲学。

**李　锦**　湘潭大学法学院副教授、硕士生导师，法学博士。兼任湘潭大学地方立法研究中心副主任、研究员，法治湖南建设与区域社会治理协同创新中心研究员，湖南省人大常委会立法工作基层联系点联络人。先后主持或参与国家级、省部级课题等研究项目二十余项；先后在核心刊物、公开刊物发表论文二十余篇；代表性著作有：《地方立法后评估的理论与实践》《湖南省地方立法后评估报告集》《法律理论的第三条道路——德沃金的解释转向及其意义》。主要研究领域为法学理论，主攻立法学和比较法学、科技法学。

**刘　岩**　北京大学法学院博士研究生。在《南京大学法律评论》《交大法学》等发表论文若干;代表性著作有:《中国司法先例与案例指导制度研究》(合著)、《司法案例的使用方法研究》(合著)等。

**陈　坤**　南京大学法学院教授,法学博士。现任南京大学法学院院长助理、法律推理与人工智能研究中心执行主任,兼任中国法学会法理学研究会理事,中国法学会董必武法学思想研究会理事,江苏省法学会大数据与人工智能法学研究会常务理事。主持完成国家社科基金青年项目一项,省部级项目三项;在《法学研究》《中外法学》《现代法学》等法学类核心期刊发表文章三十余篇;代表性著作有:《法律命题与法律真理》《基于可驳斥逻辑的法律推理研究》等。

**高　尚**　中国政法大学法学院副教授,法学博士,德国慕尼黑大学联合培养博士,最高人民法院中国应用法学研究所博士后。在《环球法律评论》《法律科学》等刊物发表论文多篇;代表性著作有:《德国判例使用方法研究》《德国法中的先例》(译著)、《先例的性质与权威》(译著)等。

**侯　健**　复旦大学法学院教授,法学博士。主要研究领域为法理学、传播与互联网法、人权法。先后发表论文五十余篇,代表性著作有:《舆论监督与名誉权问题研究》《表达自由的法理》《人文主义法学思潮》(合著)、《利益表达与公权行为:公民如何影响国家》《自由与权力》(合译)、《政治的国家理性》(译著)等。

**李清伟**　上海大学法学院教授(特聘)、博士生导师,法学博士。曾在美国加利福尼亚大学伯克利分校法学院做访问学者。兼任上海市法学会文化产业法治研究会会长,上海市法学会法理法史研究会副会长,上海市外国法与比较法研究会学术委员,中国法学会法理学研究会理事,中国法学会比较法研究会理事,中国法学会立法学研究会常务理事,澳门科技大学、澳门城市大学兼职教授、博士生导师,中国国际经济贸易仲裁委员会仲裁员。先后在《法商研究》《中国法学》《法学杂志》等期刊发表论文数十篇;代表性著作有:《娱乐法》(主编)、《社群主义的说服力》(合译)、《法理学》(主编)、《法理学:从古希腊到后现代》(合译)。

**孙海波**　中国政法大学比较法学研究院教授、博士生导师,法学博士,钱端升学者。曾为最高人民法院法律研修学者、美国南加州大学访问学者。先后在《中国法学》《法学家》《清华法学》等刊物发表论文五十余篇;代表性著作有:《裁判对法律的背离与回归:疑难案件的裁判方法新论》《疑难案件与司法推理》《法哲学》(译著)、《法官如何裁判》(译著)、《使人成为有德之人》(译著)等多部。

# 序

2021年1月,时任北京大学出版社编辑的郭薇薇女士代表出版社跟我说,希望我找一些法学理论专业的学者撰写一部创新性的法理学教材。张宁女士在郭女士自出版社离职后继续代表出版社与我们联系新教材的编写工作。

本书的设计初衷,是为学习法理学的同学在正式教材之外提供帮助性教材。本书的目的,是既能用于法理学的启蒙,又能与其他种类的法理学教材结合使用。本书采用区别于传统教材的讲义的形式,向学生解答学习法理学的意义,以及法理学的一些基本概念和基本理论问题,帮助读者自主学习,帮助感兴趣的同学深入学习法理学。

本书是一本拾遗补阙型的教材。它的读者对象是本科生,功能定位于学术性、帮助性教材,为学生学习法理学提供一个相对具体、又有法理学特色和主题供给的教材。本书以对法理学基本问题的讲解阐发为主,兼顾中国法学研究、法学教育、法治建设和法律实践的问题。

本书既努力满足当下法理学教育的需求,又努力对学术传统的传承有所贡献。法理学具有源远流长的学术积累和知识体系,改革开放与现代性的继续使得当代中国的法学理论学者重新认识到法理学知识体系的自足性,前辈法学理论工作者真诚的学术追求和自身的知识准备为我们树立了榜样、积累了经验与资源。本书的作者希望这本教材能够体现法理学的学术积累和知识体系。

本书的作者深入学习了中共中央办公厅、国务院办公厅印发的《关于加强新时代法学教育和法学理论研究的意见》,努力在本书中体现中国学者对法理学知识体系进行的具有中国气派的发展。在一定意义上说,法理学作品的历史意义是建立在其现实关切基础上的。中国法理学是在参与当代中国改革与法治建设实践中不断发展的。对法理学知识体系进行具有中国气派的发展,是由学者在回应他们所处时代的呼唤与需要时,在研究中国问题、将解决中国问题的经验加以理论化的过程中形成的。本书的结构及内容体现了本书作者对当代中国改革与法治建设实践向理论工作者所提出的各种现实问题的回答。

本书在体例上由三部分内容组成:第一部分是法概念论,从第一讲至第十讲,重点介绍法理学的基本概念和基本理论;第二部分是法伦理学,从第十一讲至第十四讲,重点介绍法律与道德、正义、法治及科技伦理与法律规制的问题;第三部分是法律方法论,即第十五讲、第十六讲,重点介绍法律渊源与法律方法。读者会发现,本书突破了正式教材篇章节的结构套路,但各讲之间有内在的逻辑关联与分工。每讲之后设思考题、参考文献等。

本书由张骐担任主编,李清伟、孙海波担任副主编,合作写作的还有赵英男、李锦、刘岩、陈坤、高尚、侯健（按撰写章节先后排序）。本书作者先后开了五次集体编务会,前三次讨论教材的写作思路及大纲,后两次集体讨论初稿和二稿。郭薇薇女士参加了第一次编务会,张宁女士参加了后四次编务会,她们提供了很专业的宝贵建议。北京大学2020级博士研究生王威智同学应邀担任本书的学术秘书,完成了许多琐细的编务、记录和书稿汇集整理等工作。书稿完成后,由主编和副主编分工审稿、统稿。本书作者非常感谢北京大学出版社和法律事业部领导的信任和支持。

谨以此书向先师沈宗灵先生和参与沈先生主编的、北京大学出版社于2001年至2014年出版的"普通高等教育'十五'国家级规划教材"《法理学》（先后四版）写作的罗玉中教授、巩献田教授致敬。

附各章撰稿人（以撰写章节先后为序）：
张 骐　第一讲
赵英男　第二、四、六讲
李 锦　第三、九讲
刘 岩　第五讲
陈 坤　第七、十一讲
高 尚　第八、十四讲
侯 健　第十讲
李清伟　第十二、十三讲
孙海波　第十五、十六讲

主编　张骐
2023年5月7日

# 目录

001 | 第一讲　法理学的性质

　　002　第一节　法理学研究什么问题
　　　　　　一、法律 /002
　　　　　　二、法律与道德的关系、法的基本价值 /005
　　　　　　三、法律方法、法律解释与法律推理 /006

　　007　第二节　什么是法理学
　　　　　　一、法学与法理学 /008
　　　　　　二、法理学研究方法的描述性与规范性 /011
　　　　　　三、法理学的科学性与人文性 /013

　　018　第三节　学习法理学的意义
　　　　　　一、塑造现代法律观念 /018
　　　　　　二、训练健全法律思维 /019
　　　　　　三、培养参与法律实践的能力与素养 /020

021 | 第二讲　法理学的基本方法

　　022　第一节　法理学的主要流派与方法
　　026　第二节　内在视角与外在视角
　　030　第三节　概念分析与社会科学方法
　　　　　　一、概念分析的意涵与局限 /030
　　　　　　二、内在视角与社会科学方法 /033
　　035　第四节　描述性理论与规范性理论

039 | 第三讲　自然法学说

　　040　第一节　自然法及其理论化

一、"自然"的发现与自然法的源起 /040
二、自然法是什么 /041
三、自然法的"古今之争" /043

045　第二节　自然法学说史：源流与学派
一、古希腊及斯多葛学派 /045
二、中世纪神学自然法 /047
三、近代理性主义自然法学说 /048
四、当代自然法学说的复兴 /051

054　第三节　自然法学说与法律实证主义的理论争议
一、哈特与富勒之论辩 /054
二、哈特与德沃金之争论 /056

058 | 第四讲　法律实证主义

059　第一节　法律实证主义概说
一、起源 /059
二、类型 /060
三、立场 /060

062　第二节　社会事实命题
一、哈特与社会惯习论 /062
二、拉兹与法律的权威 /068
三、夏皮罗与社会规划说 /069

070　第三节　分离命题
一、争论 /070
二、澄清 /071

072　第四节　凯尔森的纯粹法学说
一、理论内容 /073
二、定位问题 /075

078 | 第五讲　法律与社会

079　第一节　基本立场与基本问题
一、基本立场 /079
二、基本问题 /082

| 084 | 第二节 有关法律与社会关系的经典理论流派
|     | 一、欧陆有关法律与社会关系的理论流派 /084
|     | 二、美国有关法律与社会关系的理论流派 /089

| 093 | 第三节 法律与社会的复杂关系
|     | 一、法律与社会关系的复杂性 /093
|     | 二、社会系统理论有关社会与法律关系的界定 /095

## 098 | 第六讲 法律的权威、规范性与强制力

| 099 | 第一节 基本概念、基本问题与基本争议
|     | 一、基本概念 /099
|     | 二、基本问题 /103
|     | 三、基本争议 /105

| 107 | 第二节 拉兹论法律的权威
|     | 一、理论背景 /107
|     | 二、权威的服务观 /108

| 112 | 第三节 肖尔论法律的强制力

## 116 | 第七讲 法律的客观性

| 117 | 第一节 法律的客观性释义
|     | 一、"客观性"的不同含义 /117
|     | 二、法律的客观性:概览 /120

| 121 | 第二节 法律实体的客观性
|     | 一、法律实体的否定论 /121
|     | 二、革新的语言/世界观及实体与理论的关系 /123
|     | 三、法律实体与法学理论 /126

| 128 | 第三节 法律事实的客观性
|     | 一、法律事实客观性的含义 /128
|     | 二、法律事实客观性问题上的不同看法 /129
|     | 三、独立于主体认识的法律事实 /130

| 133 | 第四节 法律命题的客观性

一、法律命题客观性的含义与重要性 / 133
二、法律命题的客观性：基础论与融贯论 / 134
三、基础融贯论的法律真理观 / 136

## 140 | 第八讲　法律体系

### 141　第一节　基本概念
一、法律体系的含义和特征 / 141
二、法律体系与相关概念的区别 / 142

### 144　第二节　法律部门
一、法律部门的划分 / 144
二、法律部门的分类 / 146

### 146　第三节　法律体系与法律秩序
一、凯尔森的法律秩序理论 / 146
二、法律体系的建构模式 / 148

### 149　第四节　当代中国的法律体系
一、当代中国法律体系概述 / 149
二、转型中国的法律体系建构 / 153

## 158 | 第九讲　法律规范

### 159　第一节　法律规范及相关理论
一、法律规范的概念 / 159
二、有关法律规范的理论 / 161
三、法律规范的类型区分 / 163

### 165　第二节　法律规则
一、法律规则的概念与分类 / 165
二、法律规则的逻辑结构 / 167

### 168　第三节　法律原则
一、法律原则的概念与分类 / 168
二、法律原则的功能与适用 / 171

## 175 | 第十讲　法律权利、法律义务与法律责任

### 176　第一节　法律权利

　　　　　　一、权利的概念 /176
　　　　　　二、利益论与意志论 /182
　　　　　　三、权利在社会历史中的作用及演变 /183

187　　第二节　法律义务
　　　　　　一、义务的概念 /187
　　　　　　二、义务的逻辑关系 /187
　　　　　　三、义务的价值关系 /188

190　　第三节　法律责任
　　　　　　一、法律责任的概念 /190
　　　　　　二、法律责任与有关违法原因的主要理论 /192
　　　　　　三、法律责任与有关惩罚目的的主要理论 /193

# 196 | 第十一讲　法律与道德

197　　第一节　道德的概念、类型与客观性
　　　　　　一、道德的概念 /197
　　　　　　二、道德的类型 /199
　　　　　　三、道德的客观性 /200

204　　第二节　法律与道德的经验联系
　　　　　　一、法律"脱胎于"道德 /204
　　　　　　二、法律与道德的相同之处 /205
　　　　　　三、法律与道德的相互影响 /207

209　　第三节　法律与道德的规范联系
　　　　　　一、法律的形式正当性 /209
　　　　　　二、法律的内容正当性 /211
　　　　　　三、法律的程序正当性 /212

213　　第四节　法律与道德的概念联系
　　　　　　一、概念联系 /214
　　　　　　二、"法律"的概念界定 /214
　　　　　　三、支持概念联系的分析性论证及其反思 /217

# 221 | 第十二讲　正义

222　　第一节　正义的概念与学说

　　　　　一、正义的概念 /222
　　　　　二、正义的学说 /223
226　第二节　正义的分类
　　　　　一、分配正义与矫正正义 /226
　　　　　二、个人正义与社会正义 /227
　　　　　三、形式正义与实质正义 /228
231　第三节　正义与其他价值的关系
　　　　　一、正义与平等 /231
　　　　　二、正义与功利 /234
　　　　　三、正义与利益 /236
238　第四节　法律与正义的关系
　　　　　一、法律即正义 /238
　　　　　二、正义是衡量法律的标准 /238
　　　　　三、正义与法律无关 /239

240 | 第十三讲　法治

241　第一节　人治与法治：两种治国方略
　　　　　一、人治的概念 /241
　　　　　二、法治的概念 /241
　　　　　三、人治与法治之争 /242
　　　　　四、法治优于人治 /243
244　第二节　形式法治与实质法治
　　　　　一、形式法治 /244
　　　　　二、实质法治 /245
247　第三节　法治的样式
　　　　　一、从人治走向法治 /247
　　　　　二、法治样式的多样性 /248
　　　　　三、英国的法治样式 /248
　　　　　四、德国的法治样式 /249
　　　　　五、美国的法治样式 /250
　　　　　六、当代中国的法治样式 /252
254　第四节　法治的条件

一、法治的形式条件 /254
二、法治的实质条件 /256

## 260 | 第十四讲　法律与科技

### 261　第一节　法律与科技的一般关系
一、科技进步对法律的影响 /261
二、法律对科技进步的作用 /264

### 265　第二节　新科技对法律的挑战
一、一般性法律挑战 /265
二、伦理性法律挑战 /267
三、新兴领域的法律问题 /270

### 274　第三节　法律对科技伦理挑战的回应
一、法律的回应性特征 /274
二、法律的实践性、发展性特征 /275
三、法律对科技的态度和立场 /276

### 277　第四节　对科技风险的法律规制
一、法律规制科技风险的原则 /277
二、法律的激励与规制措施：鼓励保护科技创新机制 /280

## 282 | 第十五讲　法律渊源

### 283　第一节　法律渊源概述
一、法律渊源释义 /283
二、法律渊源的属性 /284

### 285　第二节　法律渊源的分类
一、法律渊源的一般分类 /285
二、效力法源与认知法源 /288

### 289　第三节　两大法系法律渊源的比较
一、两大法系的主要法律渊源 /289
二、大陆法系的先例 /291
三、普通法系的成文法 /293

### 295　第四节　当代中国的法律渊源

一、当代中国法的效力渊源 /295
二、当代中国法的认知渊源 /300

## 第十六讲　法律方法　303

### 第一节　法律思维与法律方法　304
一、法律人的思维方式 /304
二、法律方法的特质 /306

### 第二节　法律推理　308
一、法律推理的含义与特点 /308
二、法律推理的分类 /309
三、演绎推理 /310
四、类比推理 /312

### 第三节　法律解释　316
一、法律解释释义 /316
二、法律解释的分类 /317
三、法律解释的方法 /318
四、法律解释的限度 /321
五、法律解释与法律续造 /324

### 第四节　法律论证　325
一、法律论证的含义 /325
二、法律论证的层次结构 /326
三、法律论证的一般规则 /328

# 第一讲 法理学的性质

第一节 法理学研究什么问题
第二节 什么是法理学
第三节 学习法理学的意义

法理学是法科学生的一门基础课,是法学院本科生的必修课。它为法科学生及所有对法学有兴趣的学生学习法学、认识法律提供向导和基础训练。本讲从三个方面介绍法理学的性质。这三个方面分别由三个问题来引导:法理学研究什么问题,法理学的含义与特点是什么,学习法理学有什么意义。

## 第一节  法理学研究什么问题

法理学研究法律以及与法律直接相关的现象和问题。具体说,法理学主要研究处于各种法律学说核心的概念和范畴。诸如:权利、义务、责任、自由、正义、强制、制裁、法治、权力、权威,以及"法律"本身等。这些都是有关法律的基本概念或基本问题。之所以说它们基本,是因为它们是法律秩序和法律生活的基石与核心,它们同时关联着正义、道德,以及法律体系的目的和性质等与人们生活密切相关的基本问题。① 接下来,将从三个方面介绍法理学所要研究的问题。

### 一、法律

"什么是法律"被认为是一个"恼人不休的问题",但正因此才需要研究、说明。我们虽然不能一劳永逸地说清它,但是可以根据人们的日常生活与观察,结合人们表达法律的文字来说明法律的含义。

在当代中国,法与法律是两个同义词,可以互换使用。在中国古代,法写作"灋",东汉许慎在《说文解字》中对其的解释是:"灋,刑也,平之如水;廌,所以触不直者去之。"② 关于"刑",现在的人们首先想到的是刑法;所以,人们很容易理解并接受法律中刑罚、制裁的意思。清代学者段玉裁注《说文解字》、解释法时说:"刑者,罚罪也。易曰:'利用刑人以正法也。'引申为凡模范之称。木部曰:模者,法也。竹部曰:范者,法也,土部曰:型者,铸器之法也。"③ 这说明,就如同刑与"模""范""型"一样是事物的规范,法是人的规范。文字是人们了解文字所表达的事物的含义与起源的钥匙或线索。例如此处讲的"刑"。我们可以从段玉裁的注知道,刑、法的意思都不仅仅是杀戮、惩罚,还包括规范、

---

① 参见〔英〕雷蒙德·瓦克斯:《读懂法理学》,杨天江译,广西师范大学出版社 2016 年版,序言第 1 页。
② 马小红:《礼与法:法的历史连接》,北京大学出版社 2004 年版,第 70 页。
③ 同上书,第 70—71 页;夏勇主编:《法理讲义——关于法律的道德与学问》(上册),北京大学出版社 2010 年版,第 32 页。

公平。王人博教授认为:"'水'与'平'的语义间的关联,是中国早期有关法的思想的一个重要模型。"①在中国古代文明的早期,法律的出现与战争、强制有关。这表现在"律"字的含义上。律既有法律的意思,也有音律(声律)的意思。前者是后者的演化形式。古代的战争主要靠"声""音"划一行动,指挥兵士;在战争中,律也被赋予了法令的意思。② 所以,后来用律来指法律。从上述有关法律的这三个汉字的意思我们可以知道,法律在中国的含义至少有三层:一是规则,二是制裁,三是公平。

在中国古代,法的作用是"定分止争",为人们提供行为准则,建立并维护秩序。但是,在当时,法律既不是唯一的,也不是主要的建立和维护秩序的规范手段,相比之下,礼更重要。马小红教授认为:礼最初指一种祭祀仪式。礼可以分为"礼制(仪)"与"礼义"两部分。中国古代"礼"的重要组成部分,是风俗和基于风俗而形成的习惯法;从礼在中国古代社会所起的某些作用看,它与宪法具有类似之处。③

在通过法指引人们的行为、形成社会秩序方面,中国与许多国家是相似的。但是,在法的构成形态、人们对法的理解以及法在社会中所起的作用方面,中文与世界上其他文字有所不同。这一点,可以从这些文字中表示法律的文字上看出来。欧洲的一些文字和亚洲的土耳其文都是用两个词来分别表示"法本身"和"制定法"的:

表 1-1　不同文字中的法本身与制定法

|  | 法本身(law as such) | 制定法(enacted law) |
| --- | --- | --- |
| 拉丁文 | ius | lex |
| 西班牙文 | derecho | ley |
| 意大利文 | diritto | legge |
| 法文 | droit | loi |
| 德文 | Recht | Gesetz |
| 土耳其文 | hukuk | kanun |

上述文字对法的不同表示表明,这些民族关于法律的认识包括两部分,即法本身和制定法。前一列词既指法,大多也有正义、正确、正当、权利的意思,是作为理念的法,是法本身;后一列词大多特指具体的制定法、实在法。法本身比较明显地表明了理念的、理想性的法。④ 黑格尔《法哲学原理》一书的书名中的"法"字的德文原文就是"Rechts"。黑格尔在"导论"第 1 节中指出:"法哲学这一门科学以法的理念,即法的概

---

① 参见王人博:《法的中国性》,广西师范大学出版社 2014 年版,第 233 页。
② 参见马小红:《礼与法:法的历史连接》,北京大学出版社 2004 年版,第 73—74 页;王银宏:"兵刑合一":中国古代"大一统"观念的国家主义表达,载《社会科学》2022 年第 8 期。
③ 参见马小红:《礼与法:法的历史连接》,北京大学出版社 2004 年版,第 76—83 页。
④ See Rudolf B. Schlesinger et al., *Schlesinger's Comparative Law: Cases, Text, Materials*, 7th edition, Foundation Press, 2009, pp. 690-691;雷磊:《法理学》,中国政法大学出版社 2020 年版,第 17—18 页。

念及其现实化为对象。"①对法的两种理解与表达,对许多西方学者形成关于法的合法性的思想有一定的影响。例如黑格尔在《法哲学原理》中指出:"某种法的规定从各种情况和现行法律制度看来虽然显得完全有根有据而且彼此符合,但仍然可能是绝对不法和不合理的。例如罗马私法中的许多规定就是符合例如罗马父权和罗马婚姻身份等制度而产生出来的。"②在这里,当黑格尔讲"法律规定"和"法律制度"时,是指具体的法律(Gesetz);当他说这些规定和法律制度"不法"时,是指它们违反了法本身(Recht)。③

法与礼、习惯、风俗、道德、纪律一样,都是一种规范、规矩。我们可以说,法的上位概念是规范、规矩。法律是一种规范、规矩,但是规范、规矩不仅限于法律。除了法律规范之外,还有道德规范、宗教规范等。同时,把法律作为规矩,也有不严密的地方。因为有些规矩是一方给另一方订立的,而立规矩的一方并不一定要遵守它们。这与法律不同。在现代社会,立法者也要受法律的约束,守法者也常常是立法主体。

现在,我们从法律的特点的角度来说明什么是法律。

首先,法律是一种规范,具有规范性。规范性(normativity),即规范的性质。规范是一个社会群体诸成员共有的行为规则和标准,指引、调整人们的行为。根据《现代汉语词典》,规范是"约定俗成或明文规定的标准"④。规范性是一种要求,是对人们应当如何行为的要求;它既可以是以法律为根据的"应当",也可以是以道德为根据的"应当",或者以其他某种规范为根据的"应当"。规范既可以内化进个人意识而使人自觉遵从,也可以由于外部奖惩的作用而被遵从。⑤与几乎所有其他规范一样,法律对人们行为的调整是类的调整,所以法律具有一般性。

其次,法律是一种具有特殊权威性的规范。规范总是具有某种权威性的。法律具有一种特殊权威性。在现代社会,法律所具有的最重要的权威就是国家意志和国家强制。除此之外,以及在法律的历史上,法律的权威还可能来自习惯、人们相互之间的承诺或者某种信仰。法律因为具有这种特殊权威性,所以对所有受国家主权管辖或承诺接受法律约束的人具有普遍约束力,法律因此还具有普遍性。

最后,法律是可以作为裁判依据的规范,具有可诉性。法律与礼、习惯、风俗、道德、纪律不同,法律是可以被司法机关作为裁判纠纷、解决争议的依据的规范。人们以法律为行为准则,可以防止争议的发生。一旦出现争议、纠纷,人们可以根据事先形成的法律规范裁决纠纷、解决争议。习惯、风俗、礼也可以被司法机关作为裁决纠纷的依据,但是一旦这种情况发生,它们就具有了法的品格,成为习惯法。

---

① 〔德〕黑格尔:《法哲学原理》,范扬、张企泰译,商务印书馆1961年版,第16页。
② 同上书,第5页。
③ 黑格尔在此讲"法律规定"和"法律制度"时,在德文中用的是"Rechtsbestimmung",这个词指具体的法律"Gesetz",以及行政条例、部门规章;当他讲前述法律规定和法律制度"不法"时,在德文中用的是"unrechtlich",即"Recht"这个名词的否定形式的形容词,就是违反了法本身"Recht"。
④ 中国社会科学院语言研究所词典编辑室编:《现代汉语词典》(第7版),商务印书馆2016年版,第490页。
⑤ 参见中国大百科全书出版社《简明不列颠百科全书》编辑部译:《简明不列颠百科全书》(第3卷),中国大百科全书出版社1985年版,第532页。

人类社会为什么要有法律？为什么法律在现代社会生活中的作用比古代社会更重要？这与法律的功能直接有关。法律具有如下功能：首先，法律具有指引功能，法律确认、规定人们的人身权利、精神权利和财产权利，同时规定人们的义务，规定个人与国家的关系和其他国家机关运行的程序，人们依据法律来安排其多种重要的生活与生产秩序，从而过一种有秩序的生活。其次，法律因其指引功能而具有评价和预测功能，根据法律评价他人的行为是否合适，预测人们的行为是否行得通、能否取得预期的效果。最后，法律具有裁决纠纷的功能，虽然人们应当在法律的规范下行为，但是人们由于各自的利益或"三观"不同，相互之间发生争议在所难免，法律设定司法机关裁决争议、救济损失、惩罚违法犯罪的程序与标准，所以法律是人们解决争议、惩罚违法、恢复秩序的准绳。因此，一个健全的法律体系对人们实现现代国家治理与社会生活必不可少。

权利、义务、责任、强制与制裁，是与法律直接相关的现象，也是法理学的研究对象，本书将设专章介绍它们。

二、 法律与道德的关系、法的基本价值

法律与道德都是指引人们行为、调整社会关系的重要规范，二者具有密切的关系。人们常说，法律是外在的道德，道德是内心的法律。这句话的准确意涵是什么？我们能以道德规范、道德观念为依据处理违法行为吗？我们在社会生活与法律实践中应当怎样把握法律与道德的关系？这些问题都是法理学研究的对象。

法律规范与道德规范都是对人们应当如何行为的要求，那么，为什么应当？规范要求人们应当如何行为的根据和理由是什么？在现代社会，人们需要服从规范的要求，人们也需要知道规范要求人们应当如何行为的根据和理由是什么。而这是规范本身所无法回答的。这是价值和价值判断的问题。人们关于价值的判断是人们作出规范判断的根据和理由。[①]

价值(value)是外来词，源自拉丁词 valere，意思是"值得的""有力量的"。它的原始意义是一件事物的价值，并主要在经济学中使用，指经济上的交换价值。《政治学分析辞典》给价值所下的定义是："值得追求的或美好的事物的观念，或是值得追求的或美好的事物本身。"人们通常把价值区分为工具价值和内在价值，即作为手段的善和作为目的的善，后者也被称为固有价值。中国哲学家赵汀阳教授把价值区分为关系型价值与自足型价值两种。关系型价值的价值表现在其与另一事物的关系之中，当且仅当其对另外一种事物有价值时才有价值，它是一种非自足型价值，大体对应于前述工具价值，例如一个人生病时吃药，吃药的价值就是一种关系型价值。自足型价值是其自身就是有价值的，这对应于固有价值，例如健康。古希腊哲学家柏拉图在《理想国》中，对固有价值有精彩的论述。该书第五章在讨论到好的东西，即有价值的东西的时候，色拉叙马霍斯讲了三类好的东西，或者说三类有价值的东西：其一，有些东西是好的，仅仅因为它

---

① 参见张骐：《司法推理价值判断的观念与体制分析》，载《浙江社会科学》2021年第2期。

们本身是好的,像无害的娱乐;其二,有些东西人们既珍视它们的功效,又珍视它们本身,像知识、健康、视力;其三,人们只看重它们的回报、它们的作用,像体育、医疗。柏拉图认为,公正属于最高的那一类好的东西,即第二类,它们本身和它们的功效这两方面都是好的。好,就是善,就是价值,本身和功效这两方面都好,就是固有价值、内在价值,或称自足型价值。

本书所要讨论的正义、人的尊严、自由及法治等价值,是有关法律制度和法律生活的基本价值,是固有价值,即其本身和作用都是好的、善的。它们也是一些法学家所谈的法的道理或"法之道"。①

我们怎样知道正义、平等、自由与人的尊严等价值的具体含义?价值有关一个存在的本来意义或目的;价值问题就是追问此一存在意味着什么。那种所意味的事情是存在X的存在目的或者说存在的使命。如果不实现这种目的或使命,这个存在X的存在就是无意义的,那么我们怎样认识一个存在的目的或使命,怎样认识这种价值?价值直接显示在某种存在的必然期待或者说预期效果中:如果一个存在不能实现其预期效果,那么这一存在实际上是被否定了。当代及历史上的许多思想家都对法的基本价值进行了深入的研究。

从价值理性的角度看固有价值,有助于人们更好地理解法的基本价值。德国思想家马克斯·韦伯指出,社会行为可能取决于以下四种情况之一:其一,人们的行为可能是出于某种目的、取决于某种期望,这是一种基于目的理性,或称工具理性的行为;其二,人们的行为可能是基于某种信仰,不抱任何目的,它以道德、宗教、美学为行为标准,这是一种基于价值理性的行为;其三,人们在感情支配下行事;其四,人们依据传统行事。② 韦伯在《学术与政治》第一章"以学术为志业"中,讲了很好的价值理性的例子,即为学术而学术,为学术而献身。③ 这是一种基于价值理性而从事学术的典范,即不是把学术作为一种博取金钱、权力、地位、名誉的工具,而是认为学术本身就是好的,就是值得追求的。我们从价值理性而不是工具理性的角度理解固有价值,就能够比较好地理解固有价值。如果总是从手段与目的或有用性、工具理性的角度理解价值,人们就很难摆脱工具价值(实用价值)对正义、人的尊严、自由与法治等的纠缠,而无法把握它们的真意。

### 三、法律方法、法律解释与法律推理

法律的生命在于实施。法律既是指引普通人日常生活与生产的行为规范,也是指引司法机关裁决争议的裁判规范。一旦人们在生活与生产中出现争议,有人不当行使自己的权利,或者有人没有履行自己的法定义务,或者人们对一件物品的权属发生争

---

① 参见夏勇主编:《法理讲义——关于法律的道德与学问》(上册),北京大学出版社 2010 年版,第 4—8 页。
② 参见〔德〕马克斯·韦伯:《论经济与社会中的法律》,张乃根译,中国大百科全书出版社 1998 年版,第 3 页。
③ 参见〔德〕马克斯·韦伯:《学术与政治》,冯克利译,商务印书馆 2018 年版,第 3 页。

议,或者对一个行为的是非(合法还是不合法)发生争议,就需要司法机关裁判争议、决断是非,伸张正义、恢复秩序。法理学从法律方法、法律解释、法律推理的角度研究如何获取法律、适用法律来裁判案件解决问题。

此处所讲的法律方法,是指获取法律、运用法律来裁判案件的方法。它要回答以下四个问题:(1)立法的风格是什么?(2)谁适用并解释法律?(3)在法律适用和解释中,会考虑哪些因素?(4)这些因素如何排序?① 所谓法律解释,是指一定的人或组织对法律规定含义的说明。它既可以是从语法、逻辑或法条之间的部分与整体的相互关系上对法律规定的含义和意义进行解析与说明,也可以是根据法律的精神、立法目的及制定法律时的历史背景,对法律是否以及怎样适用于具体案件进行解释。法律推理是运用一般逻辑对法律命题进行推理的过程。法律推理以一般形式逻辑和辩证逻辑为理论工具,但通常以法律作为推理的逻辑前提,其推理任务有时是疑难案件,所以有不同于普通推理的特点。

一部法律是否能够产生某一特定结果,甚至是否会产生任何影响,在很大程度上取决于适用和解释它的方式。英国法学家波洛克(Frederick Pollock)指出:未经解释的法律,"不过是一副没有生命的骨骼,而解释赋予它以生命之躯"。② 不先进行法律解释,就不可能有法律的适用。有学者认为,实际适用的法律是原始法律渊源(制定法、有拘束力的判决先例)与解释之间互相作用的结果。③ 德国法学家萨维尼(Friedrich Carl von Savigny)指出:只有法官的裁判不再只被当作工具,而是被当作一种自由而庄重的使命的召唤时,司法才会获得真正、科学的完善。④ 有时,"法律的适用和解释是产生新法的一种创造性过程"⑤。综上可见,法律方法、法律解释与法律推理十分重要,非常值得专门学习与研究。

## 第二节 什么是法理学

本节将通过介绍法学与法理学的含义、法理学在法学中的地位与意义及法理学的

---

① 参见〔德〕马蒂亚斯·赖曼、莱因哈德·齐默尔曼:《牛津比较法手册》,高鸿钧等译,北京大学出版社 2019 年版,第 877 页。
② 参见同上书,第 861—862 页。
③ 参见〔意〕罗道夫·萨科:《比较法导论》,费安玲等译,商务印书馆 2014 年版,第 89 页。
④ 参见〔德〕弗里德里希·卡尔·冯·萨维尼:《论立法与法学的当代使命》,许章润译,中国法制出版社 2001 年版,第 96 页。
⑤ 〔德〕马蒂亚斯·赖曼、莱因哈德·齐默尔曼:《牛津比较法手册》,高鸿钧等译,北京大学出版社 2019 年版,第 876 页。

两对特点来说明什么是法理学。

## 一、法学与法理学

### （一）法学

法理学是法学的一个部分。为了认识法理学，我们可以先从法学谈起。法学是以法律为研究对象的一个知识门类。在中国，法学被认为是社会科学的一部分；在有些国家，法学被认为是人文学科的一部分。其实，以法律为研究对象的学问，不仅有法学，政治学、伦理学、人类学、经济学等学科都研究法律。由于法学在主题和方法上的扩散性，法学与其他学科之间的边界是不确定的，法学的核心问题也是模糊的。但是，人们还是可以确定法学与上述学科的不同，法学重视并集中研究法律规则与标准，以及它们对法律推理的特定要求和由此产生的相应问题。①

法学可以被细分为不同的具体学科。学者们根据不同的标准对法学作不同的划分。有些学者根据研究对象及法律的调整对象、调整方法把法学分为不同的专业学科，如法理学、法史学等基础法学，宪法学、行政法学、刑法学、诉讼法学等公法学，民法学、商法学等私法学，金融法、财税法等经济法学，劳动法学、社会保障法学等社会法学，国际公法学、国际经济法学、国际私法学等国际法学。有的学者将法学分为法教义学和基础研究两大块。法教义学是围绕特定现行实在法的解释、建构与体系化所展开的学问，即应用法学或部门法学，它还可以被进一步细分为民法教义学、刑法教义学、宪法教义学、行政法教义学等。② 当然，有些部门法学并不一定与特定的法典或体系化的部门法相关联，但却具有相对独立、明确的学科特点，如商法学等。法理学、法史学、法社会学被认为是关于法律的基础研究学科。③ 近些年来，有的学者根据法律调整和规制的领域提出领域法学的概念，如财税法学、金融法学、卫生法学、互联网法学等。这些领域法学具有法学与其他学科交叉及在法学学科内跨学科的特点。

### （二）法理学

对于法理学的概念与含义，不存在一个放之四海而皆准的界说。本书在此将学者们大体认可的通说及本书作者认为有助于大家理解法理学的观点介绍给读者，以便于读者对什么是法理学有一个基本的认识。与法理学意思相同、相近或相关的名词和概念有法哲学、法理论、法律基本理论。英语国家的学者，倾向于不加区别地混用上述名词；德语国家的作者以及一些受其影响的中国学者则倾向于区分它们的含义。本书作者在多数情况下，并不刻意区分这些名词，是交互使用的；但由于一些中国学者基于特定的学术旨趣区分使用上述概念，有时本书作者也在特定语境中分别使用。为了方便读者今后的学术阅读，本书也将这些特定概念的特定含义介绍给读者。

---

① 参见〔新西兰〕杰里米·沃尔德伦：《法哲学与政治哲学》，韦洪发译，载〔美〕朱尔斯·科尔曼、斯科特·夏皮罗主编：《牛津法理学与法哲学手册》（上册），朱振等译，上海三联书店2017年版，第388页。
② 参见雷磊：《法理学》，中国政法大学出版社2020年版，第12—15页。
③ 参见同上。

我们现在使用的法理学是一个外来词,从英文翻译而来。英文的 jurisprudence 来自拉丁语"juris prudentia",原文是"法律的知识",或"法律的艺术"。① 英国法学家菲尼斯(John Finnis)认为,这两个词源成分的组合具有某种当代仍有生命力的逻辑。② 在现代,jurisprudence 是个多义词,其中一个含义是法律基本理论,即"法理学"或"法哲学"③,也就是我们这里所讲的法理学。《不列颠百科全书》关于 jurisprudence 的解释是:"此词在英语中比较通常的意义以及本书所指的意义,大体上相当于法律哲学。法理学是关于法律的性质、目的、为了实现那些目的所必要的(组织上的和概念上的)手段、法律实效的限度,法律与正义和道德的关系,以及法律在历史上改变和成长的方式的理论。"这大体上也是包括本书在内的我国几乎所有法理学教材和法理学课程中法理学的含义。

新西兰法学家沃尔德伦(Jeremy Waldron)认为,法哲学与法学理论这些术语,"有时被用来指称对法律应当是什么的讨论",例如应当制定或废止什么法律,应当对宪法作怎样的修改,应当支持或推翻什么判决,应当采取什么样的法律改革总体方案;以及法律存在的理由和条件是什么。④ 与其观点类似,德国法学家认为:法哲学"以哲学的方式去反映、讨论法的原理、法的基本问题,并尽可能给出答案"。⑤ 英国哲学家欧克肖特(Michael Oakeshott)认为:"法理学是对法律本质所进行的或详或略的解释;法理学旨在使依法组织起来的社会中的各种现象本身变得有序而一致;并且,法理学只是这种意义上的法律理论、法律解释或法律阐释。"他认为,"法理学即法律理论,它详细解释了法律本质的一般观念"。他进一步提出哲学法理学的概念。他所提出的哲学法理学的任务,对认识法律、把握法理学的任务与方法具有启发性。他认为:我们应当通过定义认出一件事物,此处就是法律,我们应当能够在这件事物每次出现时都认出它,而且我们还了解它跟其他事物的关联,亦即,在一个各种事物相互关联的世界中了解它,在它的语境中了解它。⑥《布莱克维尔法哲学和法律理论指南》的作者指出:法理学有时被描述为法律哲学,法理学也被描述为法律理论。与德国学者不同,这本书的作者认为,法理学或法哲学属于法学;法理学研究就像一般法学研究一样,对法律采取一种内部视角的研究,即"从法律制度的角度探讨该制度的一般结构和道德基础,希望能够确定该法律制度对其成员的意义"。⑦ 法理学在德国并不像在英语国家那样被普遍、经常地使

---

① 参见夏勇主编:《法理讲义——关于法律的道德与学问》(上册),北京大学出版社 2010 年版,第 12 页。
② 参见〔英〕约翰·菲尼斯:《法哲学是什么?》,王志勇译,载吴彦、黄涛主编:《作为通识教育的法学教育》,商务印书馆 2020 年版,第 120—121、126 页。
③ 参见沈宗灵:《现代西方法理学》,北京大学出版社 1992 年版,第 1 页。
④ 参见〔新西兰〕杰里米·沃尔德伦:《法哲学与政治哲学》,韦洪发译,载〔美〕朱尔斯·科尔曼、斯科特·夏皮罗主编:《牛津法理学与法哲学手册》(上册),朱振等译,上海三联书店 2017 年版,第 393、395 页。
⑤ 参见〔德〕温弗里德·哈斯默尔、乌尔弗里德·诺伊曼、弗兰克·萨利格主编:《当代法哲学和法律理论导论》,郑永流译,商务印书馆 2021 年版,第 3、6 页。
⑥ 参见〔英〕迈克尔·欧克肖特:《哲学法理学的概念》,马华灵译,载吴彦、黄涛主编:《作为通识教育的法学教育》,商务印书馆 2020 年版,第 89、96、110 页。
⑦ 参见〔美〕爱德华·L.鲁宾:《法学》,载〔美〕丹尼斯·帕特森编:《布莱克维尔法哲学和法律理论指南》,汪庆华等译,上海人民出版社 2013 年版,第 574 页。

用。德国学者们常常使用法哲学、法教义学和法律理论指称英语国家学者所说的法理学。关于法哲学与法律理论,德国的阿图尔·考夫曼(Arthur Kaufmann)教授认为:"法哲学与法律理论的区别非常模糊。法哲学更关注内容,而法律理论对形式尤为看重。"① 中国的雷磊教授所说的法理论大体上就是考夫曼教授所说的法律理论,雷磊教授认为:"法理论致力于形式—结构的分析。"具体来说,法理论发现并描述法律形式和概念的核心要素,研究法律秩序的结构,提炼出分析法律体系的逻辑工具。② 沃尔德伦教授说:"我用'理论'一词意指我们对法律一般且严密的思考。当我们决心在一般的层面上解决某件事情,关注所有复杂状况,而不受任何简单的传统解决方法诱导时,我们就是在做这种思考。"③

有的学者,如英国的菲尼斯教授,则对法哲学的含义有较为严格的要求;他认为法哲学属于实践理性的哲学。实践理性寻求如何使得慎思和选择合理化(理性化,reasonable)。菲尼斯教授坚持自然法学说才是法哲学,法律实证主义只可归为自然法的一个组成部分。菲尼斯持此种看法的原因,可能与黑格尔的思路相似,即法哲学要回答有关法律应当是什么的问题,自然法学说致力于此,而法律实证主义不是。④

另一位英国法学家,科特瑞尔(Roger Cotterrell)教授在承认法理学与法哲学不同、承认法理学的实践理性以及批判当代法实证主义方面与菲尼斯教授相似,但是他的理论发展方向却与菲尼斯迥异。菲尼斯教授要立足自然法学说挽救法哲学,而科特瑞尔却把法哲学甩给当代法律实证主义,对法理学采取了一种承认现状的开放态度,他认为法理学是一个"百衲衣式的学科"。他自己的理论旨趣是研究并发展社会理论法理学。⑤

我国法理学的发展似乎与科特瑞尔教授的评价是一致的。虽然我国高等院校法学学科的法理学的教学内容和教材的体系相对统一、完整,但是纵观20世纪及21世纪迄今为止的法理学方面的专著、教材,确实很难从法哲学的角度确认它们具有紧密的内在逻辑联系,它们的内容确实表现为一种"百衲衣式"的组合。

(三)法理学在法学中的地位、其对于现实法制与部门法的意义

法理学在法学体系中居于基础性的地位。英国法学家瓦克斯(Raymond Wacks)对法理学在法学中这种基础性地位的原因作了很清楚的说明:法理学对法律和法律原理进行条理分明的界定,帮助人们了解法律概念的含义,使得人们对大家所说的内容形

---

① 〔德〕温弗里德·哈斯默尔、乌尔弗里德·诺伊曼、弗兰克·萨利格主编:《当代法哲学和法律理论导论》,郑永流译,商务印书馆2021年版,第12页。
② 参见雷磊:《法理论及其对部门法学的意义》,载《中国法律评论》2018年第3期。
③ 〔新西兰〕杰里米·沃尔德伦:《法律:七堂法治通识课》,季筱哲译,北京大学出版社2015年版,第1—2页。
④ 参见〔英〕约翰·菲尼斯:《法哲学是什么?》,王志勇译,载吴彦、黄涛主编:《作为通识教育的法学教育》,商务印书馆2020年版,第120—121,128—131页。
⑤ See Roger Cotterrell, "Why Jurisprudence Is Not Legal Philosophy", in his *Sociological Jurisprudence*, Routledge, 2018, Chap. 4.

成某种共同的理解,为人们分析法律和法律体系提供了基本条件。①

法理学对于现实法制同样很有意义,因为它为建设现代法律制度提供了参考。一个特定社会中的法律制度是其在该社会长期演进的结果,然而它需要法学家对这种演进过程和结果进行发现与整理。德国法学家萨维尼下面的这段话是有一定道理的:"法律首先产生于习俗和人民的信仰,其次乃假手于法学——职是之故,法律完全是由沉潜于内、默无言声而孜孜矻矻的伟力,而非法律制定者的专断意志所孕就的。"②同时,在中国,由于近代历史的特殊经历,符合法治精神的现代法律制度的形成,不仅是自然演进的过程,而且也是主动建构的过程,是在演进与建构的矛盾运动中发展的。法理学对现代法律制度和相关理论进行研究,有助于发现与社会的文化、政治与经济情形相适合的法律规则与法律制度,从而为司法改革、立法工作和行政法制提供理论参考。

法理学对于部门法具有重要意义。首先,法理学所研究的一系列法律基本概念与范畴对于组织、构建部门法及其理论具有基础性意义。其次,法理学对法的价值、法与道德关系的深入研究,有助于部门法学者从这些视角深入研究其部门法问题。最后,法理学运用分析法学等方法对一般性法律概念及生活世界中的法律问题所作的深入研究,有助于部门法学者更好地对部门法的特殊问题作进一步研究。③

## 二、 法理学研究方法的描述性与规范性

描述性的研究方法与规范性的研究方法是法理学的两个有特色的研究方法。描述性(descriptive)的研究,就是对法律的实然状态进行研究,即研究"是不是"的问题。这种研究所提出的问题是:中国法院和法官是怎样审理案件的?法官在审理案件时、在没有制定法可作依据的情况下实际上根据什么审理案件?可以将描述性的研究方法细分为若干种。瓦克斯教授列举了三种具体方法:第一种是解释特定法律学说的理论;第二种是解释特定法律规定,对调整特定问题的法律规则进行内部分析和解释,说明它为什么是这个样子;第三种是对特定的法律规则的效果进行描述性研究。④

规范性(normative)的研究,是对法律的应然进行研究。所谓应然,即"应当不应当"的问题。这是一种有关正当性的研究,是从价值判断的视角对研究对象进行研究,即确定一个社会的法律安排或一项法律规定是否正当。例如,古罗马法学家乌尔比安在《学说汇纂》中的论述就属于规范性的论述:法,"它来自'正义'(iustitia)。实际上(正如杰尔苏所巧妙定义的那样)法是善良和公正的艺术"。关于什么是正义,乌尔比安说:

---

① 参见〔英〕雷蒙德·瓦克斯:《读懂法理学》,杨天江译,广西师范大学出版社2016年版,第8页。
② 〔德〕弗里德里希·卡尔·冯·萨维尼:《论立法与法学的当代使命》,许章润译,中国法制出版社2001年版,第11页。
③ 参见陈景辉:《法理论为什么是重要的——法学的知识框架及法理学在其中的位置》,载《法学》2014年第3期;雷磊:《法理论及其对部门法学的意义》,载《中国法律评论》2018年第3期。
④ 参见〔英〕雷蒙德·瓦克斯:《读懂法理学》,杨天江译,广西师范大学出版社2016年版,导论第10页;〔美〕爱德华·L.鲁宾:《法学》,载〔美〕丹尼斯·帕特森编:《布莱克维尔法哲学和法律理论指南》,汪庆华等译,上海人民出版社2013年版,第569—570页。

"正义就是给每个人以应有权利的稳定而永恒的意志。""法的准则是:诚实生活,不害他人,各得其所。"①

如果要从学术谱系上溯源这两种研究方法,可以说这两种方法的区分是借用英国哲学家休谟关于"是"(is)和"应该"(ought)的观点形成的。② 由于法律是对于人们应当如何行为的指示,所以需要对法律从规范的、"应当不应当"的角度进行研究;同时,因为法律是一种实际存在,所以要从实然的角度研究,描述它实际上是一种什么样的情形。

区分描述性的研究方法与规范性的研究方法具有十分重要的意义:

第一,可以将两种研究方法得出的结论区分开,避免混淆。描述性的研究与规范的研究得出结论的模式不同,不能混淆。

其一,应然不等于实然。以法国启蒙思想家卢梭在《社会契约论》中的有关论述为例。他指出:法律的对象永远是普遍的,法律只考虑臣民的共同体以及抽象的行为,而绝不考虑个别的人以及个别的行为。紧接着上述论说,卢梭提出:"我们无须再问应该由谁来制定法律,因为法律乃是公意的行为;我们既无须问君主是否超乎法律之上,因为君主也是国家的成员;也无须问法律是否会不公正,因为没有人会对自己不公正;更无须问何以人们既是自由的而又要服从法律,因为法律只不过是我们自己意志的记录。"③这些论断很精彩,但属于应然论断,从规范的研究方法看是对的,应当如此。不过,从实然的角度或描述性的研究方法看,经常不是如此。

其二,实然不等于应然。同样,基于描述性的研究方法得出的结论并不必然地在应然语境中也同样正确。例如:社会上存在的一些潜规则,现实如此,但它并不合法、正当;同理,在实际生活中,现在尚未如此,但并非不应当如此,也非今后不可能如此。菲尼斯教授就认为:"'恶法非法'这样的表达方式并非自我矛盾、悖谬甚至值得大惊小怪…… '恶法'(lex iniusta)在此意指,在内在于一体系的意义上有效的法律规则或秩序(order);而'非法'(non lex)表示,超过道德上的限度之后,上述法律缺乏道德意义上(作为法律)的效力(例如正当性),并由此,就其本身而论,缺乏道德义务性。"④菲尼斯教授肯定了"恶法"是一种现实存在,但否认了它们的正当性。德国纳粹的法律就是这样的法律。

第二,将实然与应然、现实与理想尽可能好地结合起来。对于法治、权利、义务与责任这些法理学的基本问题,既需要进行描述性研究,也需要进行规范性研究;既需要了

---

① 〔意〕桑德罗·斯奇巴尼编:《民法大全选译 I.1 正义和法》,黄风译,中国政法大学出版社1992年版,第33、39页。

② 参见〔美〕爱德华·L.鲁宾:《法学》,载〔美〕丹尼斯·帕特森编:《布莱克维尔法哲学和法律理论指南》,汪庆华等译,上海人民出版社2013年版,第569页。在本书中,"应该"与"应当"同义;本书作者一般使用"应当"表示相应意思;如果译文使用"应该",本书在引用时尊重译者翻译。

③ 〔法〕卢梭:《社会契约论》,何兆武译,商务印书馆1980年版,第50—51页。

④ 〔英〕约翰·菲尼斯:《法哲学是什么?》,王志勇译,载吴彦、黄涛主编:《作为通识教育的法学教育》,商务印书馆2020年版,第130—131页。

解实际的情形,也需要知道是非,知道应当如何建构、改进与完善。

### 三、法理学的科学性与人文性

为了更好地认识法理学,还需要了解法理学的科学性与人文性。前面讲过,法学在中国被认为是社会科学的一部分,法理学是法学的一部分,所以法理学也是社会科学的一部分。如此说来,法理学具有科学性是毫无疑问的。但是,法理学所具有的科学性与物理学所具有的科学性是一样的吗?法理学中所讨论的理论、概念像物理学的定理、数学中的公理吗?显然不是。接下来讨论应当怎样理解法理学的科学性。

首先讨论法理学的科学性的含义。王利明教授通过说明法学是一门科学来说明法学的科学性,他指出:法学"是一种具有内在的体系结构、有自己独特的知识体系和独特的研究方法的能够学科化的知识"[1]。这种表述大体上可以被认为是法学界的共识。但是,人们对法学的科学性的内涵则可能有不同的理解。许多外国法学家都对法学的科学性有过论述。前美国联邦最高法院大法官霍姆斯(Oliver Wendell Holmes, Jr.)曾在《法律的道路》中指出:"对于法律的理性研究而言,研究历史文本的人或许是现在的主人,而未来的主人则属于研究统计学之人和经济学家。"因为,法律的目的,以及实现目的的方式对于了解法律的道路、现状更重要。[2] 从他的论述可以看出,他认为,可以用一些人们今天认为是社会科学学科的方法进行法学研究。这未尝不是对法学的科学性的另一种界定。德国法学家耶林(Rudolph von Jhering)在其一篇著名演讲《法学是一门科学吗?》中认为:

> 法学就是在法律事物(Dinge des Rechts)中的科学意识。这种意识必须往法哲学的面向发展,以便探求现实世界法律之起源与效力所赖以成立之最终基础;它必须在法律史的面向上,追溯自己走过的所有道路,好能使自己从一个阶段迈向下个阶段,以臻于更高之圆满;它也必须在教义学的面向上,将所有我们借着对法律之认识与掌握,而获致之暂时性的高点与终点,汇集于经验与事实,并且基于实际使用之目的安排这些素材,进行科学式的铺陈。[3]

在此引用周永坤教授的观点来理解耶林的上述观点。周永坤教授指出:耶林说法学是一门科学,其科学的含义是"康德式的精神科学"(Wissenschaft des Geistes),其法学的目的不是寻找法律规律,而是寻找合适的"法律"。耶林的观点是一种创新。这种创新使法学走出单纯的概念演绎,使法学沟通历史与现实,连接制定法规范与法律发现,使法学走向实践科学。[4] 从表面上看,似乎耶林对法学的科学性的理解与霍姆斯所

---

[1] 王利明:《试论法学的科学性》,载《法治研究》2022年第3期。
[2] 参见〔美〕霍姆斯:《法律的生命在于经验——霍姆斯法学文集》,明辉译,清华大学出版社2007年版,第227页。
[3] 〔德〕鲁道夫·冯·耶林:《法学是一门科学吗?》,载〔德〕奥利·贝伦茨编译,李君韬译,法律出版社2010年版,第92页。
[4] 参见周永坤:《法学是科学吗?——德国法学界的史诗性论辩》,载《上海政法学院学报》2022年第2期。

讲的有比较大的差异,甚至在对待法律史的态度上大异其趣。他们的看法是对立的吗?可能不是。为了认识法学的科学性,我们有必要对科学追根溯源,了解科学原本的丰富含义。

根据中国科学史和科学哲学家吴国盛教授的研究,西方语境中的科学传统有广义和狭义之分。广义的科学传统,即西方的大传统科学,是古希腊开启的"科学传统",是理知意义上的科学,德语 Wissenschaft 与古希腊传统的科学的含义比较接近,包括自然、人文的各种学问,如天算、物理、化学以及政治、哲学、语言等诸种在内;它基本代表了广义的科学,即自古希腊以来追求确定性、系统性知识的理性探究。狭义的科学,是近现代在欧洲兴起的"经验科学",即英文 science,偏重于自然科学,其实默指自然科学。故中国科学院就是自然科学院,而中国的社会科学院需要在科学前加"社会"。[①]因此,法学并不当然地就是自然科学意义上的科学。法学的科学性也不同于自然科学的科学性。吴国盛教授认为,科学就是古希腊的人文,这是从古希腊人的科学活动、其对待科学的态度、科学精神与传统上讲的。吴国盛教授指出:"希腊人的科学本质上就是自由的学术。这种自由的学术有两个基本特征:其一,希腊科学纯粹为'自身'而存在,缺乏功利和实用的目的;其二,希腊科学不借助外部经验,纯粹依靠内在的演绎来发展自身。""希腊人强调为学术而学术,为知识而知识,其背景是,他们的学术本来就是自由的学术。"这种对待科学、学术的态度着眼于教化自由人性[②],所以是一种在价值理性、固有价值意义上对待科学的态度。我们综合地看耶林的观点,可以看出他所主张的法学的科学性与古希腊传统的科学精神有点接近,但也并非与霍姆斯的观点相对立,因为他们都重视有关法律的经验与法学的实用。吴国盛教授指出:"科学精神是一种特别属于希腊文明的思考方式。它不考虑知识的实用性和功利性,只关注知识本身的确定性,关注真理的自主自足和内容推演。科学精神源于希腊自由的人性理想。科学精神就是理性精神,就是自由的精神。"[③]虽然我们所说的法学的科学性与上述狭义的科学传统有关联,但对我们理解法理学的科学性更具有启发意义的是这种大传统的科学精神。

妨碍我们正确把握法理学的科学性观念的,是那种与科学精神相反的科学主义。这是一种隐含内部矛盾的意识形态。它一方面以一种工具主义的态度对待科学,另一方面又迷信科学万能。[④] 因而,我们在强调法学的科学性时,要警惕、避免这种科学主义的影响。

同时,我们需要以冷静而谦虚的态度对待科学性,时刻提醒自己以免掉入自己研究的误区。这是由于,正如吴国盛教授指出的,"作为现代科学的研究对象的自然界实际上是被构造的对象"。而且,因为数学是人们构造自然界的不可缺少的工具,所以我们感受到的世界存在着"自然的数学化""现代图景的机械化"的情况,我们还受着"力学世

---

① 参见吴国盛:《什么是科学?》,广东人民出版社 2016 年版,第 21、103 页。
② 参见同上书,第 49—50、51—52 页。
③ 同上书,第 106 页。
④ 参见同上书,第 13、15 页。

界观"的强烈影响。由于上述因素,广泛存在的数学化符号使人与生活世界严重疏离,诸事物间质的差异被抹平,世界就其自身而言丧失了意义,孤立、静止、片面的思维方式占支配地位,"人们不再以同情的态度看待自己面对的一切,自古以来宇宙间无处不在的普遍联系被消解,寄托在这种关联之中的意义也随之消散"①。因此,就可能衍生出一种唯科学主义的倾向。唯科学主义是另一种悖谬的思想观念。它宣称只承认客观事实,排斥一切理论,但其实理论是认识事实的方法与框架。"用这种方式看待社会现象的人,由于他们极力避免一切纯粹的主观因素,让自己囿于'客观事实',结果他们犯下了自己要极力避免的错误,即把顶多是含糊不清的流行理论当成了事实。"②有鉴于此,我们需要警惕、避免唯科学主义的影响。

虽然我们对科学性的含义做了初步的追根溯源、正本清源的工作,但是由于法学的科学性对于法学发展的特殊性,仍然有必要对法学的科学性本身进行一番梳理。舒国滢教授指出:"在罗马法上,所谓'法学'事实上是指'法的领域的实践智慧',即追求正义之事、避免不正义之事的技艺。而精于此道者(即实践'善良与公平之技艺'[ars boni et aequi])的人,才配成为法学家。""使法学由法的实践学问(jurisprudentia)转向'法律科学'(Jurisscientia)是17世纪以降的'公理方法派'的法学家们的改造结果。"所以,舒国滢教授认为:"实践性构成了法学的学问性格,法学应当回归实践之学本身。"③舒国滢教授的观点是成立的。对此,可以从下文有关社会科学的特点的分析中得到进一步的理解。

英国哲学家哈耶克(Friedrich August von Hayek)指出,社会研究的特殊对象与方法是理解社会科学的特点的钥匙。他指出:社会科学研究的"不是物与物的关系,而是人与物或人与人的关系。它研究人的行为,目的是解释许多人的行为在无意间产生的或未经设计的结果"。大多数社会行为,都不是科学所说的那种可以从自然角度去定义的"客观事实"。哈耶克指出:"一切知识的分散性和不完善性,是社会科学必须面对的两个基本事实。""社会科学的特殊难题,以及有关其性质的大量混乱思想,恰恰是来自这样的事实:观念在社会科学中呈现出两种作用,它既是研究的对象,又是有关这种对象的观念。"④因此,他对黑格尔把法(Recht)等同于规律、把法绝对化等理论保持警惕。⑤ 哈耶克还指出了滥用社会科学方法的危害:把寻找量化手段盲目移植到不存在那些特殊条件的另一个领域,"不但经常导致从现象中选出一些因为恰好能够计算但最

---

① 吴国盛:《什么是科学?》,广东人民出版社2016年版,第187、188、204、211、212页。
② 〔英〕弗里德里希·A. 哈耶克:《科学的反革命:理性滥用之研究》(修订版),冯克利译,译林出版社2012年版,第52页。
③ 舒国滢:《法学是一门什么样的学问?——从古罗马时期的Jruisprudentia谈起》,载《清华法学》2013年第1期。
④ 〔英〕弗里德里希·A. 哈耶克:《科学的反革命:理性滥用之研究》(修订版),冯克利译,译林出版社2012年版,第21、23、26—27、33页。
⑤ 参见同上书,第249页。

不相关的因素进行研究,而且导致对一些根本没有意义的数值的'计算'和排列"。① 在中国,法学被作为社会科学的一个组成部分。雷磊教授认为法学是一门实践性学科,具有"价值取向性""制度关联性"等特点。② 哈耶克所分析的社会科学的特点与弱点值得我们警惕。如果我们不加反思地运用社会科学方法进行法学研究,就有可能有意无意地移花接木,把自己的观点当作客观事实。

研究社会科学的特点及社会科学方法可能存在的问题,是为了以科学性的态度与方法进行法学研究。已故英国爱丁堡大学教授麦考密克(Neil MacComick)所提出的应当经由实质反思后予以回答的六个问题,可以作为认知法学科学性的引导词,这些问题有:

(1)存在什么?(2)存在之物的结构是什么?不同类型的存在之物之间如何相互关联?(3)我们如何知道存在什么东西?我们如何认识存在之物?(4)我们依据什么方法解释和说明我们的知识所面对的各种问题?(5)在与其他任何存在物的关系中,作为理性行动者的人类处于什么位置?(6)有鉴于此,我们如何生活?如何行动?③

人们不仅需要上述问题作为具有科学性的法学研究的引导词,还需要以科学性的学术态度进行法学研究。这种学术态度就是批判的态度与求真的态度。④ 这里的批判是指学术批判与反思,是一种不迷信、反思、质疑的思考习惯。它既是对他人研究的一种批判性态度,也包括对自己研究的自我批判态度或反省态度。所谓求真,就是努力探求真实、探求客观的诚实态度。⑤

在认识法学科学性的同时,还需要认识法学的人文性。人文性中的"人""文"在中国古代是两个词。吴国盛教授指出:"前者指的是理想人性。后者'文'古代通'纹',是一个动词,表示画道道、留下痕迹,基本意思是'纹饰',之后发展为达成理想人性所采纳的教化、培养、塑造的方式。所谓'文而化之',指的就是培养理想人性的过程。"⑥这两个词的原意有助于我们正确理解它们合成后所表达的意思。

此处所讲的法学的人文性有三层含义,分别叙述之:

第一,法学的人文性肯定人是有尊严的生命个体,人是有个人意志、可以进行选择、可以作出否定性判断并有创造性的主体。现在已经进入了数字时代,但是法学的人文性提醒我们不要忘记人。正如德国法哲学家考夫曼指出的:"我们这个世界的法律化是

---

① 参见〔英〕弗里德里希·A. 哈耶克:《科学的反革命:理性滥用之研究》(修订版),冯克利译,译林出版社2012年版,第49页。英国法学家波洛克明确地说:"人类无法被计算。"参见〔英〕弗雷德里希·波洛克:《普通法的精神》,杜苏译,商务印书馆2019年版,第8页。
② 雷磊:《法理学》,中国政法大学出版社2020年版,第9—10页。
③ 〔英〕尼尔·麦考密克:《民主知识分子与法律》,周国兴译,载吴彦、黄涛主编:《作为通识教育的法学教育》,商务印书馆2020年版,第9、16页。
④ 参见夏勇主编:《法理讲义——关于法律的道德与学问》(上册),北京大学出版社2010年版,第9、10页。
⑤ 参见〔美〕伊曼纽尔·沃勒斯坦:《现代世界体系》(第1卷),郭方等译,社会科学文献出版社2013年版,第8、9页。
⑥ 吴国盛:《什么是科学?》,广东人民出版社2016年版,第30页。

技术唯理性的一部分,我们不要受技术唯理性驱使得太远,以致忘记了人类和人类的基本关怀。"①

第二,法学的人文性肯定人在现实社会中具有公民性(civility),在法律秩序中是法律意义的赋予者、创造者,是立法者与法律权利的享有者、义务与责任的承担者。这一点对于学习、研究法律科学同样重要。因为法律是维护社会稳定、促进社会发展、实现社会公正的重要公共生活规范,具有人文性的法学能够为人们制定这样的规范提供指导。②

第三,法学的人文性肯定法律、法学与特定的文化及文明有密切的关系,"法律是文明的产物,是维系文明的手段,是促进文明的手段"③。法学的人文性与文化密切关联,这首先表现在,文化对特定社会的成员对其法的意义的理解以及法在社会中的地位有重要影响。在古代中国,礼是"中国传统文化的核心"④。这与古代中国的农耕文明、血缘文化和亲情文化有直接关系。⑤ 而在古希腊、古罗马,乃至于经历不止一次被迫迁徙的古犹太社会这些由陌生人组成的社会,"血缘纽带必然被淡化、边缘化",契约作为一种不同的社会秩序的构成机制发挥作用。与之相关,"契约文化要求每个人都是独立自主的个体,要求每个人都能负起责任来,从而能够制定有效的契约并严格遵守"⑥。这种区别也关联到了法的起源以及对法的性质的理解。虽然在西方,关于法的性质有许多不同的观点、学说。但是,确有许多西方古代和现代的思想家、法学家从契约的角度说明法的性质和起源。这也影响了人们对法的上位概念的理解。而法的上位概念是规矩(中国)还是契约(西方),对人们的守法心理又有微妙的影响。

肯定法律、法学与特定的文化及文明有密切的关系,还需要以发展的眼光看待法律与法学。这是因为法学与文化都是发展的。传统是人们前进的资源,而不是限制发展的藩篱。人们需要从传统文化中汲取继续进步的营养,将之转化为一个民族理解现代性的资源。⑦ 例如,个体人格对现代法治的形成与发展具有十分重要的基础作用。人们需要研究中国传统文化有关个体人格的思想资源,研究中国传统文化中对个体人格的积极论述并在此基础上进行发展。孔子讲"三军可夺帅也,匹夫不可夺志也",孟子讲"威武不能屈"的大丈夫人格,这些都是关于个体人格价值的经典论述,是法学研究的宝贵资源。

---

① 〔德〕温弗里德·哈斯默尔、乌尔弗里德·诺伊曼、弗兰克·萨利格主编:《当代法哲学和法律理论导论》,郑永流译,商务印书馆2021年版,第24页。
② 参见〔美〕玛莎·C.努斯鲍姆:《在法学教育中培养人性》,叶会成、张峰铭译,载吴彦、黄涛主编:《作为通识教育的法学教育》,商务印书馆2020年版,第23、32页。
③ 〔英〕迈克尔·欧克肖特:《哲学法理学的概念》,马华灵译,载吴彦、黄涛主编:《作为通识教育的法学教育》,商务印书馆2020年版,第96页。
④ 马小红:《礼与法:法的历史连接》,北京大学出版社2004年版,第76页。
⑤ 参见吴国盛:《什么是科学?》,广东人民出版社2016年版,第35、67页。
⑥ 同上书,第38页。
⑦ 参见欧克肖特:传统是我们为崭新的研究提供起点与主动性的某种事物,而不是我们必须遵守的某种事物。〔英〕迈克尔·欧克肖特:《哲学法理学的概念》,马华灵译,载吴彦、黄涛主编:《作为通识教育的法学教育》,商务印书馆2020年版,第118页。

同时，以发展的眼光看待法学的人文性还离不开对自己文化传统的自省，人们的法律思维方式受传统文化与民族历史的影响。中国传统文化和特殊经历使得我们许多学者在思考方式上常常是实用理性的。① 中国近现代所经历的启蒙与救亡的双重变奏②，使得人们容易以工具理性、实用理性的方式思考社会治理，容易以一种工具理性的方式对待法治，即仅仅把法治作为实现某种目标的工具，而不容易看到法治作为现代性价值之一的固有价值的意义。今天如果不能以价值理性的思维看待法治与法律，就很难实现真正的法治。

## 第三节　学习法理学的意义

基于法理学的研究对象、法理学的性质与特点，学习法理学十分重要。概括地说，学习法理学至少有以下三个方面的意义：

### 一、塑造现代法律观念

现代法律观念是现代性的一部分。那么，现代性是什么意思？不同的学者由于学科背景不同、谈此问题的语境或角度不同，对之会有不同的界定。英国社会学家吉登斯（Anthony Giddens）认为："现代性指社会生活或组织模式，大约17世纪出现在欧洲，并且在后来的岁月里，程度不同地在世界产生着影响。"③在17世纪前后，在英国及法国等欧陆国家就有了朝向现代性的社会进程，可以通过回顾17世纪前后在世界，特别是在英国及欧陆国家发生的重大事件来理解这个问题，如地理大发现、文艺复兴、宗教改革。在17世纪末，法国有了关于义务教育的法律规定。④ 德国哲学家哈贝马斯（Jürgen Habermas）认为，现代性的概念指的是一系列相互累积、相辅相成的过程：资本的积累和资源的利用；生产力的发展和劳动生产率的提高；中央集权政治的建立和民族认同的塑造；政治参与权、城市的生活方式和正规学校教育的普及；价值观和规范的世俗化；等等。⑤ 整个现代性的首要特征就是主体自由。在社会中，它体现为以理性追求个人自身利益为目的的民法所保护的一种空间；在国家中，它体现为政治意志形成的平等参与原则；

---

① 参见李泽厚：《中国古代思想史论》，生活·读书·新知三联书店2017年版，第281—284页。
② 参见李泽厚：《中国现代思想史论》，生活·读书·新知三联书店2018年版，第1—46页。
③ 〔英〕安东尼·吉登斯：《现代性的后果》，田禾译，译林出版社2011年版，第1页。
④ 参见〔美〕威尔·杜兰特：《文明的故事》，台湾幼狮文化译，天地出版社2018年版，第336页。
⑤ See Jürgen Habermas, *The Philosophical Discourse of Modernity*, Frederick Lawrence trans., Polity Press, 1990, p.2.

在私人领域中,它体现为伦理自主和自我实现;最后,在与此私人领域相关的公共领域中,它体现为通过运用已经具有反思性的文化而构成的教化过程。①

吴国盛教授认为,"现代性是现代社会发展所遵循的基本原则",至少有三个原则是大家公认的:一是人类中心主义原则。人取代神成为万物的中心,现代社会因而是一个世俗的社会。二是征服自然原则。运用理性和科学及基于现代科学的现代技术,征服和控制自然力,造福人类。三是社会契约原则。人类的个体是自由且平等的,社会只能由个人根据社会契约建立。②

在现代社会,法律人是以自己的专业能力参与社会治理与世界事务的公民,法律人既是中国社会向现代性演进的见证者,也是中国社会向现代性发展的促进者。学习、研究法理学,掌握法理学所讨论的法律、法治的概念及其他法学基本范畴、基本问题,有助于法律人培养对构成现代法律观念核心的法治的信心及为之实践的决心,并有助于法律人塑造其他相关的现代法律观念。这对通过自己的专业能力完成自己的使命与社会角色非常重要。

二、训练健全法律思维

学习法理学有助于培养健全的法律思维、法学思维。努斯鲍姆(Martha C. Nussbaum)教授指出:仅仅工具性、技术性的准备不足以帮助法律人很好地扮演规范制定者的角色。③ 法理学恰是要介绍并培养对于法治、法律的价值理性的思维。具体说:健全的法律思维是实践的,它永远面对实际问题。正如陈景辉教授所言,法理学所提供的理论共识,既是认识实践的基本框架,也是为实践赋予意义的先决条件;或者说,离开了理论,实践干脆就变得无法被理解,理论对于特定实践而言,具有构成性的地位。由于理论内置于实践,所以法理学是了解法律实践、赋予法律实践以意义、解决法律实践中的难题的先决条件。④ 健全的法律思维也是社会的,它研究法律原则的社会条件,认识法律规范如何受社会学的制约,了解各种法律制度的形成与发展,研究、发现在法律技术背后的人生。健全的法律思维还是批判的,它具有批判的和反思的能力。法理学着力对法律、正义和法律概念之内涵的最根本问题进行严谨的思考。法律理论"定义、塑造并捍卫着那些巩固我们社会的价值"⑤,帮助法律人从各种法律秩序中发现切实可行的解决办法。健全的法律思维又是开放的、包容的,它向所有公正、有效的法律制度、法律思想开放,并且因开放而包容。法理学研究不同学说的观点及理由,为开放、包容的法律思维提供理论基础与思想训练。

---

① See Jürgen Habermas, *The Philosophical Discourse of Modernity*, Frederick Lawrence trans., Polity Press, 1990, p. 83.
② 参见吴国盛:《什么是科学?》,广东人民出版社2016年版,第143—144页。
③ 参见〔美〕玛莎·C. 努斯鲍姆:《在法学教育中培养人性》,叶会成、张峰铭译,载吴彦、黄涛主编:《作为通识教育的法学教育》,商务印书馆2020年版,第23页。
④ 参见陈景辉:《法理论为什么是重要的——法学的知识框架及法理学在其中的位置》,载《法学》2014年第3期。
⑤ 〔英〕雷蒙德·瓦克斯:《读懂法理学》,杨天江译,广西师范大学出版社2016年版,第15页。

### 三、培养参与法律实践的能力与素养

学习法理学有助于培养法律人参与法律实践的能力与素养。在中国,法学教育主要是一种职业教育,所以其目的或目标是培养人才,培训能力。1983年10月1日,邓小平同志为北京景山学校题词:"教育要面向现代化,面向世界,面向未来。"这个题词不仅是在新的历史时期对我国教育工作指导思想的精辟概括,而且对于思考我国法学教育的目标同样非常具有启发意义。在此,按照三个面向、三个维度来概括我国法学教育的目标:首先,法学教育要面向国家的法治建设实践。在当今社会,一个国家通过法律实现国家治理、社会治理的能力,既是国家治理能力的一个重要组成部分,也是现代国际生活中国家竞争力的重要组成部分。其次,法学教育要面向通过法律的国际交往。最后,法学教育要面向大数据、人工智能时代对法律人才的需求。据此,可以从法学教育的上述三个面向的维度出发,考虑法科学生的能力构成,把法科学生的能力构成概括为以下十个方面:运用法律实践的能力、快速处理日常问题的能力、善于解决疑难问题的能力、研究能力、案例分析能力、法律写作能力、外语能力、通过法律进行社会治理的能力、运用法律解决纠纷的能力、使用(大)数据的能力。法理学对于培养法科学生这十个方面的能力具有理论基础的意义。

### 思考题

1. 法理学研究什么问题?什么是法律?
2. 什么是法理学?
3. 怎样理解法理学的描述性研究方法与规范性研究方法?
4. 怎样理解法理学的科学性与人文性?
5. 学习法理学有什么意义?

### 参考文献

1. 〔英〕韦恩·莫里森:《法理学:从古希腊到后现代》,李桂林等译,武汉大学出版社2003年版。
2. 〔英〕雷蒙德·瓦克斯:《读懂法理学》,杨天江译,广西师范大学出版社2016年版。
3. 〔英〕斯科特·维奇、〔希腊〕埃米利奥斯·克里斯多利迪斯、〔意〕马尔科·哥尔多尼:《法理学:主题与概念(第3版)》,赵英男译,北京大学出版社2023年版。
4. 舒国滢:《法学是一门什么样的学问?——从古罗马时期的Jruisprudentia谈起》,载《清华法学》2013年第1期。
5. 陈景辉:《法理论为什么是重要的——法学的知识框架及法理学在其中的位置》,载《法学》2014年第3期。
6. 雷磊:《法理论及其对部门法学的意义》,载《中国法律评论》2018年第3期。

# 第二讲　法理学的基本方法

第一节　法理学的主要流派与方法
第二节　内在视角与外在视角
第三节　概念分析与社会科学方法
第四节　描述性理论与规范性理论

无论我们与法理学是初次相遇还是相识已久,都会有这样一种体会:各种理论与概念虽然拗口晦涩,但只要下功夫,还是能够把它们刻在心底;可是若想更进一步,在"知其然"的基础上"知其所以然",似乎就没那么简单。我们不仅可能会对理论家的实质观点感到困惑,还常常会对他们所思考的问题以及回答问题的方式感到陌生。这表明我们一方面不太熟悉理论产生的语境,另一方面则对法理学研究的方法所知甚少。有关理论语境的知识,本书会在以后的章节中逐步展开。本讲主要讨论法理学的基本方法。

一个学科在其发展过程中会逐渐形成一些基本问题,在探讨这些问题时学者们会逐渐引入或发展出一些基本方法。当一个方法初步成型并得到相当程度的接受时,人们倾向于认为它能有效推进甚至解决问题;但渐渐地人们可能会发现这个方法包含着这样或那样的不足,并且可能阻碍甚或扭曲我们对于问题的理解。于是人们就会试图修正既有的方法抑或寻求替代方案。但是当该方法得到修正或替代时,人们又可能发现方法的变化会带来问题的改变——在新视角的启发下,老问题似乎具有了不同以往的意涵。此时,我们就认为这个学科出现了范式转换(paradigm shift),因为它的问题意识与主导方法都发生了改变。当代的法理学研究在一定程度上就处于这一转换的前夜:不同学说都有各自的核心问题意识与主导方法,同时人们对于它们的反思也越来越多。

## 第一节 法理学的主要流派与方法

法律是一种复杂的社会历史现象,在不同的时间与空间中呈现出不同的样态、发挥着不同的功能。因此,我们很难用某种单一的定义或学说加以概括。法理学的发展历程在一定程度上印证了这一点:理论家们虽然都试图澄清"法律是什么",但却往往莫衷一是、难有共识。不过这一片众声喧哗逐渐分化为三个声部,构成了我们理解法律不可或缺的三个维度。[①]

第一个维度是将法律视为习俗、惯例或有序的社会关系,强调法律与其他社会规范之间彼此共生,以及社会、经济、政治、历史、文化等语境性因素对于法律的影响;第二个维度是将法律视为一种以国家权力为基础的规则与决定,强调法律与强制力的紧密关联,以及法律相较于其他社会规范所具有的独特制度特征;第三个维度是将法律视为客

---

① See Brian Tamanaha, *A Realistic Theory of Law*, Cambridge University Press, 2017, pp. 39-42.

观且普遍的道德原则的体现,强调法律有助于实现共同善抑或具有内在的道德价值。这三个维度分别构成了本书重点讨论的三种主要法理学流派:社会法律研究(socio-legal studies)、法律实证主义(legal positivism)以及自然法学说(natural law theories)。

社会法律研究是一个相对宽泛的概念,与之类似的表述还有法律社会学(sociology of law)、社会学法学(sociological jurisprudence)以及法律与社会研究(law and society studies)。总体来说,它们都强调在法学理论中引入自然科学与社会科学(特别是社会学、人类学以及经济学)的方法,都认为法律并非白纸黑字的教义,而是一种基于社会、政治、经济、文化、历史等诸多语境的社会行动。借用19世纪德国著名的法律社会学家欧根·埃利希(Eugen Ehrlich)的表述,社会行动意义上的法律"是主宰生活本身的法律,即使它并没有被设定在法律命题之中";我们有关这种法律的知识,一方面源自种种法律文本,另一方面则源自"对生活、商业、习惯与风俗以及一切联合体的直接观察"。①

不过深而究之,这几种表述之间也有一些细微差别。比如,法律社会学一般指的是社会学家有关法律的研究,而社会学法学则是法学家借用社会学视角的研究;法律与社会研究往往指的是一个领域,而非特定立场与学说,更谈不上是一种内在融贯的理论;社会法律研究则更加强调法学家运用自然科学与社会科学成果分析、批判抑或回应法学理论中有关"法律是什么""为何遵循法律""如何依法裁判"等理论问题。②

贯穿社会法律研究的一条主线,就是法律与社会的关系。"法律是反映社会的一面镜子,其功能是维持或增进社会秩序"构成了这一立场的核心命题。③ 该命题包含两个子命题。一是镜像命题,即法律能够反映出其所处社会的特征。这意味着:(1)法律与其所处社会中的习俗、习惯以及各种社会实践密不可分;(2)法律与其所处社会中的道德联系密切;(3)法律与其所处社会或其中特定群体的价值、利益乃至意识形态具有紧密关联。二是功能命题,即法律的功能在于维持社会秩序和协调社会行动。如果我们将这两个命题用作识别法律的判准,就会发现在不同社会中——无论在现代社会还是原始社会——法律是无处不在的;并且同一个社会中各种各样与习俗、道德、价值相关的社会规范都可以被称为法律。法律多元主义由此成为该立场关注的重要领域。不过,随着现代社会的发展以及全球化过程的深入,法律与社会的关系日益复杂。不同法律传统之间的相互借鉴,使得法律并不必然反映其所处社会的特征;社会政治经济制度的剧烈变革,也使得法律未能完全实现维持社会秩序的功能。因此,有学者倾向于认为,这两个命题只是展开具体研究时的一种工作假定(working assumptions):我们应

---

① See Eugen Ehrlich, *Fundamental Principles of the Sociology of Law*, Routledge, 2017, p. 493.

② 法学家选择何种概念标签来表述自己的研究,往往是一个概率问题。比如,美国法律现实主义这个名称很可能是卢埃林在与庞德的论战中,为了区别于庞德主张的社会学法学立场而提出的,两者可能并无实质不同(See William Twining, *Jurist in Context: A Memoir*, Cambridge University Press, 2019, p. 167)。另外,进行社会法律研究的学者,虽然主张借鉴自然科学与社会科学成果,但未必如社会科学家那样亲自展开经验研究(See Brian Tamanaha, *Sociological Approaches to Theories of Law*, Cambridge University Press, 2022, p. 3)。

③ 在法理学中,塔玛纳哈首次归纳并挑战了镜像命题以及功能命题的合理性。相关论述参见 Brian Tamanaha, *A General Jurisprudence of Law and Society*, Oxford University Press, 2001.

当将之理解为有待检验的理论假设,而非对于法律实际样态的描述。

法律实证主义主张法律是一种独特的社会事实。不过相较于社会法律研究对社会语境的强调,实证主义更侧重从形式的角度界定法律。它主张法律是一种维持社会秩序的制度化体系。我们会在本书第四讲看到,法律实证主义者,无论是英美语境中以哈特、拉兹为代表的学者,还是欧陆背景下以凯尔森为代表的学者,都非常强调法律是一种规范体系,并且由特定制度加以实施。这构成了法律与其他社会规范之间的根本区别。从这个角度出发,法律实证主义与社会法律研究的另一个差异就是,它并不认为法律可以存在于一切社会,也不认为在同一社会中法律具有多重表现形态——如果我们认为制度化或体系性是法律的本质特征,不仅原始社会中不存在法律,就连习惯法或国际法的法律地位也是存疑的。

在这个意义上,法律实证主义对于法律的界定有时可能过于狭窄,以至于无法容纳日常生活中被我们视为法律的事物。法律实证主义关注的核心问题,就是法律与道德以及强制力的关系。它试图阐明,法律在逻辑层面可以同道德、强制力等因素相区分。这意味着法律虽然在经验层面受到道德、强制力等因素的影响,但若将法律还原为道德或强制力,则是对法律的一种扭曲;我们只有从法律本身具有的特性出发才能够更好地理解法律。这种观点有时也被引申为蕴含着下述倾向:我们遵循法律并非源自法律内容的正确性,而是因为它是法律——法律的来源或形式而非内容成为法律实证主义更为关注的因素。

自然法学说兼具道德理论与法律理论的双重属性。作为一种道德理论,它强调道德原则是客观有效且能够为理性所发现的;作为一种法律理论,它拒绝明确区分法律和道德的立场。① 自然法学说中的"自然"指的是某种先于人类选择的规范性标准或判准。这些标准或判准并非源自个人或集体的创设,也无法被任何个人或集体废止。在这个意义上,自然法往往被视为一种"高级法"(higher law),亦即比制定法位阶更高的法律。

自然法的发展历史大致可以被分为两大阶段。从时间角度划分,以塞缪尔·普芬多夫(Samuel Pufendorf)在 1660 年出版的《法学要论》(*Elements of Universal Jurisprudence*)为界,在此之前的自然学说属于古典传统,在此之后的则是现代传统。从学理角度划分,一种常见的观点认为古典自然法强调"自然正当"(natural right),而现代自然法则强调建立在个体主义立场上的"自然权利或人权"(natural or human rights)。不过当代重要的自然法学家约翰·菲尼斯(John Finnis)认为,古典自然法学家的著作中也不乏对自然权利的探讨。因此,古典自然法主张从人类所欲实现的"目的"来理解人类行动,从人类行动来理解其所实现的人类能力,进而从人类能力来理解

---

① See Philip Soper, "Some Natural Confusions about Natural Law", 90 *Michigan Law Review* 2394 (1992).

人性;现代自然法则没有如此强的目的论意味。① 在古典自然法中,行动所实现的"目的"指的是某些基本善,它们不仅使得我们个人的人格得以完满,还使得整个人类的生活变得幸福。因此,在学理意义上,并非所有生活在现代的自然法学家都属于现代传统,当代许多重要的自然法学者在学理上反而更加认同古典传统。

自然法的实质立场复杂多样。自然法学家可能会认为,法律主张其实是一种道德主张,法律必然能够为我们提供行动理由,法律必然或试图实现特定道德功能,法律论证是一种独特的道德论证,以及"恶法非法"。不同的自然法学说以及自然法学家可能会持有这些主张中的一个或多个。这里需要注意的是,自然法的实质立场与法律实证主义理论也未必完全势同水火——我们将会在第四讲和第六讲看到,法律实证主义虽然主张在判定法律时并不必然诉诸道德标准,但却并不反对法律能够提出道德性主张或行动理由,甚至也会承认法律(试图)实现特定道德功能。这是因为相较于法律实证主义,自然法学说的问题意识更为广博,并不只限于识别或判定法律的标准。在这个意义上,我们固然要关注法律实证主义与自然法之争,但也要看到两者内涵的多元性与丰富性。

社会法律研究、法律实证主义以及自然法学说构成了我们理解法律现象不可或缺的三个重要视角。从这些有关法律的实质立场出发,我们可以抽象出研究法理学的一些重要方法。笼统地说,社会法律研究是一种侧重于自然科学或社会科学方法的经验研究(empirical studies),可能涉及定量抑或定性分析,也即需要我们发放问卷、统计数据抑或进行参与式观察、撰写民族志,当然也包括社会科学理论的运用;法律实证主义是一种侧重于澄清法律这个概念的用法及其与相邻概念区别的概念分析(conceptual analysis),更强调借助哲学特别是分析哲学理论的资源;自然法学说是一种侧重于借助道德哲学理论展开实践推理,探讨"我们应当做什么"的规范性证成(prescriptive justification)。这种看法虽然有合理之处,有助于我们从整体上把握三种立场的特性,但却略显粗糙。其一,它大而化之地将自然科学或社会科学方法、哲学中的描述性与规范性分析视为法理学的基本方法,没有突显法理学作为一门学科或领域的独特性;其二,它忽视了社会法律研究、法律实证主义以及自然法学说各自立场与理论资源的丰富性,未能关注三种理论视角在研究方法上的共性。

为了兼顾法理学的独特性及其主要流派在研究方法上的共性,本讲将有关法理学基本方法的讨论归纳为如下三个议题:(1)基于何种视角构建法律理论?(2)基于何种方法构建法律理论?(3)构建出的法律理论具有何种性质?基本上每个议题内都有两种彼此对立的观点(表 2-1)。接下来我们就围绕这三个议题依次展开讨论。

---

① See John Finnis, "Natural Law: The Classical Tradition", in Jules Coleman, Kenneth Himma and Scott Shapiro eds., *The Oxford Handbook of Jurisprudence and Philosophy of Law*, Oxford University Press, 2004, p. 7.

表 2-1　法理学方法

| 理论视角 | 内在视角 |
| --- | --- |
|  | 外在视角 |
| 理论方法 | 概念分析 |
|  | 自然科学/社会科学 |
| 理论性质 | 描述性 |
|  | 规范性 |

## 第二节　内在视角与外在视角

我们对于世界的理解不仅取决于世界自身的样态，也取决于我们采纳的视角。"一千个读者心中有一千个哈姆雷特"，说的正是这个意思。法理学家在尝试解释法律现象时也不例外。我们常常会看到一些学者强调自己的法律理论是"内在视角"（internal point of view），同时又主张另一些理论是"外在视角"（external point of view）。这两种视角的具体意涵是什么？区分它们的理论意义又是什么？

不妨设想这样一个场景：在特定社会中有一群人，他们在去剧院欣赏演出时，都会不约而同地摘下帽子以示对表演者的尊敬。有关这个场景，我们可以有两种理解方式：第一种方式认为这种一致性行为不过是巧合或偶然，人们只是在此场景中下意识地摘下自己的帽子；第二种方式认为这种一致性行为构成了一种规则，人们将此规则视为自己行为的指引并尽量避免违反它。法理学家认为前一种方式是对于这个场景的外在视角理解，而后一种方式是对于这个场景的内在视角理解。这两者的区分对于法理学在20世纪的发展至关重要。在此时期具有举足轻重地位的法理学家哈特在其重要作品《法律的概念》的前言中指出，如果不了解这两种视角的区分，就无法充分理解法律以及其他任何社会结构的形态。① 实际上也正是哈特在法理学中首次阐明了这两种视角的差异，并得到了广大法学家的接受。

依据哈特的论述，法律理论的内在视角包含两种类型。② 第一种类型可以被称为实质性内在视角（substantially internal point of view）。它将人们遵循规则的行为理解

---

① See H. L. A. Hart, *The Concept of Law*, 3rd edition, Oxford University Press, 2012, p. vi.
② See Charles Barzun, "Inside-Out: Beyond the Internal/External Distinction in Legal Scholarship", 101 *Virginia Law Review* 1205-1232 (2015).

为人们将规则视为自己行为的指引,并对违反规则的行为加以批判。简言之,它指的是社会规则的真正遵循者对于该规则所持有的态度。与之相对,外在视角则将人们遵循规则的行为理解为人们出于对违反规则所带来的后果的恐惧而不敢违背规则。当哈特在这个意义上强调自己的理论基于内在视角时,他试图表明法律并非基于强制力的命令,而是一种具有规范性的行为指引;人们也并非出于恐惧而服从法律,而是将法律视为自己行为的准则。在这个意义上,哈特认为法律义务并不是源自暴力威胁,而是源自人们对于法律的承认或接受。不过需要注意的是,哈特并不主张法律得到所有社会成员的承认,也即并非所有社会成员都会对法律持有内在视角,而是只要律政官员(立法者、法官、检察官、警察等)能够对法律持有内在视角,就足以表明法律并非单纯的强制力或命令。简言之,实质性内在视角是对社会中特定群体看待法律的态度以及法律规范性的解释。

第二种类型可以被称为方法论内在视角(methodologically internal point of view)。它是对研究者(理论家或观察者)态度的描述:他们在研究特定群体的实践时,会把自己设想为该实践的参与者,并将该实践视为受到群体内某种规则指引的行为。与之相对,外在视角此时指的是研究者通过该实践的外在特征或发生概率而对之作出描述或预测。这里细微但重要的一点是,当研究者把自己设想为特定实践的参与者时,他们是否也要将该实践体现的规则视为自己的行为指引?或者说,研究者在分析特定群体的实践时,是否一定要对该实践持有实质性内在视角?哈特认为无须如此。这一点可以通过如下例子得到解释。设想我们是讲授比较法课程的教师,需要在课堂上向学生讲授美国侵权法判例。在分析案例时,我们会试图像美国法官一样展开推理并论证判例的裁判依据。但这并不意味着我们将美国法律视为自己行为的指引,也不意味着美国法律由此而得到我们的承认——我们只是采纳了美国法律实践参与者的视角而已。

有观点认为,哈特的论述主要集中于实质性内在视角,而忽略了方法论内在视角。这种观点的出现与哈特的两位学生密不可分。一位是尼尔·麦考密克(Neil MacCormick),他认为在内在视角与外在视角的二分法外,还存在"第三视角":研究者本人虽然并不接受某个规则,但却承认特定实践的参与者都以该规则作为其行为指引。[1] 另一位是约瑟夫·拉兹(Joseph Raz),他同样认为哈特的二分法似乎遗漏了"第三种可能":有人会理解但并不接受特定规则。[2] 不过哈特似乎已经留意到了方法论内在视角的可能性。在有关内在视角与外在视角的经典论述中,哈特指出,"当一个社会群体具有特定行为规则时,这个事实为许多紧密相关但却类型不同的断言提供了契机……要么仅仅作为一个本身并不接受该规则的观察者,要么作为接受且将该规则用作行为指引的群体的一个成员。我们可以将这些视角相应地称为'外在视角'以及'内

---

[1] See Neil McCormick, *H.L.A. Hart*, 2nd edition, Stanford University Press, 2008, p.49.
[2] See Joseph Raz, *The Authority of Law*, 2nd edition, Oxford University Press, 2009, p.155.

在视角'"。① 在此基础上,哈特进一步指出"观察者本身可能并不接受该规则,但会断言所观察的群体接受该规则,因此他就会采纳内在视角,从外部指出群体成员看待规则的方式"。② 由此可见哈特同样注重方法论内在视角。

当哈特在这个意义上强调自己的理论基于内在视角时,他试图表明只有采纳内在视角的理论才有可能充分理解法律现象。这里强调的是哲学分析与社会科学研究之间的差异。他认为从社会科学角度研究法律是一种外在视角分析,忽略了人们内心中对于法律的态度。从今天的观点来看,这无疑是不正确的。社会科学研究中有一些分支同样强调内在视角,关注行动者对于自身行动的意义的理解。不过哈特的论述其实是特有所指。他针对的是当时非常盛行的"法律预测理论"。人们一般认为美国最高法院大法官霍姆斯在其著名的演讲《法律的道路》中提出了这种理论,即我们不是从理性体系、伦理学原则以及公理中找到法律,而是像坏人一样,从法院事实上的所作所为来预测它所作出的判决。法律就是有关法院事实上将会作什么的预测。③ 哈特认为,这种仅分析"行为"而忽略行为背后"态度"的理论是不充分的,因为社会中大多数人都是从内在视角理解法律的。但是他并没有提出足够的经验性证据来支持这一论断。从这个角度来说,哈特只是断言而没有论证基于外在视角的理论是不充分的。近年来也有学者通过经验研究指出,哈特的论断无法得到统计数据的支持。④

哈特的方法论内在视角在他的学生与批评者罗纳德·德沃金(Ronald Dworkin)这里得到了进一步发展。在与哈特展开论战的重要著作《法律帝国》(*Law's Empire*,1986)中,德沃金提到,"本书采纳内在的、参与者的视角;它试图把握我们法律实践的论辩性特征……我们会从法官的视角来研究正式的法律论证……因为有关法律主张的司法论证是探索法律实践的核心内容与命题性特征的一个有用典范"⑤。在这个意义上,德沃金同样将内在视角或参与者视角理解为研究者所持有的态度,但是他的方法论内在视角与哈特的显然不同。

两者的关键区别就在于德沃金所强调的法律的论辩性(argumentative)特征。我们可以将它直观地理解为合议庭中不同法官面对同一案件时有不同看法。这个情形同样可以从内在视角以及外在视角两个方面加以理解。从外在视角来看,法官之间的分歧可能源于他们彼此不同的道德立场、意识形态以及情感偏好,抑或他们当中有人专业素养不够以致曲解了法律;如此一来,法官之间的分歧要么是披着法律外衣的有关道德

---

① H. L. A. Hart, *The Concept of Law*, 3rd edition, Oxford University Press, 2012, p.89.
② Ibid.
③ See Oliver Wendell Holmes, "The Path of Law", 10 *Harvard Law Review* 460-461 (1897). 这里需要注意的是,如果考虑理论的"视角"和"语境",霍姆斯这篇演讲的听众是法学研究者以及即将从事实务工作的法学学生。在霍姆斯演讲时(1897年),法学研究只重视白纸黑字的法律或法律规范,霍姆斯为了强调社会语境对于理解法律的重要性而提出了"坏人"视角。因此,这篇演讲或许未必是霍姆斯有关法律理论观点的最佳表述,而不过是一位经验丰富的法官对于沉浸在法律条文中的年轻人的建议和提醒。此外,"坏人"(a bad man)在这里并非道德品质败坏的人(an immoral man),而是注重利害权衡而不考虑道德意义方面是非对错的人(an amoral man)。
④ See Frederick Schauer, *The Force of Law*, Harvard University Press, 2015, pp.57-61.
⑤ Ronald Dworkin, *Law's Empire*, The Belknap Press of Harvard University Press, 1986, p.14.

立场等非法律因素的争议,要么是一种琐碎的语词之争——只要不误解法律文字的含义,就不会产生分歧。但是从内在视角来看,法官之间的分歧并没有这么简单。德沃金指出,我们每个人,特别是每位法官在理解一个社会中的立法、判例以及法律政策时,都倾向于从某种主旨(point)出发在整体上理解它们。这个"主旨"并非源自立法者的意图,而是法律解释者基于自己对于立法、判例和法律政策等已有素材的解读所建构和提炼出来的道德价值。同样的素材可以从不同主旨出发加以解读或重构,不同法律解释者当然也会提出不同的解释方案。因此,法官之间的分歧是他们有关法律命题根据的分歧,也即他们对于整体法律实践所体现的主旨有不同理解;相应地,法官有责任尽可能从最佳角度理解法律实践,提出最具吸引力的理解法律实践的主旨。[1] 从这个角度来说,哈特的方法论内在视角并不要求研究者对于所研究的法律实践持有特定价值立场,但德沃金的方法论内在视角则强调研究者的任务就是重构所研究的法律实践并使之呈现出最佳样态。两者之所以会有如此不同,根源在于他们对于法理学和司法实践的关系有不同看法。哈特认为法理学和司法实践虽然相关,但主要是学院中学者的工作;但德沃金则强调法理学就是以法官为代表的司法实务工作者的理论反思,是司法裁判不可或缺的前提。[2]

尽管有这些差异,当德沃金强调自己的理论基于内在视角时,与哈特类似,他指的也是外在视角的法律理论无法充分理解法律实践。外在视角理论在这里指的还是社会科学研究,更准确地说是盛行在 20 世纪 80 年代的批判法学研究(Critical Legal Studies)以及法律与经济学运动(Law and Economics Movement)。[3] 批判法学研究主张从政治立场或意识形态的角度理解法律以及司法裁判,主张法律由于自身包含的逻辑矛盾、价值冲突以及意义模糊等缺陷而无法真正决定案件结果;法律与经济学运动主张通过成本—收益分析、交易成本理论等经济学原理重构法律以及司法裁判,以便法律能够更好地实现社会治理目的。这两种学说认为传统的法学研究——无论是教义学方法还是哲学分析——都是徒劳无益的,并没有揭示出真正决定案件结果的社会因素。德沃金并不否认外在视角理论的学术价值——数学领域中有关数学发展史的论述当然是有意义的,但它们却不是对数学问题的解决,甚至都谈不上是一种数学理论。外在视角的法律理论与此类似,有关法律现象的社会学、历史学以及经济学研究当然是有意义的,但如果完全否认或忽略了从内在视角理解法律的论辩性特征,就无法推进法律实践,甚至无法主张自己是一种法律理论。[4] 回顾有关内在视角和外在视角区分的讨论,我们可以将以上观点总结如下(表 2-2)。

---

[1] 有关德沃金观点的概括,源自 Ronald Dworkin, *Law's Empire*, The Belknap Press of Harvard University Press, 1986, chap. 1 & 2.

[2] 有关这一问题的更进一步讨论,参见本书第四讲第三节的相关内容。

[3] 有趣的轶事是,尽管德沃金在其著作中竭力批判法律与经济学运动和批判法学研究,但是据他朋友的回忆,他为了掌握经济学知识,还曾暗中请人给自己补习。参见 William Twining, *Jurist in Context: A Memoir*, Cambridge University Press, 2019, p. 293.

[4] See Ronald Dworkin, *Law's Empire*, The Belknap Press of Harvard University Press, 1986, p. 14.

表 2-2　内在视角与外在视角类型

|  | 内在视角 | 外在视角 |
| --- | --- | --- |
| **实质性**(实践参与者) | 将规则视为行为指引 | 出于利弊权衡而遵从规则 |
| **方法论**(实践研究者) | 设想自己作为法律实践参与者将法律视为行为指引 | 从外在常态性特征观察行为 |
|  | 构建提炼法律实践的本旨并从最佳角度对之加以重构 | 从社会科学角度理解法律 |

## 第三节　概念分析与社会科学方法

### 一、概念分析的意涵与局限

在哈特的影响下,注重内在视角的法理学家青睐从语言的角度理解法律。成文法的传统已有上千年之久,理解法律当然离不开对于语言的关注,但正是哈特将当时哲学领域新兴的一种思潮引入了法学研究。这种思潮就是 20 世纪 40 年代至 70 年代主要肇始于英国牛津大学并逐渐盛行于整个英美世界的日常语言学派。这个学派的代表人物有约翰·奥斯汀(John Austin)、彼得·斯特劳森(Peter Strawson)、吉尔伯特·赖尔(Gilbert Ryle)等人。他们都曾任教于牛津大学,因此该学派又被称为"牛津学派"。总体来看,日常语言哲学家基本都认为哲学不同于科学,它的问题无法通过观察和实验加以解决,只能通过分析概念以及追踪概念之间的关联加以处理。依据日常语言哲学家的观点,几乎所有哲学问题都是有关语词意义的问题,而语词的意义取决于它的用法,因此哲学的任务就是考察人们在不同语境中如何使用语词和语言,并阐明这些用法背后所共享的模式或规则。① 一般认为,奥斯汀与赖尔对于哈特的研究方法有重要影响——他们不仅是同事,还曾一起主持读书会。哈特在《法律的概念》开篇就引用奥斯汀的表述指出"对于语词的敏锐感知会让我们对于现象的感知变得敏锐"②;《法律的概念》这个书名也在致敬赖尔的名作《心的概念》(*The Concept of Mind*, 1949)。③ 在这

---

① 这里显而易见的一个问题就是,对于一个事物的概念的讨论,能否等同于对于这个事物本身的讨论。比如,我们对于"道德"这个概念的分析,能否取代我们对于实质道德立场的分析。日常语言哲学似乎并未充分回应这个问题。

② H. L. A. Hart, *The Concept of Law*, 3rd edition, Oxford University Press, 2012, p. vi.

③ 有关哈特理论与日常语言学派关系的论述,参见 A. W. Brian Simpson, *Reflections on The Concept of Law*, Oxford University Press, 2011, pp. 91-95.

个意义上,哈特讨论法律概念的方法可以被视为基于日常语言哲学的概念分析。

不过在讨论概念分析之前,我们需要回应一个非常基础性的反驳:有观点认为,哈特及其追随者讨论法律概念的方法并非概念分析。持有该观点的代表性人物恰恰就是哈特的追随者拉兹(哈特的学生)以及马默(拉兹的学生)。拉兹认为,概念分析是对语词定义或意义的探究,但是语词含义的清晰无助于我们推进对实质问题的解决。① 这里的实质问题具体到法律领域,指的就是法律的性质(nature of law),也即法律之为法律所拥有的本质必然属性。它不同于语词的定义或意义,因为意义是语词所指的现实世界中的某个事物,它会随着语言使用的语境而有所不同。比如,"法律"这个概念在一些语境中指的是法官的判决,在另一些语境中指的则是整个法律体系或司法制度。但是在拉兹看来,法律的性质并不会因语境而产生变化。法律理论是对法律性质的探究,因此与概念分析无关。马默的立场与之类似。他认为日常语言哲学意义上的概念分析是对概念之间关联的分析,也即讨论一个词语的使用以何种方式取决于另一个词语的使用。② 但是哈特在讨论法律概念时,尝试将复杂的法律现象化约为某种更具基础性的社会事实,是一种还原论而与概念分析相去甚远。③

表面上看,拉兹与马默的观点否定了概念分析在法理学中的作用。但深而究之,他们否定的其实是将有关法律概念的讨论等同于给法律下定义这种做法。如果概念分析指的就是澄清概念意义,自然无法成为构建法律理论的重要方法。但是人们往往从更加宽泛的角度理解概念分析,将之视为与自然科学方法以及社会科学中非概念性方法相并列的一种方法。在这个意义上,哈特及其追随者(包括拉兹与马默)的理论,都可以被视为一种概念分析。

我们可以通过对比不同的方法来阐明概念分析的特征。自然科学与社会科学中的非概念性方法,都侧重于通过经验观察来建立不同现象之间的规律性或必然性关联。比如,科学家走进一个原始部落考察但却不懂当地人的语言,他就会仔细观察当地人在特定情境中遇到特定事物时会发出何种声音、说出何种词汇。在积累了足够的观察结果后,他就可以在原始部落的语言和现实中的事物之间建立关联。通过这个关联,他可以进一步将原始部落的语言翻译为自己使用的语言。当然,他的观察和推断存在错误的可能。当出现与已有结论不一致的情形时,就需要科学家对自己的理论加以修正。这个例子表明科学研究强调因果关系的建立与推断,能够提出可以证伪的经验性命题。

概念分析与此不同。它更侧重于寻找一个词语得以使用的充分与必要条件。比如,一位善于概念分析的哲学家在自己生活的社会中从来没有看到过白马,所以认为"白色"并非"马"这个概念得以使用的充分与必要条件。但是当他走进上述这个原始部落时,发现有一种动物与自己社会中的马很类似,但是浑身雪白。此时,他当然可以改

---

① See Joseph Raz, *The Morality of Freedom*, Oxford University Press, 1986, pp. 15-16.
② See Andrei Marmor, *The Language of Law*, Oxford University Press, 2014, p. 2.
③ See Andrei Marmor, "Farewell to Conceptual Analysis (in Jurisprudence)", in Wil Waluchow and Stefan Sciaraffa eds., *Philosophical Foundations of the Nature of Law*, Oxford University Press, 2013, p. 209.

变自己对于"马"这个概念的界定;但如果他选择不调整对于"马"的理解而是认为"白马非马",在逻辑上同样是融贯的。由此可见,概念分析提出的并不是可被证否的经验命题,而是一种对于事实的划分,试图阐明一种事物是否属于某个范畴。相应地,我们对于概念性主张的批评也不是举出经验性反例,而是讨论将一种事物视为或不视为某个范畴是否有利于我们更好地理解该事物。因此,哈特会认为讨论"什么是法律",就是讨论法律与命令、法律义务与道德义务以及法律与规则之间的联系与区别。从这个角度来说,法理学着力探讨法律概念绝非语词游戏,而是试图寻找到一种理解我们自身以及所处社会的最佳方式。在理论上我们可以将任何事物视为法律,但在现实中我们注定会为这种漫不经心付出代价。概念分析可以帮助我们更清楚地看到这一点。

不过利之所在,弊亦随之。概念分析作为构建法理论的方法也存在一些争议。总括来说,主要包含以下三个方面:首先是先天知识的难题。先天知识(a priori knowledge)指的是无须诉诸经验事实,仅凭语词的定义或意义就可以获知的知识。比如,"单身汉是未结婚的男士"这个句子表达的就是必然为真的先天知识,因为"未结婚的男士"就是"单身汉"的意思。我们无须诉诸经验事实就可以知道这个陈述句所表达的内容为真。后天知识(a posteriori knowledge)指的是通过经验事实才可获知的知识。比如,"外面正在下雨"这个句子所表达的就是后天知识,因为室外天气究竟如何,有待于我们的观察而不取决于概念本身。先天知识和后天知识之间的重要差异在于,先天知识必然为真,但后天知识并不如此。按照这一区分,有关法律的知识是一种后天知识,因为我们对于特定社会中法律的认识无法从"法律"这个语词中推导出来。但是法理学家运用概念分析方法讨论"法律"这个语词时,旨在澄清其得以使用的充分必要条件且主张这种研究与经验研究不同。这似乎是在探究有关法律的先天知识,难免会让人担心概念分析方法可否实现这一目的。

其次是循环论证的风险。法理学家通过概念分析来讨论"法律"得以使用的充分必要条件时,虽然不依赖于经验研究,但却会诉诸我们使用语词的直觉。这大体上包含三个步骤:(1)法理学家通过各种各样的具体事例充分发掘我们日常直觉中有关"法律"的用法和直觉;(2)归纳、检验并整理这些直觉,尽可能地使之成为一个融贯的整体,可以尽可能多地解释我们在日常生活中对于"法律"的使用;(3)将这个融贯的直觉视为"法律"得以使用的充分必要条件,并认为该概念由此得以界定。依据这个逻辑,"法律"最终如何得到界定似乎在很大程度上取决于法理学家最初将哪些直觉纳入自己的考虑范围之内,并且法理学家究竟依靠何种标准对不同直觉加以筛选整理,似乎也是一个见仁见智的问题。这使得概念分析具有一定主观性,有可能成为法理学家个人偏好的表达。

最后是理论目标与方法之间的不匹配。法理学家运用概念分析的理由在于通过澄清法律概念而获得对法律现象更好的理解。但是,有关法律概念的理解能否等同于有关法律现象本身的理解?支持概念分析立场的学者会认为,我们总是通过概念来描述和理解这个世界,并且我们对于概念的使用本身就体现出我们的生活——塑造我们的社会、政治、经济、文化、历史等元素都凝聚在我们所使用的语言中,语言的边界就是我们世界的边界。这个辩护当然有力。但如果转变视角,我们或许会觉得直接观察影响法律制度运作的因素,直接对法官裁判时的所思所想展开经验研究,是不是比类似于坐在扶手椅上思考整理我们使用法律概念的直觉更加有效?或许触碰法律的现实运作而非开展概念分析反而能够让我们更好地理解法律。

## 二、内在视角与社会科学方法

上述最后一点,正是许多社会科学家对于支持概念分析的法理学家的疑问。对此,这些法理学家们作出了两点回应。其一,他们强调概念分析是个人学术研究兴趣所在[1],这当然无可指摘。其二,他们强调概念分析和社会科学研究具有不同的理论目标。比如,有学者认为"社会科学无法告诉我们什么是法律,因为它研究的是人类社会。它的结论与法理学家无关,因为人类之外的生物可能拥有法律这一点可谓老生常谈。比如,科幻小说充斥着拥有某种形态法律体系的外星文明的故事"。[2] 这种淡漠态度的根源在于许多支持概念分析的法理学家都延续了哈特的立场,认为社会科学有关法律的研究是一种基于外在视角的理论。哈特持有这种观点其实情有可原,因为当时社会科学并不成熟。哈特曾指出,"心理学和社会学都是相对年轻的学科,其概念框架不稳定,相应地导致术语也不稳定和多变","要想阐明法律的性质,对于这些科学的运用一定要充满小心……,学生秉持着分析精神,在处理这些主要的法律概念中学会评判它们"。[3] 但社会科学自 20 世纪 60 年代以来已经经历了长足发展,法理学家也就没有必要刻意与之保持距离。社会科学方法荦荦大端,本节只是提醒知识背景主要是法学的读者注意,有关法律的社会科学研究也可以是一种基于内在视角的理论。

故事仍然开始于哈特。他的学生约翰·菲尼斯在希伯来大学收藏的哈特捐赠的图书中,找到了社会学奠基人之一马克斯·韦伯(Max Weber)一部作品的英译本。这本书是《马克斯·韦伯论经济和社会中的法律》(*Max Weber on Law in Economy and Society*),由哈佛大学出版社在 1954 年出版。它并非韦伯的原创而是其著作的摘编,英译者将韦伯去世后出版的重要作品《经济与社会》(Wirtschaft und Gesellschaft)第一部分中的内容翻译过来并补充了导言以及详尽的注释。菲尼斯看到哈特对这本书有详细的批注,认为哈特有关内在视角的看法受到了韦伯的影响。但是出乎他意料的是,在当面交流中哈特不仅否认了这一点,还指出自己对于内在视角与外在视角的区分其实源自英国哲学家彼得·温奇(Peter Winch)的著作《社会科学的理念》(*The Idea of a Social Science*)。哈特为何否认韦伯所代表的社会科学对于自己的影响?曾经比较有

---

[1] See Kenneth Himma, *Morality and the Nature of Law*, Oxford University Press, 2019, p. 9.
[2] Scott Shapiro, *Legality*, The Belknap Press of Harvard University Press, 2011, pp. 406-407 n. 16.
[3] H. L. A. Hart, "Analytical Jurisprudence in Mid-Twentieth Century: A Reply to Professor Bodenheimer", 105 *University of Pennsylvania Law Review* 974 (1957).

说服力的观点认为这是哈特深受当时牛津大学对于社会科学的偏见的影响。[①] 但近年来有观点认为这是因为哈特误解甚至不太了解韦伯的学说。比如有学者指出，温奇的著作中的确讨论了韦伯，但是却将之视为外在视角[②]；而且根据他的学生的回忆，哈特似乎在1968年时才对韦伯作品有浓厚兴趣。[③]

法理学家如此关心哈特与韦伯之间的关联主要有两个原因。首先，他们希望澄清哈特拒绝社会科学方法的立场是否具有更坚实的学理基础，也即讨论有关法律概念的哲学分析和有关法律现象的社会科学研究是否属于不同层面的理论活动。其次，他们都感受到韦伯学说本身与哈特的内在视角观点具有亲和性。这种亲和性主要体现在韦伯强调社会学应当尝试理解社会行动者赋予其行动的意义。我们可以通过韦伯所举的例子来阐明这一点。他说，当我们翻开《民法典》并使用"条款"这个词时，我们可能会表达两种意思：一是"条款"可能指的就是白纸黑字的文字表述或逻辑意义上的法律规范；二是"条款"可能指的是我们基于自己对于法律规范的理解，产生了具有实际后果的观念，也即这些观念导向了实际行动。[④] 韦伯总结说，"条款"的两种意思体现出我们对待"规则"这个事物的两种态度：一种是教义性的，另一种是经验性的。教义性态度指的是我们会在逻辑层面考察一个规则是否为真，其内在逻辑是否融贯；经验性态度指的是我们会关注逻辑层面的规则在现实生活中引发的后果或产生的影响，也是社会学应当采纳的视角。这意味着韦伯的法律社会学研究并非单纯关注行动者的外在行为与法律规范之间的符合关系，而是也兼顾了行动者内心对于法律规范的态度。这种态度就是社会行动的"意义"。它可能是行动者个人具体的内心态度，也可能是行动者所属的一个群体的抽象意义上的内心态度。[⑤] 从这个角度来说，韦伯的理论与哈特的内在视角学说并无实质区别。

通过以上有关学术史细节的论述不难看出，无论哈特如何理解韦伯的学说，也无论他在多大程度上受到韦伯的影响，哈特拒绝社会科学方法的立场虽然在法理学中极具影响力，但恐怕不过是一种历史的偶然。社会科学研究同样可以成为一种有关法律现象的内在视角理论。当然，这并不等于社会科学方法可以替代概念分析。我们在今天应当更为开放地看待概念分析与社会科学研究之间的关系，依据所研究的问题，选择更为合适的方法。

---

① 该观点以及菲尼斯的故事参见 Nicola Lacey, *A Life of H. L. A. Hart*, Oxford University Press, 2006, p. 230。
② See A. W. Brian Simpson, *Reflections on The Concept of Law*, Oxford University Press, 2011, p. 110.
③ See Neil McCormick, *H. L. A. Hart*, 2nd edition, Stanford University Press, 2008, p. 43.
④ 参见〔德〕马克斯·韦伯：《批判施塔姆勒》，李荣山译，上海人民出版社2011年版，第114页。
⑤ 参见〔德〕马克斯·韦伯：《社会学基本概念》，顾忠华译，广西师范大学出版社2005年版，第3—4页。

## 第四节　描述性理论与规范性理论

法理学家有时会争论法学理论的性质。一些学者认为自己提出的是描述性（descriptive）理论，另一些学者则认为自己提出的是规范性（prescriptive）理论。在法学中，描述性理论指的是法律理论如同纪实作品一样如实报道法律现象，避免研究者个人立场的干扰，不涉及有关法律现象正当性或合理性的价值判断；规范性理论则与之相反，指的是法律理论必然涉及对法律现象正当性或合理性的论证与判断。这两种立场的争论往往和自然法学说与法律实证主义的论战结合在一起。这同样肇始于哈特在《法律的概念》中的论述。他指出，自己的理论目标是"澄清法律思维的一般框架，而非批判法律或法律政策"；采用的方法是"分析法学"亦即概念分析；由此形成的理论不仅是对语词意义的阐述，还是对社会情境或关系的讨论，因此具有"描述社会学"意味。[1]"法律实证主义—概念分析—描述性理论"由此聚合为一个整体立场。

从学理角度来看，这个整体立场的论辩意义更大。这是因为支持法律实证主义立场，在逻辑上并不必然要接受概念分析方法，也未必要接受描述性理论。[2] 哈特将这三者组合在一起的主要作用，其实是提高批评者展开反驳的难度：批评者若想完全驳倒哈特，不仅要表明法律实证主义是错误的，还需论证概念分析是无效的、描述性理论是没有吸引力的。但这并没有吓倒哈特的反对者们。约翰·菲尼斯、罗纳德·德沃金以及罗伯特·阿列克西（Robert Alexy）的学说都是从非实证主义角度对此整体立场展开的批判。

约翰·菲尼斯认为哈特对于法律概念的讨论忽略了一个重要前提，就是我们为什么会选择拥有法律、创设法律并维护且遵从法律？如果我们不澄清法律的目的，就无法理解法律概念及法律现象。在《自然法与自然权利》（*Natural Law and Natural Rights*）中，菲尼斯指出人类若想过上良好的生活，就离不开一些基本价值（basic values），它们对于我们的生活至关重要，以至于无人可以忽略。这些价值主要包括生命、知识、游戏、审美体验、友谊、实践理性以及宗教。法律的目的就是实现这些基本价值，这构成了法律的核心意义（focal meaning）。[3] 因此，菲尼斯认为法理学家在解释法

---

[1]　H. L. A. Hart, *The Concept of Law*, 3rd edition, Oxford University Press, 2012, p. vi.

[2]　比如，在哈特将日常语言哲学引入法理学前，法律实证主义者并未采用概念分析方法；并且当代许多自然法学者也认同概念分析。又比如，下文和本书第四讲、第六讲会提到许多法律实证主义者同样也认为法律理论应当是规范性的。

[3]　See John Finnis, *Natural Law and Natural Rights*, 2nd edition, Oxford University Press, 2011, p. 9.

律时,应当依据基本价值作出判断,筛选出能够实现这些基本价值的法律现象加以研究。由此可见,法律理论并非对法律现象的单纯描述。

与菲尼斯类似,德沃金同样主张法律理论应当是规范性的。如前所述,德沃金强调法理学家在解释立法、判例以及法律政策时,会从某种主旨出发形成整体理解。这个主旨源自法理学家本身的价值判断,他需要尽可能地从最佳角度来解释司法实践。不同的法理学家或法官对司法实践竞相提出自己认为最佳的解释,不仅充分体现了法律的论辩性特征,也推动了司法实践中疑难问题的解决,使得法律理论与司法实践形成了良性互动。在这个意义上,德沃金认为法律理论必然是规范性的,否则无法彰显法律的论辩性,也无法有效应对司法实践的难题。

阿列克西的思路与菲尼斯和德沃金有所不同。他指出,法律的概念具有现实性与理想性双重维度。现实性指的是法律的权威以及在现实中得到人们遵守的事实;理想性指的是法律本身会提出正确性(correctness)主张。从直觉来说,现实性比较容易理解,但理想性为何会成为法律的属性?历史和现实中难道不是有许多并不符合道德原则的法律吗?阿列克西对此的解释是,从语言的使用角度来说,任何一国的宪法无法既主张自己是一部宪法,又主张自己是一部不正义的法律。如果一部宪法中规定"X是一个拥有主权的、联邦制的、不正义的国家",就是自相矛盾的。① 因此,法律这个概念本身就隐含着道德正确性,而非如法律实证主义所说是可以同道德分离的社会事实。在这个意义上,法律理论也必然会涉及道德判断,是规范性的。对此观点更加详细的讨论与批判,可以参考本书第十一讲的相关论述。

哈特的追随者在回应这些批评性观点时,大致采取了两种策略:一种是与哈特一样坚持"法律实证主义—概念分析—描述性理论"的整体立场。这种策略的代表人物是斯科特·夏皮罗(Scott Shapiro)。另一种则主张哈特的整体立场无法得到有效辩护,应当保留"法律实证主义—概念分析"这两个要素而放弃描述性理论这一立场。这种策略的代表人物是约瑟夫·拉兹和朱莉·迪克森(Julie Dickson)。夏皮罗和拉兹的学说会在第四讲和第六讲有更充分的讨论,这里简要介绍迪克森的观点。

根据菲尼斯、德沃金以及阿列克西的论述,法律与道德不仅关系密切,甚至就是一回事。如此一来,非实证主义理论必然是规范性的,与主张自身是描述性理论的法律实证主义就水火不容。迪克森认为这种观点忽略了如下可能,即法律实证主义也可以是一种规范性理论。她的核心论断是规范性理论虽然主张对法律作出价值判断,但这种判断未必是自然法学家所说的道德判断,也有可能是一种认知判断。道德判断指的是我们对于法律好坏与否、是否体现道德价值、是否有利于人类幸福等问题的判断,迪克森将之称为直接评价性判断(directly evaluative judgements)。认知判断是对于法律诸

---

① 罗伯特·阿列克西是当代德语法学界重要学者,也是国际知名的法理学家。他在法律论证和基本权利理论方面作出了重要贡献,并对当代英美法理学界的法律实证主义观点展开了激烈批判。他本人对于自己在法律概念、基本权利以及法律论证方面的代表性作品的重要汇编,可参见Robert Alexy, *Law's Ideal Dimension*, Oxford University Press, 2021;本节论述可参考该文集第2、3、6章。

多属性或特征的重要性的判断，迪克森将之称为间接评价性判断（indirectly evaluative judgements）。① 比如，在构建法律理论时，有学者认为强制力是理解法律现象不可或缺的元素，但也有学者认为道德维度是至关重要的，还有学者认为司法制度的现实运作才是最为关键的。这些判断都属于间接评价性判断，并不涉及对强制力、道德，抑或法律本身好坏优劣的评价。

迪克森理论很重要的洞见在于，她提炼出我们日常生活中习焉不察的一个常识，即一个事物重要与否与该事物在道德上的好与坏是两回事。我们认为一个事物重要，并不等于我们要在道德上给予该事物积极评价。就构建法律理论而言，法理学家总要对法律现象不同属性的重要性作出判断，然后选择自己认为重要的属性加以研究，但并不必然要对这些属性作出道德判断。因此，并非所有法律理论都涉及直接评价性判断，但一切法律理论都是以间接评价性判断为前提的，并在这个意义上是规范性的。法律实证主义当然也不例外。总结迪克森的观点，她实际上认为描述性理论与规范性理论之争，并不必然与法律实证主义和自然法之争有关。法律实证主义学说在性质上可以是描述性的，也可以是规范性的。迪克森的观点当然有助于我们更深入地理解理论性质问题，但我们也不妨思考：抛开法律理论的内容而专注于讨论法律理论的性质，是否有价值？或许正是出于对此问题的疑虑，很少有学者与迪克森一道进一步发展她独具特色的间接评价性理论。

回顾本讲有关法理学基本方法的讨论，可以看到无论是有关理论视角（内在视角与外在视角）、理论方法（概念分析与社会科学），还是理论性质（描述性与规范性）的讨论，都包含了大量本书后续章节将会涉及的法理学实质内容与观点。这或许使得论述稍显庞杂，但却是难免甚至必要的。理论的方法与其内容本身就是一体的，我们无法抛开内容只谈方法，否则就是坐而论道，失于空泛。这也回应了如下这种常见的观点——每当方法论问题浮现时，总会有观点认为与其参与争论，倒不如依据某种方法论对实质问题展开具体研究，以丰富的研究成果证明该方法论有效。这种观点当然没有错，但如本讲所示，方法论研究同样也是对于实质问题的推进：我们构建理论、概念化问题以及将各种观点关联成一个体系的方法，本身就决定了我们对于实质问题的理解与推进。或者说，一个问题之所以能够成为我们应当思考和探究的问题，其实取决于我们的方法论预设。在这个意义上，理解一门学科的方法论，了解其理论构建的一般模式，能够将各种各样有趣的研究汇聚积累为学科传统，并从中滋养出推动学科发展创新的不竭动力。

**思考题**

1. 法理学有哪些主要流派，各自有何特征？
2. 参考指导性案例93号"于欢故意伤害案"、该案二审刑事判决书［（2017）鲁刑终

---

① See Julie Dickson, *Elucidating Law*, Oxford University Press, 2022, p.138. 迪克森最初系统性提出自己观点的著作参见 Julie Dickson, *Evaluation and Legal Theory*, Hart Publishing, 2001.

151号]以及相关新闻报道,尝试分别用"内在视角"和"外在视角"分析该案判决理由。

3. 阅读哈特《法律的概念》的前言与第一章,尝试分析法律概念(the concept of law)与法律性质(the nature of law)之间的关联。

4. 结合本章内容,阅读本书第四讲,尝试总结斯科特·夏皮罗如何为法律理论的描述性辩护;阅读本书第四讲和第六讲,尝试总结约瑟夫·拉兹在何种意义上认为法律理论无法是纯粹描述性的。

5. 如何理解"法律具有规范性"和"规范性的法律理论"这两个表述?

## 参考文献

1. H. L. A. Hart, *The Concept of Law*, 3rd edition, Oxford University Press, 2012[中译本可参考〔英〕赫伯特·哈特:《法律的概念(第三版)》,许家馨、李冠宜译,法律出版社2018年版]。

2. Ronald Dworkin, *Law's Empire*, The Belknap Press of Harvard University Press, 1986.

3. John Finnis, *Natural Law and Natural Rights*, 2nd edition, Oxford University Press, 2011.

4. Brian Tamanaha, *A Realistic Theory of Law*, Cambridge University Press, 2017.

5. Julie Dickson, *Elucidating Law*, Oxford University Press, 2022.

# 第三讲　自然法学说

第一节　自然法及其理论化
第二节　自然法学说史：源流与学派
第三节　自然法学说与法律实证主义的理论争议

作为一种政治法律观念,自然法在西方历史上占据过重要地位。最初,它是西方伦理和政治思想的基石;现在,它已经不像昔日那样举足轻重。有的学者甚至认为,它已经不是实存的学说抑或权威性道德判断的来源。① 但是,自然法学说确实奠定了当代西方国家的政治法律学说的基础并形塑了后者的格局,而且一直影响着西方法律传统的精神。对此,英国法学家亨利·梅因(Henry Maine)曾评论道:"如果自然法没有成为古代世界中的一种普遍的信念,这就很难说思想的历史,因此也是人类的历史,究竟会朝哪个方向发展了。"② 自然法观念的产生与兴起,几乎与哲学同步。它始于人类的求知欲和好奇心,即对自然世界的本质或普遍规律的探求。哲学之思是从表象探寻本质、共相的思考,法哲学旨在探寻"何为正当法"。众多自然法学说从其发端到19世纪初叶,都是有关正当法的讨论。本讲主要围绕自然法学说的起源、历史发展与理论争议而展开。

## 第一节 自然法及其理论化

### 一、"自然"的发现与自然法的源起

美国学者列奥·施特劳斯(Leo Strauss)曾言,自然法的根本前提在于"自然"的发现以及自然与习俗的二分。③ 发现"自然"在观念上先于自然法,是因为在词项构成上"自然"是自然法不可或缺的成分。因此,自然法的历史不是别的什么,正是法律与政治中自然观念的历史。④ 然而,"自然"的词项内涵事实上也是自然法概念含混不清的主要原因。⑤ 在哲学史上,"自然"是一个具有多重含义的概念。不同地域和时代有不同的自然观念,其意义变迁深刻影响与"自然"相关的概念范畴。

"自然"的发现与哲学的产生密不可分。在希腊文中,"哲学"的表述是

---

① 参见〔美〕恩斯特·佛丁:《自然法》,载吴彦、杨天江主编:《自然法:古今之变》,华东师范大学出版社2018年版,第3页。
② 〔英〕梅因:《古代法》,沈景一译,商务印书馆1959年版,第43页。
③ 参见〔美〕列奥·施特劳斯:《自然权利与历史》,彭刚译,生活·读书·新知三联书店2003年版,第82—83页。
④ See A. AT d'Entreves, *Natural Law: An Introduction to Legal Philosophy*, Hutchison's University Library, 1951, p. 11.
⑤ Ibid., p. 7.

"philosophia"(意即"爱智慧")。在习俗盛行的古代,人们只能循规蹈矩地依祖宗之法而行事,缺乏必要的批判和怀疑能力;哲学的产生代表着一种与传统相决裂的智识运动。"泰勒斯第一次以物质性的水作为万物的本源,意味着哲学从神话中分离出来,标志着哲学的产生。"①在神话与哲学分野之际,"自然"(physis)与"习俗"(nomos)对立的重要意义也日益凸显。

在古希腊哲人的认知中,"习俗"与"自然"有以下区别:第一,"习俗"是约定俗成的,而"自然"是事物的自然本性所化,具有普遍适用性;第二,"习俗"是由外在主体所规定的,而非"自然"本身所派生的内在规定;第三,"习俗"本身不会生长变化,需要通过人的约定作出变更。②"自然"被看成事物内在的本性,是成其所是的基本规定。在苏格拉底(Socrates)之后,"自然"具有目的论和至善论的新内涵:它既是事物自身发展的最终目的,也是事物发展的圆满形态。

虽然古希腊时代的城邦公民受到了"习俗"和"自然"的双重约束,但就两者关系而言,当时的主导观念认为,既然合乎"自然"的行为是正当的,那么对于与"自然"相悖的伦理规范、行为准则、风俗习惯和法律就应予以变更或废弃——这正是后来希庇亚、安提丰、塞拉西马柯、卡利克勒,乃至于修昔底德和欧里庇得斯等的共同见解。③例如,古希腊智者希庇亚(Hippias)就认为,只有"自然"及符合"自然"的未成文法才是正义的。安提丰(Antiphon)也认为,虽然传统上人定法与正义是一致的,但是"法律所确认的许多正义行为是同自然相反的",法律的规定有时候是违反自然的且构成自然的桎梏,在此,自然所确定的利益才是自由自在的。④当"自然"成为人定法的试纸,即"习俗"是否正义的标准最终依赖于"自然"时,自然法思想便开始崭露头角。

二、自然法是什么

对永恒不变的行为规则或标准的探求,催生了自然法学说的兴起。但是,正如所有渴求完美无缺事物的诉求一样,不管是前人抑或今人的屡屡尝试,均未能解决自然法的永恒难题。尽管许多法哲学家致力于证明正义的绝对性并寻求普遍有效的客观法则,但这种努力从来不能得到一劳永逸的解决。美国法学家霍姆斯认为:"相信自然法的法学家,有点过于天真,他们将耳熟能详且自己和周围人所采信的内容视为所有人必须采信的观念。"⑤这个评价是有一定道理的。历史上出现的自然法学说纷繁复杂,对何为自然法的看法也存在不少分歧与争议。

---

① 泰勒斯是古希腊时期的哲学家和科学家,出生于爱奥尼亚的米利都,是古希腊最早的哲学学派——米利都学派的创始人,也是希腊七贤之一。另一位知名人士是梭伦,被认为科学和哲学之祖,也是公认的哲学史第一人。他是第一个提出"世界本原是什么"并开启了哲学史上"本体论转向"的哲学家。参见汪子嵩等:《希腊哲学史》(第1卷),人民出版社1987年版,第86页。
② 参见汪子嵩等:《希腊哲学史》(第2卷),人民出版社1993年版,第205页。
③ 参见同上书,第219页。
④ 参见同上书,第223页。
⑤ 〔美〕霍姆斯:《自然法》,载《法学论文集》,姚远译,商务印书馆2020年版,第274—275页。

迄今为止，人们尚没有形成一个统一的关于自然法本质的界定。因此，当我们说某个思想家是一个自然法学家时，很难就此而清晰揭示其立场和观点具体为何。为此，有研究者在自然法兼有道德理论和法律理论双重性质的基础上，将其概分为八种不同立场：

（1）道德事实的立场。自然法作为一种道德理论，强调道德原则是客观有效的，并可以被理性所发现。因此，在道德理论层面，凡是相信存在道德事实并拒绝接受任何否认存在道德事实的思考方式的思想家，均可归为此一立场的自然法学家。根据这一立场，绝大部分法学家都可归为自然法学家，因此这个立场并不适合作为合理的区分立场。

（2）作为一种法律理论，自然法否认道德与法律截然分离的可能性。在这一立场上，又可衍生为七个不同版本①——与道德事实的立场一样，某些版本也不适于作为区分的立场：

① 法律必然提出自身的道德主张。例如，排他性法律实证主义学者拉兹就相信，要成为法律，就必然主张其对调整对象的道德权威，因此似乎可以将拉兹视为一位自然法学者②；然而，这一见解实际有悖于我们对法律实证主义者的通常认知与理解。

② 法律必然为我们提供行动理由。这一立场与富勒（Lon L. Fuller）和德沃金的立场联系最为紧密。

③ 法律必然发挥特定的道德功能。例如，德沃金认为，法律发挥着特定的道德功能，即原则上应证成官方强制行动的正当性。

④ 法律必然旨在发挥特定的道德功能。例如，斯科特·夏皮罗认为，法律旨在解决"无数严重的"道德问题，而且由于解决方案往往是复杂的、有争议的和任意的，因此需要法律的权威性解答。③

⑤ 法律的关键事例发挥着特定的道德功能。例如，约翰·菲尼斯认为，法律的核心事例在于最佳展示我们希望拥有法律的原因，即它发挥了帮助人民享有各种基本善的道德功能。④

⑥ 不经由道德论证，就无法确定法律的内涵。这也是德沃金的核心主张之一，并在与法律实证主义的理论论争中导致部分法律实证主义（柔性法律实证主义者）承认，特定法律体系的承认规则可以接纳具有道德内容的法律规范。

⑦ 不正义的法律不是法律。这一主张被视为自然法传统的核心主张。⑤

经由上述分析可知，自然法的概念内涵具有相当程度的复杂性，会因为使用者的不同立场而多有分歧，难以准确指称不同思想家的法律思想。但是，无论是从历史传统的

---

① See Nicholas McBride and Sandy Steel, *Great Debates in Jurisprudence*, Palgrave, 2014, p. 82.
② Ibid., p. 83.
③ See Scott Shapiro, *Legality*, Harvard University Press, 2010, p. 170.
④ See J. M. Finnis, *Natural Law and Natural Rights*, 2nd edition, Oxford University Press, 2011, chapter 1.
⑤ See Nicholas McBride and Sandy Steel, *Great Debates in Jurisprudence*, Palgrave, 2014, p. 82.

需要,还是现实的表征,至少有两个立场不得不用"自然法"加以指称和描述:

一是古典自然法学所采纳的经典立场,即"恶法非法"的立场。"恶法非法"对立于"恶法亦法"——它强调,不是所有人定法都是普遍有效的神圣律法。有违于正义理想或特定道德标准的人定法,要么根本就不是法律,要么不是道德上有效的法律。

二是在法律本质上,主张法律是理性之诫命(vis directiva)的立场。中世纪自然法学说出现了实在论和唯名论两种不同立场:实在论将自然法解释为独立于意志的理智,上帝不是立法者,而是依靠理性行为的教导者,自然法的命令即使是上帝亦不能更改;唯名论则强调上帝意志的纯粹性,只有当上帝是立法者时,自然法的命令才是正当和具有约束力的。① 由此,可以生成两个不同主张,即法律为理性和法律为意志的主张。在意志论的影响下,法律实证主义者同样将意志奉为圭臬,强调法律作为立法者意志的先在性,因而与自然法的传统立场相悖。换言之,自然法观念并不否认实在法的存在及其重要性,而是反对将法律作为意志的法律实证主义思想。

基于指称特定理论立场的现实必要性,可以从广义和狭义的概念层面上对自然法加以界定:广义的自然法是指在一个有约束力的政治秩序中,独立或超越于实在法之上的正义原则;狭义的自然法是指寄存在世界秩序、事物本质或人的本质之中的那些正义原则,是从"自然"中发现的正确性标准(理想的应然标准)。

### 三、自然法的"古今之争"

在西方文明史,自然观念的历史演变发生了某种形式的断裂,并被施特劳斯概称为自然法的"古今之争"。自然法传统的断裂是其理论基础或前提方面的重大变动,即如何回答如下问题:什么是接受一个恒常不变之法则的唯一前提? 这永恒不变的法则在本质上是不是内在所固有的?②

在思想史早期,哲学以形而上学为主题,主要探讨存在的本质是什么。在苏格拉底反对智者的相对主义和怀疑主义、强调客观的绝对真理之后,哲学走入探寻共"相"和最高"善"的形而上学时代。引入"善"的目的论思想有两大作用:(1) 它导引人们探求事物本质,后者是事物发展的动力来源和最终目的;(2) 事物为"善"的前提是,出现或存在一种适于该事物的理性秩序,亦即任何"善"是一种有规则、有秩序安排的结果。该秩序安排的最终根源何在,需要预设进一步的神学前提(宇宙万物的正当秩序是预先存在的)。至此,"善"成为类似"存在"的范畴,是一个绝对抽象的道德价值标准。目的论思想和"善"的学说为自然法观念的发展和出现奠定了坚实基础。

一般认为,亚里士多德哲学中包裹着一个自然法学说。由此可以说,亚里士多德

---

① See Otto Gierke, *Political theories of the Middle Age*, Cambridge University Press, 1987, p. 173.
② See Hans Kelsen, "Foundation of the Natural Law Doctrine", Carmen G. Mayer trans., 2 *Anglo-Am. L. Rev.* 83(1973).

(Aristotle)是自然法学说的奠基人,因为其形而上学必然导致一个自然法的结论。① 在亚里士多德的形而上学中,存在着一个"隐德来希"学说(a doctrine of Entelechy)②。亚里士多德认为,所有事物的内部都有一个朝向特定目的的运动,目的是实现特定事物的完美。所有的运动中,必然有一个最初的第一动者,它是事物运动的动力来源,是纯粹的现实性。第一动者所创造的是必然的"是、存在"(being),作为必然的东西就是完美的善,亦即本原。③

如果"善"的优先性是对古代自然法学说的高度概括,那么启蒙运动以来的近代自然法学说则代之以"权利"优先性,他们从个人主义和理性主义的立场出发,不仅论证了个人自然(或"天赋")权利的理性基础,而且确立了个人自然权利相对于国家法律的优先性(自然权利是内在固有的,先于国家法律而存在)。为此,"权利"优先性需要一个与过去相决裂的新基础,并具有以下三个面向:

首先,"自然"观念发生了重大转向。在启蒙时代,古代的目的论自然观受到无尽攻击,"整个运动的典型是培根对目的论的尽情嘲弄:神学就像奉献给上帝的处女一样,生不出后代"④。在近代自然科学的影响下,"自然"(nature)不再是受目的论指引的有机整体,而是一个特定意义上的物质世界。物质世界是僵死的,范围上无限且到处充满运动,并由普遍而纯粹的力所驱动。⑤ 这种物质世界的自然观彻底切断了自然秩序与神恩之间的隐秘关联,逐步凸显出人的理性及其思想启蒙的重要意义。

其次,近代以来的人们对理性和理性认识的看法发生了转变。启蒙运动的真正精神是,重新发现人的理性并为人的理性认识欢呼。按照康德的看法,"启蒙是人之超脱于他自己招致的未成年状态"⑥。要摆脱这种自我招致的未成年状态,必须鼓起勇气运用自己的理性。"不论你们要思考多少、思考什么,用理性去思考吧!"⑦按照启蒙时代的看法,唯有从个体的人出发,去除故意的遮蔽,相信其理性的能力,才能摆脱人的未成年状态。因此,正是从原子式的个人出发,以人性的观点重新理解国家和社会,才开创了古典自然权利的真正基础。

最后,在近代自然观和启蒙思想的影响下,近代哲学发生了一场堪称"哥白尼革命"的转向,即哲学从"是什么"的本体论转向"认识什么"的认识论。在笛卡尔怀疑主义的挑战之下,传统的目的论形而上学逐渐没落,客观知识必须植根于绝对可靠的认识论基础。当时普遍认为有两种可靠的认识论基础,即经验主义的归纳和理性主义的演绎。

---

① See Heinrich Rommen, *The Natural Law: A Study in Legal and Social History and Philosophy*, Liberty Fund, 1998, p. 90.
② Entelechys("隐德来希")是希腊语ἐντελέχεια 或拉丁语 entelecheia 的音译,意为"完全实现"。亚里士多德用它来指称一种最高的存在,是一个事物发展的最终目的,也是推动事物向最终目的发展的第一推动力。
③ 参见汪子嵩等:《希腊哲学史》(第3卷),人民出版社2003年版,第874页。
④ 〔英〕R. G. 科林伍德:《自然的观念》,吴国盛、柯映红译,华夏出版社1999年版,第103页。
⑤ 参见同上书,第123页。
⑥ 〔德〕康德:《答"何谓启蒙?"之问题》,载《康德历史哲学论文集》,李明辉译,联经出版事业公司2002年版,第27页。
⑦ 同上书,第34—35页。

这与论证自然法的两种主要方法,即经验和先验的方法存在高度重合。正是因为方法论的革新,自然法学界才会一直存在着究竟谁——是格劳秀斯(Hugo Grotius),还是霍布斯(Thomas Hobbes)——是近代自然法学说真正奠基者的争论①。

根据施特劳斯的看法,第一个从上述重要历史变化中引申出自然权利论的是霍布斯②,为此可将由他所开启的近代自然法传统概称为"自然法理论的概念模式"(the conceptual model of natural law theory)。这一理论共享一个由六个基本观点所构成的理论框架:"1. 自然状态作为非政治和反政治的条件,是分析国家起源和基础的起点。2. 自然状态与文明社会互为对立面,因为文明社会是自然状态的反面,旨在矫正或消除后者的缺陷。3. 从根本上说,自然状态的构成因素主要是个体的人,他们并不生活在社会之中,却是可社会化的人。4. 自然状态的构成因素(个人,或者承认个人存在的家庭)是自由且平等的。因此,自然状态总是被描述为自由和平等的状态。5. 从自然状态过渡到文明社会不是必然发生的,而是通过一个或多个契约来达成的。这些契约是自愿和审慎的行为,由有意离开自然状态的个人所完成。因此,文明社会被理解为'人造'物,或者用今天的话说,它是'文化'而非'自然'的产物。6. 政治社会的正当性原则是同意。"③

## 第二节　自然法学说史:源流与学派

### 一、古希腊及斯多葛学派

在西方文化语境中,自然法观念最早出现于古代希腊。赫拉克利特(Heraclitus)被认为是最早论述自然法思想的古希腊贤哲④,他留下的残篇中阐述了一切事物的逻各斯并认为"应当遵从那个共同的东西"⑤。人法以这一神圣的逻各斯为基础,因此人们应当遵守并捍卫它:"人民应当为法律而战斗,就像为城垣而战斗一样。"由此,自然法作为一种永恒不变的法则的观念第一次出现在历史之中。柏拉图的理念论则为自然法思

---

① 有关这一争论的相关内容和细节,可参阅周丽:《论近代自然法的产生》,中国政法大学 2004 年博士学位论文。
② 参见〔美〕列奥·施特劳斯:《自然权利与历史》,彭刚译,生活·读书·新知三联书店 2003 年版,第 169 页。
③ Norberto Bobbio, *Thomas Hobbes and the Natural Law Tradition*, Daniela Gobetti trans., The University of Chicago Press, 1993, pp. 1-2.
④ 参见刘鸿荫:《西洋法律思想史》,维新书局 1970 年版,第 7—9 页;另参见汪太贤:《从神谕到自然的启示:古希腊自然法的源起与生成》,载《现代法学》2004 年第 6 期。
⑤ 北京大学哲学系外哲史教研室编译:《西方哲学原著选读》(上卷),商务印书馆 1981 年版,第 22 页。

想奠定了形而上学基础,真正的法律始终存在于理念之中。法律乃是实现人的理念的不可或缺的手段。因此,自然法是理念法,是判断人定法的合理尺度。自然法与实在法、自然正当和法律正当的矛盾和冲突在古希腊戏剧作品中均有所体现。悲剧作家索福克勒斯的《安提戈涅》被后世法学家视为实在法与所谓"高级法"(自然法)之间的悲剧展示。①

亚里士多德的伦理学和知识论为自然法学说提供了一个坚实的形而上学基础,故常被视为"自然法之父"。亚里士多德区分了自然正当和法律正当,两者都是正义的目标。行动符合自然,就是自然正当的,它是永恒不变的,在任何时间和地方都有相同效力。自然正当可以在自然法和实在法中找到表现形式,实在法因民族、地域和时代而变,是将普遍的正义理念运用于形式各异的生活,从而多多少少以努力达成自然法的理念。由此,自然法作为法律的理念和目的,是实在法的目的和伦理基础。对实在法之缺陷、瑕疵的补正,必须引入更为一般的原则理念,亦即"衡平",从而可借由自然法的内容而克服。

作为希腊化时代最有影响的哲学流派,斯多葛学派(the Stoics)不仅为罗马法的理性化"预备"了哲学基础,而且为基督教神学自然法开辟了道路。斯多葛学派,又称为"画廊学派",由其创始人芝诺(Zeno of Elea)在雅典广场的壁画长廊下创办学校,开办讲座而逐渐形成。除了芝诺外,其代表人还包括第二创始人克律西普、爱比克泰德、罗马哲学家塞涅卡、罗马帝国皇帝马可·奥勒留等。其伦理思想的基本口号是"与自然相一致地生活",这也是伦理学的目标。自然与理性是同一的,普遍的自然法则和正确理性也是同一的。与自然相一致地生活,就是根据理性而行动,在生活中服从永恒的自然法。自然法是全体事物之法,是人的事物和神圣事物之王,因此是正义和非正义的尺度。

西塞罗(Cicero)是晚期斯多葛学派的代表人物,也是其自然法学说的阐释者和传播者。西塞罗的自然法思想不仅延续了斯多葛学派的基本思想,而且将其与政治实践相结合,从而奠定了自然法与国家正义的关系。在西塞罗那里,自然法确立了至高的地位,并与理性和神意相衔接。在《国家篇》中,西塞罗如此说:

> 真正的法律是正确的理性,与自然相一致,并撒播在所有的人之间。它是恒常不变和永恒的,通过其指令要求服从的义务,通过其禁令阻止犯罪。对好人来说,它们从来不曾落空,但也未曾通过其指令和禁令而触动邪恶的人。制定违反该法律的立法是错误的;它不允许任何的减损,也不能被完全废弃。我们无法通过元老院和民众大会来摆脱这一立法;它不需要任何解释或注解。无论在罗马,还是在雅典,无论是今天,还是未来,都只有这样一套法律:任何时候任何国家都受这一永恒

---

① 参见〔美〕爱德华·S.考文:《美国宪法的"高级法"背景》,强世功译,生活·读书·新知三联书店1996年版,第1页。

不变的法律的约束。①

根据西塞罗的看法，普遍自然法具有双重属性：一方面，它是神的精神和理性之体现，其根源在于上帝主宰和统治着世界，这一观念与基督教思想的兴起和传播有着密不可分的关系。自然法是神意的体现，神创造了自然和人，因此两者都被赋予了理性。自然法是自然之中内在固有的最高理性。另一方面，人是自然生物，拥有理性灵魂，与神共享神圣的理性能力。在所有的自然物中，理性为人所独具，借此他可以辨识和使用广泛的合理秩序。只要人做到了这一点，只要他被理性引导和统治，那他便在最高的程度上实现了其自然本性，便与神共享正义和法律。因此，依据自然而生活，既是可能的，也是每个人都可以达成的。

二、 中世纪神学自然法

基督教不仅继受了自然法思想，而且发展为中世纪的主导性思想。早期教会的思想家开始利用斯多葛学派的自然法思想以支撑基督教的基本教义，但并未试图构建一个完整的伦理学和法学体系。圣奥古斯丁是早期代表的唯一例外，开创性地调和了两股彼此独立且互不相关的政治思想源泉：一是基督教世界的《圣经》，另一是自柏拉图以来的古典哲学。奥古斯丁（Augustine）试图通过思辨理性来演绎人类行为的正义准则。根据超道德的原则，最高意义的正义从理性出发，规定了所有事物的正当秩序——这一秩序要求低级者服从高级者，而且这一服从是普遍的、完全的，不仅在人类之中如此，在人类之外亦是如此。这一秩序的保证是灵魂统治肉体，理性统治欲望，上帝统治理性。

奥古斯丁区分了两种意义的律法：一是永恒法，它是正义的最高标准；二是人类法或世俗法，它是永恒法的共同原则适应于特殊社会的恒常要求。在两者的关系中，永恒法是基础，它是世界的永恒秩序、理性和神意。这一神圣的秩序尊重上帝所创造的自然秩序，并可被刻画在人类灵魂中，成为自然法（lex naturalis）。有良知的人包括异教徒，都受自然法的约束，因此永恒法构成正义的普遍而神圣的源泉。与永恒法相反，人类法或世俗法可随着时间、地点而变化。作为法，它维护公益，而且必然是公正的法，因为不公正的法根本不是法。因此，人类法可有助于人们趋向完美，因为它反映永恒法的要求，而且本质上可通过理性的中介为人所知晓。人定的世俗法是可变的，因而不同时空下的世俗法必然有一定的差异，甚至截然相反。世俗法的最大特点是，它巧妙利用了人的邪恶以实现和维持社会中的有限正义。

在经院哲学发展到顶峰之际，神学自然法也获得了最为精致的表达和阐述，其最杰出的代表是托马斯·阿奎那（Thomas Aquinas）。阿奎那是最著名的基督教亚里士多德主义者，他所发展的自然法思想又被称为"托马斯主义"。阿奎那将永恒法称为神的

---

① James E.G. Zetzel ed., *Cicero On the Commonwealth and On the Laws*, Cambridge University Press, 1999, p.71.

智慧或上帝的理性,是上帝用来统治整个宇宙的根本大法。上帝是依仗其智慧而成为万物的创造者,他对万物的关系正如艺术家与其艺术品的关系一样,上帝支配着每一个别创造物的一切行动和动作,因此永恒法不外乎是被认为知道一切行动和动作的神的智慧所抱有的理想。一切法律只要与真正的理性相一致,就必须是从永恒法中产生的。换言之,只要人法按照真正的理性办事,它便具有法的性质;只要它违背理性,它就被称为非正义的法律,并且不具有法的性质而具有暴力的性质。

与其他动物不同,人作为一种理性动物,以一种特殊的方式受神意的支配;他们既支配自己的行动,又支配着其他动物的行动,因而成为神意本身的参与者。他们在某种程度上分享神的智慧并由此产生一种自然的倾向,以从事适当的行动和目的。这一理性动物参与永恒法的结果正是自然法。自然法,作为辨别善恶的自然理性之光,是神的荣光在我们身上留下的痕迹。自然法的基本原理与我们自然倾向的原理相一致,并具有普遍性和不变性的特征。人法是理性从自然法的箴规出发,借助推理的力量所得出的特殊安排。通常来说,法是实践理性的命令,而有关人法的推理过程却很像思辨理性(科学的方法)。因此,它不是简单地等同为世俗国家的立法,更确切地说,是世俗国家的那些符合理性法则的立法。因此,人法必然从属于自然法。这一从属有两层关系:一方面,人法是否为有效的法律,取决于它的正义性,即是否能够正确地符合理性法则。另一方面,任何法律都可以通过两种方式由自然法产生:第一是作为从比较一般的原理得出的结论,第二是作为某些一般特征的规定。

### 三、近代理性主义自然法学说

近代自然法学说具有个人主义、理性主义的基本特征。[①] 首先,它脱离了宇宙目的论的范畴,转而突显个人的作用和意义,并试图从个体的人出发来建构一套政治法律学说。其次,自笛卡尔以来,通过构筑第一人称"我"的方法论意义,知识获得了新的理性基础。人的主体地位的抬高,意味着神学的退隐,主体理性逐步成为判断各项事物的标准和尺度。最后,近代自然法的激进色彩,体现为一种革命性的要求和呼声。一方面,通过脱离自然法的神学背景,它构筑了一套崭新的政治话语体系,从而确立了与资本主义萌芽和发展相适应的主流意识形态;另一方面,它为扫除中世纪的旧秩序并建立近现代的新秩序提供了思想准备和基础。

对于谁是近代自然法学说的真正奠基人,颇有一些争议。有人以为,荷兰法学家格劳秀斯的自然法学说是一个转折点,标志了从形而上学自然法向理性自然法的过渡[②];但相反的见解则认为,全面的转向发生在格劳秀斯之前,其真正的代表人物是霍布斯[③]。其实,任何伟大思想的诞生都有其历史文化的深层背景且是连续演化的自然

---

[①] 参见〔意〕登特列夫:《自然法——法律哲学导论》,李日章译,联经出版事业公司1984年版,第46页。

[②] See Heinrich Rommen, *The Natural Law: A Study in Legal and Social History and Philosophy*, Liberty Fund, 1998, p. 62.

[③] See Leo Strauss, *Natural Rights and History*, University of Chicago Press, 1953, pp. 166, 177-202.

结果。

格劳秀斯站在两个时代的过渡阶段,既与中世纪的黑暗时代保持密切联系,未彻底否认自然法与上帝之间的关联,又为近代的自然法学说表达了其独特的理性主义色彩。他毫不含糊地将自然法置于人类理性的视域之中,并试图运用科学方法证明自然法的地位与作用。科学方法的典范是以几何学为范本的科学方法,即从确定无疑的公理出发演绎出一整套公理体系。在格劳秀斯看来,"自然法是无法改变的,即便上帝自己也不能加以变更……故而,二加二必然等于四,绝不可能相反,同样,真正恶的东西,也绝不可能不为恶"①。因此,格劳秀斯的主要贡献在于将自然法从神学的束缚下解放出来,恢复并发展了自然法的世俗性。其核心思想是,人生来就是一个理性的社会性的动物。理性的禀赋规定了人,使之最终区别于其他动物。正是因为人的理性禀赋能够洞察公正是一种内在于自身并为了自身的美德,因而人很自然地要去寻求建立与他人联系的社会,自然而然地希望举止适度得当,尽管不少人在实际生活中常常违背了自己的真实本性。

格劳秀斯在分析权利(ius)的三种含义后,从法律的角度将权利(严格意义上的法律)区分为两种类型:自然法和意志法(人法与神法)。自然法与人的本质属性相关联,并被定义为"正当理性的命令,它指示任何与本性的理性相一致的行为就是道义上公正的行为,反之就是道义上罪恶的行为"②。其结果是,这些行为要么被自然之创造者——上帝所禁止,要么就是他所赞赏的。然而,在格劳秀斯看来,即使没有上帝,或者说即使人类事务与他没有关联,自然法也是行之有效的。而且,自然法还是绝对不变的最高类型的法,即使上帝也不能改变它。"自然法是如此不可改变,甚至连上帝自己也不能对它加以改变。尽管上帝的权力是无限宽泛的,然而有些事物也是其权力延伸不到的。"③综上,格劳秀斯指明了自然法可能独立于神启的世俗化道路。

同格劳秀斯一样,英国哲学家霍布斯也是科学证明方法的坚定遵循者。霍布斯宣称,只有将数学方法应用于政治哲学,才能将政治第一次提升到科学的高度,成为理性知识的一个部类。④ 霍布斯认为,人类行为应从机械论的情感心理学方面去理解和认识。当外界物体作用于人的感官,有助于人的生命运动时,就会引起喜爱和快乐的感情;反之就会产生厌恶和痛苦的感情。前者被称为善,后者被称为恶。最大的善是保全生命,最大的恶就是死亡。因此,他断言人的本性是自我保存、趋乐避苦、永无休止地追求个人利益。霍布斯政治哲学的基础可以归纳为"两条最为确凿无疑的人性公理",一是"自然欲望公理",它体现为人之动物性激情,并受激情的驱使去追逐优势地位及其认可;二是"自然理性公理",这一公理又可概括为自我保存的原则:由于保存生命是满足

---

① Hugo Grotius, *The Rights of War and Peace* (Book 1), Liberty Fund, 2005, p. 155.
② Ibid., pp. 150-151.
③ Ibid., p. 155.
④ 参见〔美〕列奥·施特劳斯:《霍布斯的政治哲学:基础与起源》,申彤译,译林出版社2001年版,第164—165页。

任何欲望的先决条件,因此自我保存是"首要的善"。①

从这一人性基础出发,霍布斯推演出自然权利、自然法和自然状态迈向文明社会的逻辑必然性。按照霍布斯的看法,自然权利"就是每一个人按照自己所愿意的方式运用自己的力量保全自己的天性——也就是保全自己的生命——的自由。因此,这种自由就是用他自己的判断和理性认为最适合的手段去做任何事情的自由"②。很显然,自然权利是在自然状态下所拥有的一项正当权利,它决定着每个人均有可能成为他人的手段和工具,自身也不例外,因此自然状态必然是一切人对一切人的战争状态。这样的自然状态不可能持久,势必要通过一定的机制而进入和谐共存的状态。这一要求本身是自然法的规则。为此,在霍布斯的意义上,自然法是理性所发现的一般规则或戒律,它禁止人们去做损毁自己生命或剥夺保全自己生命的手段的事情,并禁止人们不做自己认为最有利于生命保全的事情。③

因此,对于霍布斯而言,自然状态不是一个历史事实,而是一个必要的构想。这一构想为国家——这一人造(artificial person)的利维坦——奠定了逻辑起点。这个"自然状态"是从人的情感中推演出来的:是为了揭示阐明,为了形成正确的政治秩序,我们必须了解人的自然倾向,它主要用来确定人形成政治社会的原因、目的和目标。在自然状态之下,无公正可言,因为公正与否取决于或依据于某种先在的法律;而文明社会之外不存在法律。文明社会的状态是约定俗成的。从自然状态中唯一得到的补偿是,我们有可能摆脱自然状态。霍布斯所开出的药方是,通过相互订立信约,构建一个共同体。"信约"的实质正是我们所熟知的社会契约,共同体则是伟大的利维坦,实质上的主权国家。通过人民相互之间的权利让渡,并将之授予一个虚拟的唯一人格,由其垄断判断的权利,并承认它,是为了使它能够按照有利于众人之和平和共同防卫的方式来运用全体的力量和手段。

近代个人理性主义自然法学说的终极形式是康德的哲理法哲学。康德从个人自由的体系起点出发,通过纯粹理性的演绎为所有可能的立法奠定基础。对于康德而言,权利是一个理性概念,而非一个经验概念,因为经验概念不能普遍且必然地有效。康德的权利概念融合了自由、强制和普遍法则等要素,是一个高度融贯的哲学范畴。

首先,权利是外在自由的全部条件之综合。康德认为,道德的自由法则具有两重性,即可分为伦理的法则和法律的法则。"如果一种行为与法律的法则一致就是它的合法性;如果一种行为与伦理的法则一致就是它的道德性。前一种法则所说的自由,仅仅是外在实践的自由;后一法则所说的自由,指的却是内在的自由,它和意志活动的外部

---

① 参见〔美〕列奥·施特劳斯:《霍布斯的政治哲学:基础与起源》,申彤译,译林出版社2001年版,第17—18页。
② 〔英〕霍布斯:《利维坦》,黎思复、黎廷弼译,商务印书馆1986年版,第97页。
③ 参见同上书,第97页。

运用一样,都是为理性的法则所决定。"①在此,外在自由与法律的法则是紧密联结的:外在自由是行为符合法律的法则之自由,法律的法则是保障外部自由协调共存所不可或缺的普遍法则。②

其次,法律的法则如此规定:"外在地要这样去行动:你的意志的自由行使,根据一条普遍法则,能够与其他所有人的自由并存。"这一普遍的自由法则,与其他的道德法则一样,是"形式"的,而非"实质"的。这是一条重要的"形式主义"的主线③,它认为,"任何一个行动,如果它本身是正确的,或者它依据的准则是正确的,那么,这个行为依据一条普遍法则,能够在行为上和每一个人的意志自由同时并存"④。这一普遍的权利原则是纯粹的法的实践理性的原则,亦即由理性所规定的法的绝对命令(category imperative)⑤。

最后,权利与强制联系在一起并构成一个事物的一体两面。如果外在自由的扩张损及了他人的外在自由,那么对这一自由的强制和阻止就是正确的做法,并与根据普遍法则而存在的自由相一致。这也意味着,与其他人的自由相协调,总是伴随着普遍的相互强制的可能性。因此,权利的法则在普遍自由的原则支配下,必然表现为一种相互的强制。也就是说,从严格的意义来看,每一项权利都和一种强制的权限相结合。⑥

### 四、当代自然法学说的复兴

当理性主义自然法发展到顶点之际,来自两个方面的攻击和挑战导致了自然法学说在当代的逐渐衰微:一个方面,是休谟的怀疑论和不可知论,以及杰里米·边沁的功利主义的攻击,他们试图完全破坏和摧毁自然法观念本身;另一个方面,是浪漫主义的反理性主义和反革命精神,以及历史法学派对理性主义时代的反历史和抽象思考的批评。两者的共通之处在于对个人理性能力的高度不信任。⑦ 在20世纪的30年代至50年代,法学界对自然法的兴趣开始复兴,部分原因是学者将立宪民主制度的塌陷归咎于法律实证主义——实证主义者对实在法之道德基础的漠视或无知,导致他们在面对极权统治时毫无防备和抵抗之力。因此可以说,当代自然法学说的复兴是建立在对法律实证主义的批判和辩驳之上的。

拉德布鲁赫(Gustav Radbruch)是20世纪最负盛名的德国法哲学家之一。出于对法律实证主义无力抵御纳粹暴政的反思,他于1946年在《南德意志法学家报》发表《制定法的不法与超越制定法的法》一文,旨在讨论和解决在追诉纳粹分子的犯罪时,应如

---

① 〔德〕康德:《法的形而上学原理——权利的科学》,沈叔平译,商务印书馆1991年版,第14页。
② 参见同上书,第81页。
③ See Patrick Riley, *The Philosophers' Philosophy of Law from the Seventeenth Century to Our Days*, Springer, 2000, p. 197.
④ 〔德〕康德:《法的形而上学原理——权利的科学》,沈叔平译,商务印书馆1991年版,第40页。
⑤ 参见〔德〕O. 赫费:《康德之作为法的绝对命令的正义原则》,杜文丽译,载《世界哲学》2007年第3期。
⑥ 参见〔德〕康德:《法的形而上学原理——权利的科学》,沈叔平译,商务印书馆1991年版,第44页。
⑦ 参见〔德〕海因里希·罗门:《自然法的观念史和哲学》,姚中秋译,上海三联书店2007年版,第99—101页。

何确定实在法与正义之关系。在文中,拉德布鲁赫提出了后世被称为"拉德布鲁赫公式"的核心主张:

> 正义与法安定性之冲突当如此解决:以制定法规和权力加以确保的实在法,即使在内容上不正义及不合目的,仍然享有优先地位。除非实在法违反正义达到无法容忍的程度,以至于实在法作为"不正之法"而必须让步于正义。而要在制定的"不正之法"与虽然内容不正义却仍有效之实在法之间划出更明确的界线并不可能。可明确划出的是另一道界限:在制定实在法时,根本不追求正义,或者故意否定构成正义核心的平等,那么制定法就不只是"不正"之法,毋宁说根本欠缺法律的本质。①

根据实在法与正义之分合关系,拉德布鲁赫公式区分了三种类型的不正义之法:(1) 实际有效的实在法,即使它不合正义,不合目的;(2) 让步于正义的实在法,因为其内容违反正义至无法容忍的地步;(3) 因欠缺法律的本质而不再是法律的实在法,因为它根本不追求正义,或者在制定时故意否认作为正义核心的平等。而在解释的层面,拉德布鲁赫公式可以进一步细分为"无法容忍公式"和"否认公式"。

"无法容忍公式"是拉氏公式中最广为人知,也是法院判决最常引用的部分,其要义是限定法安定性的适用范围,即限定实在法的效力。如果法官将实在法内容视为无法忍受的不正义,则实在法丧失其应有的规范优先性地位,法官不必受限于实在法的内容约束,可以直接诉诸实质的正义价值。"否认公式"则有两个要点:一是法律的概念与正义价值相连接。在拉氏看来,法律作为一种现实性,旨在实现或服务于正义,因此不追求正义的法律根本不是本质意义上的法律;二是将极端不法的性质认定为与立法者的意图高度联结,凡是立法者根本不追求正义,或者有意否认平等之意时,法律已然丧失了其作为法律的性质和地位。总之,拉德布鲁赫公式包含了自然法的思想特质,但又非古典的自然法,而是对自然法学说和法律实证主义之对立关系的一种妥协。

当代自然法的复兴不是对自然法传统的简单回归,而是对传统自然法的扬弃与发展。19世纪末出现的一股经院哲学新浪潮,即新托马斯主义,由于注重自然法传统与当代政治和法律问题的相关性,使得新托马斯主义进入最具创新性的时期。约翰·菲尼斯、罗伯特·乔治等人是这一新自然法学派的主要代表人物。约翰·菲尼斯的自然法学说可以概括为三个方面:

第一,基本善。菲尼斯的自然法学说始于如下出发点:存在某些需要通过法律制度方能实现的基本善——它们赋予了人类选择和行动的理由,同时又无须进一步的证成,即它们是不证自明的。基本善定义了人类繁荣的意涵,为我们的行动选择和理由划定了一个合理框架和理性期待,并成为自然法学说所立基的客观价值和实践原则。为此,

---

① Radbruch,"Gesetzliches Unrecht und übergesetzliches Recht",Süddeutsche Juristenzeitung,1946,S. 107. 又可参见黄忠正:《论 Radbruch 公式》,载《政大法学评论》2013 年第 132 期。

菲尼斯给出了一个较为全面的基本善清单,具体包括生命、知识、游戏、审美经验、合群性、实践理性和宗教等基本善。① 这些基本善不仅是客观和抽象的,而且不可避免是多元的和不可公度的(incommensurable)。所有的基本善都具有同一基础:每个人都可以合理聚焦并主张一定的价值优先性,因此并不存在任何先在的、客观的价值优先性。

第二,实践理性。既然基本善是不可公度的,而且人类繁荣也不止唯一正确的道路,那么实践理性将允许个人将其他基本善与自身生活相结合。强调实践理性的首要原则是,所有个人选择和意愿都开放于个人内在价值的实现;作为实践理性首要原则的具体化,实践理性还包含九个方面的基本要求:"(1)有条理的人生计划;(2)不恣意偏爱某个价值;(3)不恣意偏爱某个人;(4)超然的人生态度;(5)不轻易放弃责任;(6)用最有效的方法追求有限的生活价值;(7)尊重每一项行为所涵盖的每一种基本价值;(8)共同善的要求;(9)遵从良心。"②

第三,公共善、权威和法律的重要性。人们欲通过参与所有基本善而实现人类繁荣,就必须生活在一个完整的共同体内,后者可以协调个人、家庭和社会的筹划和活动,以公共善实现和保障个体人格的发展。确保物质和其他条件的全体,便是"公共善",因为它们对每个人都有益。公共善的实现方法须作出必要的决定,决定之途只有两种:要么全体一致,要么权威决定。当全体一致不可能之时,权威决定便至为关键。权威决定的方式多样,但法律之特征,特别适于实现公共善的相关决定。首先,法律是实证的,其存在和内容无须诉诸任何道德论证的事实;其次,法律是整全的,它赋予过去行动以权威性,并为未来行为提供稳定参照点;再次,法律是强制的,有助于增强法律的权威;最后,法律还具有开放性和灵活性,既可以为社会成员自行提出的解决合作问题的方案提供权威性支持,又可因合作问题的情势变化而发展出相对清晰的解决方案。③

在与法律实证主义相对的立场上,马克·墨菲(Mark C. Murphy)、乔纳森·克罗(Jonathan Crowe)等人对自然法学说给出了一个全新的阐述与论证。在他们看来,法律实证主义的核心命题是社会事实命题,即强调法律的存在与内容取决于特定的社会事实标准。与之相反,自然法学说并不否认法律的社会事实要素,而是强调法律的存在与内容的规范性维度,因此其核心主张可重构为如下自然法命题(the natural law thesis):"法律必然是理性的行为标准。"④这是自然法传统的主要法学家们所秉持的一个基本主张,但通常会受到法实证主义者的拒斥和否定。⑤

作为一种行为标准,法律必然发挥着行为指引的功能。如果一种行为标准不能为行为提供充足理由,那么该标准就不能充分发挥其行为指引的功能。为此,法律发挥其

---

① See John Finnis, *Natural Law and Natural Rights*, Clarendon Press, 1980, pp. 86-90.
② 转引自陆幸福:《自然法理论的认识论难题——菲尼斯的解决方案及其反思》,载《法制与社会发展》2019年第2期。
③ See Nicholas McBride and Sandy Steel, *Great Debates in Jurisprudence*, Palgrave, 2014, pp. 99-101.
④ Mark C. Murphy, "Natural Law Jurisprudence", 9 *Legal Theory* 241(2003).
⑤ See Jonathan Crowe, *Natural Law and the Nature of Law*, Cambridge University Press, 2019, p. 137.

功能的适格性（suitability）依赖于其提供理由的能力。进而，法律提供行为理由的能力，在于它服务或促成更高的目标，如实现人类繁荣的基本善或公共善。通过与菲尼斯"实践理性"要求相结合，自然法命题又可表述为"法律必然提供了决定性的行为理由"①。任何不合理的或不提供决定性行为理由的规范都将具有理性缺陷（rational defects）。理性缺陷对法律的性质认定会产生两种不同的影响，并各自凝结为强自然法命题和弱自然法命题。强自然法命题将"理性的行为标准"或"提供决定性的理由"作为法律的存在条件或效力条件，因此规范的理性缺陷将导致其在法律上无效。但是，当代自然法学者更偏好于弱自然法命题，将"理性的行为标准"或"提供决定性的理由"作为法律的无缺陷条件，换言之，规范的理性缺陷导致其法律上的缺陷，由于它不提供服从的决定性理由，它虽然在法律上有缺陷，但并不影响其法效力。

## 第三节　自然法学说与法律实证主义的理论争议

### 一、哈特与富勒之论辩

1958年，哈特教授在哈佛大学法学院讲学期间发表了一次公开演讲，演讲内容连同富勒教授的评论同时刊登于《哈佛法律评论》第71卷，由此拉开了哈特与富勒之争的序幕。两人的理论交锋进行了六轮，延续了十年之久，不仅是英美法理学勃勃生机的标志和象征（被誉为"20世纪最著名的法哲学争论"），而且为各自的学术论述和理论贡献奠定了扎实基础。②

争论的由头是战后审判的法律依据问题。由告密者案所引发的难题是，司法机构应如何看待纳粹政权所颁布的邪恶法令。这些法令属于典型的实在法，但其实质内容又严重背离公认的道德原则，是不折不扣的"恶法"。对此，哈特坚定捍卫并复兴了法律实证主义的核心命题，即法律与道德相分离的分离命题（"实际上是这样的法与应当是这样的法相分离"）。法律与道德、实然与应然，虽然存在偶然的事实关联，但并不存在必然的关联。在哈特看来，借由承认规则的效力判准，道德内容可以转化为法律规定，但我们既不能仅仅因为法律规则违反了道德性标准就判定它不是法律，也不能因为一个规则在道德上是可欲的就认定它是法律规则。从坚持法律与道德的分离立场到构建以规则为中心的社会规则实践理论，哈特在这场法理学"世纪论辩"中进一步推动了分

---

① Mark C. Murphy, *Natural Law in Jurisprudence and Politics*, Cambridge University Press, 2006, p.1.
② 参见谌洪果：《天人交战的审判：哈特与富勒之争的再解读》，载葛洪义主编：《法律方法与法律思维》（第4辑），法律出版社2007年版，第250—252页。

析实证主义法学的发展及影响。

富勒则认为,虽然哈特将"忠于法律"的现实问题置入法律与道德的关系问题加以讨论,却并未认识到这一问题所蕴含的意义。只要问题讨论进入"忠于法律"的实践层面,就无法回避"法律应是什么"的道德问题。坚持分离命题的法律实证主义不仅无助于实现"忠于法律"的目标,而且在理论上也是不充分的,因为法律内在包含了人类的某种价值追求,它是人类有目的的事业或活动。因此,法律的内在价值或目的是为人类互动提供一个良性而稳固的制度框架,以实现人类所追求的各种实体目标。而且,在理解重要的社会实践时,不可能将"是什么"的问题与"应该是什么"的问题完全分离,因为社会实践的描述正像有意义的故事复述,必须在掌握要点的前提之下才能如此。因此,"在目的性活动的领域……价值和存在不是两回事,而是同一整体现实的两个方面"①。

经由与哈特的论辩,富勒抛弃了盛行于英美的实证主义和现实主义传统,选择了一种自然法方法。他不仅自言其理论是自然法理论,而且还试图指出自身理论与传统自然法学说的融通之处。然而,仅仅将其视为一个现代的自然法学家,并不能公正地看待其法学理论的新颖性。在富勒看来,他所讲的自然法不是传统的自然法,而是"一种特殊类型的人类活动所遵循的自然法,这种活动被我描述为'使人类行为服从于规则之治的事业'"②。

富勒认为,人类的社会安排或秩序机制都具有如下特征:(1)一个独特的目的或任务;(2)一些或一系列最适合解决的问题或议题;(3)一种预期的结果;(4)一个独特的决策结构;(5)个人参与该决策的独特模式;(6)使其能够很好地运作的一组背景条件;(7)与之相适应的"内部道德"或一套治理原则③。法律秩序并非唯一的人类社会秩序类型,而是结合了若干秩序类型的均衡形态。法律秩序同样具有与之相适应的"内在道德",进而为法律与道德的结合论奠定了基础。

在他看来,法律的内在道德由一系列要求组成,它们构成合法性(或法治)原则的基本要求。法律的内在道德,包含八个方面的要求:(1)法律的一般性,法律应当一般、普遍地适用于所有人;(2)法律的公布,法律应当公之于众;(3)法律的非溯及既往,法律一般适用于将来,应尽可能减少溯及既往的法律或法律溯及既往地适用;(4)法律的明晰性,法律应当利于理解,不应含糊其词;(5)避免法律中的自相矛盾,法律不应自相矛盾或相互抵触;(6)法律的稳定性,法律不应朝令夕改;(7)法律的现实可行性,法律不应要求不可能实现的事情;(8)官方行动与法律的一致性,法律规定与实际的执法或司法应当保持一致。④

---

① Lon Fuller, *Law in Quest of Itself*, Beacon, 1940, p. 11.
② 〔美〕富勒:《法律的道德性》,郑戈译,商务印书馆 2005 年版,第 113 页。
③ See Kenneth I. Winston, "Introduction", In Lon L. Fuller, *Principles of Social Order*, Hart Publishing, 2001, pp. 38-43.
④ 参见沈宗灵:《现代西方法理学》,北京大学出版社 1992 年版,第 58—63 页。

## 二、哈特与德沃金之争论

相较于哈特与富勒的论辩，哈特与德沃金之争论更像是对于特定问题的立场分歧，而几乎没有唇枪舌剑的论辩本质。德沃金在早期作品中致力于攻击哈特的分析实证主义，并发展出一种复杂的反实证主义法律理论。虽然德沃金的法律理论与传统的自然法学说相去甚远，但亦偶尔自称其理论可归为自然法学说。面对德沃金咄咄逼人的批评姿态，哈特教授很少直接回应德沃金的理论批判；直到他去世之后，他的学生才从其遗稿中整理出一篇正式回应德沃金理论批评的"后记"①。

在早期论文（《规则模式 I》）中，德沃金发现并找到了哈特式分析实证主义的弱点。在他看来，法律实证主义是由三个核心命题构筑的：系谱命题认为，一个社会的法律是一组仅根据其权威制定之事实而确定为有效的标准，因而与其内容的道德正确性或合理性无关——这一命题是分离命题和事实命题的综合。义务命题则主张，仅当有一个有效的法律标准要求如此时，人们才有义务做什么。这意味着，当存在有效法律规则时，法官有义务遵从并强制执行其要求。由此，又可导出自由裁量命题，根据该命题，当法律空缺或者不确定，亦即案件不能由有效法律规则裁断之时，应由法官运用自由裁量权加以解决。如此，与其说法官遵守法律，不如说他们创造或改变了法律。

德沃金认为，上述三个命题共同构成分析实证主义的规则模式，却与英美法律人所熟知的法律实践相去甚远。德沃金的最初论证是从英美法律实践中寻到一种规则模式无法安置的法律标准（亦即法律原则）来驳斥分析实证主义的显明事实观。在德沃金看来，法律原则与法律规则具有逻辑性质的区别，法律规则的适用是全有或全无的，当其满足适用的事实条件时，其法律后果将随之产生；法律原则的适用则是权衡的方式，它陈述偏向特定结论的理由，并因此具有相应的分量。很显然，规则模式不能解释法律原则在日常法律推理中的广泛存在及其作用。一方面，法律原则与系谱命题难以协调。系谱命题适于说明规则类型的法律标准，因为它们通常以制定事实为依据。但是，法律原则是以道德内容或理由为取向的，因而更依赖于法官对其道德分量的认可和尊崇。另一方面，在没有规则的前提之下，法官诉诸法律原则的裁判并不等于创造或改变法律；相反，他们实际上正在受到法律的拘束，以确定法律事实上是什么而非理想中应是什么。由此，德沃金仅承认弱自由裁量的可能性，而彻底否定了规则模式的强自由裁量。德沃金以原则论为核心的理论挑战动摇了分析实证主义的阵营，并从此造成了安置道德原则的柔性法律实证主义和强硬捍卫系谱命题的硬性法律实证主义之内部分裂。哈特选择了第一条路线并成为柔性法律实证主义的代言人。

与此同时，德沃金还对方法论实证主义的观点展开了系统批评。分析实证主义强调，法哲学的任务是道德上中立地描述和分析法律。德沃金认为，分析实证主义的理论企图是错误的。他首先否认了分析实证主义的描述性路径，并将其称为"法律语义学"，

---

① See H. L. A. Hart, *The Concept of Law*, 2nd edition, Clarendon Press, 1994, "Postscript", pp. 238-276.

其必将招致语义学之刺(不能说明疑难案件的法律实践)的困扰。其次,法律实证主义除非作为一种道德规范性理论,否则将没有多大理论意义,因为如果缺乏关于重要性或意向的标准,法律实践的描述将是无意义的。换言之,如果缺乏价值判断,纯粹的理论描述即便可能,也是无实际意义的事实记录。出于这一考虑,德沃金试图跳出传统的自然法与法律实证主义的二元对立,并将解释作为法理论的第三条道路。

德沃金的法律理论是其在30年间所构筑的理论大厦的一部分。德沃金将道德、法律和政治哲学融为一体,并形成一元的价值理论:我们的每一个信念都必须依据我们所持有的其他全部信念证成,这些信念不应存在道德或法律的疆域之别。就法律理论而言,德沃金之"整全"(integrity)法观念向我们昭示:一个对法律的适当解释存在于整全之中。通过整全的理念,德沃金对法律进行了人格化,将其视为具有完整人格的主体,由此可以展现出应有的道德品格,即平等待人的一致品格。

## 思考题

1. 什么是自然法?
2. 自然法的古今之争意味着什么?
3. 如何理解与适用拉德布鲁赫公式?
4. 富勒的法律的内在道德何以成为一种自然法学说?
5. 如何定位德沃金的法律理论?

## 参考文献

1. 〔英〕约翰·菲尼斯:《自然法与自然权利》,董娇娇、杨奕、梁晓晖译,中国政法大学出版社2005年版。

2. 〔美〕富勒:《法律的道德性》,郑戈译,商务印书馆2005年版。

3. 〔德〕海因里希·罗门:《自然法的观念史和哲学》,姚中秋译,上海三联书店2007年版。

4. 〔美〕罗纳德·德沃金:《刺猬的正义》,周望、徐宗立译,中国政法大学出版社2016年版。

5. Nicholas McBride and Sandy Steel, *Great Debates in Jurisprudence*, Palgrave, 2014.

6. Jonathan Crowe, *Natural Law and the Nature of Law*, Cambridge University Press, 2019.

# 第四讲　法律实证主义

第一节　法律实证主义概说
第二节　社会事实命题
第三节　分离命题
第四节　凯尔森的纯粹法学说

我们不妨设想这样一幅场景:在公路上有一辆轿车在高速飞驰,一位交警挥手请司机停车,并告知他因违反交通法规而需接受处罚。此时司机问道:"请问处罚我的理由是什么?"交警会告诉他:"根据交通法规限速规定,您的驾驶超速了。"司机可能又会问道:"是什么使得这个交通规则可以成为处罚我的依据?"交警若有足够耐心,会说交通法规是国家立法机关制定并颁布实施的生效法律文件。司机如果仍旧穷追不舍地问:"为什么立法机关制定并颁布实施的法律文件,就是我应当遵守的法律?"此时交警该如何作答?

从法理学角度来看,这个问题其实问的是哪些事物构成了法律。法律实证主义(legal positivism)便是解答该问题的一种立场。它强调法律是由特定社会事实构成的,与我们的道德立场无关。这个观点也可以被归纳为:法律的存在是一回事,其优点或不足则是另一回事。① 本讲内容将会围绕这一观点展开,深入解读法律实证主义的确切意涵及其代表性人物的学说。

## 第一节 法律实证主义概说

### 一、起源

法律实证主义是一个源远流长的传统。在当下语境中,人们往往将约翰·奥斯丁(John Austin)及其老师杰里米·边沁(Jeremy Bentham)视为法律实证主义早期代表人物。② 奥斯丁在其代表性作品《法学的范围》(*The Province of Jurisprudence Determined*, 1832)中,将法律界定为主权者的命令。他认为臣民基于习惯而服从主权者的命令,并且在不服从该命令时会受到惩罚。这与现代社会思想家霍布斯的社会契约论学说颇为接近,因此也有观点将法律实证主义的起源追溯至霍布斯。根据霍布斯的论述,国家源自每个人为了保障自身安全而达成的社会契约;在国家这个"利维坦"成立后,法律便是其意志的体现,组成国家的臣民有义务服从国家的法律。这种强调法律源自人们创制活动的观点,呼应了古希腊时期人们对于法律的看法。在《米诺斯》

---

① See John Austin, *The Province of Jurisprudence Determined*, Cambridge University Press, 1995, p. 157.
② 英国有两位重要人物几乎同名同姓:法学家约翰·奥斯丁和分析哲学家约翰·奥斯汀(John Austin, 1911—1960)。他们两位同时出现在下文所说的哈特的《法律的概念》之中。

(*Minos*)中,柏拉图笔下的苏格拉底认为,法律是人们视为合法的事物,是城邦的公共意见以及对实在的发现;"法律是城邦的公共意见"这个观点无疑预见了法律实证主义的立场。

## 二、类型

法律实证主义作为源远流长的思想传统,在当代法理学讨论中扮演着诸种不尽相同的角色。[1] 总体来说,当我们将"法律实证主义"视为"法律是什么"这个问题的答案时,便是描述性法律实证主义的立场。这也是法理学讨论中提及"法律实证主义"时表达的主要意思。这种立场之所以是"描述"的,是因为它旨在分析现实中存在的法律而非对之加以评判。与此相对的则是规范性法律实证主义立场,主张我们有充分理由接受描述性法律实证主义的观点。比如,它认为秉持描述性法律实证主义立场,可以避免法官在司法裁判中掺杂个人道德或情感因素,有助于确保法律的确定性与客观性。与此相近的是方法论法律实证主义立场,认为法学理论研究应当像法律实证主义看待法律一样,以分析和描述为方法,保持价值中立。此外,还有意识形态法律实证主义立场,强调法律之所以应当得到遵守,就是因为它是法律。

## 三、立场

本讲的讨论将主要围绕描述法律实证主义立场展开。法律实证主义主要是对"法律是什么"这个问题的解答。这个问题可以被进一步具体化为:一个社会规范若想具备法律地位,需要满足何种条件?或者说,这个社会规范若想具有法律效力,需要满足何种条件?因此,"法律是什么"这个问题往往被概括为合法性(legality)问题或法律效力条件(condition of legal validity)问题。围绕这个问题,法律实证主义可以被概括为如下四个命题:

第一个命题是社会事实命题。这指的是一条社会规范若想具备法律地位,只需要满足由特定社会事实构成的判准即可。这里的"社会事实"(social facts)不同于日常用法,指的是社会成员之间的特定行为实践以及伴随该实践的内心态度。它可以是立法机关的立法行为,也可以是社会成员对特定规范的认同和遵守。在现实生活中,社会事实命题最常遭遇的反例就是许多国家的法律中明确包含着道德内容。比如,《德国基本法》第1条规定:"人的尊严不可侵犯。尊重和保护人的尊严是一切国家权力的义务。"这似乎表明,如果某部法律或某条法规未能满足特定道德要求,便不再是法律。对此,法律实证主义者的辩护是,在特定社会以及特定历史时期,将道德作为法律效力条件同样是一种社会事实。因此,存在理解社会事实命题的强弱两种立场:强立场认为,只有

---

[1] 本节有关法律实证主义类型和立场的论述,采纳了《牛津法律实证主义指南》的观点并有所修正,可参见 Torben Spaak and Patricia Mindus eds., *The Cambridge Companion to Legal Positivism*, Cambridge University Press, 2021, pp. 1-34.

社会事实可以作为法律效力条件;弱立场认为,在特定条件下道德也可以作为法律效力条件,但将道德作为判准这个实践本身是得到社会成员普遍遵循的社会事实。

在法理学的发展中,强立场被称为刚性或排他性法律实证主义(exclusive legal positivism),弱立场被称为柔性或包容性法律实证主义(inclusive legal positivism)。这两种立场的出现源自法律实证主义者对德沃金学说的回应。德沃金批评实证主义对于法律的界定过于狭隘,无法容纳道德原则。许多学者试图在坚持实证主义立场的同时,将道德原则纳入法律,由此出现了对于社会事实命题的弱立场解读。在今天,持有柔性法律实证主义立场的学者屈指可数,比较重要的是马修·克雷默(Matthew Kramer)、威尔弗里德·瓦卢乔(Wilfrid Waluchow)、朱尔斯·科尔曼(Jules Coleman)、肯尼斯·希玛(Kenneth Himma)以及赫伯特·哈特(H. L. A. Hart)。①

第二个命题是分离命题。这指的是法律与道德之间并不存在必然关联。这里有两个问题值得注意。其一,分离命题中"必然"这个模态词必不可少。它表明法律实证主义并不否认现实中法律和道德之间存在重合或关联,但却认为这种相互关系是偶然的,不具备逻辑必然性。正是在这个意义上,柔性法律实证主义者更青睐用分离命题来界定法律实证主义,因为它凸显了"柔性"立场的理论价值。当然,刚性法律实证主义者更愿意将社会事实命题视为界定法律实证主义的根据,主张界定法律时无须诉诸道德标准。不过需要注意的是,即便是非实证主义者其实也不反对社会事实命题。比如,德沃金和菲尼斯都强调法律具有事实性和制度性的方面,但他们都不是法律实证主义者。其二,分离命题的范围只限定在合法性或法律效力条件问题。如果说社会事实命题想要告诉我们法律"是"什么,分离命题则是告诉我们法律"不是"什么。它并没有主张法律可以罔顾道德,也没有主张人们有义务遵循"恶法"。它只是表明法律作为一种事物或社会现象,可以在逻辑上同道德等规范彼此区分。

根据通常的观点,我们会从"恶法亦法"的角度理解法律实证主义,并将"恶法非法"的立场归属给自然法学说。这一概括有合理之处,但往往会导致误解:似乎根据法律实证主义立场,邪恶的法律由于是法律,也应当得到遵守。但这其实是混同了合法性问题和法律效力/守法义务问题。法律实证主义只是一种界定法律是什么的学说,它或许会主张邪恶的法律同样是法律,但也会认为这样的法律由于太过邪恶而不应得到遵守。从这个角度来看,它与自然法的区别仅仅在于:自然法认为"恶法"不是法律,也不用遵守;法律实证主义可能认为"恶法"是法律,但不必遵守。

第三个命题是社会实效命题。法律的社会实效(social efficacy)指的是法律在一个社会中得到社会成员的普遍遵守;与此相关但不同的概念是法律的效力(validity),它指的是社会规范(无论是具体某个规范,还是整个规范体系)在一个社会中具备法律地

---

① 诸位学者的代表性作品为:Matthew Kramer, *In Defense of Legal Positivism*, Oxford University Press, 2003; Wilfrid Waluchow, *Inclusive Legal Positivism*, Oxford University Press, 1994; Jules Coleman, *The Practice of Principle*, Oxford University Press, 2003; Kenneth Himma, *Morality and the Nature of Law*, Oxford Universtiy Press, 2019; H. L. A. Hart, *The Concept of Law*, 3rd edition, Oxford University Press, 2012。

位的状态;从效果或功能来说,效力就是社会规范具备法律地位后所具有的约束力。社会实效命题指的是,法律具有效力的前提是它具有实效,可以得到社会成员的普遍遵守。换言之,社会实效是效力的必要条件。这里同样需要注意两个问题。其一,这个逻辑关系反过来并不成立:许多法律规范虽然得到制定,但在实践中并没有得到遵守,并不具备实效——效力不是实效的充分条件。其二,正是由于许多法律规范在实践中并不具备实效,社会实效命题是针对一整部法律或整个法律体系而言的,是相对宽泛的要求。

第四个命题是语义学命题。语义学(semantics)大体上指的是对语词和句子的"意义"的探究。什么是"意义",在语言哲学中有非常复杂的讨论。但总体来说是对语词和句子所指向的对象(指称)的确定。语义学命题认为,法律用语中我们常说的"权利""义务""责任""权威"这类规范性词汇和道德领域中的"权利""义务""责任""权威"等规范性词汇含义不同。这里的"不同"可以从两个角度加以理解。一种角度是认为法律中的规范性词汇指向了构成法律的特定社会事实,这些事实又构成了独立于道德的规范性理由;另一种角度是认为法律中的规范性词汇只是向我们提供行动的初步理由,我们需要通过道德理由来判断是否最终遵循初步理由。

以上是对于法律实证主义基本观点的介绍。不同学者对于每个命题的含义和地位都有不同的看法。接下来我们从社会事实命题和分离命题出发,着重分析几位代表性法律实证主义者的观点。

## 第二节　社会事实命题

### 一、哈特与社会惯习论

毫不夸张地说,哈特奠定了今时今日法理学的理论资源、分析方法以及基本议题。他不仅对法理学具有原创性贡献,还编辑整理了边沁文集,培养了一批具有重要影响的法理学家。在1952年被任命为牛津大学法理学教授之前,哈特曾在伦敦从事律师职业,还曾在第二次世界大战时期从事情报工作。但在学生的回忆中,哈特一派知识分子模样,轻言细语,甚至看上去有些呆滞。他不修边幅,办公室里用靴子压着书本,课堂中常常一边讲课一边拽着自己的袜子。①

哈特在《法律的概念》(The Concept of Law，1961)中完整且清晰地提出了自己的法律理论。② 他认为法律是一种不同于习惯(habits)的**社会规则**(social rules)。这两种行为指引的差异，体现在我们的态度中：社会规则往往被我们内化为解释或证成自己行动的理由，并且会被我们用来批评违背该规则的行为。比如"红灯停绿灯行"就是典型的社会规则，我们会用这个规则来解释自己在十字路口的行动，并且会对不遵循该规则的行为加以批判。对于"边听歌边跑步"这样的习惯，我们就不会有相应的态度。这种有关规则的态度，被哈特称为"内在视角"，是哈特以及诸多学者构建法律理论的前提。它强调法律理论不仅应当关注社会成员的外在行为，还要关注行为者对于自身行为的理解。简言之，这是一种基于特定实践参与者的视角。但需要注意的是，哈特认为，法律理论的目标是描述法律实践参与者如何看待法律，而非对之加以评判。因此，哈特的理论同时又是描述性或分析性的。这意味着内在视角并不必然等同于实践参与者对法律的认同，他们可能只是基于长期利益计算而不得不接受法律的安排。③

基于这种视角，构成法律的社会规则可以分为两类：初级规则(primary rules)和次级规则(secondary rules)。初级规则就是日常法律规范，涉及对我们行为举止的授权、允许和禁止，是对具体权利义务的规定。次级规则是有关初级规则的规则，它之所以必要，是因为初级规则存在三种缺陷：初级规则可能是不确定的，可能是静态的进而无法适应社会变化，还可能是无法充分确保自己得以存续的。相应地，次级规则包括承认规则(判定一个规范是否属于法律)、变更规则(授权人们创设新的初级规则)，以及裁判规则(授权人们判定违法行为)三种类型，依次对应初级规则的三个缺陷。

承认规则(rule of recognition)在哈特学说中居于核心地位，被哈特赋予判定一个社会规范是否具有法律地位的重要功能。它有两个特征：首先，承认规则未必得到明确的成文化表达，而是蕴含于社会成员的某种共同实践或一致性行为模式中；其次，该实践的参与者往往对这种共同实践或一致性行为模式持有反思性态度，也即认为自己应当遵循该行为模式，并对任何偏离该行为模式的成员加以批判。在此哈特借用了维特根斯坦(Ludwig Josef Johann Wittgenstein)消除"遵循规则悖论"的观点。这个悖论说的是我们若想判定一个行为符合一个规则，就需要以另一个规则来作为标准，这就有导

---

① 有关哈特生平的介绍，可参见 Nicola Lacey，*A Life of H. L. A. Hart：The Nightmare and the Noble Dream*，Oxford University Press，2006。这是迄今为止对哈特生平与思想介绍最为全面和权威的一部传记。有关哈特在牛津大学开设法理学课程情况的回忆，可参见 William Twining，*Jurist in Context：A Memoir*，Cambridge University Press，2019，pp. 18-21。

② 哈特的主要著作包括：《法律的概念》(第一版出版于 1961 年；哈特去世后，拉兹等人经过整理在 1994 年出版了附有后记的第二版，在后记中哈特调整了对于自己观点的表述，并回应了德沃金的批判；2012 年出版了附有莱斯利·格林(Leslie Green)导读的第三版。第三版也被称为学生版，在导读之外，还附有对哈特所引用的诸多学者及观点的解释)、《法律、自由与道德》(*Law, Liberty and Morality*，1963)、《惩罚与责任》(*Punishment and Responsibility*，1975)、《论边沁》(*Essay on Bentham*，1982)、《法理学与哲学论文集》(*Essays in Jurisprudence and Philosophy*，1983)、《法律中的因果性》(*Causation in the Law*，1985)。

③ See H. L. A. Hart，*The Concept of Law*，3rd edition，Oxford University Press，2012，pp. 114，232.

致无穷倒退的风险,进而得出任何行为都无法受到规则决定的结论。面对该悖论,维特根斯坦的解决方案是指出我们误解了"规则"这个事物——理解规则并不一定要诉诸明确的语言解释,在具体情境中我们可以明白何种行动是遵循规则,也即实践本身就是对规则的理解。① 承认规则显然便是如此。哈特最初认为该规则的两个特征刻画了社会成员,特别是以法官为代表的律政官员(legal officials),在实践中对于该规则的理解和接受,因此他的学说也被称为规则的实践理论(the practice theory of rules),但在晚年他又把自己的学说提炼为一种社会惯习论(social conventionalism),他指出"(承认规则)实际上是……被法庭在法律识别、法律适用中接受和践行的一种既存的司法习俗性规则(customary rule)"。②

依据承认规则,哈特批判了以奥斯丁为代表的将法律视为主权者命令的观点。其一,哈特指出将所有法律规则还原为命令规则,忽略了授权规则和许可规则;其二,哈特指出社会成员对法律的服从并非基于习惯,而是由于存在承认规则。这一方面是因为奥斯丁的"习惯说"无法解释主权者发生变化时,社会成员服从新主权者的情形(此时显然并不存在服从的习惯),另一方面则是因为如果我们将服从法律理解为对制裁的恐惧,法律就和持刀抢劫的歹徒发出的命令没有本质区别。哈特通过论述承认规则表明社会成员服从法律源自他们对法律规则持有的内在态度,而非单纯源自对制裁的恐惧。正因如此,强制力在解释"法律是什么"这个问题中的地位逐渐受到弱化,法律作为一种协调机制帮助社会成员在避免彼此冲突的条件下实现自身目的的功能得到强调。

哈特指出,法律体系是初级规则和次级规则的结合,法律体系得以成立的前提条件就是该体系在现实中大体上得到社会成员的遵循,并且存在可供我们识别该体系中法律规则的承认规则。从司法裁判角度来看,法律体系中的法律规则具有开放结构(open texture)的特征。它指的是任何语词和由语词构成的法律规则,都存在一个含义比较确定的核心区域和含义不太确定的边缘地带。比如,一条规则禁止任何车辆进入公园,那么小孩子的脚踏车以及轮滑是否属于该规则试图禁止的"车辆"呢?再比如,我们都知道"秃头"的含义,但一个人发量究竟稀少到何种程度才算"秃头"呢?哈特认为这是语言自身具有的结构。当一个案件的事实落入法律规则含义不太确定的边缘地带时,就需要法官展开裁量(discretion)。在许多批评者眼中,这个观点似乎意味着哈特承认在一些情形中法官无法做到"依法裁判"。但在哈特自己看来,承认法律的开放结构反而是自己学说的优势:它既避免了将法律视为没有漏洞的严密体系,也避免了认为法官是在法律规则伪装下依据个人好恶作出判断的规则怀疑论立场;它强调法律在大多数情形中是确定的,只是在例外情形中需要法官个人作出判断;并且这种判断也不是任意的,而是受到法律规则的目的、道德原则、利益权衡等一系列因素的制约,因此法官的裁

---

① See Ludwig Wittgenstein, *Philosophical Investigation*, G. E. M. Anscombe, P. M. S. Hacker and Joachim Schulte trans., Blackwell Publishing, 2009, section 201, p. 87.
② H. L. A. Hart, *The Concept of Law*, 3rd edition, Oxford University Press, 2012, p. 256.

量其实是在具体案件中对既有法律规则的发展。

哈特在司法裁判方面的观点,涉及法理学思潮中非常重要的两个立场之间的关系。这就是法律形式主义(legal formalism)和法律现实主义(legal realism)。在严格意义上,它们是有关(法律)规则的学说,主要讨论(法律)规则发挥作用的方式,与法律实证主义和自然法学说这两个主要旨在回答"什么是法律"的法律理论并不相同。形式主义观点强调法律总是确定的、无矛盾和无漏洞的,法官在适用法律时不需要展开裁量,也不需要诉诸道德标准。现实主义则相反,强调法律的不确定性、矛盾性,主张法官个人的政治观点、道德立场以及情感偏好对于裁判的影响。当然,这里有关形式主义和现实主义的概括都是高度抽象的。从每种立场各自的代表人物及学说的角度来看,没有学者会认为司法裁判不需要考虑法律之外的因素,也几乎没有学者会否认法律规则在法官裁判中发挥重要作用。在这个意义上,哈特认为法律现实主义是规则怀疑论的观点有失公允。

哈特的社会惯习论得到了之后学者的发展,比较重要的两位人物是波斯特玛(Gerald Postma)和马默(Andrei Marmor)。波斯特玛认为,法律的重要功能就是社会协调(social coordination),化解众多社会成员相互合作时可能遇到的困难。[1] 这一观点背后的理由其实非常简单:假设我们处于一个由天使构成的社会中,没有犯罪与丑恶,此时我们是否还需要法律呢?答案是仍然需要。社会成员之间如何完成共同工作、实现共同善,都需要特定规则加以协调。他更为明确地阐述了社会惯习的含义,指出规则 R 在情境 S 中,在一个特定人群 P 的成员行为中属于惯习,当且仅当:

(1) 在 P 中人们的常识为:
  a. 在 P 中存在对于 R 的普遍遵从;
  b. P 中大部分成员期待 P 中其他成员也遵从 R;
  c. 如果存在对于 R 的普遍遵从,就意味着几乎每个成员都更倾向于认为 P 的任何成员都应当在情境 S 中遵从该规则;
  d. 几乎 P 的每个成员都更倾向于遵从而非不遵从 R。
(2) P 中大部分成员在情景 S 中遵从 R 的理由是(1a)到(1d)。

相较于哈特,波斯特玛有关惯习的界定强调(1b),也即成员间彼此期待对方也会在情境 S 中遵循规则 R。在这里波斯特玛试图表达的是成员间的如下交互关系:

  $P_1$ 期待 $P_2$ 会在情境 S 中采取行动 A;
  $P_2$ 知道 $P_1$ 期待自己采取行动 A;
  $P_1$ 也知道 $P_2$ 知道自己对他有此期待;
  $P_2$ 会按照 $P_1$ 的期待来调整自己的行动;
  $P_1$ 也会按照 $P_2$ 的期待来调整自己的行动。

---

[1] See Gerald Postema, "Coordination and Convention at the Foundations of Law", XI *Journal of Legal Studies* 165-203 (1982).

波斯特玛将这种交互关系界定为一种为了社会共同利益的公平游戏,双方中任何一方如若未能满足对方期待,就是不公正的行为,也是对社会共同利益的冒犯,因而不应当受到支持。在此基础上,波斯特玛认为法律语境下有三个层面的社会协调问题有待解决:公民之间的协调、公民与律政官员之间的协调、律政官员之间的协调。在这三个层面中,最重要的是第二个层面,也即公民与律政官员之间的协调。他指出,只有当律政官员作出的法律决定立足于公民的信念、态度与期待时,也即立足于公民在实践理性推理中关切的法律规则与判例时,才能够创设法律义务。

有关哈特与波斯特玛社会惯习论的一个经典批评就是,他们似乎是通过律政官员和公民的特定行为与态度来界定法律的,并假定他们之间存在有待法律解决的社会协调问题。但是问题恰恰在于,只有先存在法律,我们才可以识别出哪些群体在一个社会中被赋予律政官员和公民的身份,进而才能确定他们之间存在何种社会协调问题。马默的社会惯习理论就试图克服这一"逻辑倒错"问题。①

其一,他将惯习分为构成性惯习与协调性惯习,并认为将法律理解为一种社会惯习的正确方法,不是像哈特与波斯特玛一样将之视为协调性惯习,而是将之视为构成性惯习(constitutive convention)。这里的"构成性"意味着:(1)惯习界定了它所构成的实践;(2)惯习规定了实践中的行为模式。比如,象棋规则就是典型的构成性惯习,不仅界定了什么是"下象棋"这个活动(比如马走日、象飞田),也规定了象棋选手(不)应当如何行动。同样,从构成性惯习角度出发,承认规则不仅界定了什么是法律,还界定了在该法律体系中律政官员以及公民(不)应当如何行动。如此一来,马默其实隐秘地修正了"承认规则"的含义:在哈特和波斯特玛看来,承认规则主要指的是一个社会中律政官员之间的特定社会实践;但马默认为,承认规则主要是界定一个社会中律政官员之为律政官员的社会实践。因此,马默会认为社会协调并非如哈特与波斯特玛所说,是承认规则的首要功能;困扰哈特与波斯特玛的"逻辑倒错"问题也就随之消失。

其二,马默还试图拓展社会惯习理论,尝试以之解释世界各地不同的法律样态。他认为我们可以将任何特定地区的法律划分为三个层次。首先是最直观的表层承认惯习(surface conventions of recognition),这大体上指的是一个地区具体的法律制度样态,比如世界上不同地区的法系(大陆法系、英美法系)就是典型的例证。其次是最根本的基本社会需求与心理需求,这大体上指的是人类生存所必须满足的条件,比如对社会共同善的维护、对生活确定性和稳定性的追求等。最后是位于前两个层次之间的深层惯习(deep conventions),这大体上指的是人类基本需求与表层承认惯习之间的"中介环节",它要比表层承认惯习持久,但相较于人类所共有的基本需求又体现出明显受到特定时空影响的特征。深层惯习的存在解释了为什么对于同样的人类基本需求,会有不

---

① See Andrei Marmor, *Philosophy of Law*, Princeton University Press, 2011, chap. 3. 马默有关社会惯习的看法,源自哲学家大卫·刘易斯(David Lewis)的相关研究,比如 David Lewis, *Convention: A Philosophical Study*, Blackwell, 2002.

同的法律制度与规则作出回应。简言之,每种表层承认惯习背后,都存在着决定它之所以如此的深层惯习。但这种深层惯习究竟是什么,马默并没有加以详细讨论。这似乎意味着马默对于法律实证主义乃至法律理论持有如下"谦虚"的看法,即法律实证主义或法律理论虽然试图回应"法律是什么"这个问题,但相关讨论却是在一定范围内展开的,而非对于决定法律的因素加以彻底考察。这种理论态度是法律实证主义者的"美德",还是其"不足"? 这或许是一个见仁见智的问题。

近年来,马默尝试更为深入地阐释自己的理论。但他似乎不再满足于从惯习角度解释法律,而是试图阐述法律或惯习的构成要素,以更形而上学化的方式重构法律实证主义的理论议题。这里的"形而上学"指的是,我们将法律视为一种存在的"事物"加以讨论,并尝试分析它与其他事物之间的关系。从这个角度出发,马默将法律实证主义理解为一种有关法律本体论的学说,处理"是什么使得具有规范性的事物成了法律"这个问题。[①] 一个事物成为法律,就是具有了法律属性/合法性(legality);法律实证主义试图寻找使法律成为法律的更为根本的事物。因此,马默说法律实证主义是有关"合法性的奠基性事实"(grounding facts of legality)的理论。[②] 那么这种奠基性事实究竟是什么?

马默认为,法律最突出的特征在于它是一种社会制度,是人类生活中制度性实在(institutional reality)的典型代表。这类事物是对社会中不同成员之间彼此行动的协调,因此具有规则依赖性。以哈特为代表的学说虽然注重从制度或规则层面讨论这类事物,但却存在明显缺陷。依据马默的解读,哈特的承认规则学说认为,当人们将一个规则的存在视为自己的行动理由时,该规则才存在。这显然是一种循环论证。为了应对这一问题,马默提出了"合法性的奠基性事实"的两个环节:其一,法律奠基于社会规则之上,一些社会规则决定了法律体系所包含的内容,决定了哪些社会行动具有法律意义;其二,社会规则奠基于社会成员的集体意向之上,这种意向性使得人们将特定社会规则视为行动的理由。因此,不是规则的存在构成了人们的行动理由,而是社会成员间共享的集体态度/意向性使然。这就使得哈特的承认规则学说免于循环论证的困扰。

接下来的问题是,这种集体意向究竟指的是什么?不同社会成员之间如何共享它们? 意向(intentions)是一个技术化的哲学用语,指的是一个人心灵中的思想与其正在思考的事物之间的联系。我们的思想总是关于某物的思想,因此一切思维都具有意向性的内容或关涉性(aboutness)。但是马默是在相对宽泛的意义上使用这个概念的。在他的理解中,"意向"不仅包括思维与事物之间的关涉性,还包括我们的希望、期待、欲望、恐惧、厌恶以及信念等态度(attitudes)。[③] 集体意向(collective intentions)并不是说社会或群体等集体具有超越或独立于其成员的意志,而是说组成这些集体的成员所共

---

① See Andrei Marmor, *Foundations of Institutional Reality*, Oxford University Press, 2023, p. 113.
② Ibid., p. 114.
③ Ibid., p. 43.

享的意向。马默认为,一个意向若得到共享,需满足三个条件:(1)群体成员意图使自己的个人态度成为群体态度,也即从"我们群体"的角度展开思考;(2)群体成员至少对群体的身份或构成具有部分认识,也即明白自己属于何种群体;(3)群体成员具有如下普遍觉知,即知道其他成员具有同样或非常类似的群体态度(人们普遍意识到他人也希望他们自己的意图成为群体意图)。①

有关集体意向的解析以及将之视为法律所代表的制度性实在的"奠基性事物",表明马默虽然主张自己有关"制度性实在"的分析是一种形而上学研究,与先前关于社会惯习的讨论分属不同层面,但两者似乎可以彼此融洽地结合起来,成为一个统一立场。

## 二、拉兹与法律的权威

拉兹(Joseph Raz)是哈特最为知名的学生,也是哈特所代表的柔性法律实证主义立场最坚定的批判者。在长达五十余年的学术生涯中,拉兹在法理学、政治哲学、道德哲学等领域具有广泛影响,并培养了一批至今仍然活跃在国际学术界的重要学者。②本书主要侧重于从法律概念(本节)以及法律规范性(第六讲)两个角度介绍拉兹的主张。

拉兹延续了哈特从"规则"角度看待法律的方法,认为法律规则构成了我们行动的理由。"理由"指的是我们采取特定行动的根据或正当性说明,不同于因果性解释。比如,风吹幡动,这里的"风"只是"幡动"的原因,却并非其理由。拉兹认为,理由可以分为一阶理由和二阶理由。一阶理由直接指向我们的行动,为之提供根据或辩护;二阶理由则指向一阶理由本身,为我们采纳何种一阶理由提供根据或辩护。当二阶理由指示我们根据特定一阶理由行动时,就可以被理解为一种保护性理由:它既是做某事的理由,也是排除不做此事之理由的排他性理由。这里需要注意的是,二阶理由只是"排除"了特定一阶理由的适用,而非经过衡量后在权重亦即重要性方面胜过这些理由。

拉兹认为,法律的权威就体现为它是一种二阶排他性理由。法律规则的存在构成了我们服从规则这一行为的理由,排除了不服从规则的理由。在这个意义上,法律取代了我们对于一阶行动理由展开的权衡。简言之,对于行动者自身衡量判断的替代,正是法律权威的意涵。不过,拉兹同样非常严谨地指出,法律仅仅主张权威,也即它试图取代我们对于行动理由的判断,但却未必实际上拥有权威——何种情况下,法律有关权威

---

① See Andrei Marmor, *Foundations of Institutional Reality*, Oxford University Press, 2023, p. 47.
② 拉兹的著作包括:《法律体系的概念》(*The Concept of Legal System*, 1970)、《实践理性与规范》(*Practical Reason and Norms*, 1975/1990)、《法律的权威》(*Authority of Law*, 1979/2009)、《自由的道德性》(*The Morality of Freedom*, 1986/2009)、《公共领域的伦理学》(*Ethics in Public Domain*, 1994)、《迷人的理性》(*Engaging Reason*, 1999)、《价值的实践》(*The Practice of Value*, 2001)、《价值、尊重与依系》(*Value, Respect, and Attachment*, 2003)、《在权威和解释之间》(*Between Authority and Interpretation*, 2009)、《从规范性到责任》(*From Normativity to Responsibility*, 2011)、《规范性的根源》(*The Roots of Normativity*, 2022)。本节有关拉兹对于社会事实命题的辩护,主要参见 Joseph Raz, *The Authority of Law*, 2nd edition, Oxford University Press, 2009, chap. 1, 2, 3 and 6.

的主张可以得到证成。本书第六讲将展开详细论述。

这里需要注意的是,通过关联法律与二阶排他性理由,拉兹辩护了刚性法律实证主义立场。这个辩护策略相对复杂,我们只介绍最核心的论证步骤。如前所述,柔性法律实证主义主张对社会事实命题采取弱立场解读,认为在特定条件下,通过道德标准来识别法律同样构成一种得到普遍接受的社会实践。拉兹认为这种观点隐含着如下危险:将道德纳入法律后,我们就需要通过道德论证来确定法律内容;但是社会不同成员和群体之间会持有不同的道德立场,这样就使得法律无法充分发挥社会协调功能且无法取代行动者自身的判断,法律的权威也无从谈起。因此,法律作为二阶排他性理由所具有的权威性与法律包含的道德内容是不相容的。

三、夏皮罗与社会规划说

夏皮罗(Scott Shapiro)的理论代表着拉兹之后法律实证主义阵营迄今为止最为精致的立场。他延续社会惯习论和法律权威论对于法律的社会协调功能的强调,主张将法律视为一种社会规划(social plans)。这个观点借鉴自哲学家布拉特曼(Michael Bratman),后者主张人类不仅有设定复杂目标的欲望,而且有能力就这些目标达成共识并通过彼此合作加以实现。据此,社会规划就是我们实现特定目标的方式。夏皮罗认为它是一种特定类型的社会规范,具备特定结构、由特定程序创设、被认为可以解决所要解决的问题。在涉及众多成员参与的合作事务中,社会规划可以降低沟通成本、弥补个人认知能力的不足,还可以发挥社会协调功能。当一个社会需要社会规划发挥这些功能时,就构成了一种"合法性环境"(circumstances of legality)。①

在此环境中,我们可以从社会规划角度理解法律:法律体系是一种社会规划制度,它们的基本目标就是在合法性环境中补偿替代性规划形态的不足;法律制度由于解决了无法被非法律手段自身解决或妥善解决的社会问题,而被认为能够使共同体克服共同生活所导致的复杂、争议和任意。② 这里的非法律手段主要指的是道德规范。因此,法律是一种不同于道德的社会规范。在这个意义上,夏皮罗持有刚性法律实证主义立场。他指出,法律体系的根本规则构成了一个共享规划,而且确定共享规划的存在或内容的合适方法,就是对相关社会事实的考察。比如,一个共享规划是由特定群体设计的,可为该群体成员所知,得到大多数群体成员接受,且各个成员可以据此参与合作活动。共享规划得到这些社会事实的决定,本身当然也是一种事实。同时,如拉兹在反驳柔性法律实证主义立场时指出的那样,法律作为一种社会规划试图克服法律规范在解决社会复杂问题时的不足,如果法律包含道德内容,就无法有效发挥社会协调功能。

正是基于社会规划是一种事实的论断,夏皮罗对哈特所提出的社会惯习论展开了批判。其中比较重要的是如下论断。夏皮罗指出,哈特的承认规则要求社会成员具有

---

① See Scott Shapiro, *Legality*, The Belknap Press of Harvard University Press, 2011, p. 170.
② Ibid., p. 171.

内在视角,这就导致了两方面的问题:一方面,哈特无法解释不具备该视角的成员如何识别法律;另一方面,哈特无法解释作为一种社会实践或事实的承认规则如何能够成为社会成员特定行为的理由,因为这违背了不能从实然中推导出应然的休谟法则。法律的社会规划理论则避开了这两个问题:其一,法律作为一种社会规划是一种事实,无论社会成员对之采取何种态度,都不影响它的存在和内容;其二,法律只是描述了对于社会成员的行为要求,本身并不构成社会成员的行动理由。夏皮罗的观点在如今的法理学讨论中得到越来越多学者的关注。他的学说虽然精致,但也存在不少问题。其中比较重要的一点是,我们是否可以将一个社会中的所有法律规范都理解为社会规划?这是否存在过于简化的问题?

## 第三节　分离命题

### 一、争论

在上一节中,我们讨论的法律实证主义者,除哈特以外,都持有刚性法律实证主义立场。随着哈特与德沃金的论战逐渐成为历史,法律实证主义内部刚性和柔性立场之争也逐渐销声匿迹。但近年来,肯尼斯·希玛对拉兹的观点作出回应,重新辩护了柔性法律实证主义的观点,认为从强立场解读社会事实命题是错误的,法律实证主义应当从分离命题加以界定。① 希玛将拉兹源自权威的论证归纳为如下立场:我们有关法律"权威"这个概念的实践活动蕴含着下述推论,即一个制度性规范体系不可能具有正当性,除非该体系的服从者能够在无须自己决定将要如何行动的条件下确定规范体系的行动要求在概念上是可能的。简言之,我们将一种事物称为"权威",就意味着该事物会向我们发出指令并取代我们对于自己行动的判断。

对此,希玛的质疑是:在使用语言的日常实践中,我们对于"权威"这个概念的用法,是否符合拉兹的观点呢?希玛认为答案是否定的,因为这与我们非常熟悉的诸多法律实践并不一致。如前所述,许多国家的宪法似乎都包含将道德规范纳入法律有效性条件的条款。除了《德国基本法》外,希玛举出的例子是《美国宪法》的"第八修正案",其中规定"不应强加残忍和异常的刑罚"。这个条款不仅具有描述性内容,还包括道德上的规范性:认为一种刑罚由于残酷而违法,指的就是从伤害的程度来说,这种刑罚导致了

---

① 希玛有关这一问题的主要著作可参见 Kenneth Himma, *Morality and the Nature of Law*, Oxford University Press, 2019, chap. 6。

道德上过分的痛苦。当法官在司法实践中适用这一规范时,就表明法官认为道德原则构成了法律效力的条件,并且法官诉诸道德原则的行为本身构成一种社会事实。如此一来,拉兹对于刚性法律实证主义的辩护就建立在一种对于"权威"概念的古怪理解之上,而与现实经验层面的现象不符。

希玛的论证虽然巧妙,但并未澄清一个关键问题:据他归纳,拉兹提出的是关于"权威"概念本身的理论而非对于权威在现实世界中运作的描述,是一种逻辑而非经验层面的分析;但是希玛本人的论证却依据我们对于"权威"这个概念的使用来反驳拉兹的观点,似乎是一种经验层面的理论。希玛或许需要进一步讨论"概念性理论"和"有关概念使用的分析"是否同属一个层面,或者它们之间的关联是什么。

二、澄清

分离命题主张,在法律效力条件方面,法律和道德没有必然联系。但是这个观点并非法律实证主义立场对于法律与道德关系的全部看法。总体来说,法律实证主义者从如下三个层面讨论法律与道德关系:首先,从经验层面来看,法律实证主义者试图讨论各国立法和司法实践中,法律的创设与发展是否以及如何受到道德原则的影响。其次,从概念层面来看,法律实证主义者试图表明道德并非判断一个社会规范是否属于法律时必须诉诸的标准,这也是分离命题的主张。最后,从守法义务层面来看,法律实证主义者往往认为法律只是描述了我们所具有的义务,但我们是否有理由按照法律的要求行动,则是涉及道德慎思判断的问题。这些议题将会在第十一讲得到更详细的讨论,这里只需提及的是,法律实证主义只是在概念层面否定法律与道德之间的必然关联,却并不否定经验层面和守法义务层面道德与法律的紧密关系。

我们同样可以通过哈特的论述来阐明这一点。哈特指出,法律和道德在内容上会有一定重合,因为从保证人类生存这个最低限度的目的来看,一些要素必不可少。否则,人们就没有任何理由自愿地服从任何规则,也不会自愿地加入任何最低限度的社会合作并对不合作的人实施制裁。简言之,如果特定生理、心理或经济条件没有得到满足,任何法律或道德体系都无法建立。这意味着虽然法律和道德在概念层面是可分离的,但在现实生活中两者完全无关的可能性几乎为零。这些在法律中不得不涵盖的道德内容就是最低限度的自然法(the minimum content of natural law),它包含如下五方面内容:(1)人的脆弱性;(2)人在天赋方面大致平等;(3)有限的利他主义;(4)有限的资源;(5)有限的理解力与意志力。这些要素构成了确定经验层面法律内容的自然事实。

在这个意义上,法律实证主义特别是其至关重要的社会事实命题和分离命题,都是有关"法律是什么"这个问题的分析,也即有关法律概念的探讨。它主要关切的就是,在判定一个社会规范是否属于法律时是否必须诉诸道德标准。学者往往将关于这个问题的讨论称为法概念论,与司法裁判理论相对。司法裁判理论指的是有关法官应当或实际上如何依法裁判的理论。法律实证主义者倾向于认为这两个理论虽然相关,但分属不同层面;特定立场的法概念理论并不蕴含与之相应的司法裁判理论。比如,法律实证主义者虽然在概念层面强调法律和道德的可分离性,但在实践中也承认法官在特定案件的裁判中必须纳入道德判断,只是此时法官不再是"依法裁判"而是依据道德原则、法律目的等因素进行裁量。法律实证主义者之所以持有这种立场,同样与德沃金的批判密不可分。德沃金有过非常著名的论断,即"法理学是裁判的总则部分,是法律中任何决定的无声前言"[1],他显然认为法概念论是司法裁判理论的前提预设。正因如此,他会得出结论说,法官在裁判中运用制定法和先例所确立的规则之外的原则,体现出将法律等同于制定法的实证主义立场对于司法实践的误解。法律实证主义者将自己的主张"限缩"为有关法律概念的讨论,并将之分离于司法裁判理论,以此回应德沃金的批评。

这种回应虽然一劳永逸地堵住了任何人从司法现实经验出发对法律实证主义提出挑战,但也存在着让法律实证主义陷入琐碎(trivial)的危险。"琐碎"是哲学中常见的技术性概念,指的是一个论证虽然在结构上精巧、观点上正确,但可能为了正确而正确,缺乏对该论证指向问题的实质推进。法律实证主义者认为自己的理论工作并不是对司法实践的解释、描述抑或评判,而只是对法律概念的单纯分析。我们当然尊重任何研究方向与旨趣,但也不免困惑,这种围绕看不见、摸不着的"法律概念"展开的分析,究竟价值几何?或者说法律是否属于一种可以脱离司法实践而被描述、解释甚至评判的实体?这些形而上学意义上的问题,可能在一定程度上揭示出法律实证主义进一步发展的方向或动力。

## 第四节　凯尔森的纯粹法学说

英语世界中法律实证主义者的学说在很大程度上影响了我们对于法律现象的理解,但德语世界学者在此方面的影响力也不遑多让,其中颇具代表性的人物就是奥地利法学家汉斯·凯尔森(Hans Kelsen)。他不仅是闻名世界的法理学家,也是重要的国际法学家和宪法学家;在第二次世界大战期间,他从欧洲前往美国,在加州大学伯克利分校任教,并以英语写作。有关凯尔森学说的研究至今已成为专门的学问。在法律实证主义的框架中,我们需要关注他的学说的核心内容及其与哈特所代表的英美法律实证主义之间的关系。

---

[1] Ronald Dworkin, *Law's Empire*, The Belknap Press of Harvard University Press, 1986, p.90.

## 一、理论内容

凯尔森的著作包罗万象，很难加以概括。一般认为，他漫长的学术生涯可以分为三个阶段：早年的批判建构主义阶段（1911—1921）、经典的"纯粹法"阶段（1921—1960），以及晚年的怀疑论阶段（1960—1973）。① 在早年的批判建构主义阶段，凯尔森基于休谟法则试图提出一种不依赖于经验事实的、规范意义上的法律理论；在吸收新康德主义学说的基础上，凯尔森通过基础规范学说以及法律的层级结构学说，最终提出了纯粹法理论；最后，凯尔森又放弃了纯粹法理论的诸多立场，尝试提出一种有关法律规范的"意志"理论。本节重点介绍凯尔森纯粹法学说的基本观点。

纯粹法学说（reine Rechtslehre）之"纯粹"体现在两个方面：其一，法学理论应当独立于政治学说、道德观念以及意识形态立场，以保证自身的科学属性；其二，法学理论作为一门科学是对法律规范的认知，而非对法律社会制度运行的社会学分析。这体现出凯尔森对于规范（norms）的独特看法：法律规范并非自然界中的特定现象或受到因果法则支配的事实，而是一种认知图式，我们以此来理解特定现象或事实的客观意义。② 可以这样来理解凯尔森想要表达的意思。比如，我在一张写有将自己名下财产转让给你的纸上签字。"签字"这个动作是受我神经系统控制的事实。从因果法则角度来看，这不过是一种生理现象。但是如果根据我国《民法典》中相关规定来理解这个事实，我可能是在签合同、立遗嘱、完成赠与等活动。无论我这个动作具有何种法律意义，这些意义都并非源自生理现象这个事实本身，而是源自我们基于法律规范对该事实的解读。在这个意义上，法律规范并非现实中我们从事的特定实践，而是指某事应当发生或者某人应当以特定方式行为。所以，我们没必要分析法律规范是否如实描述了客观世界，只需要关注它有效或无效——效力（Geltung/validity）构成了法律规范的存在样态或属性。

法律科学（Rechtswissenschaft）或法学便是以法或法律规范为对象的认知活动。需要注意的是，我们不应当将法律规范理解为特定国家中制定法和判例所构成的实在法总和。这些实在法在凯尔森理论中被称为法律语句（Rechtssätze），它包括特定行为条件以及该条件满足后出现的法律后果。法律规范则是特定行为中所蕴含的法律意义，包括命令、允许以及授权。法律语句是对法律规范的描述或表达。③

---

① See Stanley Paulson, "Hans Kelsen's Earliest Legal Theory: Critical Constructivism", 59 *Modern Law Review* 797 (1996).

② 参见〔奥〕汉斯·凯尔森：《纯粹法学说（第二版）》，〔德〕马蒂亚斯·耶施泰特编，雷磊译，法律出版社2021年版，第4—5页。《纯粹法学说》有两版，第二版（1960）在观点和论证方面都对第一版（1934）有大量补充。在两版之间，凯尔森发表了《法与国家的一般理论》（*General Theory of Law and State*, 1945）。本节有关凯尔森理论的评介，以《纯粹法学说（第二版）》为准。

③ 凯尔森在其理论中一直未能澄清的一点就是，"规范"究竟是法律语句所包含的"意义"或我们理解法律现象的认知图式，还是通过特定行为（比如立法机关的立法活动或法官的法律适用）所设定的一种抽象实体。在这个关键问题上的模糊，可能导致凯尔森晚年立场的转变。

法律科学对于法律规范的研究可以分为静态理论和动态理论。从静态理论来看，凯尔森将法律理解为一种强制秩序。"强制"在此指的是法律规范提出的行为要求可能有违行为者的意志，但却可以借助外在力量而得到实施。表面上看，这种学说和奥斯丁的理论非常类似，但却有本质不同：凯尔森认为法律义务并不是源自人的内在驱力或服从的习惯，而是源自法律的强制——对于特定行为而言，如果法律将制裁同与之相对立的行为联结起来，该特定行为便是法律上的义务。通过关联法律义务与强制，凯尔森进一步提出权利是义务的"反射"。这指的是，我所拥有的"权利"不过是他人对我所负有的义务。如此一来，凯尔森就将权利和义务的来源都归结为法律规范，否定了自然法"天赋人权"的立场。更为重要的是，如果说权利义务都来自法律规范，那么权利义务的承担者也即法律主体（自然人和法人），也源于法律规范的建构，而非先在于法律。这就颠覆了罗马法以来的二元论传统：根据该传统，法律主体的权利义务被称为主观法，其中自然人的权利与义务可能具有非法律的来源，比如自然法、理性以及历史文化传统等；与之相对的法律秩序体系被称为客观法。但凯尔森认为主观法本质上源自客观法的建构，一切主观法层面的问题，无论是对法律主体具体生活情境的考察还是对其伦理政治意涵的关注，都要服从客观法所确立的秩序，不如此则不能保证法学理论的科学性。

凯尔森通过法律的动态理论描述法律创造和设定自身的过程。他将法律秩序视为一个以基础规范为前提的法律规范层级结构。如前所述，效力是法律规范的存在样态。一个规范的存在是以其对我们有效力为前提的。它的效力源自何处？凯尔森同样从休谟法则出发，认为一个规范的效力不应当源自特定社会事实，而是源自该规范上级规范的赋予。根据效力赋予关系，我们通过层层递推就可以将众多法律规范组织成一个包含诸多层级的规范体系。在这个体系当中，有一个最高规范成为其他所有规范效力的来源。这便是基础规范（Grundnorm）。① 基础规范并不是一种成文的规则或一个国家的宪法，也不是赋予宪法效力的特定社会实践（比如立法活动、民主协商等），而是法官意识中的一种预设。

这个看起来奇特的观点，凸显了凯尔森学说中的新康德主义因素。② 不过凯尔森并没有深入研究康德哲学，只是受到该学说一般意义上的影响。根据康德的论断，我们对于世界的认知是以一定条件为前提的。这些条件由于使得经验世界成为我们认知的对象，因此是先在于经验也即先验的（transcendental）。康德论证这些条件存在的基本思路是：如果 p 是 q 得以可能的必要条件，那么在 q 出现时，p 一定存在。比如，康德说

---

① 参见〔奥〕汉斯·凯尔森：《纯粹法学说（第二版）》，〔德〕马蒂亚斯·耶施泰特编，雷磊译，法律出版社2021年版，第242页。

② 新康德主义是1870年前后至第一次世界大战之间的重要哲学运动。当时德国的许多重要哲学家都倡导返回康德哲学的立场，因此被称为新康德主义。它主要分为两个学派：一个是以马堡大学为核心的马堡学派，一个是在德国西南部的西南学派。两者都主张康德的先验学说，但有不同的理解。马堡学派强调考察既定科学事实得以可能的先验条件，西南学派强调确立特定价值（比如求知、行善等）后实现该价值的先验方法。

我们看到太阳照射石头,进而石头发热,就形成了"太阳照射使得石头发热"这个认识。这表明"因果性"作为一种范畴是先在于我们对于这些现象的认知的,否则我们无法在两个相继出现的现象之间建立因果关系。凯尔森借用了这个论证,指出只要我们能够获知特定行为的法律意义、能够认识到法律规范,我们就已经在意识中预设了某种条件。因此,基础规范不仅是各个法律规范的效力来源,还是法律科学得以可能的条件。①

晚年的凯尔森致力于研究规范的性质,这与他在纯粹法学说中有关法律解释的分析是一脉相承的。② 在凯尔森看来,立法机构制定的法律是一般规范,司法机关在适用这些规范时需要结合具体情境对之加以具体化,这个过程被凯尔森称为创设个别规范。司法机关不仅要了解法律规范的意义,还需要在法律规范授权范围内考量道德、正义等要素并将之转化为实在法规范。因此,司法机关的法律解释也是一种法律创制,不仅涉及对法律规范的认知,还涉及法官的意志行为,也即对实在法之外因素的裁量权衡。凯尔森晚年在讨论逻辑学与法律规范解释的关系时,同样延续了法律适用结合了认知行为和意志行为的观点,主张司法裁判中创设的个别规范本质上是法官在预设了一般规范有效的前提下,通过主观意志行为加以设定的结果。③

二、 定位问题

凯尔森主张自己的纯粹法学说隶属法律实证主义阵营。一个显而易见的问题就是他的学说并不符合英美法理学中对于法律实证主义的理解——凯尔森认为法律规范是一种认知图式,但哈特等学者认为法律是特定类型的社会实践。自 20 世纪 50 年代以来,研究者显然意识到这两种实证主义之间的差异,甚至在哈特访问美国期间,安排他与凯尔森论辩。根据哈特的回忆,年迈的凯尔森声若洪钟地向他大喊:规范就是规范!

这体现出哈特与凯尔森学说之间的一个核心差异:当我们探究为什么英国法官将判例视为法律渊源时④,凯尔森的回答可能是,英国法官意识中预设的基础规范使得他们将判例视为法律渊源,这体现在经验层面就是存在着法官依据判例裁判案件的司法传统;哈特的回答则为,法官依据判例裁判案件构成了英国司法实践的承认规则,它使得判例成为法律渊源。比较两者的回答,我们或许会觉得基础规范的预设有叠床架屋之嫌:似乎只需要诉诸社会实践就可以解决问题。对此,凯尔森的回应可能是,只有预

---

① 这个观点影响了凯尔森对于国家和法律之间关系的看法,也影响了他对国内法和国际法关系的分析。凯尔森认为,国家和法律具有同一性:国家是一种法律秩序,是法律所创制的法人;同时,国内法和国际法是一体的,而非两种不同的法律秩序——要么是国际法隶属于国内法秩序(一国法律延伸为国际法),要么是国内法隶属于国际法秩序(国际法成为各国国内法)。这种观点往往被称为"一元论"立场。

② 凯尔森晚年有关规范的作品被整理为 Hans Kelsen, *General Theory of Norms*, Michael Hartney trans., Clarendon Press, 1991。

③ 在这个意义上,凯尔森认为法律推理并不是纯粹的逻辑学问题。不过需要注意的是,凯尔森所说的逻辑是以三段论或亚里士多德学说为代表的古典逻辑,并不涉及现代意义上自罗素、弗雷格以来的数理逻辑。

④ 在此我们可以简单地将法律渊源理解为法律的表现形态。当我们说某个事物是法律渊源时,指的是法官在裁判案件时可以此作为依据。

设基础规范,我们才能够将特定社会实践视为承认规则。基础规范和承认规则的差异导致凯尔森与哈特在理论方法上的不同:凯尔森反对将应然层面的法律规范还原为社会事实,并且主张法律理论应当是对法律规范的认知;但哈特主张将法律规则理解为特定社会事实,并且强调法律理论是对法律实践的描述和概念分析。不过纵然有这些差别,两者都承认法律和道德是可分离的,法律具有指引我们行为的规范性而不仅仅是暴力。

凯尔森学说的独特特征使得不同学者对之有不同定位,出现了所谓的康德式解读和非康德式解读的差异。总体而言,研究凯尔森理论的专家大都承认其学说具有鲜明的新康德主义特征;但活跃在英美法律实证主义阵营中的学者可能并不认同这一点。不同解读其实体现出不同学术脉络想要"消化"凯尔森学说所付出的努力——这对英美法律实证主义阵营尤为关键,不然作为其核心的社会事实命题就有崩溃的危险。本节对于凯尔森的介绍主要是沿续康德式解读展开的。这里我们稍微介绍一下以马默为代表的非康德式解读。

马默认为不应当将基础规范理论同康德的先验论证联系起来。这是因为先验论证针对的是康德所说的人类认知所必然预设的范畴(比如因果性),但基础规范并非我们认识世界所必不可少的前提:我们可以选择通过基础规范来理解这个世界,也可以不如此。依据凯尔森的立场,如果我们想要认知法律规范、理解特定行为的法律意义,就需要预设基础规范。马默认为,如果想要通过基础规范来理解作为规范秩序的法律体系,基础规范的内容就应当是我们所处社会的实在法体系,也即由特定人群践行的法律实践。否则,通过基础规范来理解法律体系就成了一句空话。如此一来,根据马默的推导,与其说是基础规范让我们获得有关法律体系的认知,倒不如说是特定法律实践让我们明白了什么是法律。在这个意义上,马默认为凯尔森的学说是一种不彻底的还原论,仅仅将法律规范还原为意识中的预设,却没有发现该预设的内容源自社会实践。① 凯尔森的学说因此就和以社会事实命题为核心的英美法律实证主义立场拉近了距离。马默的重构式解读当然有利于体系化法律实证主义的发展谱系,但忽略了纯粹法学说中随处可见的康德主义要素,对于我们更准确地理解凯尔森本人的观点或许并不合适。

以上是有关法律实证主义基本立场、主要人物及学说的介绍与分析。社会事实命题和分离命题在法律实证主义阵营中的地位与意涵,依旧是理论研究的重点;如何理解法律与道德的关系,不仅影响对法律实证主义的界定,也影响了法律实证主义和自然法学说的关系,还涉及了法律解释客观性、法官自由裁量等议题。不过,法律实证主义虽然有如此广泛的理论影响力,但就其本身而言,它只是一种旨在解答"法律是什么"的学说。回到本讲开篇时与交警攀谈的场景——当我们穷追不舍地询问,为什么立法机关制定并颁布实施的文件就是应当得到遵守的法律时,一位在我们身旁走过的法律实证

---

① See Andrei Marmor, "The Pure Theory of Law", *The Stanford Encyclopedia of Philosophy* (Fall 2021 Edition), Edward N. Zalta ed., https://plato.stanford.edu/archives/fall2021/entries/lawphil-theory.

主义者会说：承认规则或基础规范使然！

### 思考题

1. 社会事实命题和分离命题的含义是什么？它们在界定法律实证主义时发挥什么作用？
2. 我国《民法典》规定了诚信原则和公序良俗原则，这是否挑战了法律实证主义立场？
3. 如何理解凯尔森的"基础规范"理论，基础规范在其学说中发挥哪些作用？
4. 哈特的社会惯习学说基本内容是什么？存在哪些不足？
5. 凯尔森的基础规范预设与哈特的承认规则理论，有哪些相同与不同之处？

### 参考文献

1. 〔奥〕汉斯·凯尔森：《纯粹法学说（第二版）》，〔德〕马蒂亚斯·耶施泰特编，雷磊译，法律出版社 2021 年版。
2. Joseph Raz, *The Authority of Law*, 2nd edition, Oxford University Press, 2009.
3. Andrei Marmor, *Philosophy of Law*, Princeton University Press, 2011.
4. Scott Shapiro, *Legality*, The Belknap Press of Harvard University Press, 2011.
5. H. L. A. Hart, *The Concept of Law*, 3rd edition, Oxford University Press, 2012.
6. Torben Spaak and Patricia Mindus eds., *The Cambridge Companion to Legal Positivism*, Cambridge University Press, 2021.

# 第五讲　法律与社会

第一节　基本立场与基本问题
第二节　有关法律与社会关系的经典理论流派
第三节　法律与社会的复杂关系

德沃金曾强调:"法官是在社会之中而非在远离社会之外思考法律。"①人建构了法律,更准确地说,是社会属性的人而非生物属性的人建构了法律。法律必然包括社会维度,一直位于社会之"中",与社会各领域和社会中的人有着千丝万缕的联系。这一点不是问题,问题是我们应该使用什么样的理论方法和观察视角来分析社会中的法律以及法律与社会的关系。本讲的重点是梳理那些研究"社会中的法律"的经典理论所提出的基本问题、分析方法以及主要观点。②

## 第一节 基本立场与基本问题

相较于自然法传统或者法律实证主义,法社会学研究更为年轻,因为作为其研究基础的社会学本身就是一门新兴的学问,早期法社会学直到 19 世纪末才在欧洲出现,后传入美国。③ 不过法社会学的研究成果却十分丰富,除了通过各种方式引入其他学科的研究方法之外,还引入了更多的研究立场,针对一些基本问题作出了独特的分析并提出了自己的问题。

一、基本立场

所谓基本立场,是指基本的观察视角。特定的观察视角限定了观察对象和观察方法。法律与社会之间的关系太过复杂,难以通过单一的方式予以把握,每一种观察视角只是提供了一种关注焦点而已。④ 只有通过多种立场即观察视角的综合,我们才有可能尽量全面和深入地把握"社会中的法律"这一复杂现象,以期形成更为科学的认识。

(一) 社会法律研究的基本立场

1. "社会—法律"立场

自然法学、历史法学、分析法学和哲理法学等否认法律是一种社会现象,社会学法

---

① Ronald Dworkin, *Law's Empire*, Harvard University Press, 1986, p. 88.
② 本书第二讲已经梳理了社会法律研究的复杂含义以及法律社会学、社会学法学和法律与社会研究之间的共性和细微差别。如无特殊说明,社会法律研究、法(律)社会学、社会学法学、法律与社会研究等在本讲中将在同等意义上使用,指的是以作为社会现象的法律为研究对象,以法律与社会关系为研究重点的理论或方法。
③ 参见沈宗灵:《现代西方法理学》,北京大学出版社 1992 年版,第 192 页。
④ See Brian Z. Tamanaha, *A General Jurisprudence of Law and Society*, Oxford University Press, 2001, p. 1.

学则强调法律是社会现象以及法律与社会其他因素的相互作用。① 社会法律研究首先将自己的研究对象定位于"社会中的法",不认为存在可以脱离社会之外"独立"存在的法律。社会必然包含法律,法律必然存在于社会之中,法律像其他社会制度一样是整个社会有机整体的一部分。因此,法律不再仅仅是一种用语言表述的规则,而必然包含产生、影响以及消除这种规则的社会背景与力量。此外,法律也不再仅仅与道德有关,而必然与其身处其中的社会价值、文化传统、经济状况、政治制度等有关。这种纠缠是如此密切,以至于我们很难将法律完美地切割出来以获得"纯粹的法律";这种关系又是如此复杂,以至于我们很难找到某种黄金法则轻松把握法律与其背后社会因素的关系。"社会—法律"立场可能无法产生指导实践的特定理论命题,但其方法论意义在于提醒我们:只存在"社会中的法律",研究法律绝不能忽视社会的存在。该立场是社会法律研究最为基本的理论立场,必然引起重新回答"法律是什么"这一基本法理学问题的新要求,并进一步回答法律与社会的关系。

2. "观察—描述"立场

"自然法学注重价值,实证主义法学注重规则,社会法学注重事实。"② 埃利希认为,法社会学必须是一门观察"社会事实"的科学。社会事实包括三个方面:第一,在人类团体中决定人们地位与行为的"法的社会事实本身";第二,"纯粹作为事实的法条";第三,"导致法的形成的所有社会之力"。③ 所谓的"社会之力"实际就是"社会学实证主义"所研究和描述的影响制定实在法的各种社会力量,其完全以经验的态度看待法律,反对研究和寻求法律制度的终极价值。④ "观察—描述"立场使在法学研究中引入实证研究方法得以可能,其既包括民族志、群体行为分析等人类学方法,也包括进行数据分析的量化研究方法,并根据变量的选择考察各种不同因素之间的相互作用。"观察—描述"立场一般被认为很难看到法律的规范意义,甚至否认法律的规范性,但实际上该立场本身并不排斥规范分析,而是强调:先不要"急于"想象或论证理想的法律"应该是"什么,至少在弄清楚法律"究竟是"什么之前不要这样做。

3. "解释—评价"立场

人类不是彼此之间不存在任何关系的绝对孤独个体,必然存在各种相互关系。社会生活既非毫无规则的"布朗运动",亦非基于生物本能的"生存游戏",而是由某种主观意图支配下的行动所构成。人类大部分行动都具有特定意义,其他人针对其所采取的后续行动需要以认识之前行动的意义为前提。不过由于人类并不具有"心灵感应"的能力,无法直接认识到其他人行动的含义,因此只能通过某种"解释—评价"来认识行动背后的意义。因此,解释是社会科学的最突出特点,"社会学需要理解人的行动、人造制

---

① 参见沈宗灵:《现代西方法理学》,北京大学出版社1992年版,第192页。
② 於兴中:《法理学前沿》,中国民主法制出版社2015年版,第12页。
③ 参见〔奥〕欧根·埃利希:《法社会学原理》,舒国滢译,中国大百科全书出版社2009年版,第523—524页。
④ 参见〔美〕E. 博登海默:《法理学:法律哲学与法律方法》(修订版),邓正来译,中国政法大学出版社2004年版,第123—124页。

品及环境被赋予的意义"①。社会学的主要创始人之一的韦伯特别强调这一点,其明确指出:"社会学……是一门科学,其意图在于对社会行动进行诠释性的理解,从而对社会行动的过程及结果予以因果性的解释。"韦伯所界定的"行动"(Handeln)包含着行动个体对该行动赋予的主观意义;而"社会的行动"则关涉他人的前述行动。社会行动的意义既包括主观意向的意义,也包括客观有效的意义,既包括事实存在的意义,也包括被建构起来用以分析的纯粹类型的意义。② 无论何种层面的意义,都需要通过"解释—评价"予以揭示。在社会层面,法律也是一种社会行动,自然也需要"解释—评价"立场,只不过不同的解释之间可能存在冲突,该立场本身并不能完美地化解这些冲突。

4. "历史—演化"立场

人类社会经历了漫长的演化过程,社会中的法律也是如此。若想认识当前法律的特征和意义,有必要采纳"历史—演化"的立场,在社会的变迁中考察法律的变迁。一方面,法律与特定历史时期的社会结构有密切的关系。卢曼(Niklas Luhmann)认为,人类社会经历了块状分化、层级分化、功能分化三种主要形式,法律也随之发生了相应的类型变化。③ 另一方面,法律还与历史中特定人类集体的习惯、文化、价值等密切相关。萨维尼认为,法律根植于特定民族的历史中,具有民族特性,是民族精神的表现。民族不是唯一的人类集体形式,其他的集体(如法官职业群体、律师群体等)与特定的法律之间亦存在密切的联系,而且这种联系在时间维度中可能发生变化。因此,"历史—演化"立场不单单从时间维度考察法律与社会的关系,还必然涉及历史中存在过的人类集体及其法律行动,并重点考察这些行动在历史中的变迁,以期加深对法律的理解。但该立场自身并不提供对当下或未来行动的指引:传统如此并非当代应该如此的充分条件。

5. "目的—手段"立场

人类的历史实践表明,社会环境对法律肯定存在某种影响,法律对于其所处的社会也有着某种程度的作用。一般认为,法律服务于社会秩序的形成与稳定,创造并维护特定社会价值。即社会是法律的目的,法律是社会的手段。"目的—手段"立场一方面体现在立法论中。人们在创立法律之时,一定包含着对该法律将在社会层面产生什么有利结果和不利风险的认识和预期,并通过各种方法调整法律内容,以期收益远大于成本,并使整个社会受益。另一方面,该立场亦体现在司法裁判对法律的解释倾向中。虽然形式理性和程序主义是现代法律的重要特征,但完全拘泥于某些法律条文的僵化含义而不顾其社会后果——尤其是在已经预见到该决定可能造成严重不利社会后果之时——的司法裁判是极其罕见的。不过,手段的正当性一般以其服务的目的之实现效果为基础,"合则用,不合则弃"的庸俗功利主义使得"目的—手段"立场一方面蕴含着贬

---

① 〔英〕齐格蒙特·鲍曼、蒂姆·梅:《社会学之思》(第3版),李康译,上海文艺出版社2020年版,第15页。
② 参见〔德〕马克斯·韦伯:《社会学的基本概念》,顾忠华译,广西师范大学出版社2011年版,第20—21页。
③ 有关的详细分析请参见〔德〕尼克拉斯·卢曼:《法社会学》,宾凯、赵春燕译,上海人民出版社2013年版,第三章。

低作为手段的法律之价值的不良倾向,另一方面容易使相关研究沦为"头痛医头脚痛医脚"的对策性研究。①

(二) 社会法律研究的综合立场

社会理论研究必然具有描述性,而描述必然蕴含着解释性,解释无疑会带来批判性,批判则以某种理想性要素为指引,因此"社会理论的研究必然会兼顾理论和实践,描述与解释离不开经验性的研究,批判与想象永远都和理论与哲学为伍"②。

任何一种立场实际都是特定的观察视角。卢曼借用斯宾塞—布朗的理论指出,观察就是作出"区分"(distinction)并"标示"(indicate)出区分的一边而非另一边,如此未被标示的一边必然成为观察的盲点,需要通过"二阶观察"(second-order observing)即"观察观察者如何观察"来呈现该盲点,但二阶观察也是观察,也存在自己的盲点,盲点的存在是观察必然的结果。③ 因此,社会法律研究并不主张唯一的观察立场,而是各种立场的综合。

不同经典社会法律研究对不同立场的优先顺序的安排和权重搭配并不相同。正是因为如此,社会法律研究才呈现出丰富的理论价值和实践意义。不过,不同的观察立场可能导致不同甚至完全相左的结论。观察立场的综合必须面对基于不同观察立场而产生的矛盾命题,但这并不意味着只有完美消除冲突的理论才是唯一正确的理论。社会本身就蕴含着冲突,法律自身也难免存在冲突,不能奢求解释它们的理论反倒完美无缺,关键是它们能够提供多少有关法律和社会的更新、更有价值的解释。

二、 基本问题

"人类所有的集体生活都直接或间接地为法律所塑造……法律是存在于社会条件中的基础性的、全方位渗透的事实。不可能找出这样的生活领域……可以游离于法律之外而获得持续的社会秩序。"④这一点在今天看来已是常识,但在社会学这门学科诞生前,由于缺乏必要的概念工具,难以从社会角度对法律展开自觉的研究。在卢曼看来,促使社会学成为一个独立学科的基本问题是"在一般意义上,社会秩序是如何可能的"。霍布斯虽然涉及了这一点,但其基本关注点在于政治而非社会。另一种思路则是亚当·斯密式的将社会性的基础奠基于道德理论。⑤ 在这种思路下,被认为与道德具

---

① 参见於兴中:《法理学前沿》,中国民主法制出版社 2015 年版,第 66 页。
② 同上书,第 62 页。
③ 有关该问题的详细论述请参见 Niklas Luhmann, *Introduction to System Theory*, Dirk Baecker ed., Peter Gilgen trans., Polity Press, 2013, pp. 102-120。
④ 〔德〕尼克拉斯·卢曼:《法社会学》,宾凯、赵春燕译,上海人民出版社 2013 年版,第 39 页。
⑤ See Niklas Luhmann, *The Differentiation of Society*, Stephen Holmes and Charles Larmore trans., Columbia University Press, 1982, p. 5.

有复杂联系的法律亦可以为"社会秩序如何可能"提供理论基础。无论采取何种思路,在法社会学的视野中,"法律与社会的关系"是必须予以明确回答的基本问题与核心问题。

法律不是凭空产生的,是在人类社会漫长的演化过程中逐步形成的,并经历了不断的变迁。"法律并非由自身决定,也并非在高阶规范和原则的基础上被决定,而是由其与社会的关系所决定。"这一法社会学的基本假定实际并未主张某种法律渊源的位阶,即不是用社会取代自然法的位置。① 社会法律研究的目标不是寻找某种"高级法",而是揭示社会与法律之间的复杂关系。前面所讲的观察立场也是主要服务于对该问题的回答的。

就研究层次而言,社会法律研究可以从抽象到具体区分为宏观层次、中间层次与微观层次。宏观层次指的是关于社会与法律关系的最为抽象的理论层次,其所得到的命题主张一种最为普遍的有效性。马克思关于"经济基础决定上层建筑"的论断是这种宏观层次一般理论的典型代表。微观层次的研究则针对具体的法律规则和制度与具体的社会结构和人们的关系,以"观察—描述"和"解释—评价"立场为基础,以实证分析为主要方法,力图从"社会—法律"的具体关系中得出具有一定效力范围的理论命题。中间层次则位于二者之间,试图同时联结抽象与具体。

不同的研究层次与观察立场无疑大大丰富了社会法律研究的研究对象、研究范围与研究课题,产生了丰硕的研究成果,但另一方面,也造成了社会法律研究的碎片化趋势。由于缺乏更为抽象的理论框架,难以将这些碎片整合成一个内在融贯一致的一般理论,甚至都无力解决众多碎片之间的矛盾之处,也难以像法律实证主义那样将具体的基本研究问题确定下来。② 目前只能在"法律与社会的关系"这个不得不如此宽泛的题目之下,容纳各种以社会中的法律为研究对象、以社会为视角对法律进行的研究,以及以法律同各个社会领域关系为内容的研究。

此外,由于引入了社会作为法律的背景,引入了各种社会学以及其他学科的方法,法社会学得以对"什么是法律""法律为什么有效""法律缘何具有正当性""为什么要遵守法律"等基本法理学问题提出新的命题。任何一种社会法律研究,如果不是陷入琐碎的细枝末节不能自拔,都会或多或少地涉及对上述问题的回答,并在自然法和法律实证主义之外丰富我们对法律这一复杂社会现象的认识。

---

① 参见〔德〕尼克拉斯·卢曼:《法社会学》,宾凯、赵春燕译,上海人民出版社2013年版,第62页。
② 法社会学研究的碎片化受到了广泛的批评,宏观理论的式微也引起了理论界的注意,请参见〔德〕尼克拉斯·卢曼:《法社会学》,宾凯、赵春燕译,上海人民出版社2013年版,第41—43页;於兴中:《法理学前沿》,中国民主法制出版社2015年版,第13、75页。

## 第二节 有关法律与社会关系的经典理论流派

某种理论之所能被称为"经典",是因为它所能够提供的系列主张即便不再像最初那样具有说服力,但依然能够作为某种挑战、需要或者问题而存在,尤其是它们所提出的有价值的问题。① 本节所涉及的理论正是如此,尽管有些已经不是当前学界讨论的热点,但这些经典理论家所提出的问题、使用的方法、建构的概念以及分析的思路对于当代的我们在社会中思考法律是什么以及法律与社会的关系等问题依然具有非常基础的意义。

### 一、欧陆有关法律与社会关系的理论流派

#### (一) 卡尔·马克思

卡尔·马克思(Karl Marx,1818—1883)是极少的能真正改变历史进程的思想家②,主要由其创立的马克思主义既是一种系统的社会学,也是一种关于人与社会的哲学以及一种政治学说。没有其他社会思想像马克思主义那样成为重要政治活动的信条并且最终被世界很多国家的执政党奉为正统。③ 虽然他从未想过要创立单独的"法律社会学",不过法律和法学却是他关心的首要焦点。④ 马克思对法律的论证,是其政治经济学以及历史唯物主义分析中的重要内容,是其批判资本主义生产方式和统治方式时所涉及的重要方面。全面概括马克思的法律学说是极为困难的事情,在这里我们只阐述其理论中最具独特性的几个重要方面:

第一,从本质上来看,法律作为社会意识的一部分,由社会存在所决定,而非相反。法律是统治阶级意志的体现,这种意志的内容由该阶级的物质生活条件决定。⑤ 在《〈政治经济学批判〉序言》中,马克思就法与社会的关系做了集中而又精炼的表述:

> 法的关系正像国家的形式一样,既不能从它们本身来理解,也不能从所谓人类精神的一般发展来理解,相反,它们根源于物质的生活关系……人们在自己生活的

---

① See Niklas Luhmann, *The Differentiation of Society*, Stephen Holmes and Charles Larmore trans., Columbia University Press, 1982, p. 4.
② 参见〔英〕特里·伊格尔顿:《马克思为什么是对的》,李杨等译,重庆出版社 2017 年版,第 2 页。
③ See Lloyd, *Introduction to Jurisprudence*, 7th edition, M. D. A. Freeman eds., Sweet & Maxwell LTD. 2001, p. 953.
④ See Wayne Morrison, *Jurisprudence: From the Greeks to post-modernism*, Routledge, 1997, p. 255.
⑤ 参见《马克思恩格斯选集》(第 1 卷),人民出版社 2012 年版,第 417 页。

社会生产中发生一定的、必然的、不以他们的意志为转移的关系,即同他们的物质生产力的一定发展阶段相适合的生产关系。这些生产关系的总和构成社会的经济结构,即有法律的和政治的上层建筑竖立其上并有一定的社会意识形式与之相适应的现实基础。物质生活的生产方式制约着整个社会生活、政治生活和精神生活的过程。不是人们的意识决定人们的存在,相反,是人们的社会存在决定人们的意识。①

所以,法律并不是自洽的统一体,并非在社会的现实与历史中发挥原因的功能,恰恰相反,法律是社会物质生活条件的结果。②

第二,作为上层建筑一部分的法律,其功能在于维持受经济基础决定的各种社会关系并且作为阶级斗争的工具维护阶级统治。《共产党宣言》开宗明义地指出:"至今一切社会的历史都是阶级斗争的历史。"③马克思批判产生于资本主义的自由主义法学观模糊了阶级斗争、掩盖了阶级统治、合法化了不平等的剥削性经济关系,并且必须穿上权利、进步、社会利益等外衣来实现这一点。这样的法律不能实现其所谓的"永恒正义"。④ 最为突出的表现在于,被奉为圭臬的交易自由奠基于法律平等,但这种平等仅仅是形式化的,其掩盖了交易权的实质不平等,隐匿了物质上的不平等。这种掩盖(隐匿)构成了一种法律意识形态且拒绝干预,由此便强化了增加社会中财富和权力不平等的资本主义活动。⑤

第三,法律如同整个世界一样,处在不断运动和发展的过程中。在马克思主义理论中,任何法律都受到自身所处社会的物质生产方式以及其他社会条件的限制,并随之变化。如果法律能够准确反映其所在社会的发展状况,就会促进社会的发展并因此获得力量,反之则会成为阻碍社会进步的障碍,只能被扬弃。

从上述对马克思关于法律的基本观点的简要梳理来看,马克思的理论体现了各种法社会学研究立场的综合。虽然马克思并未给法律下过定义,其与恩格斯将注意力更集中在法律是如何被创造出来的问题上⑥,但马克思无疑是将法律放在社会中、历史中以经验的方式予以考察的,并对法律的功能以及法律与社会的关系作出了独特的判断。

---

① 《马克思恩格斯选集》(第 2 卷),人民出版社 2012 年版,第 2 页。
② See Lloyd, *Introduction to Jurisprudence*, 7th edition, M. D. A. Freeman eds., Sweet & Maxwell LTD. 2001, p. 959.
③ 《马克思恩格斯选集》(第 1 卷),人民出版社 2012 年版,第 400 页。
④ See Wayne Morrison, *Jurisprudence: From the Greeks to Post-Modernism*, Routledge, 1997, pp. 262, 266.
⑤ 参见〔英〕斯科特·维奇、〔希腊〕埃米利奥斯·克里斯多利迪斯、〔意〕马尔科·哥尔多尼:《法理学:主题与概念(第 3 版)》,赵英男译,北京大学出版社 2023 年版,第 70 页。另请参见 Lloyd, *Introduction to Jurisprudence*, 7th edition, M. D. A. Freeman eds., Sweet & Maxwell LTD. 2001, p. 972.
⑥ See Lloyd, *Introduction to Jurisprudence*, 7th edition, M. D. A. Freeman eds., Sweet & Maxwell LTD. 2001, p. 972.

## （二）涂尔干

法律只是法国著名社会学家埃米尔·涂尔干（Émile Durkheim，1858—1917）[①]所研究的众多社会现象之一，不过要想理解涂尔干对待法律的看法，首先需要弄清楚其对社会学研究对象的界定。

在涂尔干看来，社会学的研究对象是"社会事实"，不过该社会事实不同于第四讲"法律实证主义"所说的社会事实，而是指能对个人意识产生强制作用且可被认识的行为方式或思维方式。首先，社会事实是一种可被观察的"物"，而非"不可被观察的观念"。社会事实概念针对的是一种误解：既然社会事实是人制造出来的，所以只需要研究人们意识的内容及其运作就能认识社会事实。但是诸如我们并未亲身参与的前人所建立的制度以及意识内容并不明晰的集体行动等，就不能从这个角度来解释。因此，涂尔干所主张的社会事实是不能或者无须还原到个人心理的社会现象，反而是先于个体并超越个体的存在。法律也是这种"物"意义上的社会事实。其次，社会事实对人的意识"产生"或"容易产生"强制作用。这种强制作用在顺从它时不容易感知到，但是一旦反抗就立即表现出来（比如在严肃的场合穿着奇装异服），并伴有各类惩罚。最后，社会事实不只包括行动，还包括思维方式，只不过该思维方式不能被归结为个人，只能被归结为社会或者说集体。这种思维方式不是通过形而上学的研究推断的，而是通过观察被发现的。[②]

既然涂尔干如此重视社会事实，那么在法律中他看到的社会事实是什么呢？或者说他是通过观察什么社会事实而发现法律的呢？在《社会分工论》中，涂尔干从人类社会存在劳动分工这一基本事实出发，指出分工不仅提高了生产力，更重要的是"使社会成为可能"。分工不是各行其是，反而意味着某种程度的社会团结，并形成包括集体情感在内的某种集体意识。社会团结本身是一种整体意义上的道德现象，并由法律这一可见形式予以表征，且不同的法律类型表征了不同的社会团结类型。涂尔干区分了两种类型的社会团结：第一种存在于初级社会中，每个部落或群体作为独立的经济单位而存在，个人则在这种集体中参与共同劳动，在这种建立在个人相似性基础上的"机械团结"中只有集体性没有个体性。第二种则以现代工业社会为代表，是通过劳动分工建立在个体差异性基础上的"有机团结"，在这种团结中既存在集体意识也存在个体性。对应于机械团结的法律是"压制性法"，以刑法为代表，目的是惩罚对集体意识的冒犯；对应于有机团结的则是"恢复性法"，以合同法为典型代表，其目的在于恢复被破坏的社会关系。[③]

---

[①] 国内某些译者将其姓氏译为迪尔凯姆，将其名译为爱弥尔，本书在引用相关译本时将尊重译者对其姓名的译法，不做改动。

[②] 有关"社会事实"的界定，请参见〔法〕E. 迪尔凯姆：《社会学方法的准则》，狄玉明译，商务印书馆1995年版，第二版序言以及第一章。

[③] 参见〔法〕埃米尔·涂尔干：《社会分工论》（第2版），渠东译，生活·读书·新知三联书店2013年版。

涂尔干建构了"社会—集体—团结—道德—法律"的概念链条,但在很大程度上,这几个概念指的其实是一回事①,尤其法律与道德难以区分。尽管涂尔干的命题不断受到批评和削弱,不过其重要性在于开启了对法律与社会秩序关系的分析之路,而非其提供的答案。②

(三)马克斯·韦伯

在马克斯·韦伯(Max Weber,1864—1920)看来,"国家是不能根据其目标来定义的",只能根据其"所特有的手段,即暴力的使用"来定义:"国家是这样一个人类团体,它在一定疆域之内(成功地)宣布了对正当使用暴力的垄断权。"③法律(Recht)则"靠着一群执行人员为了集体承诺或对违规的惩戒,进而可能运用对个人生理或心理的强制"从"外在"保证社会正当秩序。韦伯承认可以出于其他目的来定义"法律",并且也承认被外在保证的秩序也可能被"内在的主观态度所保证",但是他依然强调"有那么一种随时准备强制处理的执行人员的存在是最为关键的"。④ 韦伯在法律领域对暴力或者说强制的强调,将其与强调概念分析和规范性分析的现代法律实证主义明显区别开,但这不意味着韦伯是"唯暴力论"者,这其中的关键点在于"正当性"。社会行动者可以通过以下几种方式赋予某种秩序以正当性效力:传统、基于感情(尤其是情绪)的信仰、基于价值理性的信仰以及基于被相信具有合法性的成文规定。最后一种类型与法律密切相关,其具有正当性的理由有两种:一是利害关系人自愿同意并接受该形式;二是某些人对其他人拥有"正当的权威",因此强制其服从。⑤

正当性与韦伯理论中另一个核心概念——支配(Herrschaft)——密切相关。支配"是指一项特定内容的命令会得到特定人群服从的机会"⑥。正当性支配具有三种"理想类型"⑦:一是法制性支配(legale Herrschaft),其"确信法令、规章必须合于法律,以及行使支配者在这些法律规定之下有发号施令之权利",即人们"服膺依法制定的一些客观的、非个人性的秩序";二是传统型支配,其"确信渊源悠久的传统之神圣性,以及根据传统行使支配者的正当性";三是卡里斯马支配,指的是"对个人及他所启示或制定的道

---

① See Niklas Luhmann, *The Differentiation of Society*, Stephen Holmes and Charles Larmore trans., Columbia University Press, 1982, p. 7.
② See Lloyd, *Introduction to Jurisprudence*, 7th edition, M. D. A. Freeman eds., Sweet & Maxwell LTD. 2001, p. 670.
③ 〔德〕马克斯·韦伯:《学术与政治》,冯克利译,生活·读书·新知三联书店2016年版,第55页。另请参见〔德〕马克斯·韦伯:《社会学的基本概念》,顾忠华译,广西师范大学出版社2011年版,第97—100页。
④ 参见〔德〕马克斯·韦伯:《社会学的基本概念》,顾忠华译,广西师范大学出版社2011年版,第66—69页。
⑤ 参见同上书,第69—70页。
⑥ 同上书,第94页。
⑦ "理想类型"是韦伯社会学中一种重要的方法论,大体指的是人们从历史与现实中的各种现象中抽象出稳定要素,以概念的方法建立起特定的关联,以此体现价值关联的原则和理解的方式。作为一种思想结构,"理想类型"既不指明社会发展的方向,也不标识社会的本质内容,而只是作为一种认识工具来观察现实社会中的种种因果关系。有关该问题,请参见〔德〕马克斯·韦伯:《社会科学方法论》(修订译本),韩水法、莫茜译,商务印书馆2013年版。

德规范或社会秩序之超凡、神圣性、英雄气概或非凡特质的献身和效忠"。① 与这三种理想的正当性支配类型相对应的则是三种理想的"支配结构":基于理性化、组织化之共同行为的"官僚制",以传统权威关系制约共同行为的"家父长制",以及基于具体个人权威的"卡里斯马制"。②

对于我们来说,重要的问题是不同的政治支配形态对法律会造成何种影响。这与韦伯另一个重要的概念"理性"有关。在韦伯看来,法律具有非理性和理性的面向。非理性法指的是全然以个案的具体评价而非一般的规范作为法律裁判的基准。理性则具有形式理性和实质理性两个面向。形式理性指的是按照逻辑的要求,将那些"真确无疑的一般性事实"纳入法律的考量,并对照抽象的规则进行评价。实质理性指的是诸如伦理上的无上命令、功利或其他目的取向的规则、政治准则等能够突破逻辑形式的特定规范对法律决定具有影响力。现代意义的法律皆因其形式理性的特征而得以实现。③ "法律形式主义可以让法律机制像一种技术合理的机器那样来运作,并且以此保证各个法利害关系者在行动自由上,尤其是对本身的目的行动的法效果与机会加以理性计算这方面,拥有相对最大限度的活动空间。"这种法律形式理性带来的可计算性,显然更符合资产阶级的利益,并被其视为自由的保障。④ 资产阶级革命造成了与旧世界的切割,法律必须斩断其与共同体道德、习俗、宗教权威等规范性渊源的联系,为了能够规制新的"相对陌生人"组成的社会,能够提供稳定期望和可预见性的形式理性成为法律必不可少的一种性质。这种形式理性结合科层官僚制,使得法律这一古老的规制体系得以呈现出"现代性"的特征。⑤ 现代性建立在理性权威基础之上,成为一种社会结构的计算形式,使得社会或社会组织的功能性的整合成为可能。⑥

(四)埃利希

欧根·埃利希(Eugen Ehrlich,1862—1922)在其代表作《法社会学原理》"作者序"中用一句话概括了自己的思想:"在当代以及任何其他的时代,法的发展的重心既不在于立法,也不在于法学或司法判决,而在于社会本身。"⑦

埃利希反对那种仅关注"词句"、服务于所谓"纯粹知识"的法学,而主张那种关注"事实"、服务于"实用的目的"的法学。⑧ 对于法律而言,最基本的事实是社会的存在。"人类社会"的概念是一切社会科学的出发点,埃利希认为:"社会乃彼此存在联系的人

---

① 参见〔德〕马克斯·韦伯:《支配的类型》,康乐等译,广西师范大学出版社2010年版,第297页。
② 详细的分析请参见〔德〕马克斯·韦伯:《支配社会学》,康乐、简惠美译,广西师范大学出版社2010年版。
③ 参见〔德〕马克斯·韦伯:《法律社会学》,康乐、简惠美译,广西师范大学出版社2011年版,第29—30页。
④ 参见同上书,第322—323页。
⑤ 参见〔英〕斯科特·维奇、〔希腊〕埃米利奥斯·克里斯多利迪斯、〔意〕马尔石·哥多尼:《法理学:主题与概念(第3版)》,赵英男译,北京大学出版社2023年版,第74—75、80—82页。
⑥ See Wayne Morrison, *Jurisprudence: From the Greeks to Post-Modernism*, Routledge, 1997, p. 280.
⑦ 〔奥〕欧根·埃利希:《法社会学原理》,舒国滢译,中国大百科全书出版社2009年版,作者序。
⑧ 参见同上书,第1—2页。

类团体的总和。"①大到国家或民族,小到家庭或作坊,各类团体在"由人组成"这一点上是"同质"的。而人类团体的"内部秩序"从古至今都是法的基本形式,作为制定法产物的"法条"(Rechtssatz, legal propositions)不但出现得较晚,而且大部分来自团体的内部秩序。埃利希将后者中具有约束力的"法律命令"(Rechtsbefehl, legal command)称为"法律规范"(Rechtsnormen, legal norms),它们甚至可以没有任何书面表达形式,但显然对人类团体的行动发挥着实际作用,且数量远多于"法条"。更重要的是"活法"(Lebendes Recht, living law),"活法不是在法条中确定的法,而是支配生活本身的法"。活法是具体而非一般的,是可被观察的,探究活法正是法社会学的工作。活法的意义有两个:一是对法院的裁判规范和立法的内容具有决定性;二是其实际上是"人类社会法律秩序的基础"。②

埃利希虽然承认有效的"法条"可以创造"法律规范",即承认立法的作用,但显然过于轻视立法在创制新法律时的作用,也忽视了国家法律在形塑和发展"活法"过程中的重大影响。另一个批评则涉及埃利希混淆了法律规范与在社会中运作的其他规范的标准。③ 不难看出,"活法"与法官用以判决案件的裁判规范密切相关,但我们就此可以追问一个根本性的问题:"活法"究竟是不是法? 或者换个问法:"活法"究竟是个概念,还是仅仅是一个比喻? 这个涉及法概念论的根本问题是不能被忽略的。

二、 美国有关法律与社会关系的理论流派

美国的社会学法学较为系统的理论产生于19世纪末,受到了欧陆法律与社会研究的重要影响,后来又基于本土的实用主义哲学理论得到了进一步的发展。

(一) 庞德的社会控制理论

罗斯科·庞德(Roscoe Pound,1870—1964)被誉为"美国社会学法学的创始人"④,其将法律作为一项实现"社会控制"的"社会工程"。

庞德的理论具有"工具主义"面向——法律作为工具服务于特定的目的,同时也具有实用主义面向——法律的效力并不在于能够实现某种理念而在于其对目的来说是有用的,而目的之有效性在于能够最大限度地满足人类的需求。⑤ 法律目的并非具有超时空属性,在不同历史时期有不同的表现:原始法之目的是"维护和平";古希腊、古罗马以及中世纪法则以"维持社会现状"、要求人们"安分守己"为目的;自由资本主义的法律则是以"个人意志"为核心确保个体的自主行动为目的,以最大程度地利用资源。庞德

---

① 参见〔奥〕欧根·埃利希:《法社会学原理》,舒国滢译,中国大百科全书出版社2009年版,第28页。
② 参见同上书,第40—41、545—554页。
③ See Lloyd, *Introduction to Jurisprudence*, 7th edition, M. D. A. Freeman eds., Sweet & Maxwell LTD. 2001, p.672. 另请参见沈宗灵:《现代西方法理学》,北京大学出版社1992年版,第214—215页。
④ 〔美〕E. 博登海默:《法理学:法律哲学与法律方法》(修订版),邓正来译,中国政法大学出版社2004年版,第154页。
⑤ 参见〔美〕罗斯科·庞德:《法律史解释》,邓正来译,商务印书馆2016年版,第17、201页。

认为，在一个资源已经被充分利用的社会里，促进个体欲望最大程度实现的体制所引发的冲突比其要化解的冲突还多，因此法律目的需要从"意志"转向"需求"，即实现需求满足意义上的最大化。[1] 这一转变与法律信念的转变相契合：法律不再是"自发发展"的，而是能够根据目标来形塑的。[2] 人们可以改变法律来满足各类需求，由此法律得以成为一项实现"社会控制"的"社会工程"。

社会工程是一个过程、活动，而非知识体系或者固定秩序。[3] 在庞德看来，法律与一定时间空间里的文明相联系。文明有两个方面：一是对外在的、物质的自然界的控制；二是对内在的、人类本性的控制。后一种控制就是社会控制。[4] 社会控制的手段除了法律还包括道德、宗教、族群内部纪律等，不过在当代社会，法律已经成为社会控制"最重要、最有效"的形式，且其他社会控制方式都从属于法律并接受后者的审查。[5]

这种奠基于"目的—手段"的思路实际也包含"成本—收益"思路。其成立需要以下几个前提：第一个前提是"利益的可妥协性"。当代的法律包含的一般性法律原则可以灵活处理社会各类问题。[6] 利益在法律层面具有妥协的可能性。第二个前提是"利益的可区分性"。庞德从需求角度出发将利益区分为个人利益、公共利益和社会利益，在仔细界定三种不同利益的具体内容的同时也承认某些利益具有不同的利益归属可能。[7] 而如何界定哪些利益是值得法律保护的，则需要求助于"价值尺度"，庞德所梳理出的三种类型的寻找价值尺度的方法分别是"经验""假说"与"公认的、传统的权威性观念"。[8] 但上述价值尺度不足以处理"如何准确界定各类法律利益"的问题，且庞德在如何处理该问题上陷入了"据法司法"与"不据法司法"即"自由裁量"之间的摇摆立场。[9] 第三个前提则是"利益的可计算性"。该前提是前两个前提的必然推论：不同的利益之间可能存在的冲突既然可以妥协，那就必须决定何种利益优先，并给出理由证明该选择是被广泛认可和接受的。庞德并没有给出利益的排序表。根据劳埃德（Dennis Lloyd）的观点，庞德的理论模式实际是"共识模式"，其所描述的社会是"同质的、静止的、团结的、分享着同样的价值观与传统并且对现实有着共同认知的社会"。[10] 但这种模式本身

---

[1] 参见〔美〕罗斯科·庞德：《法哲学导论》，于柏华译，商务印书馆2019年版，第30—43页。有关该问题的简要分析，另请参见〔美〕罗斯科·庞德：《通过法律的社会控制》，沈宗灵译，商务印书馆1984年版，第7—8页。

[2] 参见〔美〕罗斯科·庞德：《法律与道德》，陈林林译，商务印书馆2015年版，第80页。

[3] 参见〔美〕罗斯科·庞德：《法律史解释》，邓正来译，商务印书馆2016年版，第203—205页。

[4] 参见沈宗灵：《现代西方法理学》，北京大学出版社1992年版，第222—223页。

[5] 参见〔美〕罗斯科·庞德：《法律与道德》，陈林林译，商务印书馆2015年版，第23页。另请参见〔美〕罗斯科·庞德：《通过法律的社会控制》，沈宗灵译，商务印书馆1984年版，第9—15页；〔美〕罗斯科·庞德：《法哲学导论》，于柏华译，商务印书馆2019年版，第112页。

[6] 有关论述请参见〔美〕罗斯科·庞德：《法哲学导论》，于柏华译，商务印书馆2019年版，第44—45、114—115、118页；〔美〕罗斯科·庞德：《法律与道德》，陈林林译，商务印书馆2015年版，第25、85页。

[7] 参见〔美〕罗斯科·庞德：《法哲学导论》，于柏华译，商务印书馆2019年版，第34—38页。

[8] 同上书，第39、53—63页。

[9] 参见〔美〕E. 博登海默：《法理学：法律哲学与法律方法》（修订版），邓正来译，中国政法大学出版社2004年版，第156—157页。

[10] See Lloyd, *Introduction to Jurisprudence*, 7th edition, M. D. A. Freeman eds., Sweet & Maxwell LTD. 2001, p. 676.

无法消弭可能的利益冲突,也无法确定如何在相互冲突的利益中作出抉择。

正是因为在后两个前提上论证的薄弱,庞德所构想的"社会控制"并非一种精确的"社会控制",但我们也并不能因此否认法律对其他社会领域的影响,该影响往往在"法律对于社会的作用"的论题中得到讨论。

(二) 美国的法律现实主义概览

法律现实主义指的是美国法理学中的"现实主义运动",一般指那些自称为"法律现实主义者"的学者的特有的思考法律的方式:"把法律的规范性因素或规定性成分降到最低限度"。①

法律现实主义的哲学基础被认为是 20 世纪初盛行于美国的实用主义哲学。该哲学派别强调主观经验的根本性,认为实践的标准就是"兑现价值"和"效果",相对于抽象的原则、范畴等,更重视行动的效果和收获。② 现实主义法学是社会学法学的支派,但是并不同于庞德的社会学法学。沈宗灵先生认为两者存在如下主要区别:一是在法律概念上,现实主义法学强调法官的行为而贬低甚至否认法律规则,庞德的法律概念则比较宽泛;二是现实主义法学重视对法官心理的分析,庞德认为心理影响只是因素之一;三是现实主义法学强调经验事实,庞德除了经验之外还强调理性和价值原则;四是现实主义法学强调法律的不确定性,而庞德认为法律既确定又不确定;等等。③

霍姆斯是法律现实主义的先驱,其以"法律的生命不是逻辑,而是经验"④宣告了对经验事实的重视。在其名篇《法律之道》中,霍姆斯一是主张从"坏人"的视角出发,法律就是对法院事实上将做什么的预测;二是虽然没有明确提出"science of law",不过认为只有那些熟悉法律的历史、社会和经济因素的法律人才能更好地履行职责,尤其强调每个法律人都应该懂经济学。⑤ 事实经验、法官行为预测以及社会科学方法构成了霍姆斯法律现实主义思想的主要特征。

法律现实主义是美国的"主流"法律思想,按照弗兰克(Lerome Frank)的看法,现实主义可以区分为两派:一派是以卢埃林(Llewellyn E. Thompson Jr.)为代表的"规则怀疑论"(rule-skeptics),其对法律规则能决定法官判决的传统观点表示怀疑;另一派是以弗兰克本人为代表的"事实怀疑论"(fact-skeptics),其对法院能否准确认定案件事实表示怀疑。卢埃林在早期对以传统法律规则和概念来说明法院和人们实际行为的做法表示怀疑,与此相适应,对法律规则在法院判决中起重要作用的学说也保持怀疑。⑥ 在卢埃林看来,社会中充满了纠纷,诉诸法律的纠纷就是法律事务,法律官员在处理纠纷

---

① 参见〔美〕E. 博登海默:《法理学:法律哲学与法律方法》(修订版),邓正来译,中国政法大学出版社 2004 年版,第 162—163 页。
② 参见沈宗灵:《现代西方法理学》,北京大学出版社 1992 年版,第 220—221 页。
③ 参见同上书,第 238—239 页。
④ 参见〔美〕小奥利弗·温德尔·霍姆斯:《普通法》,冉昊、姚中秋译,中国政法大学出版社 2006 年版,第 1 页。
⑤ See Oliver Wendell Holmes, Jr., "The Path of the Law", 10 *Harvard Law Review* 457(1897).
⑥ 参见沈宗灵:《现代西方法理学》,北京大学出版社 1992 年版,第 241—242 页。

时的所作所为就是法律本身。在卢埃林看来,将法律规则作为法律核心的观点是一种误解。人们之所以重视规则,是因为人们需要预测法官的行为,而遵守规则是重要的预测依据,法官也深知这一点。① 如此一来,规则就只是稳定预测的中介。不过卢埃林本人却否认自己持"规则怀疑论"立场。沈宗灵先生认为,早期卢埃林之所以作出上述论断是因为受庞德的影响而区分了"纸面规则"与"实在规则"。纸面规则意味着仅存在适用可能性,但更具决定意义的是实际适用,所以法律官员的行动才会显得如此重要。② 到了 20 世纪 50 年代,卢埃林修正了自己的说法,认为规范性尽管不是法律的全部,但却是其重要内容。③

弗兰克认为,法律要么是"实际的法律",即关于某情形作出的实际判决,要么是"可能的法律",即关于未来某判决的预测。判决实际上并非传统三段论所展示的那样,而只是从一个模糊的结论开始,然后再来寻找支持结论的理由。因此,法官对判决的"预感"(hunch)就成为其中的关键:"那些生产法官预感的东西创造了法律。"法官预感的成因极其复杂,受到其政治、经济和道德偏见的影响。此外,就像证人的证词会受到其对事件认知的影响一样,法官对案件的预感和判断也受到其对"事实是什么"的认识的影响。不容忽视的是,法官的"个性"(personality)对事实的判断起着重要作用。④ 仅从心理学的角度出发,法庭对事实的认定就已经值得怀疑,而在普通法法庭制度体系中,负责认定案件的初审法院亦存在很多制度性的问题,导致难以对案件事实作出精确的认定,依据事实、依法裁判自然也难以实现,准确预测判决也不可能。⑤

最后值得一提的是"伯克利学派"。这是指加利福尼亚大学伯克利分校的塞尔兹尼克(P. Selznick)、诺内特(P. Nonet)以及其他"法与社会研究中心"的学者针对法怎样适应社会、解决现实问题形成的法社会学理论。在《转变中的法律与社会》中,诺内特与塞尔兹尼克建构了三种法律类型:压制型法、自治型法与回应型法。三者的不同涉及目的、合法性、规则、推理、裁量、强制、道德、政治、对服从的期望以及参与等维度。总的来说,法律是否是压制型的,取决于是否不受制度约束地使用强制力,其突出特征在于政法合一以及裁量权的不受限制;自治型法针对压制型法的弊端应运而生,其主要特点是设置专业并相对自治的法律制度,将裁量权限制在一定范围内,程序正义是其核心;但自治型法有将自己隔绝于社会之外的弊端,由此回应型法得以产生,其强调目的之价值,要求通过法律制度的变化回应社会的需求,以杜绝形式主义所带来的封闭性。⑥ 沈宗灵先生认为塞尔兹尼克理论的突出特征在于对价值问题的研究,法律可以协助社会

---

① 参见〔美〕卢埃林:《荆棘丛》,明辉译,北京大学出版社 2017 年版,第 5—8 页。
② 参见沈宗灵:《现代西方法理学》,北京大学出版社 1992 年版,第 243—244 页。
③ 参见〔美〕E. 博登海默:《法理学:法律哲学与法律方法》(修订版),邓正来译,中国政法大学出版社 2004 年版,第 164 页。
④ See Jerome Frank, *Law and the Modern Mind*, Stevens & Sons Limited, 1949, p. 46, pp. 100-117.
⑤ See Julius Paul, *The Legal Realism of Jerome N. Frank*, Martinus Nijhoff/ The Hague, 1959, pp. 81-92.
⑥ 参见〔美〕诺内特、塞尔兹尼克:《转变中的法律与社会》,张志铭译,中国政法大学出版社 1994 年版,第 31—128 页。

建立秩序,这种建构必然具有不可忽视的价值维度。①

法律现实主义是否成功了? 这个问题并不好回答。实际上,很多法学研究即便不是以实用主义作为法律与社会研究的哲学基础,也一定会从中汲取营养。② "我们现在都是法律现实主义者"已经成为名言。法律现实主义其实并不否认法律的规范性,只是提醒我们注意,仅仅规范性本身并不能提供关于法律实际运作的全部故事。③ 那么法律现实主义实际要说清楚它的对手没有说出的故事,而并非改变整个故事的基底。

## 第三节　法律与社会的复杂关系

### 一、法律与社会关系的复杂性

（一）难以被定义的法律与难以被界定的社会

"法律是什么"是法理学中的核心问题,任何一种法理学理论只能对这个问题给出有限的回答。类似的情况也发生在"社会是什么"这个问题上。吉登斯与萨顿(Philip W. Sutton)承认"从整体上把握社会学这门学科变得越来越困难了",最为直观的表现就是两人编著的《社会学基本概念》中居然没有"社会"的概念。④ 关于社会的定义不是无争议的,而每种关于"社会是什么"这个问题的回答都会影响相关社会理论的建构。我们在这里没有必要详细梳理"社会"概念史,只需要引入於兴中教授给出的公式即可,即"社会＝社会行为者＋社会环境＋社会生活＋社会力量＋?"。社会行为者既包括个人,也包括群体和集体;社会环境既包括易于认知的硬件,也包括诸如原则、意识、伦理、关系等难以认知的在潜性层面发挥作用的软件,还包括各种社会制度;社会生活是社会行为者与社会环境不断地互动和影响;社会力量是促使社会发生变动的各种因素。⑤ 当一个概念包含如此复杂且多变的内涵时,其功能更大程度上只是初步表明研究的对象以及其所大体蕴含的内容,只是一个路标,难以服务于精确的理论思考。

理论中的概念以及概念性预设往往是模糊的,而理论所展现的力量却往往正是依

---

① 当然,"法律在建构社会秩序中的实际价值是什么"是一个值得争论的问题,有关分析请参见沈宗灵:《现代西方法理学》,北京大学出版社1992年版,第278—280页。
② 参见於兴中:《法理学前沿》,中国民主法制出版社2015年版,第69—70页。
③ See Lloyd, *Introduction to Jurisprudence*, 7th edition, M. D. A. Freeman eds., Sweet & Maxwell LTD. 2001, pp. 810-813.
④ 参见〔英〕安东尼・吉登斯、菲利普・萨顿:《社会学基本概念》(第2版),王修晓译,北京大学出版社2019年版。
⑤ 参见於兴中:《法理学前沿》,中国民主法制出版社2015年版,第59—60页。

赖于其模糊性的。①不过,模糊性需要有一个度的限制,否则会因为其包含内容的杂多而削弱理论的解释力,甚至连理论要针对的研究对象都难以搞清楚。无论是"法律"还是"社会",作为基本概念它们首先是能指,其所指却难免存在相当的模糊性,以至于我们在讨论"法律与社会关系"时必须尽量地澄清我们所谈的法律究竟是什么、社会究竟是什么。否则无法保证不同的人所谈论的"法律"或"社会"是同一个事物。

法律在那里,社会也在那里。但是受到种种限制,我们目前似乎难以通过合适的语言和概念准确把握这两个存在。这成为研究法律与社会问题的首要障碍。不过这不意味着学术研究要放弃对法律与社会关系的研究,而是提示一种澄清义务:每一种有关法律与社会关系的研究,需要首先澄清自己所谈论的法律与社会分别是什么。另一个重要问题是理论研究与社会实践的复杂关系。"法律理论既不是没有社会后果的,也不是不受社会影响的。"②任何法律理论都在某种程度上受制于社会实践,理论的想象力不是没有限制的;反过来,社会理论的研究能够深化人们对社会现象的理解,并在一定程度上更有效地指导人们的社会实践。这是理论研究的使命所在。

(二)难以被界定的法律与社会的关系

尽管存在界定对象的困难,但法律与社会的关系依然可以在一定程度上被讨论。在塔玛纳哈看来,所有关于法律与社会关系的理论都存在一种预设。该预设包含两个相互关联的命题:一是"镜像命题",即法律像镜子(mirror)一样反映着社会,反映着社会中的习惯与道德,这一点被认为是自明的;二是"功能命题",即法律通过公布并执行人际交往的规则以及解决纠纷来维持社会秩序。法律与社会存在某种关系,这一点不容否认,但是结合人类法律发展的历史来看,两者的关系太过多样化,并不存在某种普遍的模式可以概括两者的关系。尤其到了实证法阶段,按照严格的法律实证主义者的说法,立法者制定的规则本身就是法律并且能够得到执行,且没有证据表明法律必然要反映社会中的习惯与道德要求。况且,当前法律移植和法律全球化对各国的法律产生着影响,且在"书本上的法律/行动中的法律"以及"法律规则的要求/人们的实际行为"之间存在着鸿沟,使得镜像命题难以成立。进一步地,既然无法保证法律准确反映着社会的要求,那么法律维持社会秩序的功能命题也难以成立。③

法律也许是一面镜子,但却是一个曲面不断变化的镜子,有时候能够接受社会的内在要求并直接反映出来,有时候则发生扭曲,甚至成为"哈哈镜"而将社会的要求扭曲到无法辨识的程度。伯克利学派主张,我们不应该空谈法律与强制、国家、规则或道德之

---

① See Niklas Luhmann, *The Differentiation of Society*, Stephen Holmes and Charles Larmore trans., Columbia University Press, 1982, pp. 20-21.
② 〔美〕诺内特、塞尔兹尼克:《转变中的法律与社会》,张志铭译,中国政法大学出版社1994年版,第3页。
③ See Brian Z. Tamanaha, *A General Jurisprudence of Law and Society*, Oxford University Press, 2001, pp. 1-3, 58-70, 107-132.

间的必要联系,而应该研究这些联系"在什么程度上和在什么条件下发生"。① 这就是使用实证方法研究社会与法律的主要旨趣所在,在这个问题的指引下,社会科学和自然科学都可以用来服务于法学研究。不过由于采用的研究工具和方法彼此相异,在每种具体研究中法律与社会往往指代的是不同的东西,导致研究的碎片化和对策性趋势亦愈来愈明显且饱受诟病。② 这种杂糅对新的一般性法社会学理论的呼唤,无疑构成了当前法社会学研究最具吸引力的研究课题之一。

二、社会系统理论有关社会与法律关系的界定

当代依然主张采用一般理论分析社会的代表是德国社会学家卢曼所建构的社会系统论。③ 在社会系统论中,作为独立的社会子系统,法律一方面具有自己独特的"功能"(function)并且能对其他社会子系统产生某种"功效"(performance),另一方面与其他社会子系统之间不存在因果性的"决定与被决定"关系。

(一) 法律的功能与功效

卢曼认为,"社会"不是一个清晰的概念,且"无法在社会之外描述社会"。在以现象学为基础的系统理论中,"社会"被理解为并非由"人"组成的"意义系统"。这里的"意义"既不是什么客观存在的本质,也不是什么保持不变的实体,而是在"可能性永远多于现实性"的基础上经由"选择"所形成的、随时可以发生变化的"被构造物",具有"复杂性"和"被迫选择性"。社会系统的本质功能在于"化简复杂性"——社会系统的功能在于帮助人们作出选择。只不过不同的功能子系统化简复杂性的方式存在差别,这正是不同社会子系统的功能差别。

卢曼认为,法律的功能要从全社会系统的角度予以考察。在社会交往中,最基本的困境是"双重偶联性"的问题:即他者的行动要依赖于自我的行动,而自我的行动同时依赖于他者的行动,"我"与"他者"都对彼此将要采取的行动有所期望,而行动的偶联性使这种期望无法稳定下来,从而导致社会秩序难以形成。期望总是面临可能的失望,社会发展出两种处理模式:一种是"认知性期望",即从失望中学习并改变之前的期望;另一种是"规范性期望",指的是不必从失望中学习而坚持过去的期望,因此又被称为"反事

---

① 参见〔美〕诺内特、塞尔兹尼克:《转变中的法律与社会》,张志铭译,中国政法大学出版社 1994 年版,第 10 页。
② 参见於兴中:《法理学前沿》,中国民主法制出版社 2015 年版,第 12—13 页。
③ 本部分内容主要参考以下文献:Niklas Luhmann, *The Differentiation of Society*, Stephen Holmes and Charles Larmore trans., Columbia University Press, 1982; Niklas Luhmann, *Essays on Self-Reference*, Columbia University Press, 1990; Niklas Luhmann, *Social Systems*, John Bednarz, Jr. and Dirk Baeker trans., Stanford University Press, 1995; Niklas Luhmann, *Theory of Society* (Vol. 1), Rhodes Barrett trans., Stanford University Press, 2012; Michael King and Chris Thornhill, *Niklas Luhmann's Theory of Politics and Law*, Palgrave Macmillan, 2003;〔德〕Georg Kneer and Armin Nassehi:《鲁曼社会系统论导引》,鲁显贵译,巨流图书公司 1998 年版;〔德〕尼可拉斯・鲁曼:《社会中的法》,李君韬译,五南图书出版股份有限公司 2009 年版;〔德〕尼克拉斯・卢曼:《法社会学》,宾凯、赵春燕译,上海人民出版社 2013 年版。

实稳定的行为期望"。规范性期望具有无条件的有效性。法律规范的功能,正是在于制度性地提供了具体的具有普遍性的规范性期望,使得即便陌生的社会成员之间也可以进行交往和沟通。也就是说,法律系统通过提供稳定的一致性一般化的规范性期望引导人们作出选择——应该做什么,不应该做什么。这才是法律功能,也正是法律所广泛采取的"应然"表达式的含义。"功效"与"功能"不同。功能概念存在于子系统相对于整个社会而言的层面;而功效则存在于各个功能子系统之间的层面,是某社会系统为全社会的其他功能系统所提供的东西。本书前面所涉及的"法律功能"在社会系统论视野中实际是法律系统之于社会的"功效",而非法律自身的"功能"。在系统论视野中,功能是唯一的,功效是多样的。但这不意味着功效不重要,如果功效问题得不到解决并积累到严重程度,可能会影响功能的稳定性。不过如果混淆功能与功效,则容易误解现代各分化功能子系统之间的关系。

(二)法律与其他社会子系统的激扰与结构耦合关系

社会系统的基本单元是"沟通"(communication)。沟通不是"生命"单位,也不是"意识"单位,更不是"行动",而是"讯息"(information)、"告知"(utterance)、"理解"(understanding)三种选择的综合。社会的沟通不是任意的,功能子系统通过二值符码(dual-valued code)建构自己的沟通,不同的功能子系统使用不同的符码,对特定的"事实"赋予"要么 A,要么非 A"(如法律系统的符码就是"合法/非法")的"意义"。"符码"自己无法决定自己的分配,系统通过"纲要"(programs)来确定决定符码选择的条件,如法律系统即通过"如果……那么……"式的条件纲要(法条)来分配"合法/非法"符码。而政治、经济、大众媒体、宗教等也围绕着各自独有的符码建构起来。

不同于"输入—输出"模式的开放系统,社会功能子系统是"自创生系统"。社会功能子系统按照自己的纲要分配符码,在运作上是闭合的,与环境之间不存在"点对点"的一致性;同时,系统在认知上是开放的,并非完全根绝于环境之外,但是否向环境"学习"则取决于系统自身的选择。环境对系统的影响有两种方式:一种方式是"激扰"(irritation),指的是社会功能子系统向环境学习与自身不一致的东西。不过激扰属于系统本身,表征的是系统的"学习"能力,是系统本身的运作。另一种方式则是"结构耦合"(structure coupling),相对于激扰的零散性,结构耦合表征了系统结构化的学习方式,可以被理解为系统与环境之间产生影响的"常用"通道。

经过复杂的演化,现代社会中的结构耦合有以下几种主要类型:政治系统与经济系统耦合于"税费";法律系统与政治系统耦合于"宪法与立法";法律系统与经济系统耦合于"财产和合同";科学系统与教育系统耦合于"大学的组织形式",等等。这些特定的耦合形式无疑是高度条件化与稳定化的。不过,不同子系统之间的结构耦合不是逻辑推理的产物,而是历史发展的产物。结构耦合概念表征了高度发展的系统间影响的条件与渠道,是一种既具有高度选择性,又具有相当确定性的已经"结构化"的"激扰"。

卢曼通过沟通这一基本单元将社会建构为"同质"的,在"运作闭合,认知开放"的基础上用符码和纲要的区分建构了不同的具备自创生性质的社会功能子系统,并以激扰和结构耦合说明了系统与环境之间的关系。社会系统理论无疑给法律等高度演化的系统的自主性作出了充分的理论说明。面对环境的影响,系统是否作出改变取决于自己的决定。这与塔玛纳哈对镜像命题的批判殊途同归。但卢曼将"人"排除在"社会"之外的理论基础被认为过于激进而难以被普遍接受。

## 思考题

1. 法律与社会研究的基本立场有什么?哪种立场更具有可操作性?
2. 马克思主义法学关于法律与社会关系的界定与其他法社会学理论的区别与联系是什么?
3. 你是否同意"我们都是法律现实主义者"这个说法?为什么?
4. 应该如何理解法律与社会关系的复杂性问题?

## 参考文献

1. 〔德〕尼可拉斯·鲁曼:《社会中的法》,李君韬译,五南图书出版股份有限公司2009年版。
2. 〔奥〕欧根·埃利希:《法社会学原理》,舒国滢译,中国大百科全书出版社2009年版。
3. 〔德〕马克斯·韦伯:《社会学的基本概念》,顾忠华译,广西师范大学出版社2011年版。
4. 《马克思恩格斯选集》,人民出版社2012年版。
5. 〔法〕埃米尔·涂尔干:《社会分工论》(第2版),渠东译,生活·读书·新知三联书店2013年版。
6. 〔德〕尼克拉斯·卢曼:《法社会学》,宾凯、赵春燕译,上海人民出版社2013年版。

# 第六讲 法律的权威、规范性与强制力

第一节 基本概念、基本问题与基本争议
第二节 拉兹论法律的权威
第三节 肖尔论法律的强制力

生活中我们每时每刻都会遇到各式各样的行为指引,比如戴上口罩、不许吸烟、早睡早起、努力学习……这些行为指引有的来自法规政策,有的来自标语告示,有的来自公职人员,有的来自我们身边的同事、家人与朋友……面对形形色色的行为指引,我们有时会详细推敲它们背后的理据再作出是否遵循的个人判断,有时则会不假思索地对之言听计从。为何如此?这是因为我们的着眼点不同:有时我们会关注行为指引内容的合理性甚或正确性,有时会更关注行为指引的来源,有时则只是为了规避违背行为指引所可能导致的后果。在这个意义上,我们可以说任何行为指引之所以可以影响我们的行为选择与慎思判断,是因为它可能提供基于内容的理由、独立于内容的理由以及源自惩罚的威慑。法理学中讨论法律如何影响我们的行为时,大体也遵循这一路径。因此,有关法律权威、规范性和强制力的分析,便是有关法律所提供的行为理由的解释,旨在回答"为何遵循法律"这个问题。如果说在回答什么是法律这个问题时,我们思考的是道德在何种程度上影响了法律;那么此时讨论为何遵循法律,其实就是考察法律在何种程度上影响了我们的行为。

# 第一节 基本概念、基本问题与基本争议

## 一、基本概念

若想了解我们为何遵循法律,不如先从这样一个常见情景开始:父母常对我们说"要早睡早起"。如果我们遵从这一指引,行为就随之而改变。这个指引便因此具有了规范性。依据日常经验,这种规范性可能有两个来源:一方面是这个要求本身符合科学规律,对身体有益,我们"择其善者而从之";另一方面是这个要求来自父母,我们可能出于孝顺、关爱、畏惧等理由选择乖乖听话。这两个角度正好构成了我们遵循法律的两大理由:审慎理由(prudential reasons)与道德理由。审慎理由是说我们从趋利避害的角度选择服从法律;道德理由指的是我们认同法律内容的正确性或正当性,进而认为自己有服从法律的道德义务。不过对于我们为何遵循法律这个问题来说,这样的解释还有些粗糙。我们需要更细致地考察,在展开实践推理、决定行为选择时,法律对我们的判断究竟具有何种影响。

自然法学说和法律实证主义立场同样给出了不同的解答。自然法学说虽然有诸多形态,但最根本的立场是主张法律应当通过特定道德或理性标准的检测。在严格意义

上，一部法律或整个法律体系符合自然法学说，就意味着它并不包含有违我们道德标准的法律规则，也即不存在"恶法"。因此，自然法学说认为，遵循法律的理由就是我们对于法律内容所体现的道德原则的认同。① 这个解释虽然合理，但隐含了两个非常关键的问题。其一是"恶法问题"：依据自然法立场，有违我们道德标准的法律就不是法律，也无须遵从；但现实生活中，许多法律规定无法在道德上做到尽善尽美，可是我们依旧需要遵从——至少在不导致严重后果时如此。法律的制定者无法预料到所有可能出现的情况，无论多么公正的法律体系，都不可避免地会在一些情形中导致不正义。只要法律体系在整体上是公正有效的，我们就没有必要因为其中某些规则在道德上的不完美而认为其不属于法律。其二是"权威问题"：依据自然法立场，我们之所以遵从法律是因为它体现了得到认同的道德立场，这意味着真正对我们行动发挥指引作用的是道德而非法律，或者说自然法学说并没有阐明法律是否以及如何给我们提供行动理由。相较而言，"权威问题"对自然法学说并不构成真正的挑战：自然法立场主张法律是一种（特殊的）道德，从行动理由的角度来说，法律自然无法提供自成一类（*sui genesis*）的理由。但"恶法问题"则表明自然法立场未能充分解释法律的现实运作，似乎只是在讨论法律应然的状态。

法律实证主义相较于自然法学说似乎具有如下优势：其一，它强调法律是一种可分离于道德的社会事实，因此有可能表明法律能够为我们的行动提供自成一类的理由；其二，它强调法律理论是对法律实际样态的描述而非对之加以评价，因此有可能更好地揭示法律的现实运作。但我们也可以认为，所谓的"恶法问题"和"权威问题"，其实都是法律实证主义在既辩护自己立场又尝试解释我们为何遵循法律时构造出来的问题——如果我们认为法律的实然与应然彼此不可分离，法律不必提出独特的行动理由，自然法学说的不足与法律实证主义的优势也就都不复存在。不过正是法律实证主义的理论构造使得有关法律权威、规范性与强制力的讨论变得精致复杂，本讲的内容也将主要围绕该理论展开。

首先需要讨论的是权威（authority）概念。如第四讲所说，法律的权威指的是行动者放弃自身有关行动的慎思判断而接纳法律所提供的行动理由，或者说法律提供的理由试图替代行动者自身的判断。法理学或更一般的哲学分析主要讨论权威的性质（nature），也即权威得以成立的充分或必要条件是什么。这被称为规范意义上（*de jure*）的分析。② 与此相对，则是事实意义上的（*de facto*）的分析，讨论权威在经验层面运作的模式和效果，一般属于社会科学的范畴。拉兹将前者称为正当权威，将后者称为有效权威，并且认为有效权威的存在预设了正当权威的成立。这一论述其实与社会学

---

① 当然，在认同法律所体现的道德原则之外，我们也会出于审慎理由遵循法律。不过从自然法学说的角度来说，道德理由虽然并非我们遵循法律的唯一理由，但却是不可否认的理由。相反，在法律实证主义立场中，道德理由不仅并非我们遵循法律的唯一理由，甚至未必是我们遵循法律的理由。

② *de jure* 和 *de facto* 是拉丁语，可以分别直译为"根据法律/权利"以及"根据事实"；前者指的是一种经验现象得以成立的条件，后者指的是经验现象本身。

中有关权力、支配的分析如出一辙。韦伯指出,单纯依靠强力(power)的统治不可维系,稳定的权力支配关系一定以某种正当性信念为基础。这一点也得到了拉兹的认同。他虽然侧重哲学分析,但认为有关权威的完整论述必须包含对于有效权威的分析。① 不过他同时指出,并非所有正当权威都是有效权威,这与法律的效力和实效的关系是类似的。②

权威又可以分为理论权威和实践权威。理论权威可以被理解为一种认知意义上的权威。比如,在专业课上老师就是特定学术问题的理论权威,在问诊就医时主治医生就是我们身体状况的理论权威,我们通过这类权威获得对于特定事物的认识或持有某种信念。理论权威的存在并不依赖于服从权威者的承认——我们无须承认老师或医生的专业能力,他们的身份与资质自然使得其拥有理论权威。实践权威是为我们提供特定行动理由的权威,法律当然是其中一种,但也包括其他可以向我们提出行为指引的人或事物。法律作为一种实践权威的独特之处,就是它试图替代我们自身的行动理由,是如第四讲所说的二阶排他性理由。

此外,权威还可以区分为对人的权威和对实施特定行动的权威。对人的权威指的是拥有权威的人可以依据自身意志处置受其支配的人的利益。比如,父母的行为会直接或间接地影响未成年子女的利益,子女的成长不可避免地在相当程度上受到父母婚姻状况、经济条件以及行为举止的影响。对实施特定行动的权威指的是得到授权的特定行动。比如,你授权我用你的电脑帮你修改文稿,这就是授予我处理你相关事务的权威,但这不等于我对你本人拥有任何权威——实际情况可能恰恰相反,授予权威的一方反而拥有着权威。拉兹指出,一个人如果对一群人、一些事物抑或这两者在相对持久的时间内拥有权威,那么他自身就可以被称为权威。③

其次是规范性(normativity)概念。规范性概念可以说在不同学者笔下拥有不尽相同的意涵,难以一概而论。学者有时会将它同效力(validity)这个概念联系起来。按照我国法学理论的基本观点,法律效力就是法律的约束力,指人们应当按照法律的规定行为。一般来说,法律的效力源自制定它的合法程序和国家强制力。法律的效力可以分为对人的效力(法律适用于哪些人)、对事的效力(哪些行为或事项受法律调整)以及空间和时间效力。④ 这个理解也适用于法律的规范性。总体来说,它侧重从逻辑角度阐明一个规范具备"法律"身份会对我们的行为有何影响。比如,英美语境中法律实证主义者会将"一个社会规范需要满足何种条件才能成为法律"这个问题归纳为"效力条件问题"。不过在一些讨论中,效力和规范性有时也会被视为法律规范自身拥有的重要属性。比如,依据凯尔森的学说,规范性或效力就是法律规范存在的样态,我们可以从有效/无效的角度对之加以讨论。

在晚近有关法律规范性或效力的研究中,学者不仅希望指出这两个概念意味着法

---

① See Joseph Raz, *The Authority of Law*, 2nd edition, Oxford University Press, 2009, p. 9.
② 参见本书第四讲第一节。
③ See Joseph Raz, *The Authority of Law*, 2nd edition, Oxford University Press, 2009, p. 19.
④ 参见沈宗灵主编:《法理学》(第 4 版),北京大学出版社 2014 年版,第 307—309 页。

律规范的属性或对我们行为的影响,更希望可以阐明法律究竟会如何影响我们的行为。拉兹的学说虽然围绕权威问题展开,但却在阐明规范性方面作出了重要探索。他认为我们可以通过规范力(normative powers)来理解法律权威的运作模式。法律可能既是一种告诉我们去做某事的理由或接受去做该事理由的理由,也是排除不做该事理由的理由(二阶理由)。在这个意义上,法律就是做该事的保护性理由。法律的规范力就是通过改变我们的保护性理由来改变我们的实践。① 后来拉兹进一步拓展了这个想法,认为理解规范性问题就是对各种理由在我们的实践推理中的结构以及作用的理解。在他晚年最后一部作品中,拉兹简要勾勒了自己对于整个规范性议题的看法:我们身处的世界具有诸多可欲的特征,这些特征是有价值的,其中一些在满足特定条件后构成了我们的行动理由;这些理由阐明了我们的理性力量(rational powers),也即分辨我们所处情境中哪些因素具有价值以及识别这些价值为我们的思维和行动提供了何种理由的力量;而规范性就是我们运用自身理性力量的指引。②

需要特别注意的是,依据拉兹的看法,某个事物具有价值或成为理由,并不等于我们认为该事物具有价值或成为理由。因此,这里所说的"价值""理由"都是某种事实或具有一定客观性。这里涉及哲学讨论中外在理由论和内在理由论之争。持有内在理由立场的学者认为,任何理由对于我们行动的改变都是通过影响我们的内心动机实现的,因此一个理由能否成为一个理由,其实取决于我们是怎样的一个人。相反,持有外在理由立场的学者认为,一个理由只要满足特定条件就可以成为我们的理由,与我们自身对于理由的看法无关。拉兹无疑是外在理由论的支持者,这使得如何阐明理由、价值、动机以及行为意图之间的关联成为拉兹需要面对的重要问题,也让这些问题成为法律权威和义务领域的重要探索方向。

最后是强制力(force)概念,它一般与刑罚(punishment)、暴力(violence)、强力(power)或制裁(sanction)联系在一起。凯尔森指出,如果一种行为即使有违相关者的意志、遭遇反抗,但还是能够通过运用外在强制力得到实施,这便是强制行为。它可以分为两种类型。一类是制裁,就是法秩序对其所确定之作为或不作为的回应。比如,针对偷盗行为设定监禁刑,对没有尽到法律义务的行为加以处罚。另一类不涉及行为人的作为或不作为,而是指为了公共利益而实施的强制性措施。③ 法律强制力不仅体现为物理意义上纯粹的暴力或武力,也体现为精神层面的痛苦和羞辱。它通过施加某种恶或剥夺某种善所导致的痛苦来纠正或预防不法行为。

随之而来的一个问题就是,何种程度的强制力可以阻止不法行为的产生?有两点初步观察值得注意。其一,我们最直观的感受是立法层面设定的刑罚越严酷,不法行为就越少。但许多研究表明,不法行为发生的概率受执法情况的影响更大。如果法律可

---

① See Joseph Raz, *The Authority of Law*, 2nd edition, Oxford University Press, 2009, p. 18.
② See Joseph Raz, *The Roots of Normativity*, Oxford University Press, 2022, p. 275.
③ 参见〔奥〕汉斯·凯尔森:《纯粹法学说(第二版)》,〔德〕马蒂亚斯·耶施泰特编,雷磊译,法律出版社2021年版,第141页。

以得到充分实施,每一个违法行为基本上都会得到及时追究,即便刑罚强度不高,不法行为也会大大减少。其二,为了阻止不法行为所导致的公共利益严重受损,酷刑是否可以得到允许?通常认为,边沁源自功利主义的论断是支持酷刑的理由。功利主义认为,一个行为如果能够有利于最大多数人的最大利益,就应当得到准许;边沁在一篇手稿中曾说,在极少数情形中,出于非常特殊的目的,酷刑的使用可能是有利的。不过根据该手稿的整理者威廉·特文宁(William Twining)的分析,边沁意义上的酷刑只是针对审讯中的供认,但现实中的实施酷刑的目的可能还包括使政治对手丧失能力、恐吓大众等,并且在实践中我们应当区分偶尔为之的酷刑和制度化、常态化的严刑峻法。① 在这个意义上,即便是边沁也为酷刑的使用限定了极为严苛的条件。

晚近有关法律强制力的研究,主要集中在阐明强制力是否属于界定法律的必要条件这个问题上。如第四讲所说,奥斯丁和凯尔森都强调强制力之于法律的核心地位,但自从哈特提出承认规则以及社会惯习论后,学者大多认为强制力并非法律的必要属性。不过这种情况出现了一些改变。有学者提出,无论强制力是否属于界定法律的必要条件,它对现代社会中的法律现象来说都至关重要,因此是法理学研究的重要内容。还有学者认为,与其执着于从逻辑或概念角度分析强制力和法律概念的关系,不如展开经验研究,讨论大众有关法律和强制力关系的认识。相关调查表明,大众普遍认为从整体上说法律体系必须以强制力为后盾,但在具体情境中强制力可能和法律并无太多联系。② 这种将理论命题同经验研究结合起来的方法,被称为"实验法理学"(experimental jurisprudence),得到了英美学界新生代学者的关注。③

## 二、基本问题

法律的权威、规范性与强制力旨在回答"为何遵循法律"的问题。它与"法律是什么"这个问题之间有何关联?一般认为,这两个问题都隶属于法概念论层面的讨论。不同学者的具体观点可能彼此有别,但在理论构造上,他们都倾向于认为"什么是法律"这个问题的答案,也是"为何遵循法律"的答案;反过来也成立,对于"为何遵循法律"的分析,往往也能够阐明"什么是法律"。我们可以通过哈特与拉兹的学说来理解这一点。

哈特在《法律的概念》开篇就指出,自己旨在阐明"法律是什么"这个问题,也即解释法律和命令、道德义务以及规则之间的联系与区别。他给出的答案是,法律是由初级规

---

① See William Twining and Penelope Twining, "Bentham on Torture", 24 *Northern Ireland Law Quarterly* 305 (1973).
② See Lucas Miotto, Guilherme Almeida, and Noel Struchiner, "Law, Coercion, and Folk Intuitions", 43 *Oxford Journal of Legal Studies* 1-27 (2022).
③ 实验法理学采用经验数据来讨论通常与法理学或法学理论相关的问题,这种方法呼应着当下法理学研究的潮流,即综合哲学分析和社会科学方法来处理法理学经典议题。但一个显而易见的问题在于,如果我们认为法理学中有关"法律是什么""为何遵循法律"的讨论,就是有关"法律""权威""强制力"等概念的分析,则实验法理学所依赖的经验数据对于这种概念分析并无价值,它们是两个层面的问题。相关讨论可以参见 Kevin Tobia, "Experimental Jurisprudence", 89 *University of Chicago Law Review* 735 (2022).

则和次级规则构成的体系,其中属于次级规则的承认规则作为一种独特社会实践,就是律政官员识别法律的最终判准。承认规则的每个参与者所具有的内在态度又成为法律规范性的基础。因此,哈特通过回答"法律是什么"回应了"为何遵循法律"。拉兹的论证方向则与哈特相反。他首先从法律提出权威主张的角度将法律视为一种二阶排他性理由,以此阐明"为何遵循法律";进而他指出法律若想提出权威主张,其内容中就不能包含道德要素,否则就无法发挥社会协调功能,法律必然只能由社会事实构成。因此,拉兹通过回答"为何遵循法律"回应了"法律是什么"。这一点在自然法学说中体现得更为明显:如果法律是道德,遵循法律的理由自然也是遵循道德的理由。可见这两个问题在法概念论中的确是一体两面的。

这两个问题的紧密关系,给法律实证主义学说带来了解释上的困难。不同于自然法学说的立场,法律实证主义主张法律是一种社会事实。如果我们接受上述理论构造,似乎就可以从有关事实的描述中推导出我们应当如何的主张。根据休谟法则,这种推断必然是无效的:事实如此,不代表本就应当如此。① 这意味着法律实证主义可能只能解释"法律是什么"而无法阐明"为何遵循法律"。这个困难对于法律实证主义学说而言是非常致命的:它不仅表明了相较于自然法学说而言,法律实证主义可能是一种无法完整回应法概念论中两个核心问题的法律理论;而且导致了我们对于其核心主张即社会事实命题的怀疑——如果说"法律是什么"和"为何遵循法律"这两个问题是一体两面的,那么当对于前者的解答无法充分解释后者时,可能意味着对于前者的解答也误入歧途了。

法律实证主义者给出的一般性回应,是将"为何遵循法律"这个问题拆解为描述性和规范性两个层面。法律实证主义者往往强调自己的学说只是在描述意义上"解释"了我们为何遵循法律——这便是前文介绍过的道德理由和审慎理由,以及围绕权威、规范性和强制力展开的讨论;他们并不主张自己是在规范意义上"证成"了我们为何遵循法律——这需要表明法律具有某种正当性基础。在这个意义上,法律实证主义只是向我们描述了法律提出的行为要求,但没有证明我们有必要按照法律说的去做。法律实证主义因此就没有违反休谟法则。以下象棋为例:法律实证主义相当于告诉我们"马走日、象飞田"构成了象棋的基本规则,并且表明如果选择了象棋这个游戏,这些规则就不可违反;但是它并没有表明此时此刻我们每个人就应当下象棋——这固然是一个有益身心、休闲益智的活动,但在何时何地下象棋则取决于我们每个人从更广泛角度的判断。法律实证主义者采取这样的辩护策略有利有弊。优势在于更坚实地辩护了自身的立场;劣势则在于这种策略其实和反驳德沃金基于司法裁判的批评一样,以限缩理论范围为代价放弃了对于法律正当性基础这个重要问题的关注。②

---

① 依据日常直觉,我们或许觉得从实然推导出应然是没问题的:走在路上遇到急需帮助的人这个事实,成为我们应当施以援手的理由。但这个推断得以成立的大前提是存在"应当帮助需要帮助的人"这个规范。

② 对本书第四讲第三节最后一部分讨论。这里需要注意的是,法律实证主义(学说)放弃对于该问题的关注,不等于法律实证主义者(学者)不涉足对于该问题的探讨——许多法律实证主义者的确关心法律正当性基础的问题,但强调有关这个问题的讨论是政治哲学而非法律理论的范畴。

由于实证主义是当下法学思潮中的主导观点,它对于"为何遵循法律"这个基本问题的看法也影响了整个法学对于该问题的探讨。学者大多倾向于认为法理学是从描述层面分析该问题,而政治哲学、道德哲学等领域是从规范层面为法律的正当性提供辩护。在不同领域中,有关"为何遵循法律"这个问题的表述也不尽相同。本讲的标题体现了法学或法理学理解这个问题的方式,政治哲学或道德哲学会从守法义务、政治义务以及国家权威的道德基础等角度对之展开讨论。①

在诸多规范性分析中,比较重要的一种观点就是"承诺论",主张我们对国家和法律的服从是建立在承诺或共识之上的。它强调社会成员的特定行为明示或默示地表达了对于国家和法律权威的认同(比如选举、接受政府统治所带来的福利或没有移居国外)。这种观点的不足是显而易见的:社会成员可能并没有从表达认同的角度理解自己的特定行为。此外,承诺本身也无法独自创设义务,比如我同意成为他人的奴仆并不构成我成为他人奴仆的义务,因为这并不符合当下的道德标准。因此,政治哲学和道德哲学领域又涌现出许多替代性理论。更为详细的讨论可以参考本书第十一讲的相应内容。

这里需要提及的一点是,法律理论只是解释了我们"为何遵循法律",政治哲学或道德哲学理论虽然试图证成我们具有遵循法律的义务,但学界普遍认为这些证成性理论都具有各种各样的不足。这就将讨论的方向指向了如下终极问题:是否存在遵守法律的一般义务?这讨论的是我们在每时每刻每种情形中,是否都有遵守法律的义务而无例外。种种规范性理论的不足或许表明,我们暂时无法证成遵守法律的一般义务。这意味着在一些情形中,行动者有理由主张不服从或不适用法律有关该情形的规定。

三、基本争议

在法理学中,有关"为何遵循法律"的讨论,主要集中于如下三个问题:

第一个问题是法律是否提供了自成一类的行动理由?这个问题之所以会出现,根源在于法律实证主义主张法律是一种特殊的社会事实,在逻辑层面可以同道德和强制力威胁等事物分离。在这个意义上,如果法律成为我们的行动理由,这种理由似乎也应自成一类,不同于道德或强制力。这其实就是法律实证主义的语义学命题:法律中"权利""义务""应当"这类规范性词汇的含义,与道德规范中相应词语的意义有所不同。那么这两者间的差异究竟是什么?

这就涉及第二个问题:如何理解法律提供的自成一类的理由?首先可以设想这样一幅场景:我们去中药房抓药,每一种药物都单独存放在一个中药柜中,它们虽然最终是复合地发挥疗效,但彼此不能混同。这就是强立场的基本主张:法律是和道德、强制

---

① 在政治哲学中,经常会区分义务与责任。义务(obligation)是我们基于个人意志自愿承担的,但责任(duty)其实是自然责任的缩略,指的是我们由于出生在某个共同体而对之负有特定职责,因此它与我们的个人行动或意志无关。这个区分因罗尔斯(John Rawls, *A Theory of Justice*, revised edition, 1999, p. 97)与哈特(H. L. A. Hart, "Legal and Moral Obligation", in Melden ed., *Essays in Moral Philosophy*, University of Washington Press, 1958, p. 83)的著作而闻名,不过在讨论守法义务问题时,这两个概念是等同的,并无区分必要。

力等事物相并列的一种行为指引,提供与之不同的行动理由。持有这一立场的代表性人物就是哈特。他试图表明,我们遵循法律的理由就是承认规则;至于我们接受承认规则的理由,则与我们遵循法律的理由无关或只有间接关联,不属于法律理论的范畴。随之而来的问题是,不关注接受承认规则的理由,是否可以充分阐释遵循法律的理由?如果我们对此持否定态度,哈特的社会惯习论就是不充分甚至是错误的。但我们也可以对此持有肯定态度,这比较符合哈特本人的看法:人们会出于各种不同目的接受承认规则及其蕴含的内在态度,法律理论对此未加限定并非缺陷——毕竟,法律理论旨在阐明法律运作的实际样貌,应当对人类实践的多样性保持开放。

其次还可以设想如下图景:我们买到一个复合口味的蛋糕,第一层铺满了芒果,接下来是海盐奶油,最后是由面粉、蜂蜜和芝士烘焙而成的蛋糕坯。这个蛋糕的味道如何?我们切出一块,入口时有水果的味道,接着是奶油的浓郁,最后是蜂蜜芝士的香甜,综合这些口味我们会对蛋糕味道有一个最终评价。这就是弱立场的基本主张:法律为我们提供了行动的初步理由(*prima facie* or *pro tanto* reasons)[①],但我们最终是否按照法律的要求行动,则取决于法律理由可否在更广泛的道德框架内得到辩护。这意味着法律只是表面上提供了自成一类的理由,这些理由的成立要得到道德理由的检验。一旦经过检验,法律就成为指引我们行动的经过通盘考量的理由(all-things-considered reasons),具有了完满或真正的规范性(full-blooded or genuine normativity)。相较于强立场,弱立场不仅更符合日常生活直觉,理论辩护难度似乎也更低,得到了许多学者的支持。

第三个问题是法律如何提供行动的理由?这个问题可以从两个角度加以理解。一个角度是从法律与我们原有的行动理由之间的关系展开思考。有观点认为,法律向我们提出了不同于原有行动理由的新理由,也有观点认为法律只是对原有理由的整理和吸纳。我们稍后会看到,拉兹的一阶理由与二阶理由的区分旨在阐明这个问题。另一个角度是从法律如何作用于我们的行动展开思考。这就与前文提及的内在理由论和外在理由论的争议相关。有观点认为,法律作为一种事实本身可以提供我们行动的理由,因为人之为人的理性能力可以捕捉到事实中具有价值、可以指引我们行为的要素。但也有观点认为法律是通过影响我们已有的道德理由发挥行为指引作用的。[②] 法律可能激发了我们的某种内在道德动机,或者通过改变道德环境而使我们的行为作出相应的改变。

本节主要概述了讨论"为何遵循法律"这一问题时所涉及的基本概念、基本争议与基本问题。各种各样的概念、人物与学说体现出这一领域的复杂和艰深。接下来,我们

---

[①] 在英语的表达中,*pro tanto* 和 *prima facie* 没有本质不同,但在含义上有一些细微差别:*pro tanto* 更强调一个事物或状态是"暂时的"或"在一定程度上如此";*prima facie* 更强调一个事物乍看之下如何,言下之意是该事物具有和表面状态迥异的样子,这个词有时可以引申为描述一个事物的表象或假象。

[②] See David Enoch, "Reason-Giving and the Law", in *Oxford Studies in Philosophy of Law* (vol. 1), Leslie Green and Brian Leiter eds., Oxford University Press, 2011, pp. 1-38.

以拉兹和肖尔的学说为例,对上述分析加以补充和拓展。

## 第二节 拉兹论法律的权威

### 一、理论背景

可以从三个方面理解拉兹讨论法律权威的理论背景:

第一个背景是惯习论的不足。哈特通过承认规则来回答"为何遵循法律"这个问题,将社会成员服从法律视为一种社会惯习。拉兹对此提出了两个批评意见。其一,承认规则仅解释而未证成我们为何遵循法律。依据哈特的观点,当我们被问及"全国人大制定的法律为何能够成为司法裁判的依据"时,答案是"我国各级人民法院的实践遵循或构成了这样一个规则,它使得这些法律成为裁判依据"。但拉兹认为这种解释只是表明存在一个将制定法视为法律的规则,并没有表明法院有理由应当遵循该规则。换言之,承认规则作为一个法律体系中识别法律规则的最终规则,虽然无须诉诸其他规则或事实来证明其法律效力,但要成为我们的行动理由还需经过道德原则的辩护。回想前文中象棋的例子,象棋规则是我们下象棋时所要遵循的游戏规则,但它本身并没有表明我们应当或必须下象棋。其二,承认规则与法律权威之间并不相容。拉兹指出,承认规则认为法律是否具有权威或能否指引我们的行动,完全取决于社会成员的承认,这就有导致法律的社会协调功能无法充分发挥的危险——毕竟,社会成员对于法律的看法是千差万别的。这与第四讲中拉兹对柔性法律实证主义立场的批评非常类似:如果我们需要通过道德论证确定法律内容,法律的权威就无从谈起。这种导致权威无法发挥作用的观点被拉兹归纳为"无差异命题"(no difference thesis),指的是权威存在与否并没有改变人们原有的行动理由。

第二个背景是理性与权威的悖论。政治哲学家罗伯特·保罗·沃尔夫(Robert Paul Wolff)在《为无政府主义辩护》(In Defence of Anarchism, 1970)中使这个悖论成为讨论法律权威、守法义务或政治义务等议题的核心。沃尔夫的经典论断是:如果理性或自主性(autonomy)意味着人们的行动依靠个人对一切道德议题加以通盘考虑后得出的判断,那么它与权威注定不相容,因为后者有时要求人们放弃甚至违背自己的判断,听从某一命令或指示。由于理性或自主性是人之为人所必不可少的特征,任何权威主张在逻辑上就都是无法得到辩护的。因此,沃尔夫不得不承认,虽然自己试图寻找到权威的正当性根据,但似乎接受无政府主义也即否定任何权威的立场,才是更合理的。拉兹认为沃尔夫之所以陷入理性与权威的悖论,是因为他错误地将权威理解为一阶理由。从这个角度来看,听从权威的确意味着放弃我们自己原有的一阶理由。但是如果我们将权威理解为二阶理由,一切困难便迎刃而解。回想第四讲的内容,二阶理由指的是有关我们行动理由的理由。法律作为二阶排他性理由,排除了我们行动的一些一阶理由,同时又保护了另一些一阶理由,这些得到保护的理由成为我们最终行动的理由。这一方面意味着法律并没有增添任何新的行动理由,另一方面意味着最终决定我们行动的依旧是我们自身的慎思判断。如此一来,权威和理性或自主性之间就不再有逻辑上的矛盾。

第三个背景是实践哲学中的理由论。① 拉兹有关法律权威的论述主要发展并成熟于 20 世纪 70 年代。这一时期的实践哲学发生了"理由论"转向。笼统来说,哲学领域可以被划分为理论哲学和实践哲学。理论哲学主要讨论"什么存在"以及"我们能够认识什么"等问题,包含形而上学、认识论等分支;实践哲学主要讨论"我们应当做什么"这个问题,包括伦理学、政治哲学、道德哲学等分支。我们通常认为法学是一门实践性学科,这指的是法律以解决特定社会问题为主要目的,法学研究应突出法律服务于现实需求这一特征。但法学研究与理论哲学和实践哲学都存在关联。有关"法律是什么"的讨论涉及法律的存在样态或如何认识法律等问题,与理论哲学关系密切;有关"为何遵循法律"的分析则与实践哲学密不可分。拉兹的权威理论就是实践哲学的理由论在法学中的应用与拓展。实践哲学理由论指的是通过"理由"这个事物来解释和分析规范性的一种立场:我应当做某件事,就等同于我有理由做此事。这种观点的出现与以下三部作品及其作者有关:托马斯·内格尔(Thomas Nagel)的《利他主义的可能性》(*The Possibility of Altruism*, 1970)、约翰·麦克道威尔(John McDowell)的《美德与理由》("Virture and Reason", 1979),以及托马斯·斯坎伦(Thomas Scanlon)的《我们彼此负有什么义务》(*What We Owe to Each Other*, 1998)。② 理由论的转向使得相关讨论可以区分规范性的不同强度(理由的强弱)以及层次(一阶理由与二阶理由),并且将不同的规范性领域关联起来(美学理由、法律理由、认知理由等各自扮演什么角色、具有怎样的权重)。拉兹将理由论引入法理学讨论,自然也深化了我们对于法律规范性的理解。

二、权威的服务观

第四讲提及,拉兹认为法律只是主张而未必实际上拥有权威。那么法律何时可以主张自己的权威得到证成?权威的服务观便是对此问题的回应。③ 它包含如下三个命题:(1) 依赖性命题(dependence thesis):一切权威性指令都应当基于适用于这些指令

---

① 更详细的讨论,可参见谢世民主编:《理由转向:规范性之哲学研究》,台大出版中心 2015 年版,第 1—73 页。

② See Thomas Nagel, *The Possibility of Altruism*, Clarendon Press, 1970; John McDowell, "Virtue and Reason", 62 *The Monist* 331-350 (1979); Thomas Scanlon, *What We Owe to Each Other*, Belknap Press of Harvard University Press, 1998.

③ 有关权威服务观的讨论,参见 Joseph Raz, "Authority, Law, and Morality", in *Ethics in the Public Domain*, Oxford University Press, 1994, pp. 210-237。

的服从者的理由,以及与指令所涵盖的情境相关的理由。这些理由可被称为依赖性理由(dependent reasons)。(2)通常证立命题(normal justification thesis):说明一个人对另一个人拥有权威的通常方式,就是证明相较于直接遵从适用于他的理由,服从者把权威的指令当作是有约束力的且尝试去服从它们,反而有可能更好地服从这些理由。(3)优先性命题(pre-emption thesis):一个权威要求展开某项行动这个事实,是完成该行动的一个理由,在评估应当采取何种行动时,这个理由不应当被添加到其他所有相关理由中,而应取代其中的一些。

依赖性命题表明,权威发出的行为指引都建立在我们已有的慎思判断的基础之上。在这个意义上,服从权威和自主性之间并不冲突,或者说服从权威有助于我们实现自主性。通常证立命题表明,我们在作出行为选择时都会对各种不同理由展开权衡,但是权威发出的行为指引所体现的对于这些理由的权衡,要比我们自己的权衡"更好"。"更好"在这里可能意味着权威发出的行为指引可以更充分地评估不同理由的权重,可以克服我们每个人的认知局限;也可能意味着权威发出的行为指引可以更充分地协调社会成员间的行动,及时避免利益冲突;还可能意味着权威发出的行为指引免去了我们每个人在相应场景中的慎思判断,提升了行动效率。这两个命题就是严格意义上的权威的服务观。它们将权威视为行动者和行动的正当理由之间的中间环节。据此,权威阻断了行动者自身对于行动理由的判断,主张行动者应当按照权威的指引行事。这便是优先性命题的意涵。它强调权威是对我们已有的一些行动理由的取代而非增加了新的行动理由。这三个命题结合起来,就构成了拉兹所说的权威会给我们的行动带来差异:权威虽然依赖于行动者已有的理由,但同时又改变了行动者已有理由的结构或权重。

依据拉兹的权威观念,法律借由如下事实而可以被视为主张自己具有权威,即法律认为自身拥有向其服从者施加义务的权利,法律主张其服从者要对之忠诚,以及法律的服从者应当按照法律所要求的样子遵守法律。但这些事实并不意味着法律实际拥有权威。法律可能在以下两种情况下不具有权威:一个是法律指令所需的道德或规范性条件缺失,比如法律严重有违正义原则;另一个是法律指令缺乏某些拥有权威所必需的非道德或非规范性先决条件,比如法律未能公开,无法将指令传达给行动者等。由此可见通常证立命题在拉兹权威学说中的重要地位:它在某种程度上阐明了我们为什么需要法律。不过,拉兹对于法律价值或功能的理解比较偏向于其工具价值,强调法律能够更好地帮助我们实现特定目的,至于这些目的是什么,则不是法律所关心的。拉兹曾提出非常著名的论断,即"服从法治也会使法律能够服务于糟糕的目的。但这并不意味着法治并非美德,就如一把锋利的刀可以被用来伤人并没有表明锋利并不是刀的一个优秀特征这个事实一样"[1]。他还认为:"如同许多其他工具一样,法律拥有的独特美德就是它对于自己所服务的目的保持着道德上的中立。这就是效率方面的美德;是工具作为工具所拥有的美德。对于法律来说,这种美德就是法治。因此,法治就是法律的内在美

---

[1] Joseph Raz, *The Authority of Law*, 2nd edition, Oxford University Press, 2009, p. 225.

德,而非一般意义上的道德美德。"① 在这个意义上,拉兹对于**法治**的理解,与富勒所主张的法律的内在道德性或许没有本质差异。法律的价值或功能就体现在它的一系列形式性特征能够帮助人类实现自身的目的。②

借助权威理论,拉兹提出了自己有关法律体系的界定。他指出,法律体系是一个社会中存在的最重要的制度化体系,"它是一种在特定社会中主张最高权威的指引与裁判体系,并因此在其具有实效的地方,也享有实际的权威"。③ 拉兹认为法律体系具有以下三个特征④:首先,法律体系无所不包,主张具有规制一切行为的权威。这里有三点需要注意:(1)法律体系依旧只是主张而未必实际拥有这种权威;(2)这里的"规制"既可以指法律体系包含直接规制特定行为的规范,也可以指法律体系授权其他规范或其他机构制定相关规范规制该行为;(3)该特征是法律体系的必要条件而非充分条件,可能存在并非法律体系的制度化体系主张规制一切行为的权威。其次,法律体系主张自己是至高无上的。这指的是一个社会中可能存在诸多规范性体系,法律体系主张自己有权对其他一切规范性体系加以规制。最后,法律体系是开放的。这指的是法律体系可以出于特定理由、经过特定程序承认一些并非法律的规范具有效力。比如,一国法律体系可以承认国际法具有效力,但国际法并非该国法律体系的一部分;又比如,一国法律体系可以承认和履行合同、协议、个体或群体的习俗,但这些规范本身并非拉兹意义上经由立法活动创设的法律。

拉兹的权威理论以及建立在此基础上的刚性法律实证主义立场,在当下的法理学讨论中极具影响力。可以说目前有关法律实证主义和法律权威的讨论,都离不开对拉兹观点的批判性考察。这些批判性观点中,有两点值得关注。

第一个批判性观点涉及法律与二阶排他性理由之间的关系。批评者认为,权威发出的指令同样是一种一阶理由,拉兹将之视为二阶排他性理由的观点并不成立。这一批评如果成立,对拉兹的立场来说无疑是致命的。但是拉兹似乎无法有效地回应这个批评。这主要体现为如下两个方面:

其一,拉兹若想证明法律是一种二阶排他性理由,或者证明两者具有本质/必然关联,首先就需要说明当他认为法律主张权威时,这里的"主张"是什么意思。从字面意义来看,拉兹似乎诉诸了拟人手法,认为法律体系如同现实中的人一样,拥有某种权利,可以提出自己的诉求;同时,按照拉兹的设想,各种各样的法律规范似乎可以"众口一词"

---

① Joseph Raz, *The Authority of Law*, 2nd edition, Oxford University Press, 2009, p. 226.
② 这个观点代表了学者对于富勒法治原则的经典解读,得到诸多学者认同(可参见 Brian Tamanaha, *On the Rule of Law: History, Politics, Theory*, Cambridge University Press, 2004, pp. 93-94)。这种观点源自哈特与富勒的论战,哈特强调富勒的法治原则并不构成"道德原则",而不过是增进法律实现特定社会目标的原则。但也有学者提出富勒的法治原则不是有关法律形态的原则,而是对于立法者、司法者以及公民等社会角色的行为要求。这样一来,富勒的法治原则与拉兹颇具工具主义的观点就有所不同(可参见 Kristen Rundle, "Opening the Doors of Inquiry: Lon Fuller and the Natural Law Tradition", in George Duke and Robert George, *The Cambridge Companion to Natural Law Jurisprudence*, 2017, pp. 444-445)。
③ See Joseph Raz, *The Authority of Law*, 2nd edition, Oxford University Press, 2009, p. 43.
④ See Ibid., pp. 116-119.

地提出同一种主张。在引申义上,我们或许可以将拉兹的表述理解为立法者的意图决定了法律的内容,法律的主张就是立法者的主张,法律的权威也是立法者的权威。此时一个显而易见的问题是:现代社会中法律的制定是一个融合不同政策、价值、利益、原则的多方博弈过程,我们可以在抽象层面将立法者等同于立法机构或其成员,但如何确定一个机构或由不同个体构成的群体的意图呢?或者说相较于其他方法,诉诸立法者意图的方式有助于更好地理解法律吗?

其二,拉兹对于法律是一种二阶理由的论述似乎并不充分。拉兹通过两类例子来阐明二阶理由的存在。第一类例子涉及我们日常判断中的冲突情形。① 比如,上级指示我们做一件事,但是我们经过自己深思熟虑的判断认为这件事不该做。此时,我们自己深思熟虑的判断体现出对一阶理由的权衡;上级的指示就是对我们个人一阶理由的排除,可被视为二阶理由。第二类例子是拉兹邀请我们设想两个当事人诉诸仲裁员解决纠纷的场景。② 他认为这个场景有两个特征:一方面,仲裁员的裁决是当事人行动的理由,他们应当根据仲裁员的结论行动;另一方面,当事人依据仲裁员的裁决行动,不是由于其裁决具有更高的权重,而是它取代了当事人原有的理由。这也表明存在不同于一阶理由的二阶理由。拉兹认为法律的运作与这两类情形类似,因此可被视为二阶理由。这两类例子虽有一定说服力,但也不乏问题。比如,如何看待领导的指示或仲裁员的裁决,每个人可能有不同的观点,并非所有人都将之视为二阶理由,有人可能将之视为权重较高的一阶理由。拉兹的这些例子或许可以表明存在着不同于一阶理由的理由,但无法证明法律是一种二阶理由。

第二个批判性观点涉及通常证立命题何以可能的问题。权威的服务观是拉兹学说的重要组成部分,通常证立命题是其中的关键环节。依据该命题,权威指令能否得到辩护要取决于它是否可以满足特定道德性或规范性条件。随之而来的一个问题就是,如果说权威意味着阻断行动者与行动理由之间的联系,并取代行动者自身对于行动理由的权衡,那么通常证立命题是否意味着行动者要经过权衡判断才能够确定一个指令是否具有权威?如果是这样,拉兹的学说可能就是自相矛盾的。拉兹通过论证法律主张权威而辩护了刚性法律实证主义立场,将道德排除出法律的有效性条件;但有关权威的论证中却引入了对道德的权衡。拉兹试图表明法律权威排除了行动者自身对行动理由的权衡,但通常证立命题却似乎要求这种权衡。如此一来,权威无法阻断行动者与行动理由之间的联系,法律的社会协调功能也无法充分发挥。更重要的是,通常证立命题似乎预设了道德或价值标准是客观的。否则,依据不同的道德或价值标准,我们对法律是否具有权威的判断也有所不同,这同样会导致拉兹无法通过权威来实现法律的社会协调功能。但是道德或价值标准的客观性本身非常复杂,涉及一系列问题。比如,道德或价值领域的客观性具有何种意涵?它与我们日常生活中所说的山川河流的客观性是否

---

① See Joseph Raz, *Practical Reason and Norms*, Oxford University Press, 2002, pp. 38-39.
② See Joseph Raz, *The Morality of Freedom*, Oxford University Press, 1988, p. 39.

一致、有何种区别？这种客观性我们如何加以证成？可以说，通常证立命题可否得到最终辩护，要以这些议题的解决为前提。

有关这些议题的讨论激发了当下分析法律规范性的两种立场。第一种立场是元伦理学进路。元伦理学是伦理学中的一个分支，指的是对道德概念、道德判断的性质和意义以及道德语句真值等议题的讨论；它与规范伦理学相对，后者主要讨论我们应当如何行动。近年来许多学者强调法理学与元伦理学之间的亲和性，主张借用元伦理学的资源澄清道德客观性等困扰法理学的基础问题。① 第二种立场是道德影响力学说（Moral Impact Theory）。② 这种观点认为我们在展开实践推理时，并不是如拉兹所说先考虑法律的要求，再在更广阔的道德框架中尝试证成法律的要求，而是将法律和道德都视为同一位阶、同一类型的理由展开权衡。它认为法律义务就是法律制度的实际运作（比如立法、司法裁判、行政行为等）在影响道德义务后促成的行动者行为的改变。这个观点避开了证成二阶理由以及通常证立命题的困难，但却将法律（义务）等同为一种特殊的道德（义务）。因此，持有该立场的学者往往自称非实证主义者。③

总结以上讨论，拉兹认为，法律在弱立场意义上能够提供自成一类的行动理由，且这类理由是能够取代行动者个人判断的二阶排他性理由。法律作为一种事实本身构成了我们行动的理由，而非通过激发我们已有的道德动机改变我们的行动。这一观点成为法律实证主义回应"为何遵循法律"的重要立场。

## 第三节　肖尔论法律的强制力

讨论"为何遵循法律"这个问题，除了分析法律可以提供何种行动理由之外，还可以从不遵循法律会导致何种后果这个角度展开思考。此时，法律的强制力就成为我们关注的焦点。如前所述，哈特以降的法哲学研究中有这样一种趋势：法学家注重将法律描述为一种社会协调机制，越来越淡化它的强制力色彩。但随着弗里德里克·肖尔（Frederick Schauer）的《法律的强制力》（*The Force of Law*，2015）一书出版，情况发生了转变。

---

① See David Plunkett and Scott Shapiro, "Law, Morality and Everything Else: General Jurisprudence as a Branch of Meta-Normative Inquiry", 127 *Ethics* 37 (2017).
② See Mark Greenberg, "The Moral Impact Theory of Law", 123 *Yale Law Journal* 1118 (2014).
③ 持有该立场的学者，除了马克·格林伯格（Mark Greenberg）外，还有斯科特·赫肖维茨（Scott Hershovitz）以及尼克斯·斯塔伏罗波洛斯（Nicos Stavropoulos）。同时，也有学者认为拉兹的学说也是一种道德影响力理论，且与其实证主义立场并非不相容。参见 E. H. Monti, "On the Moral Impact Theory of Law", 42 *Oxford Journal of Legal Studies* 298 (2022).

相较于奥斯丁与凯尔森对于惩罚或强制力的研究,肖尔意义上的强制力内容更加广泛,它指的是法律对人们施加了某种影响,使得人们的行为与没有法律时有所不同。① 肖尔指出,从历史来看,法律的强制力与刑法相关,与法律施加监禁或死刑的威胁相关。但是在现代社会中,法律的强制力不仅和刑法有关,还与民事处罚、行政行为密不可分,以至于被课以一万元罚金和在民事案件中被判决同等金额的赔偿没有本质区别。因此,法律强制力可以包括惩罚、强迫、威胁、武力强制甚至奖赏与回报等一切影响人们决策的因素。② 从这个角度来说,肖尔虽然是从强制力角度理解法律,但是并不像奥斯丁与凯尔森一样试图将各种各样的法律现象都还原为主权者的命令或类似于刑法的惩罚规范,而是充分认识到法律强制力在现代社会中的多样性和丰富性。

肖尔有关法律强制力的研究,是以对哈特以降的主导立场的批判为基础的。哈特和拉兹所代表的立场大多认为强制力不是法律的本质必然属性,因此没有必要研究。肖尔认为这一观点隐含了两个并不成立的前提。其一,它假定了我们对于法律的理解必然要以理解其本质必然属性为前提。但对法律这种事物来说,我们很难判断其本质必然属性是什么。法律的许多特征对于我们理解法律而言可能是重要的,比如法律是制度化的规则体系、由国家制定并实施,但它们并非界定法律的必要条件,原始社会中的法律并不具备制度化特征,也并非源自国家的立法活动。其二,它假定法理学的研究应当围绕法律的本质必然属性展开。但无论强制力是否属于法律的本质必然属性,如今世界上许多社会中的法律都是以强制力为基础的。如果法律理论的目标是解释法律现象,只关注法律的本质必然属性显然是不够的——强制力虽然不是法律的必然特征,却是其典型属性。③ 我们或许无法通过强制力来界定法律,但现实中大部分法律都具有强制力。

此外,哈特和拉兹所代表的立场倾向于认为法律的规范性意味着我们将法律视为行动的理由,也即自愿放弃自己的慎思判断而接受法律指引。他们试图论证,我们接受法律不是因为其内容,而是因为"它就是法律"这个事实。但需要注意的是,这只是法理学家的断言,而非对经验现象的描述。肖尔试图指出,在现实中当然不乏有人会真心接受法律,会自愿将法律作为自己的行动理由,会不考虑法律的内容而只因为其存在便遵循它。但问题在于持有这样态度的人在社会中占有多大比例?这种现象在现实生活中是否普遍?除了这种态度外,人们接受法律的原因或动机是什么?

基于上述两点考虑,肖尔主张应当通过社会科学研究来重构有关法律规范性的讨论。这同样包括两个方面:

第一个方面是法学家应当开展或借助经验研究,探究现实社会中人们为何会遵循法律。更准确地说,我们需要在经验层面把握:当个人慎思判断和法律的规定发生冲突

---

① See Frederick Schauer, *The Force of Law*, Harvard University Press, 2015, p.129.
② Ibid.
③ Ibid., p.43.

时,人们是否会放弃自己的判断并接受法律,他们这样做的动机是什么。通过引用大量的统计数据,肖尔发现经验研究结果表明,哈特和拉兹所断言的情况很少出现。当个人判断和法律判断发生冲突时,人们主要出于避免惩罚的动机接受法律,而非自愿放弃自己的判断。肖尔总结说,"只是因为法律是法律而遵循它(的情况),要远比哈特所设想的罕见"①。

第二个方面是既然人们遵循法律的动机与法律的强制力相关,我们就需要通过经验科学来分析法律强制力发挥作用的机制。肖尔认为法律强制力实际上是对人们行为的一种激励,它包含正向(奖赏)与负向(惩罚)两个方面。奖赏针对的是受到鼓励的行为,惩罚针对的是受到禁止或限制的行为。但针对同一种行为,法律也可以选择运用奖赏或惩罚。比如,为了控制人们吸烟,法律可以规定非吸烟者获得更高的保险理赔率(奖赏),也可以规定吸烟者须支付一定罚金(惩罚)。经验研究表明,惩罚比奖赏更能影响人们的行为,因为相较于获得更多的东西,人们对失去现有的事物更加敏感。同时,相较于识别或监督遵循法律的行为,发现违背法律的行为的管理成本也更低。② 此外,就惩罚而言,其成本的承担者不同,实施效果也不一样。比如,同样是禁止有人打断法庭审理过程,法庭可以雇用保安将打断庭审的人带离现场,也可以颁布规则对打断庭审的人科以罚金或拘留。相较而言,后一种方法不仅帮助法庭省去了雇佣保安的成本,还将惩罚的成本从法庭转移到可能的违规者身上。③ 由此可见,法律的强制力是一个多重因素彼此关联的复杂现象,经验研究成果有助于我们利用强制力实现法律所欲达成的目标。

肖尔的观点在法理学领域激起强烈反响。④ 最常见且经典的一个反驳就是,以强制力解释法律规范性会忽略法律的独特特征:在社会生活中,纯粹的暴力和武力威胁都会引起人们的服从行为,将法律理解为强制力就会导致法律与这些事物没有区别。这其实是哈特的"持枪抢劫者"论证。这个观点虽然有合理之处,但更适合用来评价奥斯丁或凯尔森的理论。肖尔从经验层面指出了法律会改变我们既有的判断。有关法律强制力的分析,其实是考察法律如何通过强制力影响我们的行为动机,法律如何通过强制力影响其他规范,以及我们如何通过强制力更好地实现法律的目的。简言之,肖尔从强制力来理解法律,并不代表他认为一切具有强制力的事物都是法律。

以上是有关法律的权威、规范性以及强制力的分析。拉兹的权威理论是理解这一领域学术讨论的前提。在此基础上,掌握相关讨论的理论框架与资源,对于推进有关法律规范性的理解而言必不可少。现代社会中法律的多种样态与多重功能,决定了"为何遵循法律"这个问题的复杂性。但从某个角度来说,这个问题或许并没有我们所预想的

---

① See Frederick Schauer, *The Force of Law*, Harvard University Press, 2015, p. 67.
② Ibid., p. 119.
③ Ibid., p. 125.
④ 研讨文集可参见 Christoph Bezemek and Nicoletta Ladavac eds., *The Force of Law Reaffirmed*, Spinger, 2016;《北大法律评论》第 18 卷第 2 辑(2017)"法律的强制力"专题论文(北京大学出版社 2019 年版)。

那么艰深:如本讲开篇所言,面对日常生活中各种各样的行为指引,我们之所以遵从它们,不外乎是因为这些行为指引的内容具有合理性,来源具有权威性,抑或违反它们会带来不可欲的后果。这三个方向成为我们理解法律权威、规范性以及强制力的起点。

## 思考题

1. 结合第四讲的内容,梳理拉兹有关刚性法律实证主义和法律权威的基本立场。
2. 讨论法律实证主义在解释法律规范性时的理论困境以及破解方法。
3. 谈谈法律是否可以提供自成一类的理由,并论证自己的观点。
4. 查阅相关资料,总结法律的时间效力与空间效力的含义。
5. 思考肖尔论述法律强制力与奥斯丁和凯尔森论述法律强制力的差别。

## 参考文献

1. 〔英〕约瑟夫·拉兹:《实践理性与规范》,朱学平译,中国法制出版社2011年版。
2. Joseph Raz, *The Morality of Freedom*, Oxford University Press, 1988.
3. Joseph Raz, *Ethics in the Public Domain*, Oxford University Press, 1996.
4. Joseph Raz, *The Authority of Law*, 2nd edition, Oxford University Press, 2009.
5. Frederick Schauer, *The Force of Law*, Harvard University Press, 2015.
6. Joseph Raz, *The Roots of Normativity*, Oxford University Press, 2022.

# 第七讲　法律的客观性

　　第一节　法律的客观性释义
　　第二节　法律实体的客观性
　　第三节　法律事实的客观性
　　第四节　法律命题的客观性

法律的客观性可以在多种不同的意义上理解。但每一种理解都关系到裁判的正确性与法治的可能性。因此在法律理论中,客观性问题得到了大量的讨论。例如,德沃金在《客观性与真:你最好相信它》中对外在与内在的怀疑论进行了深入检讨,期待我们能够摆脱那些糟糕的哲学理论,保有社会公平和善、法律开明正义的希望。① 布莱恩·莱特(Brian Leiter)主编了《法律和道德领域的客观性》论文集,将一系列从不同角度讨论客观性问题的哲学文献集中展示。② 马修·H.克莱默(Matthew H. Kramer)在《客观性与法治》一书中在对客观性、法治的概念进行梳理与辨析的基础上阐述了它们之间的紧密联系。③ 本讲聚焦法律实体的客观性、法律事实的客观性与法律命题的客观性,在介绍、评析相关的理论分歧的基础上给出我们的看法。

## 第一节 法律的客观性释义

### 一、"客观性"的不同含义

已有许多学者认识到,虽然日常对话与学术讨论中充斥着关于客观性问题的讨论,但人们就客观性的内涵所达成的共识甚少。④ 其中一个重要的原因是,"客观性"作为谓词经常用以修饰不同的对象。换句话说,人们在谈论"φ是客观的"时,φ经常属于不同范畴,因而修饰φ的"客观性"也有不同的含义。例如:

(1) 孙悟空不是客观存在的,而是文学作品中虚构的人物形象。
(2) 类别是像个别事物一样的客观存在吗?
(3) 在相当长的时间内,人和病毒的共存是一个客观事实。
(4) 竞争是市场经济的客观规律。
(5) 人们借助因果关系来理解客观世界。
(6) 要走向非洲,首先需要对非洲有客观的认识。
(7) 只要我们严格依照这一标准,就不难得出客观的结论。

---

① See Ronald Dworkin, "Objectivity and Truth: You'd Better Believe It", 25 *Philosophy and Public Affairs* 87 (1996).
② 参见〔美〕布莱恩·莱特:《法律和道德领域的客观性》,高中等译,中国政法大学出版社2007年版。
③ 参见〔美〕马修·H.克莱默:《客观性与法治》,王云清译,浙江大学出版社2022年版。
④ See Andrei Marmor, *Positive Law and Objective Values*, Oxford University Press 2001, p.112.

(8) 交易记录是客观的数据。
(9) 鸡的肉质评定目前还缺乏客观的标准。
(10) 像"奴隶制是邪恶的"这样的道德命题并不是客观的。
(11) 道德领域不具有客观性。
(12) 对历史的研究需要客观的方法与程序。
(13) 和案件有利害关系的人无法保持客观的态度。
(14) 无知之幕下人们作出的选择是客观的。

在(1)(2)中,"客观的"修饰的对象是实体(entities)。"实体 φ 是客观的"意为"φ 是真实存在于世界中的",而非人们想象出来的。哲学中最古老的争论之一就是围绕(2)所进行的唯名论与唯实论之争。这一争论最初是关于类别或者说共相是否真实存在的,但当下已经扩展到多个领域中。例如,在数学哲学中,有关于"数字"是否真实存在的争论;在社会学中,有关于"社会"是否真实存在的争论;而在语言哲学中,则有关于"意义"是否真实存在的争论。

关于某物是否真实存在的问题,其回答不仅取决于我们对于该物的认识,而且取决于我们如何理解"存在"。如果"存在"意味着占据特定的时空位置,那么只有物理实体是存在的;而如果在迈农(Alexius Meinong)的意义上理解"存在",那么一切曾出现在思维中的对象都可以说以某种形式存在的。① 正因为此,蒯因(Willard Van Orman Quine)的建议是,不要谈论什么对象存在,而是谈论一个理论承诺什么对象存在。②

在(3)中,"客观的"修饰的对象是事实(facts)。事实与实体存在密切联系。事实总是关于某个或某些实体的事实。但事实不是实体本身,而是实体的存在状态。在语言中,与实体对应的是词语,与事实对应的是命题。因此维特根斯坦说,"对象只能被命名"③,"情况可以描述,但是不能命名"④。说"φ 是一个客观的事实",就是说它是独立于主体的认识的。实际上,人们之所以关注某个对象是否存在,正是因为这一预设:如果一个对象是存在的,那么关于这个对象的事实(通常表现为该对象所具有的性质或者它与其他存在的对象之间的联系)就是独立于主体的认识的。因此,当关于实体的客观性谈论("何物存在")逐渐失去吸引力的时候,人们转向直接讨论事实的客观性。在(4)(5)中,人们在同样的意义上谈论规律与世界的客观性,即它们的存在状态不取决于人们的认识。如果某个事物的存在状态不取决于人们的认识,就给认识上的错误留下了空间。因此这种意义上的"客观性"又可理解为"认识上的可错性"。

在(6)中,"客观的"修饰的是人们对事实的认识,而非不依赖于认识的事实。当人

---

① See A. Meinong, "The Theory of Objects", in R. M. Chisholm ed., *Realism and the Background of Phenomenology*, Ridgeview Publishing, pp. 82-117.
② 参见〔美〕威拉德·蒯因:《从逻辑的观点看》,江天骥等译,上海译文出版社1987年版,第1—18页。
③ 〔奥〕维特根斯坦:《逻辑哲学论》,贺绍甲译,商务印书馆1996年版,第34页3.221。
④ 同上书,第33页3.144。

们说某个认识"是否客观"时,他们实际上所表达的意思是该认识"是否正确"。这里有两点值得注意:其一,对于(6)来说,"正确的"意味着"符合事实",从而使认识的客观性与事实的客观性紧密地联系在一起。但"正确的"还有其他理解方式。例如,在一些人看来,"正确的"意味着"被证立/检验的";而另外一些人可能认为"正确的"意味着"达成共识的"。(7)中"结论"的"客观的"可在所有这些不同的意义上理解。其二,(6)(7)中的"客观的"实际上是"客观上正确的"的一种误用。为了概念的清晰性,最好不要将"客观的"等同于"正确的",而应将其理解为其上位概念,即"有正误之分的"。这样,如果在"符合事实"的意义上理解"正确的",那么"一个关于事实 α 的认识 β 是客观的"与"事实 α 是客观的"所表达的就是同一个命题了。当然,如果不在"符合事实"的意义上理解"正确的",而是在"被证立/检验的"或"达成共识"的意义上来理解"正确的",那么相应地,"客观的"就是"可证立/检验的"或"可达成共识的"。这样一种对"客观性"的理解同样中立于不同的正确性标准。例如,(8)中所谈到的数据的"客观性"最好理解为"可证立/检验的",(9)中所谈到的标准的"客观性"最好理解为"可达成共识的";但它们都可以一般地说成是"有正误之分的"。由于不管是认识,还是结论、数据或标准,都以命题的形式存在,所以可以认为这种意义上的客观性本质上是命题的一种性质,那么(10)所表达的意思就是道德命题是无正误之分的。

由于知识是由命题构成的,如果一个领域内的多数命题都是无正误之分的,那么这个领域不具有客观的知识。这是(11)所表达的其中一种含义。(11)还经常用以表达另一种含义,即道德领域中不存在可靠的认识途径,或者说不存在形成正确认识的方法与程序。就像在(12)中,所谓"客观的方法与程序"指的就是"可以形成正确认识的方法与程序"。在同样的意义上,人们还经常谈论某个研究、学科的客观性。

在(13)(14)中,"客观的"修饰的是人们的态度或选择。此时的"客观性"是在"中立性"的意义上说的,即不带有主观偏见。在同样的意义上,人们有时还会说某个分配方案、某个决定者或其所做之决定是客观的。

综上,我们可以将常见的客观性谈论总结如表 7-1。

表 7-1 客观性谈论总结

| "客观性"修饰的对象 | "客观性"的含义 | 同一意义上修饰的其他对象 |
| --- | --- | --- |
| 实体 | 真实存在 | (不同的实体) |
| 事实 | 独立于主体的认识 | 规律、事态、世界等 |
| 命题 | 有正误之分 | 认识、陈述、结论等 |
| 领域 | 有可靠的认识途径 | 研究、方法、程序、学科等 |
| 态度 | 中立 | 选择、决定、分配方案等 |

## 二、法律的客观性：概览

"法律的客观性"同样可以在上述不同的意义上展开。首先，法律的客观性问题可以在法律实体是否真实存在的意义上讨论，即像"权利""合同""婚姻关系"这样的法律术语是否指称真实存在的对象。这一问题上存在不同观点。例如，在阿尔夫大卫·罗斯看来，法律概念是空洞的，换句话说，表达法律概念的一般词项是没有真实的语义所指的，而是"仅仅提供了一种表达方法"。[1] 国内外有些学者对罗斯的论证进行了不同的回应。例如：萨托尔承认法律概念没有语义所指，但认为它并不是没有意义的[2]；哈赫认为至少部分一般法律词项指称某些制度性实在。[3] 我国学者雷磊认为，法律概念的语义所指是作为制度性事实的法律事实。[4]

其次，法律的客观性问题可以理解为，法律领域中是否存在独立于信念的法律事实。在法律现实主义者看来，在某个法律问题上，事实是什么完全取决于特定的法官或法官群体认为它是什么。在法律实证主义者看来，在多数时候，存在独立于信念的法律事实，它们源自立法性的社会事实；但在语言与法律的"空缺结构"中，并不存在任何法律事实。德沃金则倾向于认为，在每一个法律问题上，都存在独立于信念的法律事实；因为法律事实是什么不仅取决于社会事实，而且取决于客观的道德。科尔曼与莱特则认为，法律事实是什么并非和人们的信念无关，但它不取决于人们真实的关于法律事实是什么的信念，而是取决于人们在"理想条件"下所作出的判断。[5]

再次，法律的客观性问题同样可以在"法律命题是否有正误（对错、真假）之分"的意义上谈论。法律命题是陈述某个或某类事物（在某些条件下）具有某种法律属性或法律后果的命题。法律命题既不是纯粹的描述性命题，也不是纯粹的规范性命题，那么它是否能够作为真值承担者？或者说，它是否可以合理地被说成是正确的或错误的？人们在这个问题上同样存在广泛而尖锐的分歧，从"没有任何法律命题具有真值"到"所有的法律命题都具有真值"的各种观点都有其支持者。值得注意的是，法律命题的客观性与法律事实的客观性之间存在紧密联系，因为法律事实需要通过法律命题来加以表达。因此，"存在客观的法律事实"预设"法律命题有正误之分"——显然，正确的法律命题就是那些表达了法律事实的命题。但反过来，"法律命题有正误之分"并不预设"存在客观的法律事实"。"法律命题有正误之分"的确预设了在法律领域内存在判断一个法律命题是否正确的标准，但这个标准可能与法律事实无关。正如德沃金对价值命题所说的

---

[1] See Alf Ross, "Tû-Tû", 70 *Harvard Law Review* 812 (1957).
[2] See Giovanni Sartor, "Understanding and Applying Legal Concepts: An Inquiry on Inferential Meaning", in Jaap Hage and Dietmar von der Pfordten eds., *Concepts in Law*, Springer, 2009, pp. 35-54.
[3] See Jaap Hage, "The Meaning of Legal Status Words", in Jaap Hage and Dietmar von der Pfordten eds., *Concepts in Law*, Springer, 2009, pp. 55-66.
[4] 参见雷磊：《法律概念是重要的吗》，载《法学研究》2017年第4期。
[5] See Jules L. Coleman and Brian Leiter, "Determinacy, Objectivity, and Authority", 142 *University of Pennsylvania Law Review* 549 (1993).

那样,价值命题的真并不依赖于诸如"道德粒子"这样的事实。①

复次,法律的客观性问题可以理解为法律领域中是否存在可靠的认识论途径的问题。由于法律命题无法被验证,在一些学者看来,即便法律领域内存在某些事实,如何认识这些事实是有疑问的。我们知道,解释是形成法教义学知识的核心方法。但解释是否、何以具有客观性以及在多大程度上具有客观性,一直是学界争论的焦点。②

最后,在法律领域,客观性同样可以在中立性的意义上讨论。例如,立法、司法等法律活动或程序是否公正,是否不偏不倚、无偏私。

在上述五种常见的理解方式中,最后两种理解分别涉及法学方法论与法伦理学问题,将在本书相应的章节进行讨论。本讲仅讨论前三种理解,即法律实体的客观性、法律事实的客观性与法律命题的客观性。

## 第二节　法律实体的客观性

### 一、法律实体的否定论

在任何领域内,一些最简单的命题都是关于某个或某些事物具有某些性质的,从而如果在这个领域内,人们所谈论的那些事物或性质并不真实地存在,也就没有任何真理而言。一些学者试图告诉我们,法律领域正是这样的一个领域。虽然人们谈论"所有权""婚姻关系""责任",但并不存在这些词语所指称的对象,因此像"张三是某物的所有权人"这样的表述是没有真假之分的。最著名的论证是罗斯在《哈佛法律评论》的一篇文章中提出的。③ 罗斯假想了一个原始部落。在这个原始部落的语言中,存在"图图"这样一个词语以及如下规则:

(1) 如果 x 碰到了 x 的岳母,那么 x 是图图;
(2) 如果 x 杀死了图腾动物,那么 x 是图图;
(3) 如果 x 吃了首领的食物,那么 x 是图图;
(4) 如果 x 是图图,那么 x 要被净化。

罗斯问道,究竟什么是"图图"?他自己的回答是,并不存在"图图"所指的对象,"图

---

① See Ronald Dworkin, *Justice for Hedgehogs*, Harvard University Press, 2011, p.114-117.
② 参见〔美〕罗纳德·德沃金:《论解释与客观性》,载《原则问题》,张国清译,江苏人民出版社2012年版,第209—222页。
③ See Alf Ross, "Tû-Tû", 70 *Harvard Law Review* 812 (1957).

图"只是一个没有意义的词语,"关于图图的谈论是纯粹的无意义"。罗斯的论证是这样的、考虑上面的(3)和(4),最符合直觉的理解是,在(3)中,"图图"是指"吃了首领的食物";而在(4)中,"图图"是指"需要被净化"。但这一理解使得"图图"具有两个不同的意义,从而使得建立在(3)与(4)上的推理在逻辑上无效。要使建立在(3)与(4)上的推理有效,"图图"要么在(3)(4)中都指使某个人成为图图的事态,要么都指某个人成为图图之后的结果。但这两种选择都不可行。由于使某个人成为图图的事态是"碰到岳母""杀死图腾动物"与"吃了首领的食物"的析取,那么(3)就会成为:

(3') 如果 x 吃了首领的食物,那么 x 或者吃了首领的食物,或者碰到了 x 的岳母,或者杀死了图腾动物。

而如果"图图"是指某个人成为图图之后的结果,那么(4)就会成为:

(4') 如果 x 要被净化,那么 x 要被净化。

(3')与(4')都是分析永真的,显然不是(3)与(4)所要表达的意思。

虽然"图图"是没有意义的,但并不意味着它是没有作用的。在罗斯看来,这一词语的主要作用在于减少规则的复杂性。假设关于成为图图的后果除了(4)外,还有规则:

(5) 如果 x 是图图,那么 x 应被禁止参与搏斗;
(6) 如果 x 是图图,那么 x 应被禁止参与狩猎。

如果不使用"图图"这一词语,那么就需要"如果 x 碰到了 x 的岳母,那么 x 要被净化""如果 x 碰到了 x 的岳母,那么 x 应被禁止参与搏斗"等九条规则。一般地说,如果使某个人成为图图的事态有 m 种,而某个人成为图图之后的后果有 n 种,那么使用"图图"这个词语需要 m+n 个规则,而去除这一词语之后则需要 m×n 个规则。显然,当 m 与 n 很大时,使用这个词语将更有效率。

在罗斯看来,这正是在当代社会中我们广泛地使用"所有权""合同"等法律术语的原因,而从根本上说,这些法律术语和"图图"一样,不指称任何实体,从而也没有任何意义。例如,我们存在一些使某个人在特定条件下具有所有权的规则(例如,"如果 x 购买 i,那么 x 为 i 的所有权人"),也有一些规定一个人如果有所有权那么可以做什么的规则(例如,"如果 x 为 i 的所有权人,那么 x 可以使用 i")。"所有权"这一术语的作用无非是把这些条件与这些后果联系起来,换句话说,如果把"所有权"这一术语从我们的语言中删除了会使我们的表达更加烦琐,不会造成任何实际的损失。

对于罗斯的论证存在一些不同的声音。布罗热克(Brożek)指出,如果罗斯的论证是对的,那么不仅法律术语是没有所指的,而且所有的一般词项都是没有所指的。[①] 例如,对于"食物",有如下关于某个对象在什么条件下是食物的一些陈述:

---

① See Bartosz Brożek: "On Tû-Tû", *Revus* [Online], 2015. URL: http://revus.revues.org/3426.

(1a) 如果 x 是水果，那么 x 是食物；
(1b) 如果 x 是蔬菜，那么 x 是食物；
(1c) 如果 x 是面包，那么 x 是食物；
……

也可能存在关于如果一个对象是食物那么有什么样的后果的一些陈述：

(2a) 如果 x 是食物，那么 x 不应被浪费；
(2b) 如果 x 是食物，那么 x 应被分享；
(2c) 如果 x 是食物，那么 x 应被存放在安全的地方；
……

按照罗斯的论证思路，"食物"既不是指"水果""蔬菜"等的析取，因为那会使第一类陈述成为分析永真的；也不是指"不应浪费""应被分享"等的析取，因为那会使第二类陈述成为分析永真的。就此而论，"食物"也是没有所指的空洞词语。如果罗斯的论证使任何一般词项都成为空洞的，那么它就无助于达成罗斯想要说明的问题。因为在罗斯那里，日常生活中的一般词项显然被假定是有所指的，这才使得法律术语的空洞性成为一种值得注意的现象。

布罗热克还指出，法律中的一般词项，并不像罗斯所想的那样，仅提供了一种使规则更简单的方法。在布罗热克看来，法律术语还增强了法律讨论的融贯性。萨托尔(Sartor)则谈到了法律术语的更多功能。例如分类、学习、记忆、演绎、说明、一般化、类推等。[①] 但仅谈论法律术语的功能并未触及罗斯论证的核心。法律术语可能有很多功能，但仍然可能是没有所指的。此外，虽然布罗热克的类比归谬是有力的，但它只能告诉我们罗斯的论证是错的，而不能告诉我们它为什么错。要彻底说明罗斯论证的问题，我们需要对它所隐含的语言/世界观进行分析。

二、革新的语言/世界观及实体与理论的关系

在罗斯论证的背后，是一种传统的语言/世界观。在这种语言/世界观看来，语言是反映客观世界的一面镜子。语言中的专名(proper names)指称作为个体(individuals)的对象，语言中的通名(general names)或者说一般词项则指称由个体构成的类别或者说范畴(categories)。个体与范畴是客观地存在于世界上的，语言不过是用来指称它们的工具。如果存在词语所指称的个体或范畴，那么我们说这个词语是有语义所指的，否则我们说这个词语是空洞的。罗斯的观点正是：一般法律词项是没有语义所指的，因为对于一个一般词项来说，客观存在的可能作为候选所指的范畴要么是相应的构成要件，要么是相应的法律后果。这两个候选项都不合适，而我们又想象不到其他客观存在的候选对象。罗斯的论证依赖于这样一种看法：一个词项是有语义所指的，当且仅当我们

---

① See Giovanni Sartor, *Legal Reasoning: A Cognitive Approach to the Law*, Springer, 2005, pp. 560-562.

能够找到某个对象,将它与该词项对应起来。这种看法是完全错误的,因为它将个体与范畴视为独立于语言而存在的,但实际上并非如此。

语言不是世界的镜子,而是世界的切刀。世界中存在哪些对象,不仅受制于世界本身,而且受制于我们的语言。正是在这个意义上,蒯因主张我们不要去讨论什么东西确实存在,而是转而讨论特定的理论框架承诺什么东西存在。而特定的理论框架承诺什么东西存在,从根本上说则是一个承诺标准的问题,蒯因将此标准表述为,"存在就是成为一个约束变项的值"。在这里,"约束变项"是指这样的表达式,当我们使用这些表达式时,我们就作出了相关对象存在的承诺,否则就会导致自相矛盾。① 比如,蒯因举例说,当我们说"有些狗是白的"时,我们就承诺了一条白狗的存在,但并不意味着我们承诺了狗性和白性的存在。"'有些狗是白的'是说有些是狗的东西也是白的,要使这个陈述为真,'有些东西'这个约束变项所涉及的事物就必须包括有些白狗,但无须包括狗性或白性。"②

既然如此,我们就不能依据客观上存在什么来判断某个由语言构成的理论是否正确,而是反过来,应当依靠一个正确的理论来判断什么对象是存在的。换句话说,如果一个承诺了某种对象存在的理论优于不承诺这种对象存在的理论,那么我们就说相关的对象是存在的。例如,如果一个承诺立法意图存在的法律解释理论,优于不承诺立法意图存在的法律解释理论,那么我们就说存在立法意图。所以问题的关键不是什么对象在客观上存在,而是什么样的理论更有可能是正确的,或者说理论的评价标准问题。正是在这个意义上,蒯因说:"关于有没有类的争论好像更是一个方便的概念系统的问题;关于有没有半人半马怪物或埃尔姆大街上有没有砖房子的争论好像更是一个事实问题。但我一向极力主张这个差别只是程度上的差别,它取决于我们宁可调整科学织造物的这一股绳而非另一股以适用某些特定的顽强的经验这个模糊的实用倾向。"③

在科学哲学中,科学理论的评价标准是与科学划界问题并重的核心问题。在逻辑实证主义的可证实原则与波普尔的可证伪原则等单一标准论破产之后,多数科学哲学家认为存在多个标准,但在具体的标准上并没有达成一致意见。例如,库恩总结了精确性、一致性、广泛性、简洁性和广泛性五个标准④;比尔·牛顿-史密斯(Bill Newton-Smith)则总结了一个理论成为"好的理论"的八个特征,分别为:观察的嵌套性(observationally nesting)、丰产性(fertility)、优良记录、内在支持性、稳定性、内在一致性、与有充分根据的形而上学信念的相容性、简洁性。⑤ 从这些讨论出发,我们可以总结出如下五个多数学者都予以认同的标准:

---

① 参见〔美〕蒯因:《存在与量化》,载涂纪亮、陈波主编:《蒯因著作集》(第 2 卷),中国人民大学出版社 2007 年版,第 416—433 页。
② 〔美〕威拉德·蒯因:《从逻辑的观点看》,江天骥等译,上海译文出版社 1987 年版,第 12 页。
③ 同上书,第 43 页。
④ See T. S. Kuhn, *Objectivity*, *Value Judgment*, *and Theory Choice*, in T. S. Kuhn, The Essential Tension: Selected Studies in Scientific Tradition and Change, University of Chicago Press, 1977, pp. 320-339.
⑤ See Bill Newton-Smith, *The Rationality of Science*, Taylor & Francis, 2003, pp. 226-230.

（1）简洁性。一个理论越简洁，就越有可能是正确的。简洁性意味着一个理论中的主张是有秩序的，而不是杂乱无章的。在这个意义上，简洁性和系统性是密不可分的。正如古德曼所说："我们一旦考虑系统，就不可避免地要考虑简单性，因为，只有用来论述一个特定主题的基本词和首要原则被简单化后，才能建立这一系统。"① 实际上，亚里士多德早就说过："所包含原理愈少的学术又比那些包含更多附加原理的学术更为精确。"② 简洁性原则也是牛顿在《自然哲学的数学原理》一书中提出的首要推理法则，"自然界喜欢简单化"③。当代著名的科学家爱因斯坦、海森堡等人同样将简洁性作为科学假说可接受性的标准。④

（2）一致性。一个正确的理论不仅应与其他已被广泛接受的理论相兼容，而且最好与人们普遍认可的形而上学假定以及常识信念保持一致，或者能够解释与其不一致的理论、假定以及信念为什么会产生，换句话说，能够解释人们在相关问题上为什么会犯错。例如，一个主张"地球是圆的"的理论应当能够解释它为什么看起来是平的。

（3）融贯性。一个正确的理论应当是融贯的。融贯性的最低要求是自洽性。一个自相矛盾的理论不可能是正确的。因此，无论是在库恩的列表中，还是在牛顿-史密斯的列表中，自洽性都是一个重要的标准。融贯性不仅要求自洽性，还要求一个理论中的主张是相互支持的并且具有统一性。相互支持是指理论中的主张之间存在推论关系，统一性则意味着如果删除某个主张，将会使某些推论不再成为可能。

（4）符合性。一方面，正确的理论应当能够解释人们已经观察到的相关现象，这实际上正是人们构造理论的最初动因；另一方面，正确的理论应当能够作出一些成功的预测。在一些科学家看来，预测比解释更重要，因为它排除了一些"事后诸葛亮"的、穿凿附会的说明。⑤ 在符合性上，如果一个理论能够解释更多的现象，或者说遇到更少的反常，那么它更可能是正确的；同样的，如果一个理论能够作出更精确的、更新奇的预测，那么它更有可能是正确的。

（5）功效性。这一标准涉及科学理论的功能，而非科学理论本身。在传统上，科学理论的正确性被认为与科学理论的功能无关。SSK（科学知识社会学）对关于科学的这种传统理解进行了严厉的批判。虽然 SSK 的核心观点是极端的、误入歧途的，但它的确指出了社会结构、政治形态、经济文化发展水平等外部力量对科学理论的选择与制约作用。即便我们并不像一些科学外部史理论一样，认为这些外部力量决定科学理论的内容，但一个温和的主张看起来是不可否认的：如果一个科学理论可以用来指导相关的技术实践，那么它更有可能是正确的。对于一些很难进行符合性检测的社会科学理论

---

① 〔美〕R. S. 鲁德纳：《社会科学哲学》，曲厚跃、林金城译，生活・读书・新知三联书店1983年版，第155页。
② 〔古希腊〕亚里士多德：《形而上学》，吴寿彭译，商务印书馆1959年版，第4页。
③ 〔美〕H. S. 塞耶编：《牛顿自然哲学著作选》，上海外国自然科学哲学著作编译组译，上海人民出版社1974年版，第3页。
④ 参见〔美〕A. 爱因斯坦、〔波兰〕L. 英费尔德：《物理学的进化》，周肇威译，上海科学技术出版社1962年版，第158页。
⑤ See Peter Lipton, *Inference to the Best Explanation*, Routledge, 1993, pp. 138-150.

来说，情况更是如此。如果一个理论能够很好地用来分析社会问题，或者可以被用来追求一些好的社会目标，那么至少比起那些无法做到这一点的理论来说，更有可能是正确的。

三、法律实体与法学理论

现在我们可以通过这些标准来衡量不同的法学理论。由于当下的主流法律教义学理论承诺所有权、合同、婚姻关系等存在，所以我们需要考察的是，不承诺这些实体存在会导致现有理论发生什么样的变动，而这一变动是使原来的理论更符合还是更不符合上述标准。

（1）简洁性。不承诺所有权等对象的存在会使法学理论中的基本概念减少，看起来会使理论更简洁。但正如消去"图图"会使规则更多一样，基本概念的减少会使具有同样内容的法学理论需要更多的主张。以所有权为例。在一个承诺所有权存在的法学理论中，可能有如下命题：

（a）如果 A 购买 i，那么 A 具有 i 的所有权；

（b）如果 A 继承 i，那么 A 具有 i 的所有权；

（c）如果 A 先占 i，那么 A 具有 i 的所有权；

（d）如果 A 具有 j 的所有权，且 i 是 j 的天然孳息，那么 A 具有 i 的所有权；

（e）如果 A 具有 i 的所有权，那么 A 可以使用 i；

（f）如果 A 具有 i 的所有权，那么 A 可以出卖 i；

（g）如果 A 具有 i 的所有权，那么 A 可以出租 i；

（h）如果 A 具有 i 的所有权，B 没有合理的依据占有 i，那么 A 可以请求 B 返还 i。

这并不是关于所有权的全部命题，但对于说明我们的问题已经足够了。其一，如果消去"所有权"，那么(d)就要用"如果 A 购买 j，且 i 是 j 的天然孳息，那么 A 具有 i 的所有权"等三个命题才能得到完整的表述。其二，和"图图"的情况相同，如果消去"所有权"，那么就需要分别为每一种所有权的构成事实匹配不同的法律后果。

（2）一致性。不承认法律实体的存在将损及法学理论的一致性。以婚姻关系为例，我们可以设想一下，如果不承认婚姻关系的存在，而同时又认为"甲乙之间存在婚姻关系"这样的表述并不是没有意义的，那么我们就需要将它"还原为"其他一些关于"客观存在的事物"的表述。如何还原呢？"甲乙之间存在婚姻关系"显然不仅仅是说"甲乙以夫妻的名义生活"，也不是说"甲乙在某个特定的时间到某个特定的地点领了结婚证"，因为可能存在无效婚姻的情况；也不是说"甲乙应对对方忠实"等后果，因为可能存在许多人认为是合理的但并没有规定在相关条文中的后果。最终我们会发现，不管我们如何还原，都无法表达出我们通过"甲乙之间存在婚姻关系"所表达的全部意思。如果无法通过一种方式还原那些包含了法律实体的表述，那么那些不承诺这些实体存在的理论和人们关于这些实体的信念就不具有一致性。

（3）融贯性。不承诺法律实体的存在将损及法学理论的融贯性。在上面所有权的例子中，通过"所有权"这一概念，人们能在相关的事实构成与法律后果间建立关联。例如，从(1a)(2a)可以推出(3a)，"如果 A 购买 i，那么 A 可以使用 i"。这使得不同的主张之间具有相互支持的关系。如果消去"所有权"，那么在不同的事实构成与法律后果对之间仅仅是一种并列关系。像"所有权"这样的中间概念的加入不仅增强了主张间的相互支持性，而且增强了法学理论的统一性。在仅仅存在一些事实构成与法律后果的法学理论中，删除一个命题通常并不会损及其他命题以及通过其他命题完成的推理；但在包含中间概念的法学理论中，删除一个命题则可能使其他命题完成的推理同样成为不可能。①

（4）符合性。人们在日常生活中与法律实践中，经常谈论自己的或其他人的权利与义务、合同的生效时间、某个主体是否具有民事行为能力或刑事责任能力，等等。一个不承诺相关实体存在的理论很难解释，为什么看起来涉及法律实体的这些谈论和那些不涉及这些实体的谈论——例如午餐是吃水饺还是米饭、晚上是看电影还是逛商场——一样真实。不仅如此，在法律争论中，律师、法官等法律工作者会去严肃地思考某一个别对象是否在某个法律范畴之内，例如 ATM 是否属于金融机构。一个不承诺相关法律范畴存在的理论很难解释法律工作者为什么会这样去思考法律问题。法律现实主义学者经常谈论对法官的预测。但最好的预测并不是通过法官的个人化因素，例如他的年龄、性别、学历或工作经历，而是通过教义学理论进行的。因为一些经验研究显示，法律教义在司法决策中扮演的角色要比现实主义者所假设的大得多。② 而这些法律教义承诺了相关法律范畴的存在。正如肖尔所意识到的那样，一些法律范畴"不仅使得学生能更好地理解侵权，帮助法律人更好地预测司法结论，而且还能最好地解释真正影响司法行为的因素"。③

（5）功效性。法学理论的一个重要作用是解决法律实践中出现的各种案件，以确定人们的权利、义务或责任。在简单案件中，承认并探究法律赋予了人们什么样的权利、义务与责任是最便捷的做法。虽然不承认这些实体仅谈论人们在特定的条件下应当做什么或不应当做什么也许同样是可行的，但在疑难案件中，后一种做法就不太可行了。只有在承诺相关事物存在的情况下，才可能去考察它与其他事物之间的区别。尤其是对于合同等制度性实体来说，我们知道，已有的规则并不能穷尽它的成立条件④，如果不承认它的本体论地位，唯一的选择就是回到规则背后的政策性考量，使法律领域

---

① See Bartosz Brożek, "On Tû-Tû", *Revus* [Online], 2015. URL：http://revus.revues.org/3426.
② See Paul Brace and Melinda Gann Hall, "Studying Courts Comparatively：The View from the American States", 48 *Political Research Quarterly* 5 (1995)；Frank B. Cross, "Decision-Making in the U. S. Circuit Courts of Appeals", 91 *California Law Review* 1457 (2003)；Tracey E. George, "Developing a Positive Theory of Decision-Making on U. S. Courts of Appeals", 58 *Ohio State Law Journal* 1635 (1998)；etc.
③ 〔美〕弗里德里克·肖尔：《像法律人那样思考》，雷磊译，中国法制出版社 2016 年版，第 155 页。
④ See H. L. A. Hart, "The Ascription of Responsibility and Rights", 49 *Proceedings of the Aristotelian Society New Series* 171 (1948-1949).

内的问题解答活动成为一种政策建议活动。

综上,现有的各种法律教义学理论更有可能是正确的,而这些理论承诺了相关法律实体的存在,因此我们认为这些法律实体是存在的。

## 第三节 法律事实的客观性

### 一、法律事实客观性的含义

法律事实的客观性是指,在法律领域,事物的存在状态独立于主体的认识。换句话说,某个(或某些)事物具有某种法律属性(或法律后果)并不取决于某个主体(或群体)是否认为其具有该种法律属性。为了准确理解法律事实的客观性,需要区分两种不同的"独立于主体"。我们可以借助克莱默的术语,将它们称为"存在上的心智独立性"(existential mind-independence)和"观察上的心智独立性"(observational mind-independence)。如果某个事物的存在状态不需要预设心智的存在,那么该事物在存在上具有心智独立性。如果某个事物的存在状态不取决于观察者的看法,那么该事物在观察上具有心智独立性。[1] 法律事实的客观性是在后一种意义上说的,即法律事实具有观察上的心智独立性。

自然存在的事物显然具有存在上的心智独立性。一些人工创造物(例如建筑、家具等)虽然在起源上不能独立于主体的心智,但其一旦被创造出来,其存在状态就不再依赖于心智了。即便创造这些事物的主体及其心智消失了,它们也能够继续存在。就此而论,它们同样具有存在上的心智独立性。但另外一些事物则不然。例如,货币的存在不仅在起源上依赖于主体及其心智,它的继续存在同样依赖于主体及其心智。一般来说,由主体的意向性建构起来的社会事实都不具有存在上的心智独立性。[2] 法律事实显然不具有存在上的心智独立性。例如,对于"牛黄是天然孳息"这一法律事实来说,虽然主体及其心智的消失不会使牛黄及其自然性质有任何改变,但天然孳息这样一种由构成性规则确定下来的法律属性不太可能继续存在。但这并不意味着"牛黄是天然孳息"不是客观事实。因为它是否客观事实并不是说它在存在上是否独立于主体及其心智,而是说它在观察上是否独立于主体及其心智,即就该事实而言,人们是否有产生错误认识的可能性。换句话说,如果某些人或者所有人都认为牛黄不是天然孳息,牛黄是

---

[1] 参见〔美〕马修·H. 克莱默:《客观性与法治》,王云清译,浙江大学出版社2022年版,第5—7页。
[2] 参见〔美〕约翰·R. 塞尔:《社会实在的建构》,李步楼译,上海人民出版社2008年版,第3—28页。

否就不再具有天然孳息这一法律属性？在这一问题上，根据科尔曼与莱特的分析框架，存在主观主义、最低程度的客观性、中度客观性与强式客观性等不同的看法。① 下面是对这些看法的简单梳理。

二、 法律事实客观性问题上的不同看法

对于事实的客观性，科尔曼与莱特区分了四种不同的看法：(1) 一个领域内的事实是"强式客观的"，就是说，该领域内的一个命题所表述的究竟是不是事实，不取决于任何人关于它是不是事实的信念。人们一般认为，自然科学领域的事实具有强式客观性。例如，"太阳的表面温度大约为5500摄氏度"如果是事实，那么哪怕所有人都认为它不是事实，它仍然是事实。(2) 一个领域内的命题与事实是"完全主观的"，就是说，该领域内的一个命题所表述的是不是事实，只能相对于特定的主体来说，并完全取决于该主体是否认为它是真的。人们一般认为，口味与审美领域的命题与事实完全主观的。例如，如果张三认为"冰激淋是美味的"，那么对于张三来说，命题"冰激凌是美味的"就是真的；李四不认同这一点，那么对于李四来说，该命题就是假的，或者说所表述的不是事实。(3) 一个领域内的命题与事实具有"最低程度客观性"，就是说，该领域内的一个命题所表述的是不是事实，取决于社会中的大多数人的信念。科尔曼与莱特所举的例子是"时髦的"。一件衣服是不是时髦的，取决于社会中的大多数人是否认为它是时髦的。如果大多人认为这件衣服不是时髦的，它显然不可能是时髦的，就此而论，一件衣服是不是时髦的，的确依赖于人的信念。但它又的确不依赖于某个特定主体的信念。如果大多数人认为一件衣服是时髦的，而张三不这样认为，那么我们不能说，这件衣服对于张三来说是不时髦的，只能说张三的信念错了。(4) 一个领域内的命题与事实具有"中度客观性"，就是说，该领域内的一个命题所表述的是不是事实，取决于在"理想的认识条件下"，人们是否认为它是真的。这个领域内的真理与事实取决于人们的信念，但不是取决于人们现实存在的信念，而是取决于理想条件下的信念。"作为一个形而上学理论，它使得各种各样的事实的存在与特点取决于我们，但又不取决于我们真实的或现存的信念与证据。"②

在法学理论中，对于法律事实的客观性来说，这四种看法都有支持者。(1) 法律实证主义与自然法学说与法律事实的强式客观性命题是一致的。虽然在法律实证主义者看来，法律事实仅取决于社会事实，而在自然法学者看来，法律事实同时取决于社会事实与道德事实；但在相应的理论中，社会事实与道德事实都被认为是客观的，不取决于主体的信念。(2) 在北美的一些法律现实主义者看来，法律事实是完全主观的。例如卢埃林就认为，"官员在处理纠纷时的所作所为，在我看来，即为法律"③。卢埃林在《规

---

① See Jules L. Coleman and Brain Leiter, "Determinacy, Objectivity, and Authority", 142 *University of Pennsylvania Law Review* 549 (1993).

② Ibid.

③ 〔美〕卡尔·卢埃林：《荆棘丛：我们的法律与法学》，王绍喜译，中国民主法制出版社2020年版，第45页。

则的理论》一书中进一步阐述了他关于法律知识的主张,其认为法律规则想表达的意旨并不单单由规则所使用的语言决定,有权者(in power)对语言的使用方法决定了法律规则的意旨。(3) 北欧法律现实主义者以及一些共识论或解释论者构成了支持"最低程度客观性"的松散联盟。在一些北欧法律现实主义学者看来,权利、义务等是虚幻的,真正存在的是人们关于权利、义务的心理感受;换句话说,法律命题是伪装的心理命题。① 那么当人们就某事有共同的感觉或心理态度时,就存在相应的"法律事实"。解释论者费斯(Owen Fiss)认为,法律事实不是由法官之外的某种力量决定的,而是由法官的解释活动决定的;而法官的解释活动则受到了解释共同体共享的解释规则的约束。② 就此而论,解释共同体决定了法律事实。(4) 科尔曼与莱特支持中度客观性主张。在他们看来,法律事实既不取决于人们现实存在的信念,也非和人们的信念无关;而是取决于理想条件下的信念。他们进一步具体阐明了理想认识条件,即:"(a) 充分了解所有相关的事实信息和权威性的法律渊源;(b) 完全理性,例如遵循逻辑规则;(c) 没有支持或反对任何一方的个人偏见;(d) 需要时能够最大程度地移情和想象,例如在权衡涉及的利益时;(e) 熟悉并敏感于对类比推理至关重要的非正式的文化和社会知识。"③

### 三、 独立于主体认识的法律事实

由于主观主义与最低程度客观性与我们对于法律实践的认识相去甚远,下面主要通过检讨中度客观性理论来为法律领域内独立于主体认识的事实的存在辩护。科尔曼与莱特之所以认为法律事实具有中度客观性,主要是因为在他们看来,"强式客观性"理论在解释法律实践时会遇到一些严重的问题,而"中度客观性"概念则避开了这些问题。概括说来,科尔曼与莱特认为,"强式客观性"理论会遇到的最严重问题是,"如果法律事实的存在和特征独立于所有的律师和法官的信念,那么法官是如何认识到它们的?"④有人可能会说,普通人是如何认识到普通事实的,法官就是如何认识到法律事实的。但法官对法律事实的认识是通过特殊的审判程序进行的,这种特殊的审判程序构成了法官形成法律所要求的得到证立(justified beliefs)的信念的机制。因此问题就变成了,当下的审判程序为什么能够确保这些得到证立的信念同时也是真的(或者说表述了法律事实)? 科尔曼与莱特在对迈克尔·摩尔(Michael S. Moore)的融贯论学说以及外在主义认识论进行批判性考察之后认为,如果法律事实是强式客观的,那么就不存在可能的认识论途径。

---

① See Alf Ross, *On Law and Justice*, University of California Press, 1959, pp. 12-13.
② 参见〔美〕欧文·费斯:《如法所能》,师帅译,中国政法大学出版社 2008 年版,第 200—203 页。
③ Jules L. Coleman and Brain Leiter, "Determinacy, Objectivity, and Authority", 142 *University of Pennsylvania Law Review* 630 (1993).
④ Ibid., p. 612.

科尔曼与莱特的"中度客观性"理论在论证和观点上都存在值得商榷的地方。我们首先来看论证上的薄弱环节。科尔曼与莱特在讨论不同程度的客观性时,混淆了两个不同的问题。让我们以"最低程度客观性"为例。在他们看来,"什么是时髦的"取决于多数人认为什么是时髦的,因此这个问题中的事实具有"最低程度的客观性"。实际上,"什么是时髦的"之所以取决于多数人认为什么是时髦的,仅仅是因为谓词"时髦的"在定义上等同于"多数人认为时髦的"。因而一件衣服是否时髦,取决于多数人是否认为它时髦。但"该衣服是时髦的"是否为真,并不取决于多数人是否认为该命题为真,因为"多数人认为该衣服是时髦的"是否为真并不取决于多数人的信念。同样的,在口味领域,"冰激凌是美味的"是不是事实之所以要相对于特定主体而言,仅仅是因为"x是美味的"在定义上等同于"特定主体 φ(使用'美味的'这一谓词的主体)是否认为 x 是美味的"。但"特定主体 φ 是否认为 x 是美味的"并不是相对的。一般地,个体 a 是否具有性质 P,与两个问题相关:一是由 P 的意义所决定的判断任一个体是否具有性质 P 的标准(判断标准),二是 a 是否满足该判断标准。这两个问题是独立的。前者由某个或某些主体的信念所决定,并不意味着后者同样如此。科尔曼与莱特对这两个问题的混淆表现在,在讨论"强式客观性""最低限度的客观性"时,他们所说的是前者;而在提出与论证法律领域的"中度客观性"时,他们所说的是后者。

正因为混淆了这两个不同的问题,科尔曼与莱特对"强式客观性"的批评都是站不住脚的。他们认为无法为那种法律事实不依赖于任何人信念的观点配置任何妥当的审判认识论,因此法律事实不可能具有"强式客观性"。但这只是论证了法律领域内的常见谓词的判断标准不太可能不依赖于任何人的信念,并不能论证特定个体是否满足该判断标准同样要依赖于信念。

"中度客观性"理论在观点上也是站不住脚的。实际上,如果不存在独立于信念的法律事实,很难理解为什么是这个信念而非其他信念能够在理想条件下获得辩护,也很难理解为什么探究活动要求特定的理想条件。例如,如果不存在法律事实,很难理解为什么法官要"充分了解案件事实和法律渊源"并"熟知各种非正式的文化和社会知识"。之所以有这些要求,只能是因为案件事实、法律渊源以及其他知识在一定程度上决定了法律事实,而法官只有在充分理性、无偏见、具有同情心和想象力的情况下才能揭示它。一般地说,在任何一个领域中,理想条件都包括对探究活动的某种程序性控制或方法论要求,例如要求信息充分丰富、推理正确等;而如果不存在独立于信念的事实,很难解释为什么要有这些控制和要求。

此外,值得注意的是,中度客观性理论最终会陷入循环论证。让我们假定一个信念在理想条件下获得辩护,但它是错误的。我们知道,中度客观性理论否定这一假定的可能性。然而,我们必须承认,在人类社会的任何特定发展阶段,获得辩护的信念都可能是错误的。反对这一假定,实际上就是在说:如果一个获得辩护的信念是错误的,那么辩护的条件就是不理想的。就此而论,理想条件就是那些使该条件下获得辩护的信念为真的条件。但这显然是一种循环定义。这种情况也不会因为明确列明具体条件而得到改善。因为所列的条件中往往会包含"充分""完全"等限定词。例如,在法律领域中,科尔曼与莱特罗列的条件就包括"充分了解案件事实与法律渊源""完全理性"等,只要一个信念是错误的,就可以说法官对案件事实或法律渊源的了解"不够充分",或者法官不是"完全"理性的。

在法律事实的客观性问题上,我们要排除另外一个错误认识。我们知道,为了法律秩序的一致性与明确性,人们往往需要一个最终的裁判者就法律上的分歧给出一锤定音的结论。例如,对于知假买假者是不是消费者权益保护法中的消费者这一问题,人们之间存在意见分歧,最高裁判者可以通过司法解释、指导性案例等方式对这一问题给出终局性的裁决,作为对"消费者"这一法律概念的权威理解。这使得就知假买假者是否消费者这一问题来说,权威机构具有最终的裁决权。从而可能产生这样的误解,即法律事实由享有最终裁决权的权威机构决定。这里需要区分两个问题——对某个事物之法律属性的正确理解与权威理解。权威理解并不一定是正确的。它之所以是一种权威理解,不是因为它一定是正确的,而是因为它即便是错误的,也是有约束力的。正如拉兹所说,即使裁判机关对人们负有何种义务的认定实际上是错的,也仍然是有约束力的。① 正如陪审团可能在事实问题上犯错一样,最高裁判者也可能在法律问题上犯错。换句话说,最高裁判者只能决定法律上认可的理解是什么,而不能决定正确的理解是什么。有人可能会说,如果无论如何,最高裁判者的理解都是有约束力的,那么我们谈论正确理解还有意义吗?答案是有意义。正因为存在正确理解,人们关于正确理解与错误理解的讨论才是有意义的;正因为有了这些讨论,最高裁判者的权威理解才是受约束的。否则,最高裁判者完全可以通过任意的方式作出任意的权威理解。这既不是真实的情况,也不是理想的情况。我们不仅能够并且经常对最高裁判者所作出的权威理解进行批判性的反思,而且这种反思有助于维持法律制度的道德吸引力。固然,即便权威理解是错误的,在以后的裁判过程中,由于其约束力,它也是被当作正确的理解来适用的。但我们一定要注意时间上的先后关系。如果最高裁判者的理解是错误的,但同时因为其终局性又免于批判的话,那么我们认为,最高裁判者在一定程度上改变了原有的规则。最高裁判者是否有权以及在多大程度上有权改变规则,是制度设计的问题。但改变规则是一回事,未改变之前的法律事实是什么,则是另一回事。

---

① See Joseph Raz, *The Morality of Freedom*, Clarendon, 1986, p. 44.

## 第四节 法律命题的客观性

### 一、法律命题客观性的含义与重要性

法律命题的客观性是指法律命题能否作为"真值承担者",即能否被合理地说成是真的或假的,或者正确或错误的。关于法律命题是否以及何以具有客观性的理论可以称为法律真理理论。我们知道,在任何一个领域中,知识都由一些真的命题构成。从而是否存在一些真的命题,就决定了这一领域中是否存在知识。基于此,法律命题是否具有客观性,就决定了是否存在真正意义上的法律知识。虽然人们对什么是真的命题尚存在争议,但它至少应当存在如下特征:(1)非个人性:如果一个命题是真的,那么它对于所有人来说都是真的。(2)超时空性:如果一个命题是真的,它就永远是真的,并且在任何地方都是真的。(3)可言说性:真理是能够说明白的,是可获得的、可复制的、可传授的。不存在任何"不可说"的真理。所谓"直面事物本身",所谓"天地并生、物我齐一",都不过是一些神秘主义的说辞;不管它是来自古代思想家,还是披上某些现代哲学的外衣。如果在某个领域内有些问题说不清楚,那么最有可能的原因就是没有想清楚。

一个领域内是否存在具有上述性质的真理,决定了这个领域内是否存在客观的知识。在法学领域内,有些学者正是因为认为不存在具有上述性质的真理,从而认为不存在客观的法律知识。例如,有的学者认为,法律命题的真假并不独立于法律工作者的信念;还有的学者认为,法律命题的真假在根本上说是由那些掌握特定权力的人决定的;还有的学者认为,法律领域内的知识是一种"实践知识",它只能依靠自己在实践中去"体悟"。这些观点给法律领域内的知识获取工作带来了极大的破坏。

有关法律命题客观性的法律真理理论的重要性还在于,在每一位法官的司法态度中,都隐藏了一种对法律真理的看法,尽管他本人可能并没有认识到这一点。一个认为不存在任何法律真理的人往往更有可能凭借自己的经验信念与价值观念行事,一个认为法律真理存在的人则会感到有义务去揭示它。如何揭示则取决于他对法律真理的理解。例如,如果他认为法律命题是否为真与立法意图密切相关,那么他就会努力从文本语境中揭示立法意图,或者使用更多的历史材料;如果他认为一个法律命题是否为真更多地取决于它与其他法律命题之间的关系,那么他就可能更多地利用法律文本而非经验素材。可以看出,虽然法律真理理论本身不是规范性的,但正确的法律真理理论对法官等法律工作者如何从事法律实践提出了一些规范性的要求。

不仅在法官的司法态度中,相关的制度设计,或者至少如何理解相关的制度设计,

背后也隐藏着特定的法律真理观。例如法院的独立审判权。当且仅当一个法院可以独立地认定事实与适用法律，这个法院才具有独立审判权。独立认定事实就是独立地确定一个事实陈述是真的还是假的，而独立适用法律就是根据自己对于法律的理解来适用。为什么法院应当根据自己对于法律的理解来适用法律，而不应采纳上级法院的理解，正是因为对于法律的理解是存在客观的对错之分的，这使得每一个主体的信念都不因为主体的地位而有高低之分。

法律真理理论还影响法律方法。人们更看重历史材料、社会后果还是法律文本本身，在很大程度上取决于那些可能没有被他们明确意识到的关于法律真理问题的一些看法。实际上，在一些非常规案件中，人们是否决定对已经确立下来的规则进行修正以及如何修正，也在很大程度上受到法律真理观的影响。再如，如果对法律规则的理解与解释存在客观上的对错之分，那么所谓的"合宪性解释"，就站不住脚了。因为如果对规则的理解与解释存在正误之分，那么法院在这一意义上进行合宪性解释就是错误的，因为法院的首要义务是作出正确的解释，而非合宪的解释。

二、法律命题的客观性：基础论与融贯论

法律命题的真是在其证立过程中显示出来的。以朱建勇案为例，"朱建勇的行为构成故意毁坏财物罪"这一命题是否为真，取决于它能否从已知为真的前提中推导出来。其证立过程如下：

（1）所有故意使他人财物价值减少或丧失的行为均构成故意毁坏财物罪；

（2）朱建勇作出了故意使他人财物价值减少或丧失的行为；

（3）朱建勇的行为构成故意毁坏财物罪。

可以看出，结论（3）是从前提（1）与（2）的合取中推导出来的。这是一个有效的证立过程。但这并不意味着（3）是真的。有效的证立过程本身并不保证结论为真，它还取决于相应的前提是否为真。对于（3）究竟是否为真，我们暂时不去关心，而是先来考察这个证立过程所例示出来的关于法律命题之证立的一些特征。

一方面，这是一个法律三段论推理。在任何一个案件中，法律三段论推理都构成了全部法律推理的核心成分。当然，正如许多人正确指出的那样，法律三段论推理并非全部。但只要我们仔细考察就会发现，其他推理的存在往往是为了获取使法律三段论推理顺利进行下去的相关前提。从这个意义上说，它们是为了辅助演绎推理，而不是为了取代它。正如麦考密克所说，"这些因素（与法律推理相关的非演绎性因素）正是借助其与演绎推理的关系，它们才是可理解的"[①]。

另一方面，在该证立过程中，前提（1）为法律命题，而前提（2）则为事实命题。这构成了特定性法律命题的通常证立模式。但对于一般性法律命题的证立来说，作为前提的事实命题并不总是必要的，例如对（1）本身的证立。之所以（1）所有故意使他人财物

---

[①] 〔英〕尼尔·麦考密克：《法律推理与法律理论》，姜峰译，法律出版社2005年版，前言第1页。

价值减少或丧失的行为均构成故意毁坏财物罪,是因为(4)刑法中的毁坏一词应该被解释为使他人财物价值减少或丧失。在这里,(4)为前提,而(1)为结论。但作为前提的法律命题却总是必要的。

上述两个方面的特征似乎使法律命题的证立碰到了一个无法克服的困难。由于对一个法律命题 $L_1$ 的证立要以另外一个法律命题 $L_2$ 为前提,而对后者 $L_2$ 的证立又要以 $L_3$ 为前提,这也就陷入了无穷后退的困境。对于这一困境,可以设想下述两种解决思路:

一种思路是基础论的,我们可以赋予一些法律命题以自明的性质,像在数学中人们将所有的推论都建立在一些定理的基础之上一样,我们也可以将其他的法律命题都建立在这些自明的法律命题的基础之上。这一思路看上去是可行的,因为在法律语境中,我们可以预设那些直接陈述法律规则之内容的命题是自明的。"累犯不适用缓刑"就是这样一个命题。它的真理性并不是来源于以其他法律命题为前提的证立,而是来源于相应的法律规则(《刑法》第74条)。值得注意的是,我们依据这一法律规则判断这一命题为真,但我们并不是以它为前提证立这一命题。法律规则是一个实体,它不可能作为证立过程的一个前提。它与法律命题之间的关系是因果的,而非逻辑的。可以说,在法律语境中,如果有一些法律命题是免于证立而为真的,那么就只能是这些直接陈述法律规则之内容的命题。

但这一思路存在以下问题:(1)一些法律规则本身是含混的,直接陈述该规则之内容的命题无法用来证立其他法律命题,比如我们并不能用直接陈述《刑法》第275条之内容的命题来证立朱建勇的行为构成故意毁坏财物罪。(2)一些法律规则要结合其他法律规则才能得到理解,在法律中经常发生的情况是不同的法律规则结合起来才能产生完整的意义,在这时,我们就不能仅仅考察陈述不同法律规则之内容的命题,而至少要在它们之间建立一种逻辑联系。(3)在法律中经常发生的情况还有,直接陈述一个法律规则之内容的命题与直接陈述另外一个法律规则之内容的命题之间相互矛盾,这时我们往往基于一些相关考量而否定其中的一个,因此显然不能说所有直接陈述法律规则之内容的命题都是自明的。(4)如果其他法律命题的真建立在自明的一些法律命题的基础之上,那么它的真值就是不可改变的,但事实是,即便规则没有变化,我们也经常会调整一些法律命题的真值。

另外一种思路是融贯论的。在它看来,由于上述理由,将法律命题的真理性建立在一些自明命题的基础之上是一种没有希望的思路。在法律命题体系内,并不存在这样一类具有特殊地位的子集。真实的情况是,一个法律命题的证立取决于其他命题,所有法律命题相互推导,并最终构成一个首尾衔接的循环圈。当然,说一个法律命题 $L_1$ 被 $L_2$ 所证立、$L_2$ 被 $L_3$ 所证立、$L_3$ 又被 $L_1$ 所证立,这看上去是荒谬的,但如果这个循环圈足够大,这一想法就不像初看起来那么不合理了。相反,它是避免无限后退与武断终止证立的唯一出路。

但融贯论的思路会碰到另外一些困难。(1)融贯的含义并不清楚。在一些学者看来,如果将其理解为一致关系则太弱,而理解为衍推关系又太强。①(2)融贯论要求一个命题与其他命题相融贯,"其他命题"的范围也是不清楚的,"认为一个命题为真当且仅当它与其他所有命题相融贯这种看法是荒谬的,因为一切有意义的命题所构成的类必然包含不相容性,这是由于至少大多数有意义的命题的否定也同样是有意义的;……另一方面,一个命题为真就必须与其他某些命题相融贯这一说法又太弱了,因为任何一个命题都可与其他某些命题相融贯"②。(3)融贯的体系可能有多个,融贯论缺乏在不同的融贯体系之间进行选择的标准,从而也就无法将真理与融贯的神话故事区别开来。(4)融贯论割裂了命题体系与客观世界之间的联系。如果一个法律命题的真在根本上只依赖于它所在的命题体系中的其他法律命题,那么在该法律命题体系与法律规则以及司法判决之间究竟是否还存在任何关系?

那么,是否存在一种将它们综合起来的方法,以使其既能克服基础论的缺陷,又能克服融贯论的缺陷,从而较好地解决法律命题的证立问题?下面就试图提供这样一种思路。

### 三、基础融贯论的法律真理观

上面说过,基础论将法律命题区分为两类:一类是基本命题,即直接陈述法律规则之内容的命题;另一类则是推出命题。基本命题的真是自明的,而推出命题的真却是由基本命题为前提的推理所证立。应当说,将法律命题区分为基本命题与推出命题并无不当。在法律领域内,那些直接陈述法律规则之内容的命题对于法律命题体系的构建来说,显然具有基础性的地位。然而,还应看到的是,这些命题本身并非不可修正。事实上,人们常常出于形式或实质的原因对它们进行修正。前者通常发生在一个基本命题并不具备完整意义的时候,而后者则可能发生在一个基本命题与另一个(些)基本命题相冲突的时候,或在它与实质道德观相背离的时候。③

除了基本命题是可修正的,我们还应看到,基础论过于简单地看待了法律命题的种类以及它们之间的关系。一方面,如果基本命题是可修正的,也就意味着法律命题之间的支持关系不可能是单向的,而是双向的,这是因为修正要依赖其他命题而进行。换句话说,我们不仅可以用基本命题来证立推出命题,也可以用推出命题来证立基本命题,而在基本命题与基本命题之间、推出命题与推出命题之间,同样可以存在支持关系。另一方面,如果修正是实质性的,我们还需要一些针对修正何时进行以及如何修正的元规则命题。这些元规则命题既不是基本的,也不是推出的。以一个基本命题与另外一个(些)基本命题相冲突时的修正为例,如何修正的元规则命题显然不可能是或来自任何一个基本命题。

---

① See D. Davidson, "The Structure and Content of Truth", 87 *Journal of Philosophy* 305 (1990).
② 〔英〕A. C. 格雷林:《哲学逻辑引论》,牟博译,中国社会科学出版社 1990 年版,第 205 页。
③ 齐佩利乌斯将这样一种需要修正的情形称为"评价欠缺型漏洞"。参见〔德〕齐佩利乌斯:《法学方法论》,金振豹译,法律出版社 2009 年版,第 93 页。

此外，基础论的狭隘性还体现在，它只关注从基本命题到推出命题之间的演绎推理；事实上，在法律命题体系的构建之中，尽管演绎推理处于主要地位，但非演绎推理也是常用的。例如，我们经常从一些法律命题中归纳出更为抽象的原则性命题，并以此来判断另外一些法律命题的真假。

我们可以稍微总结一下，对于基础论，我们在接受其将直接陈述法律规则之内容的命题视为基本命题时，应当注意的是：(1) 基本命题是可修正的；(2) 在基本命题与非基本命题之间存在复杂的相互支持关系；(3) 法律命题不仅包括基本的和推出的，还有其他类别；(4) 对于法律命题体系的构建来说，归纳推理等非演绎推理同样是重要的。注意到这四点，我们也就能够在很大程度上避免上文所提到的基础论所面临的困境。现在我们再来考察融贯论。

融贯论强调法律命题之间的相互证立。在它看来：首先，没有任何一个法律命题是免于修正的，从这个意义上说，所有的法律命题都处于同等的地位；其次，对法律命题的修正所依赖的是命题体系内的其他命题，而不是非命题的事物，其原因在于只有命题能够证立命题，非命题的事物不可能与命题建立逻辑关系，从而也就不可能对命题起到支持或反对的作用；最后，命题的修正要借助其他命题来进行，没有任何一个命题是免于修正的，这两者联合在一起意味着，对于法律命题体系来说，并不存在一个坚实的基础。法律命题体系在实际上成为在分析哲学中被广泛引用的纽拉特之船的隐喻——科学发展犹如大海上航船，我们不可能把船停在码头进行重建，而只能逐个甲板进行修补①——在法律领域内的翻版。

我们要小心辨析融贯论者所提出的每一个论断。首先，没有任何一个法律命题是免于修正的，这是对的，但它并不意味着所有的法律命题都处于同等的地位上。在法律领域中，有一类法律命题是与众不同的，就是那些直接陈述法律规则之内容的命题，它们被假定为真，除非碰到相反的理由；而另外的命题则是只有在被证立之后才能被视为是真的。其次，从存在这样一类被预先假定为真的命题也可以看出，并非只有命题能够给命题提供支持，尽管非命题的事物与命题之间不可能存在逻辑关系，但这并不意味着它不可能给命题提供支持。对于命题的支持，除了逻辑支持外，还存在因果支持，我们应当看到，在规则与直接陈述规则内容的命题之间并不存在逻辑关系，但通过主体对规则的认识与对命题的表述，这两者之间却存在因果关系。最后，我们应当承认，融贯论者对于法律命题体系之变迁的描述是较为妥当的，尽管并不翔实，但大致说出了其要旨。

至此，我们对基础论与融贯论的合理性与缺陷分别进行了考察，在这一考察的基础上，我们就能够将它们综合起来，保留它们的合理之处，克服它们的缺陷。为了对法律命题的证立有更为妥当的认识，我们应既看到基本命题的存在，又看到它的可以修正；

---

① 在分析哲学史上，纽拉特之船的隐喻被广泛引用，蒯因更是对它极为推崇，将它印在其《语词和对象》的扉页上。参见〔美〕W. V. O. 蒯因：《语词和对象》，陈启伟、朱锐、张学广译，中国人民大学出版社 2005 年版，扉页。

既看到法律命题之间的相互支持,又看到一些法律命题的初始为真。

具体说来,这一妥当认识包含如下要点:

(1)在法律命题体系中,存在一类具有特殊地位的命题,它们是初始为真的,换句话说,在未被否证之前,它们是真的,并不需要一个证立的过程,它们即是那些直接陈述法律规则之内容的命题,它们的真来自法律规则的因果支持;我们可以将这类命题称为初显法律命题(对其性质的进一步阐述将在下文进行);然而

(2)初显法律命题并非不可修正的;这又意味着

(3)初显法律命题也可以得到其他法律命题的逻辑支持;

(4)法律命题之间的支持关系是相互的,在初显法律命题与非初显法律命题之间存在相互支持关系,而在初显法律命题与初显法律命题之间、非初显法律命题与非初显法律命题之间同样存在相互支持关系;

(5)所有法律命题构成了一个融贯的整体,这个整体也就是法律命题体系。

我们可以将这样一种对法律命题证立的认识称为基础融贯论。

基础融贯论是对基础论与融贯论的综合,这固然使它吸收了双方的合理之处,但也使它面临着双方的批判。那么它能够应对这些批判吗?

我们知道,在知识论中,对基础论的批判主要集中在基本命题的基础性与丰富性上。基础论似乎面临一个两难困境:一方面,如果它要保证基本命题的确凿无疑,或者说要保证它的基础性,那么就必须严格限制基本命题的类型与数量,就像笛卡尔寻找确定知识的基本前提时所做的那样。① 但对基本命题之类型与数量的严格限制又无法解释它们何以能够支持一个命题体系所拥有的如此之多的命题。另一方面,如果要保证基本命题的丰富性,以使命题体系内的其他命题都至少有一个来源,又通常要以牺牲基本命题的基础性为代价。然而,对于法律命题来说,情况并非如此悲观。其一,那些直接陈述法律规则之内容的命题具有被广泛认可的基础性,这是由法律实践的基本性质所决定的;其二,法律规则的丰富性也保证了这些直接陈述其内容的命题的丰富性。

最后,我们来看一下基础融贯论能否克服真理融贯论所面临的一些困难。对于融贯的含义并不清楚的问题,可以这样回应:有些命题之间存在的是一致关系,典型的比如那些直接陈述法律规则之内容的命题之间的关系;也有些命题之间存在的是衍推关系,典型的比如这些直接陈述法律规则之内容的命题与依据它们所推出的命题之间的关系。这一回应也解决了所提出的其他命题的范围问题,一致关系下的其他命题是指命题体系内的所有其他命题;而衍推关系下的其他命题则仅仅是指它所依据推出的或它能推出的命题。此外,对于可能存在多个融贯的命题体系与融贯论割裂了命题体系与客观世界之间的关系这两个问题,都可以通过指出法律命题体系内那些直接陈述法律规则之内容的命题与作为外部实体的法律规则之间存在因果关系来予以澄清。

法律命题体系的构建遵循从基本命题的全集中获得具有一致性的最大子集的原

---

① 参见〔法〕笛卡尔:《谈谈方法》,王太庆译,商务印书馆 2000 年版,第 15—18 页。

则,就此而论,并不会出现多个融贯体系并存的局面。那么上文所说的从法律命题的证立来理解法律命题的真这一策略也就不会导致相对主义的看法。从而我们可以按照这一策略来理解法律命题的真,这意味着,说一个法律命题是真的,也就是说它在那个遵循上述原则而构建的法律命题体系之中被证立。

**思考题**

1. 在法律领域,"客观性"可以在哪些不同的意义上理解?
2. 中间法律概念具有什么作用?
3. 如何理解司法裁判的终局性与客观性之间的关系?
4. 法律真理观与法学方法论之间存在什么样的联系?

**参考文献**

1. 〔美〕布莱恩·莱特:《法律和道德领域的客观性》,高中等译,中国政法大学出版社 2007 年版。
2. 陈坤:《法律命题与法律真理》,中国政法大学出版社 2021 年版。
3. 〔美〕马修·H. 克莱默:《客观性与法治》,王云清译,浙江大学出版社 2022 年版。
4. Raimo Siltala, *Law, Truth, and Reason: A Treatise on Legal Argumentation*, Springer, 2011.

# 第八讲　法律体系

第一节　基本概念
第二节　法律部门
第三节　法律体系与法律秩序
第四节　当代中国的法律体系

法律是一种规范,是社会群体诸成员共有的行为规则和标准,从各个方面指引、调整人们的行为。正因如此,法律的内容必然是浩繁且变动不居的,如若其编排杂乱无序、毫无章法,则无法实现指引人们行为的功能。所以法律绝不能是散乱、任意的,其排布遵循着一定的内部逻辑,从而呈现出一种体系性特点。正是在这个意义上,我们才说法学是一种具有内在的体系结构、有自己独特的知识体系和独特的研究方法的能够学科化的知识。①

法律体系是一种客观存在的社会生活现象,反映了法的统一性和系统性。研究法律体系对于科学地进行立法预测和立法规划,正确地适用法律解决纠纷,全面地进行法律汇编、法典编纂,合理地划分法学学科、设置法学课程等都具有重要的意义。

## 第一节 基本概念

### 一、法律体系的含义和特征

（一）法律体系的含义

体系本身指示着一种统一、严谨的结构。② 西方法学,尤其是大陆法系国家的法学,通常在两种意义上使用法律体系的概念:广义上的法律体系基本等同于法系,应用于宏观比较,如勒内·达维德(Rene David)在《当代主要法律体系》中所提及的法律体系,实际指的就是本书第十六讲中有关"法系"的概念。狭义的法律体系分为三个层次:一是特定国家或地区的实在法系统。指一个国家最高统治者或统治集团直接或间接制定的全部法律的总和,或者根据同一个基本规范在一个国家或共同体内实施强制权而直接或间接制定的全部法律体系的总和。常用来指各种制度(institution),即由立法、行政、司法等,以及各种宪法、刑法、财产法等法律原则、规则和各种理念、理论、方法、程序、技术、传统、管理等组成的运用法律来解决实际问题的种种制度的综合体。③ 二是某一法律部门或部门法体系,如英国宪法法律体系。三是在最微观层面,与特定法律概念、规则或制度相关的法律组成系统,如有关民事占有的法律体系比较等。

---

① 参见王利明:《试论法学的科学性》,载《法治研究》2022年第3期。
② 参见李晓辉:《比较法研究中的"法律体系"概念》,载《国家检察官学院学报》2011年第5期。
③ 参见薛波主编:《元照英美法词典》(精装重排版),北京大学出版社2017年版,第824页。

通常意义上的法律体系,又称部门法体系,是指一国的全部现行法律规范,按照一定的标准和原则,划分为不同的法律部门而形成的内部和谐一致、有机联系的整体。

(二)法律体系的特征

在采纳了法律体系的这一通用概念后,实际上就意味着法律体系应当具备下列特征:

1. 法律体系的完整性

法律体系是一国全部现行有效法律规范所构成的体系,既包括一国现行国内法,也包括被本国承认的国际法。其法律形式既包括制定法,也包括判例法、习惯法等。以英国为例,1707年《联合法案》保证了苏格兰法院的独立性,并保留了苏格兰法律,致使苏格兰与英格兰在司法传统、实质方面、精神特质等方面迥然不同,前者具有深厚的罗马法传统,后者则是普通法的发祥地。北爱尔兰也曾有自己的司法管理体系。然而,从政治的观点看,英国的法律体系是单一的,威斯敏斯特议会乃是最强大的法律渊源,它有权为整个王国立法。①

2. 法律体系的独立性

法律体系的这种独立性包含时间上的独立性,即"现行法",法律体系是由一国的法律规范所构成的体系,它只包括现行的国家法以及被本国承认的国际条约和国际惯例,不包括历史上废止的已经不再有效的法律规范,也不包括尚待制定、还没有生效的法律规范。当我们讨论中华人民共和国的法律体系时,必然不包含唐律或大清律等,后者由于已经失效,只在进行法律史研究时才有意义;但是当我们说起英国的宪法,又要包含1215年的《自由大宪章》(Magna Carta),因为它是现行有效的法律。《法国民法典》和《德国民法典》也是如此,虽然历经二三百年的发展和几百次的修订,但是它们仍是现行有效的法律,就属于现行法。同时,法律体系还具有空间上的独立性,即"国内法"只包括一个国家调整本国社会关系和社会秩序的法律规范状况,而不包括与本国无关的适用于其他国家或地区的法律规范。

3. 法律体系的系统性

法律体系是一个和谐统一的系统化体系,由一定组织结构(法律部门)所构成,不是法律规范的简单相加所形成的整体,而是根据一定标准或原则对一国全部法律规范进行分类,继而由这些划分的类别或结构(法律部门)所形成的有机整体。因此,一国法律体系的各个组成部分之间既相对独立又协调统一。

二、法律体系与相关概念的区别

(一)法律体系与法系

法律体系与法系是两个不同的概念,法系是人们对世界范围内的国家或地区的法

---

① 参见〔新西兰〕杰里米·沃尔德伦:《法律:七堂法治通识课》,季筏哲译,北京大学出版社2015年版,第5页。

律按照一定标准所进行的分类。如英美法系、大陆法系、中华法系等。法律体系与法系的区别在于：

第一，法律体系只反映一个国家的法律状况，而法系则反映若干国家或地区的法律状况。

第二，法律体系只反映一个国家现行的法律状况，即正在生效实施的法律内容，因此不包括历史上曾经存在但目前已经废止以及还没有生效施行的法律状况，而法系则不仅反映若干国家或地区的现行法律状况，而且还反映这些国家或地区历史上曾经存在的法律状况。

第三，法律体系的划分标准是法律所调整的对象和法律的调整方法，而法系的分类标准则是若干国家或地区法律的历史传统和外部表现形式的不同，因此二者所反映的侧重点也不同。

（二）法律体系与法律部门

法律部门，又称部门法，是根据一定标准和原则对一国现行的全部法律规范进行划分所形成的同类法律规范的总称，如宪法、民法、行政法。法律部门是一国现行法中同一类法律规范所形成的法律体系的基本构成单位，是法律体系最大的独立组成部分。

（三）法律体系与法学体系

法学体系是指一个国家的有关法律的学科体系，它属于社会科学范畴，具有意识形态和思想文化属性；法律体系则是指一国现行的法律规范体系，属于社会规范体系范畴，是社会及个人的行为准则，有实际的法律效力，产生实际的法律效果。其区别还表现为：第一，反映的内容不同，法律体系反映的内容只涉及一个国家现行的全部法律规范状况。法学体系则体现对古今中外各国的法律现象进行研究所形成的法律知识。第二，范畴属性不同，法律体系是指一个国家现行的法律规范体系，其中心问题是解决对法律规范形成的法律部门的划分问题，其内容属于制度范畴。法学体系是由法学分支学科构成的体系，其中心问题是解决由法律知识形成的法学分支学科的分类问题，其内容属于理论范畴。

此外，两者还有密切的联系，法律体系为法学体系提供条件和对象，没有法律体系就很难进行法学学科的分类和研究；法学体系为健全和发展法律体系指出方向、目标和任务，没有法学体系就无法从理论上得知法律体系的缺陷和问题，就无法科学地丰富和完善法律体系。

（四）法律体系与法律秩序

法律秩序与政治秩序、经济秩序、道德伦理秩序、宗教秩序等共同组成整个人类社会秩序。法律秩序的建构有一部分来源于法律的直接作用，更多的则来源于法律与其他社会因素的互动，是社会主体行为与法律规范进行规范化、模式化互动所形成的秩序方式。①

与法律秩序相比,法律体系是能够产生持久影响的、具有约束力的、超越语义的规范群体,其主要特征体现在两个方面:第一,法律体系是一个制度化的规范体系,获得该体系成员资格的标准是规范性陈述得到法律适用机关的承认,也因此人们在客观意义上具有了服从规范的应然义务。第二,法律体系是一个具有内在统一性的规范体系,通过价值共同性、逻辑统一性和结构层次性等因素的整体考量,将诸多的单个法律规范的内容及其抽象意义联结起来,以便人们借助该体系更好地认识和分析各个法律现象。②

## 第二节 法律部门

### 一、法律部门的划分

#### (一)法律部门的划分标准

将一国全部法律划分为若干的法律部门,需要遵循一定的标准和原则。在学理上,法律部门的划分包括主、辅两种标准,即以法律规范所调整的社会关系为主,辅之以法律规范的调整方法。

1. 主要标准:法律规范所调整的社会关系

首先,划分法律部门基本或首要的标准是法律所调整的对象,即一定的社会关系领域。判断某一法律规范属于何种法律部门,是以法律所调整的社会关系的内容为依据的,因为所调整的社会关系的内容决定法律规范的性质。法律所调整的社会领域是广泛、多样且复杂的,如同学们大学毕业后学校会根据《学位条例》授予相应的学位;在求职中可以根据《劳动法》享有实习和工作中的各项权利;达到了法定婚龄要结婚,可以依据《民法典》中的婚姻登记条款办理结婚登记。由此就会形成不同的社会关系。这些不同领域的社会关系成为法律调整对象之后,便成了法律部门形成的基础,而调整不同领域社会关系的法律则构成不同的法律部门,如行政法律部门、社会法律部门和民事法律部门。

2. 辅助标准:法律规范的调整方法

法律规范的调整方法,是指国家在以法律调整这些关系时所确立的用以影响这些

---

① 参见李邨:《试论法律秩序的概念及构成》,载《法律科学》1989年第6期。
② 参见梁迎修:《方法论视野中的法律体系与体系思维》,载《政法论坛》2008年第1期。

关系的法律手段和方式。法律规范所调整的社会关系虽然是划分法律部门的基本标准,但是仅以此作为标准还是不够的,因为它无法解释一个法律部门可以调整不同种类的社会关系,也不能解释同一个社会关系需要由不同的法律部门来调整,如经济关系在宪法、民法、经济法、社会法部门中都可能涉及。社会关系广泛而复杂,当仅仅依靠法律调整的社会关系不足以很好地划分法律部门时,人们往往用法律调整的方法来加以划分。通常来讲,性质相同的社会关系可以采用相同的调整方法,性质不同的社会关系要求采用不同的调整方法。但在特殊情况下,性质相同的社会关系却要求采用不同的方法调整。

如民事法律关系一般用民法加以调整,但在有些情况下,如对社会关系的危害严重,达到犯罪程度时,则由刑法加以调整。以婚姻关系为例,婚姻自由是基本的民事制度,因此通常如果夫妻一方有婚内出轨问题,双方达成合意后即可以办理离婚,出轨一方作为过错方,至多在财产分配、子女抚养方面承担不利后果,但无须承担刑事责任。但是,如果婚姻双方中有一方为现役军人,由于军婚受到国家的重点保护,那么另一方的出轨行为,如果达到一定的严重程度,则相比普通的婚姻破裂具有更严重的社会危害。因此这种情况下就需要借助刑法中的刑罚,让过错方遭受更严格的法律制裁,从而起到威胁、震慑的作用。此时两种情况下虽然看似同是处理婚姻法律关系,但是因为调整方法的不同,就有了性质上的根本区别。

调整民事法律关系的方法有停止侵害、排除妨碍、消除危险、返还财产、恢复原状等;调整刑事法律关系的方法,即刑事制裁方法则主要为两类:一类是主刑,包含管制、拘役、有期徒刑、无期徒刑、死刑;另一类是附加刑,包含罚金、没收财产、剥夺政治权利。

(二) 法律部门的划分原则

1. 整体原则

以整个法律体系为划分对象,划分结果必须囊括一国现行法律的全部内容,使法律体系中的所有法律都归属于某一法律部门。

2. 均衡原则

应当使各法律部门法律规范的规模或数量之间保持大体的均衡,不可过宽,也不可过窄,不能使有些法律部门的规范内容特别多,而有些法律部门的内容特别少。当然这种均衡是相对的,主要取决于各法律部门的实际需要和调整幅度。

3. 发展原则

以现行法律为主,兼顾即将制定的法律。立法是不断发展的,应以现行法律为基础,同时考虑法律的发展变化,在法律发展的动态过程中保持法律体系的相对稳定。如劳动法虽然现有法律规范并不多,但随着经济体制改革和劳动制度的改革,一些相应的法律陆续出台,所以把劳动法划分为一个独立的法律部门。

4. 目的原则

划分部门法要使之符合其存在的价值和目的。要以划分法律部门的目的为指导。划分法律部门的目的始终是帮助人们了解本国立法现状，便于人们了解和掌握本国全部现行法。

二、法律部门的分类

（一）不同类型法律体系的比较

在法律部门的划分问题上，不同国家的学者有不同的观点或方案，如英美法系国家没有明确的法律部门的划分，大陆法系国家则注重区分公法与私法。公法与私法的划分，是大陆法系国家的一项基本分类，最早由古罗马法学家乌尔比安提出。除了传统的公法、私法二元划分，还有公法、私法、社会法的划分方式，公法、私法、刑法的划分方式，以及宪法、民法、刑法、行政法、商法、刑事诉讼法、民事诉讼法、行政诉讼法的多元划分方式。

我国在古代社会长期保持"诸法合体"的法律样式，所以基本没有法律部门的划分传统。直到清末沈家本修订法律后才开始采用大陆法系国家的一些划分模式。国民党统治时期国家法律体系分为宪法、民法、刑法、商法、民事诉讼法、刑事诉讼法六个法律部门，通称"六法"。

（二）公法、私法和社会法

公法与私法的划分，是大陆法系国家的一项基本分类。公法部门主要包含宪法、刑法和行政法等，私法包含民法和商法等。伴随着法律社会化现象的出现，形成了一种新的法律类型即社会法。社会法保障的既不是单纯的国家利益，也不是单纯的个人利益，而是一种二者兼而有之的社会利益，一般认为社会法介于公法和私法之间，典型的如经济法。

# 第三节　法律体系与法律秩序

一、凯尔森的法律秩序理论

纯粹法学，又称规范法学。由于这一学派是凯尔森最初在维也纳大学任教时形成的，因而又被称为维也纳法学；同时由于它继承了19世纪奥斯丁的分析法学，并以实证主义，特别是新康德主义作为哲学基础，因而有时也被称为实证主义法学、分析实证主义法学或新康德主义法学。纯粹法学之所以纯粹,就因为它设法从实在法的认识中排除一切与此无关的因素:一方面必须同正义哲学区别开来;另一方面,同社会学或对社会现实的认识区别开来。① 带着这样一种探究法的原初和本质特征的目标,纯粹法学派的代表人物凯尔森认为法律体系是一种规范的体系,并且以某些基本的规范主张为基础。②

(一)静态规范体系和动态规范体系

根据基本规范的性质,凯尔森认为可以存在两种规范体系,即静态规范体系和动态规范体系。静态规范体系是指这一体系的规范之所以有效力,是由于它的所有特殊规范以及基本规范的内容具有一种自明的效力,也即能够通过智力活动、通过从一般到特殊的逻辑推理能力引出效力。例如"你不应当伤害邻人"的规范可从"你应当爱邻人"这一一般规范中推论出来;后一规范又或许可以从一个更高的一般规范,譬如"与宇宙和睦相处"的准则中推论出来。自然法和道德都是从一个自明的"自然意识"或"纯粹理性"的基本规范中推论出来的,属于静态规范体系。不得撒谎、不得欺诈、信守承诺、不得作伪证,都可以从一个要求真实(求真)的规范中推导出来。

与之相对应,实在法以及法律秩序的规范体系则是动态规范体系。其特点是这一体系的规范之所以有效力,不是通过逻辑推理的智力活动从基本规范中推论出来的,而是通过一种特殊的意志行为创立的,即每一特殊规范是由另一更高的规范,最终由基本规范规定的方式所创立的。例如某个部落中流行这样一个规范,娶少女为妻的男人必须向新娘的父亲或叔叔交付特定的聘礼。如果他问为什么要这样做,回答是:因为在这一共同体中迄今为止都要交付聘礼。因为存在一个交付聘礼的习惯,且因为个人应当像共同体中所有其他成员惯常行为的那样去行为,这是不证自明的。

因此,法作为动态规范体系的原因在于法的实在性。法律始终是实在法,而它的实在性在于它是为人的行为所创造和废除的,因而是不以道德和类似的规范体系为转移的。它把某一事件当作各种法律规范的创造中的最初事件,是规范创造过程中的出发点,因而具有一种完全动态的性质。

(二)基础规范

凯尔森认定必然有一条这样的规范,它的有效性是被假定的,或者说先验的,而不是来源于其他规范的,它构成了这个体系的基础规范,即"基本规范"。一个规范的效力来自另一个规范,而不是来自事实。例如,人们说"你不应当杀人,因为上帝在其十诫之一中曾加以禁止"(上帝耶和华曾在西奈山上宣布了十诫),或者一个母亲向孩子说"你应当上学去,因为你父亲命令你去"。这两句话中上帝的十诫和父亲的命令都是一种客观事实,并不是规范发生效力的真正理由。真正的理由是两个一般规则:"你不应当杀

---

① 参见沈宗灵:《现代西方法理学》,北京大学出版社1992年版,第121—123页。
② 参见〔美〕布莱恩·H.比克斯:《牛津法律理论词典》,邱昭继等译,法律出版社2007年版,第23页。

人"这一规范的效力理由是"你应当服从上帝的命令";"你应当上学去"这一规范的效力理由是"子女应当服从他们的父亲"。① 因此,追问某个属于特定法秩序的法律规范之效力基础,其答案只能追溯到这一法秩序的基础规范,也即这样一个命题:这个规范是根据基础规范来创设的。

## 二、法律体系的建构模式

世界上法律体系的建构模式主要有普通法系和大陆法系。普通法系,也称英美法系,即基于判例法的法系,始于英格兰,包括英国、美国、加拿大以及其他英联邦国家。大陆法系,也称罗马法系,源于东罗马查士丁尼大帝5世纪授权制定的罗马民法典,包括法国、德国、意大利、西班牙、葡萄牙等,其特点是将法律文本集结为法典,判案时虽然可以涉及先例,但是最终以法典作为依据。大陆法系国家在建构法律体系时常常借助公法、私法、社会法等进一步划分框架。不同法律体系各有千秋,但任何法律体系想要完善,都必须符合自身的逻辑性要求,即无矛盾性要求或一致性要求。

《左传·昭公六年》曰:"夏有乱政,而作禹刑。"《唐律疏成》引《尚书大传》称"夏刑三千条",其内容现已散佚。此后历朝法律传统未曾中断,经过几千年的发展,到盛唐时代达到鼎盛,以唐律为代表,形成了律、令、格、式齐全的中华法系。清末变法改革后,中国法律传统先后受德国、日本、苏联等影响,形成了具有大陆法系特点的中国特色法律体系。

### (一)法律秩序等级体系

凯尔森提出,一个国家的法律秩序等级体系的结构大体如下:

1. 宪法

由于预定了基础规范,宪法是国内法中的最高一级,不仅可以决定立法的机关和程序,某种程度上还可以决定未来法律的内容。具体而言,宪法可以消极地决定法律必须不要某种内容,例如议会不能通过任何限制宗教自由的法律。同时,宪法也可以积极地规定未来法律的一定内容,比如某些国家宪法对刑事诉讼程序中被告人的权利所作的规定。

2. 立法与习惯

位居宪法下一阶层的是由立法或习惯创立的一般法律规范。通过立法被创设的一般法律规范是有意被制定的规范,但宪法同样可以将习惯这种经特殊限定的构成要件设定为创设法的构成要件。这类一般规范具有双重功能:一是决定适用法律的机关以及这些机关所遵守的程序;二是决定这些机关的司法和行政行为。

3. 实体法与程序法

与这两种功能相适应的两类法律再分为实体法和程序法。例如刑法与刑事诉讼法,民法与民事诉讼法。

---

① 参见〔奥〕凯尔森:《法与国家的一般理论》,沈宗灵译,商务印书馆2013年版,第174页。

### 4. 制定法(Gesetz)与法规(Verordnung)

一般规范的创造往往又有多个层次,有些宪法给予某些行政机关制定详细法律条款的权力。这些一般规范并不是由所谓立法机关发布的,而是由其他机关在立法者所发布的一般规范的基础上发布的,通常称为条例或命令。

### (二) 中国特色社会主义法律体系的建构

法律体系是一个整体性、系统性的概念,其中必然存在某种整体和部分之间的关系,从而涉及法律分类的问题。党的十八届四中全会通过的《中共中央关于全面推进依法治国若干重大问题的决定》提出,中国特色社会主义法治体系的概念包含了完备的法律规范体系、高效的法治实施体系、严密的法治监督体系、有力的法治保障体系等。在法治体系的整个链条中,严密的法治规范体系是建设社会主义法治国家的前提和基础。中国的法律体系是以宪法为统帅与核心,以法律为主干,包括行政法规、地方性法规、自治条例和单行条例以及规章在内的由七个法律部门组成的统一整体。

在中国"一国两制"的国情下,我们法律部门的划分采用七分法,分为宪法及宪法相关法、民商法、行政法、经济法、社会法、刑法、诉讼与非诉讼程序法七个法律部门。其中,宪法及宪法相关法、行政法、刑法属于公法,民商法是私法,经济法是公法和私法的结合,社会法既是一个独立部门,也是一个大的类别。①

## 第四节 当代中国的法律体系

### 一、 当代中国法律体系概述

当代中国的法律体系主要由七个法律部门构成:宪法及宪法相关法,行政法,民商法,经济法,社会法,刑法,诉讼与非诉讼程序法。

#### (一) 宪法及宪法相关法

宪法在特定国家的法律体系中处于非常重要的地位,因为任何国家机关包括立法机关都根据它而组织,个人之间的相互关系以及个人与社会之间的关系也是根据宪法规范而被规定的。宪法是特定政治共同体的最基本构成规范,在这个意义上,宪法是特定国家的根本法。宪法作为一个法律部门,在中国特色社会主义法律体系中具有特殊的地位:一方面,它所调整的主要是国家与公民之间的社会关系,与其他法律所调整的

---

① 参见信春鹰:《中国特色社会主义法律体系及其重大意义》,载《法学研究》2014年第6期。

社会关系存在着巨大的差异。宪法在调整国家与公民之间关系时,采用的基本方法是限制、确认并分配和保障国家权力的运行。① 另一方面,它是整个法律体系的基础,是其他法律部门的立法依据,对整个法律体系的建设具有指导意义,在一国的法律体系中居于最高的地位,是"法律的法律"。② 宪法是由两类基本规范组成的:构成和组织不同国家机关的规范与赋予宪法权利的规范。前者的核心命题是授权,即各种国家机构是怎样组织的、应该赋予什么权力以及这些权力如何行使。后者的核心命题是约束和指示公共权利。

在成文法国家,既有根本法意义上的宪法,即《宪法》及其修正案,又存在部门法意义上的宪法,即普通法律中具体规定宪法内容的法律,如组织法、选举法、代表法、代议机关议事规则等。

1.《宪法》及其修正案

我国现行《宪法》是 1982 年公布实施的,全国人大于 1988 年、1993 年、1999 年、2004 年和 2018 年先后五次对其中部分条款和内容作出修正。

2. 宪法相关法

也称为宪法性法律,是从部门法意义上按法律规定的内容、调整的社会关系进行分类所得出的结论。是指一国宪法的基本内容不是统一规定在一部法律文书之中,而是由多部法律文书表现出来的宪法。包括(1)涉及国家机构方面的法律规范,如《全国人民代表大会组织法》《全国人民代表大会和地方各级人民代表大会代表法》《国务院组织法》等;(2)涉及地方自治方面的法律规范,如《民族区域自治法》《香港特别行政区基本法》《澳门特别行政区基本法》等;(3)涉及民主权利的法律规范,如《全国人民代表大会和地方各级人民代表大会选举法》等;(4)涉及立法体制和立法程序的法律规范,如《立法法》《全国人民代表大会议事规则》等;(5)涉及国家主权和外交方面的法律规范,如《领海及毗连区法》《专属经济区和大陆架法》《国籍法》《国徽法》等;(6)涉及公民基本权利的法律规范,如《集会游行示威法》《老年人权益保障法》《母婴保健法》等。

(二)行政法

行政法是调整国家行政机关与行政管理相对人之间因行政管理活动而产生的社会关系的法律规范的总称。它规定了行政机构的组织、职能、权限和职责。行政法是公法的主要组成部分,是宪法的实施,属于宪法的动态部分。没有行政法,宪法就有可能成为空洞的、僵死的纲领;同时,宪法是行政法的基础,没有宪法,行政法无从产生,至多不过是一大堆凌乱的细则。③

行政法部门法分为一般行政法和专门行政法。一般行政法主要是有关行政法律关系的普遍原则和共同规则的法律规范的总称,适用于全部或大多数行政关系领域的行

---

① 参见许崇德、胡锦光主编:《宪法》(第 7 版),中国人民大学出版社 2021 年版,第 4 页。
② 参见同上书,第 3 页。
③ 参见龚祥瑞:《比较宪法与行政法》,法律出版社 1985 年版,第 5 页。

政管理事项,如行政处罚、行政许可、行政复议、行政强制等方面的法律。专门行政法是指有关国家行政机关在专门领域从事行政管理的特别规定的法律规范的总和,只适用于特定行政关系领域的行政管理活动,如环境保护行政管理、教育行政管理、科学行政管理、文化体育行政管理等方面的法律。如《学位管理条例》只适用于普通高等院校颁布学位的行政管理;《海关法》《体育法》等都有其专门的适用领域和对象。

(三) 民商法

民商法部门由民法和商法两部分组成。

1. 民法

民法是调整平等主体之间的人身关系和财产关系的法律规范的总称。它以人与人之间的权利平等和自我决定为基础来规定个人与个人之间的关系。《民法典》于2020年5月28日颁布,2021年1月1日施行。《民法典》包含七编,分别是总则、物权、合同、人格权、婚姻家庭、继承、侵权责任。相较于《德国民法典》,我国在《民法典》的体例设置中增加了人格权编。

民法所调整的社会关系是人在私人领域的关系,不涉及人作为特定政治共同体的成员的公共关系。因此,民法调整的是平等主体之间的关系,其基本原则是私人自治,如契约自由、婚姻自由等。

2. 商法

商法是调整商事主体之间的商事关系的法律规范的总称。包含两个方面的主要法律:一是商事主体方面的法律,如公司法、合伙企业法、个人独资企业法、商业银行法、证券投资基金法等;二是商事行为方面的法律,如证券法、海商法、票据法、保险法。

商法与民法是特别法与一般法的关系:如果商法有规定,就优先适用商法的规定;如果商法没有规定,民法可以作为它的补充法而适用。属于商法的法律主要有:(1) 公司法;(2) 证券法,涉及证券的发行、证券交易等;(3) 保险法,涉及财产保险合同、人身保险合同、保险业的监督管理等;(4) 担保法;(5) 期货交易法;(5) 海商法,涉及船舶担保类物权等;(6) 企业破产法,涉及破产的适用范围和程序、重整程序、和解程序以及破产清算等;(7) 票据法,涉及票据权利、票据抗辩及补救、汇票、支票等;(8) 信托法,涉及信托的设立、信托财产、信托当事人、信托的变更与终止等。

(四) 经济法

经济法是指调整国家在对经济活动进行指导、控制、监控等宏观调控的过程中所形成的经济管理关系的法律规范的总称。经济法的调整对象是特定的经济关系,即是在国家协调的本国经济运行过程中发生的经济关系。① 它涉及的领域比较广泛,既有国家对职业组织、竞争与垄断的控制,也有国家对金融、货币和贸易的指导和控制。经济法既涉及国家的行政权,也涉及私人的经济活动,是公法与私法相互渗透的主要表现。

---

① 参见杨紫烜主编:《经济法》(第5版),北京大学出版社、高等教育出版社2014年版,第13页。

因此，经济法与行政法、经济法与民法之间的部门划分依据和边界曾经是我国法学界热烈讨论的理论问题。随着我国经济体制改革的进一步深入，经济法已经成为中国特色社会主义法律体系的基本部门之一。

第一类是规范市场经济竞争秩序方面的法律规范。主要目的是预防和制止垄断行为，保护市场公平竞争，鼓励创新，提高经济运行效率，维护消费者利益和社会公共利益，促进社会主义市场经济健康发展。具体包含：(1) 竞争法，如《反不正当竞争法》《反垄断法》《拍卖法》《招标投标法》等。(2) 消费者法，如《消费者权益保护法》《产品质量法》《食品安全法》等。

第二类是涉及财政金融、税收监督管理方面的法律规范。如《商业银行法》《银行业监督管理法》《会计法》《证券法》《审计法》等。具体包含：(1) 财税法，如《企业所得税法》《个人所得税法》等。(2) 审计法，如《审计法》等。(3) 商业银行以及银行业监督管理法，如《商业银行法》《银行业监督管理法》等。(4) 土地和房地产管理法，如《土地管理法》《房地产管理法》等。

### （五）社会法

社会法是指调整有关劳动、社会保障和社会福利，以及社会公益等关系的法律规范的总称，主要目的是保障劳动者、失业者、丧失劳动能力的人和其他需要扶助的人的权益。它包括劳动用工、劳动保护、劳动安全、工资福利、社会公益事业发展和管理、社会保险、社会救济、特殊保障等方面的法律规范。社会法的主要法律规范被规定在我国《劳动法》《劳动合同法》《矿山安全法》《残疾人保障法》《未成年人保护法》《城市居民最低生活保障条例》等规范性法律文件中。其中的核心内容是劳动法，它调整的对象是劳动关系即劳资关系，是基于劳动合同而产生的，因此具有私法性质。但是劳动法中又包含了大量的由公共当局强加给雇主的规范，这些规范不仅仅是具有司法意义的强制性规范，也是严格意义上的公法规范。因此，劳动法兼具私法和公法的双重性质。

环境法是社会法中很重要，同时又非常特殊的组成部分。环境法是指调整保护人类生存环境和自然资源、防止污染和其他公害方面关系的法律总称。从所调整的法律关系之性质来看，环境法应当从属于社会法；但从全国人大常委会立法工作计划的实践情况来看，环境法又常被置入行政法或经济法领域中。因此环境法也被认为是各部门法无力完全应对现代生态环境问题的情况下产生的新兴法律，是未来"领域立法"发展趋势的一个典型例证。[①] 环境法主要包含自然资源法和环境保护法。自然资源法是指对各种自然资源的规划、开发、利用、治理和保护等方面的关系进行调整的法律，主要涉及土地、水、森林、草原、矿藏等资源；环境保护法是指对保护环境、防止污染和其他公害方面的关系进行调整的法律，主要包括对大气、水、噪声等污染的防治。环境法部门主要规范性法律文件有：(1) 自然资源法，涉及森林、矿产等自然资源的权属制度、森林资

---

[①] 参见吕忠梅：《环境法典编纂论纲》，载《中国法学》2023 年第 2 期。

源保护制度、矿产资源勘查开发管理等。如《森林法》《矿产资源法》等。(2)环境保护法,涉及环境影响评价制度以及环境法律责任。如《环境保护法》《海洋环境保护法》《水污染防治法》《野生动物保护法》等。

(六)刑法

刑法主要是规定犯罪和刑罚关系的法律规范的总称。刑法部门的划分标准有别于其他部门法,是以调整方法为标准,以严厉惩罚各种刑事犯罪行为的手段达到保护法律调整的社会关系的目的。刑法是国家对严重破坏社会关系和社会秩序的犯罪分子定罪量刑的根据。因此,虽然刑法所调整的法律关系多种多样,但共同点在于:这种社会关系的主体(自然人或者法人)实施了具有较严重的社会危害性、已经触犯刑事法律规范的行为,而且这种行为应当受到刑罚的制裁。刑法所采用的调整方法是最严厉的法律制裁方法,即刑罚。

刑法的法律规范主要规定在《刑法》及其修正案(现已出台第一至十二修正案)中。跟宪法一样,除了刑法典,作为部门法的刑法还包含一些单行法律、决定以及我国签订和加入的国际条约,如《行政监察法》《全国人民代表大会常务委员会关于惩治破坏金融秩序犯罪的决定》《反对劫持人质国际公约》等规范性法律文件中涉及刑事责任的法律规范。

(七)诉讼与非诉讼程序法

诉讼与非诉讼程序法是指调整因诉讼活动和以非诉讼方式解决纠纷的活动而产生的社会关系的法律规范的总称。它包括民事诉讼、刑事诉讼、行政诉讼、调解和仲裁等方面的法律规范。这方面的法律是公民权利实现的最重要保障,其目的在于保证实体法的公正实施。

诉讼与非诉讼程序法的法律规范主要规定在下列规范性法律文件中:《刑事诉讼法》《民事诉讼法》《行政诉讼法》《海事诉讼特别程序法》《仲裁法》《律师法》《人民调解法》等。

二、转型中国的法律体系建构

转型中国的法律体系建构的过程就是中国特色社会主义法律体系建立和完善的过程。党的十一届三中全会以来,随着改革开放政策的深入推进,中国进入社会转型时期。中国特色社会主义法律体系的形成历程经历了"艰辛探索、宝贵经验""恢复重建、筑牢根基""全面推进、夯实基础""经济立法、快速发展""全力推进、如期形成"五个阶段。党的十五大报告在提出"依法治国,建设社会主义法治国家"基本方略时,提出"到二零一零年形成有中国特色社会主义法律体系"。2011年3月10日,吴邦国在十一届全国人大四次会议上郑重宣布:中国特色社会主义法律体系已经形成。① 总体而言,中

---

① 参见全国人大常委会法制工作委员会研究室编著:《中国特色社会主义法律体系读本》,中国法制出版社2011年版,第1—17页。

国特色社会主义法律体系是一个立足中国国情和实际、适应改革开放和社会主义现代化建设需要、集中体现党和人民意志的,以宪法为统帅、以法律为主干,包括法律、行政法规、地方性法规等多个层次的法律规范在内,由宪法相关法、民商法、行政法、经济法、社会法、刑法、诉讼与非诉讼程序法等多个法律部门组成的有机统一整体。① 党的十八大之后,中国法治建设的新的目标和重点任务从"建设中国特色社会主义法律体系"转变为"建设中国特色社会主义法治体系"。建设中国特色社会主义法治体系是一个系统工程,其基本任务包括建设完备的法律规范体系、高效的法治实施体系、严密的法治监督体系、有力的法治保障体系以及形成完善的党内法规体系。②

实践中存在很多横跨多领域的社会问题,但很多问题往往无法在传统部门法理论框架内获得合理的解释与适用。因为这些社会问题本身包含着隶属于不同部门法体系的法律关系,故而以其为调整对象或调整方法的法律也就必然会横跨多个部门法,且往往具有复杂性、多元性。因此,新兴交叉法律领域无法按部门法学标准将其划归任何既有的法律部门。③ 各法律部门之间的交叉在实践中不可避免,关于各部门法之间的关系问题也就因此具有了讨论的价值。其中民法、刑法、行政法作为三大实体法,在法律规范的数量上具有绝对优势,与人民群众生活的联系具有高度的紧密性,因此下文主要通过介绍民法、刑法和行政法这三个法律部门之间的关系来展现转型中国法律体系之下法律部门之间的关系。

### (一) 民法与刑法关系

刑法与民法在规范目的、调整手段等方面存在极大差别,但不能简单地将两者对立化。《民法典》的制定与颁布也引发了新一轮关于民刑关系以及刑法再法典化的讨论。有学者认为当前我国刑事司法面临严重的入罪泛化问题,受到刑法学者与民法学者的普遍关注,因为它攸关两大实体法各自的边界。刑法理论如果要适应时代发展,就必须处理好民法典时代刑法与民法之间融合的关系。处理好这一关系的前提是厘清刑法和民法各自的出发点和目的:刑法的目的是惩罚犯罪维护社会秩序,民法的目的是塑造市民生活自治的原则及考虑到各方的最佳利益;刑法秉承罪刑法定,民法强调意思自由。在民法典时代,国家治理现代化呼唤以重民轻刑为前提的"民刑共治"新模式。只有民先刑后、民进刑退,方能形成轻重有序、责任有别的民刑共治治理体系,实现国家治理由倚重对公权力转向私法自治的能力现代化。民刑共治也是回应共建共治共享国家治理现代化基本理念行之有效的模式。④

关于民法和刑法的关系问题,在理论研究中主要表现为刑民交叉问题。比较典型的如新型权利入《民法典》对刑法犯罪评价的影响。为适应时代发展以及应对因民事立

---

① 参见全国人大常委会法制工作委员会研究室编著:《中国特色社会主义法律体系读本》,中国法制出版社2011年版,第92—93页。
② 参见徐显明:《论坚持建设中国特色社会主义法治体系》,载《中国法律评论》2021年第2期。
③ 参见刘剑文:《论领域法学:一种立足新兴交叉领域的法学研究范式》,载《政法论丛》2016年第5期。
④ 参见刘艳红:《民刑共治:国家治理体系与治理能力现代化路径》,载《法学论坛》2021年第5期。

法阙如而引发的权利失范现象,《民法典》编纂增加了个人信息权、虚拟财产权等新型权利,实现了新型权利的法定化。权利保护是民法和刑法共同的中心话语,对新型权利入《民法典》之法现象,不能仅从民法的角度加以认识,还应当从整体法律秩序视角审视其对刑法犯罪评价的影响。在法教义层面,以新型权利为参照甄别值得刑法保护的新型法益,实现法益保护范围的有序扩张;在法规范层面,以新型规范为支撑还原犯罪双重违法性判断,确保刑事犯罪圈的合理收缩;在法秩序层面,以整体法秩序为基础重释刑法保障法原理,妥善安置民法与刑法的体系位置。① 此外,很多学者从具体的法律问题切入探讨民刑交叉问题的解决,如民法免责事由与刑法出罪事由的互动关系、《民法典》编纂对侵害名誉类犯罪的影响、《民法典》语境下高利贷刑法规制路径的反思与重构、《民法典》编纂对财产犯罪法益保护的影响,数字时代出现的偷换收款二维码构成刑法的盗窃罪,其中存在民法中货物的占有和转移问题②,等等。

(二)《民法典》颁布后的民法与行政法关系

《民法典》颁布后,民法与行政法的关系表现在以下几个方面:

第一,《民法典》编纂推动行政法的法典化。《民法典》编纂对行政法法典化具有重要的示范意义,自《民法典》颁布后,行政法的法典化成为学界热议的话题。行政立法应借鉴《民法典》的编纂模式,逐步推进,按照"类行为程序法先行模式"继续推进统一行政程序法的制定,在协调党内法规和行政法规的基础上推进统一行政组织法,特别是行政机构编制法的制定。

第二,《民法典》直接为行政机关新设了职权行使的依据,划定了职权行使的边界。《民法典》为人民法院行政审判活动提供了新的准据,从而拓展了依法行政之法的属性。作为民事权利行政保护的规范依据,《民法典》对行政机关提出了权利消极性保护、积极性保护和创造性保护的三层义务结构要求,有助于实现权利自救与他救、私法保护请求权与公法保护请求权的有机统一。③ 作为调整公民、法人和其他组织与行政机关之间关系的行政法,行政法的立法者积极顺应《民法典》的要求,以《民法典》颁布实施为契机推动行政法改造转型,以《民法典》贯彻实施推动行政法良法善治、法治政府建设、行政审判体系和审判能力现代化以及行政法治宣传教育。④ 具体而言,在行政协议方面就存在民事规范能否准用于行政协议的问题。行政协议是指设定、变更与废止行政权利义务的协议。构成行政协议的情况下,首先考察是否存在特别规则,如果没有特别规则,且确定存在法律漏洞,则可以准用民事规范。但要注意,在准用民事规范时,要结合行政协议的特点,修正地进行适用民事规范。如在违法无效的情况下,必须是严重违反的情况才能导致行政协议的无效。在行政合同的解除中,也要结合民法上继续性合同

---

① 参见夏伟:《新型权利入民法典对刑法犯罪评价的影响》,载《法学评论》2021年第3期。
② 参见孙运梁:《数字时代财产性利益规范占有的教义学分析——以偷换收款二维码案件为例》,载《清华法学》2023年第3期。
③ 参见章志远:《行政法治视野中的民法典》,载《行政法学研究》2021年第1期。
④ 参见程琥:《民法典时代的行政法:挑战与回应》,载《中国法律评论》2020年第4期。

终止规则以及情势变更规则进行法律适用。①

第三,《民法典》的颁布实施对行政执法产生巨大影响。一是《民法典》应成为行政执法的法律依据,其适用方式尚需行政机关在行政执法实践中逐步摸索。二是民法典时代的到来助推行政执法树立"以人民为中心"的行政法理,建立"相对人中心主义"的行政执法模式,实现执法目标从管理相对人到服务相对人,执法主体从分散到集中,执法重心从事前审批到事中事后监管,执法过程从单方决定到协商合作的转向。三是行政执法应当走向"权利保障型"的执法方式,广泛使用柔性执法方式,充分利用自动化执法方式,推动执法方式的变革和创新。② 民法典时代的行政法治面临新的发展契机。

第四,行政法同样对《民法典》的编纂和适用产生了影响。行政法是民法的法源,而且在《民法典》的体系构建中,对于内部体系有着重要的影响。③ 因此,《民法典》编纂同时要注意行政因素,民法依其本质属性明显地区别于行政法,但因市场经济先天地带有弱点,如其自身无法阻止垄断、不正当竞争等,行政法适当介入,与民法衔接和配合势所必然,中国民法尤其如此。④

### (三) 刑法与行政法关系

刑法与行政法的关系问题主要涉及行政犯罪中的罪刑法定原则、行政处罚与刑罚、行政责任与刑事责任追究如何相互衔接等论题。

第一,关于行政犯罪问题。行政犯是一个兼具立法论与司法论性质的问题,其核心在于行刑关系,解决问题的关键是处理好"行刑鸿沟"。其核心是在确认行政犯行政违法性的前提下,根据刑法法益保护必要性原则的要求,坚守刑法评价独立性的原则以及由行政不法向刑事不法转化的条件、根据与要素,据以形成明确的行刑关系界分标准与认定依据。⑤刑法作为所有部门法的后盾与保障,在追究刑事责任时,既要在形式上受制于其保障的前置法之保护性规则的规定,更要在实质上受制于其与前置法之保护性规则共同保障的调整性规则的规定。对于前者,刑法是补充法、救济法;对于后者,刑法是从属法、次生法。由此,行政犯法律责任的实现,在程序上应以"行政优先"为一般原则,在实体上应以"并合实现"为必要:对于在先适用的行政责任形式与在后适用的刑事责任形式的竞合,功能相同者予以折抵,功能不同者按分别执行的原则处理。⑥ 综上,行政犯具有行政与刑事双重违法性特征,两种违法性之间存在着既依附又独立的关系。行政犯能否构成的判断当然在一定程序上会受制于行政法规的规定和解释,但又不完

---

① 参见王洪亮:《论民法典规范准用于行政协议》,载《行政管理改革》2020年第2期。
② 参见孟鸿志:《民法典时代行政执法的变革与创新》,载《比较法研究》2021年第6期。
③ 参见李永军:《民法典编纂中的行政法因素》,载《行政法学研究》2019年第5期。
④ 参见崔建远:《编纂民法典时务必注意行政因素》,载《国家行政学院学报》2018年第1期。
⑤ 参见魏昌东:《行刑鸿沟:实然、根据与坚守——兼及我国行政犯理论争议问题及其解决路径》,载《中国刑事法杂志》2018年第5期。
⑥ 参见田宏杰:《行政犯的法律属性及其责任——兼及定罪机制的重构》,载《法学家》2013年第3期。

全取决于行政法规。一定情况下,行政犯刑事违法性的判断具有自身的独立性。①

第二,行政法与刑法的衔接问题。行政执法与刑事司法的有效衔接,事关依法行政和公正司法,对共同打击违法犯罪、推进法治建设具有重要价值。学者认为,由于调整对象上的重叠性、公法属性、行政违法行为的犯罪化等因素,行政法与刑法关系密切。而且,刑法对行政法存在依赖性,这是刑法与行政法衔接的前提,也充分表现出两者衔接之必要。然而,无论在理论上还是在实践中,行政违法与刑事犯罪在多种情形下都存在着界分的困难,这是刑法与行政法衔接的现实障碍。②

## 思考题

1. 什么是法律体系?法律体系具有哪些基本特征?
2. 简述法律规范所调整的社会关系及方法。
3. 简述当代中国的法律体系。
4. 同名法律部门的范围为什么要比同名法律渊源和法律文件的范围大得多?

## 参考文献

1. 全国人大常委会法制工作委员会研究室编著:《中国特色社会主义法律体系读本》,中国法制出版社 2011 年版。
2. 〔奥〕汉斯·凯尔森:《法与国家的一般理论》,沈宗灵译,商务印书馆 2013 年版。
3. 〔英〕约瑟夫·拉兹:《法律体系的概念》,吴玉章译,商务印书馆 2017 年版。
4. 〔奥〕汉斯·凯尔森:《纯粹法学说(第二版)》,〔德〕马蒂亚斯·耶施泰特编,雷磊译,法律出版社 2021 年版。
5. 信春鹰:《中国特色社会主义法律体系及其重大意义》,载《法学研究》2014 年第 6 期。
6. 徐显明:《论坚持建设中国特色社会主义法治体系》,载《中国法律评论》2021 年第 2 期。
7. 江必新、胡云腾、王轶:《刑行民交叉疑难问题研究》,载《中国法律评论》2021 年第 6 期。

---

① 参见张绍谦:《试论行政犯中行政法规与刑事法规的关系——从著作权犯罪的"复制发行"说起》,载《政治与法律》2011 年第 8 期。
② 姜远斌、杨曙光:《刑法与行政法衔接问题探析》,载《人民检察》2014 年第 3 期。

# 第九讲　法律规范

第一节　法律规范及相关理论
第二节　法律规则
第三节　法律原则

作为一种特殊的社会规范,法律以制裁为后盾,指引并调整社会主体的行为。通常认为,即使人们的实际行为并不符合法律的规定,法律仍是有效的行为要求。法律的"效力"本身足以揭明"规范"的特殊存在。① 与此同时,从规范性的角度来看,"规范"表明了一种应然的要求,即它表示某个人应当以特定的方式作为或不作为,或者应当符合特定的行事标准。为此,有必要从"规范"的形态来理解法律的应然要求。本讲主要阐述法律规范的概念内涵及相关理论,以及法律规则与法律原则的规范类型。

## 第一节　法律规范及相关理论

### 一、法律规范的概念

法律规范是法律制度的基本单元,亦可视为法律的基本要素。从法律个别化的角度来看,法律规范是从法律的整体之中切割分离出的一条完整的法律规定②;从法律的形式表达来看,法律规范是一个完整法条的语义内涵③。因此,要理解法的形式与内容,就必须透彻理解和掌握作为法理学基本概念和关键范畴的法律规范。

何谓"规范"?从构词的角度看,中文的"规范"是"规"与"范"的合成词,两者均有标准、法度、典范等义,故在汉语词典中"规范"与"规则"可互换或通用。而在西语中,无论是英文的"norm"还是德语的"norm",都源于拉丁词"norma"——其最初的词义是,石匠和木匠用以画直线所用的"角尺"或"重垂线"等工具,尔后才应用于人的行为并成为衡量和调整人的行为的尺度或标准,故在德语中,"norm"主要被用于指称命令(command)、指示(prescription)或指令(order)④。由此,从词源的角度可知,在中西的文化语境中,"规范"一词的内涵是基本相同的,均含有标准和准则之意。

标准和准则可以在两个不同层面上使用,因此规范概念也有两种应严格区分的含义:一是规定特定行为的应然规范,即适用于人的行为或活动的标准和准则,也称为应然法(Sollensgesetze);二是描述自然事物之间现实存在的一般关系的实然规范,即描

---

① 参见〔奥〕凯尔森:《法与国家的一般理论》,沈宗灵译,中国大百科全书出版社1996年版,第32页。
② 参见〔英〕约瑟夫·拉兹:《法律原则与法律的界限》,雷磊译,载《比较法研究》2009年第6期。
③ 参见〔德〕卡尔·拉伦茨:《法学方法论(全本·第六版)》,黄家镇译,商务印书馆2020年版,第320—321页。
④ See Hans Kelsen, *General Theory of Norms*, Michael Hartney trans., Clarendon Press, 1991, p. 1.

述事物之间普遍关系的标准和准则,亦可称为实在法(Seinsgesetze)。① 值得注意的是,此处所讲的"实在法"并非法实证主义者眼中的国家实在法,而是自然规律意义上的自然法则。虽然在分类上可以将法律规则与自然法则都看成规范的类型,但两者在行为条件与后果的事实联系上存在明显差异。② 故依冯·赖特(von Wright)之见,虽然自然法则与国家法律在起源上具有相似性,但逻辑上存在极大不同,不宜将自然法则视为"规范",而应将"规范"限定为与人的行为或活动相关的应然规范。③

与人的行为或活动相关的规范类型很多:一些是由社会群体的事实行为所体现的一定常态或常规(normality),"规范地"影响并调整着人类的行为和互动,这类规范可称为社会学意义上的社会规范。美国法律现实主义者甚至在一定程度上,将这类社会事实意义上的规范视为与"书本上的法律"相对的"行动中的法律"④。一些是经由特定社会信念或内心信念所确认的行为要求或行为预期,它们是道德学和伦理学的研究对象,属于道德规范或伦理规范的范畴。还有一些是基于理想化事态或人类活动的目标而设定的技术规范,它们是可度量、可评价的客观尺度……在众多规范类型中,更常见且更为重要的是作为应然规范的法律规范。

首先,法律规范是实际存在的"应然",具有一定的现实性,与其语言的表达形式存在一定区别。通常认为,法律规范作为规定之物,没有"真值性"可言,但作为规范表达的规范语句,则在描述的层面上具有一定的"真值性"。因此,法律规范与规范语句既相关,又分离。法律规范是规范语句所欲阐释或表达的意义,而规范语句则是阐述和表达规范所用的文字或符号。现实中的法律条文正是规范语句的典型形式,借由它所阐述和说明的内容正是法律规范的意旨所在。

为更好地理清两者关系,纯粹法学的创始人凯尔森曾经试图以法律规范和法律规则的用语分别表述法律规范的存在及其表述。在他看来,法律规范是立法者的意志表达,是由法律创制权威所制定的行为要求,是规定性的(prescriptive);法律规则是从法律科学的角度,以陈述的形式来表达一个社会的法律,是描述性的(descriptive)。⑤ 虽然凯尔森清晰界定了法律规范的存在及其表现形式,但分别使用法律规范与法律规则的用语并不符合一般的日常用法,因为在日常语言中,规范与规则并无太大的性质之别。

其次,法律规范具有国家意志性,是一定意志行为(an act of will)的表达⑥,其内容多涉及命令、禁止或允许,又可分为命令性规范和非命令性规范⑦。典型的命令性规范

---

① 参见〔德〕魏德士:《法理学》,丁晓春、吴越译,法律出版社 2005 年版,第 46 页。
② 参见〔奥〕凯尔斯:《法与国家的一般理论》,沈宗灵译,中国大百科全书出版社 1996 年版,第 49 页。
③ See G. H. von Wright, *Norm and Action*, Routledge and Kegan Paul Press, 1963, p. 2.
④ See Gerald J. Postema, *Legal Philosophy in the Twentieth Century:the Common Law World*, Springer, 2011, p. 92.
⑤ 参见〔奥〕凯尔斯:《法与国家的一般理论》,沈宗灵译,中国大百科全书出版社 1996 年版,第 49 页。
⑥ See Hans Kelsen, *General Theory of Norms*, Michael Hartney trans., Clarendon Press, 1991, p. 2.
⑦ See Joseph Raz, *Practical Reason and Norms*, Hutchinson, 1975, p. 9.

的表达形式是"人们应当做什么",多见于强制性的刑法和行政法等领域;非命令性规范的表达形式是"人们可以做什么"或者"人们有权做什么",多存于任意性的法律规定之中。

最后,法律规范属于有效法的范畴,具有一定的法律效力。"效力"是法律规范的存在形态:说一个法律规范存在,等于说它在特定的法律秩序中是有效的;如此,法律规范的存在问题便被转化为效力(validity)的问题①。法律的效力可以分为三种类型:(1)应然效力(狭义的"法律"效力),即只要经由权威制定,法律就应当有效;(2)实然效力("现实"效力或实效),即法律得到了社会成员的普遍服从和遵守;(3)道德效力(可接受性),它表明法的道德正当性基础,即如果法律规范是由于道德确信而被普遍认同或接受的,那么就具有道德效力②。很显然,不同的法学流派对法律的效力有不同的侧重,并由此形成了纷繁复杂的理论争议。从法教义学的角度来看,法律规范的效力主要是指规范的体系性效力(systemic validity),而从效力的判断标准来看,则可进一步归纳为五种类型:(1)渊源导向(source-oriented),从形式渊源(formal sources)或起源(origins)的立场来判定特定规范为法律规范;(2)过程导向(process-oriented),法律必须具备某些特性,从而使其适用过程变得道德上正当;(3)内容导向(content-oriented),要求推定的法(putative law)应当具有或不具有特殊的实质内容;(4)接受导向(acceptance-oriented);(5)有效性导向(effectiveness-oriented),与接受导向均导向普通法或习惯等法律规范,并以普遍接受或实际有效性为效力的标准。③

## 二、有关法律规范的理论

在规范与规则的关系维度上,有学者将法律规则等同于法律规范,由此形成规范一元论的理论;而在批判法律规范就是规则模式的基础上,部分学者倡言存在与法律规则截然不同的规范类型,由此发展出规范二元论的理论。

在法律实证主义的还原论立场下,无论是奥斯丁的命令说,还是凯尔森的纯粹法理论,抑或哈特的规则模式说,均可被视为规范一元论的典型立场。以哈特的规则模式说为例,它主张法律由初级规则和次级规则构成,两种规则分别承担着不同的规范任务:初级规则是典型的义务性规范,即通过设定行为义务的方式下达涉及行为的指令;次级规则为典型的授权性规则或非指令性规范,如以承认规则授予法律官员的行为以法律效力,授权其变更法律规则的内容或依法裁判。④

规范一元论虽然承认存有不同类型的法律规范,却否认不同类型的法律规范彼此

---

① See Aulis Aarnio, *The Rational as Reasonable*, D. Reidel Publishing Company, 1986, p. 32.
② 参见〔德〕魏德士:《法理学》,丁晓春、吴越译,法律出版社 2005 年版,第 149 页。
③ See Robert S. Summers, "Towards a Better General Theory of Legal Validity", 16 *Rechtstheorie* 76ff (1985).
④ 具体参见〔英〕H. L. A. 哈特:《法律的概念》(第 2 版),许家馨、李冠宜译,法律出版社 2006 年版,第 76—78 页。

间具有本质区别。在规范二元论的冲击和影响下,规范一元论的支持者要么根本否认法律原则的规范地位,要么认为法律原则与法律规则只有程度(量)的区别而无本质的分别。例如,有的学者认为,法律原则既无道德原则的规范吸引力,又无法律规则的明确指示性,因此它"在规范上要么无吸引力,要么是多余的"。① 同样地,凯尔森也认为,道德、政治原则仅在如此意义上可被称为"法律"原则:它们影响有权立法机关对法律规范的创设过程。但是,称之为"法律"原则并不意味着它们是法律,即它们具有法律的品格;任何将法律原则视为实在法规范的做法都会导致概念的混淆,进而模糊了实在法与政治道德之间的界限。②

另外,虽然部分一元论学者乐于承认法律原则的规范地位,但不会将法律原则视为独立的规范类型。例如,美国学者肖尔认为,从分析指示行为的语词出发,可以将它们都概括为"规定"(prescription)。任何规定都可以从明定性(specificity)、正规性(canonicity)和分量性(weight)三个维度进行分析。被称为"原则"的规定大部分是以归纳的方式从大量案例和法律材料中抽象或建构出来的。通常,"原则"主要指一些具有弱明定性、弱正规性和弱分量性的规定,但个别"原则"也会具有不同的组合维度。③例如,"己所不欲,勿施于人"的道德金律便具有弱的明定性、正规性,以及强的分量性。因此,我们很难通过一组稳定的维度组合将原则从各种规定中剥离出来而成为独立的类型。④

规范二元论源于对法实证主义一元论立场的不满,最早见于德沃金对哈特规则模式的批评。通过英美法律实践所发现的法律原则,德沃金断言法律实证主义的规则模式不能胜任描述司法现象的实际图景。德沃金认为,规则模式所蕴含的系谱命题不能正确识别法律原则的规范地位,后者因基于实质性的政治道德并能融通既有法制而存在,其存在和效力不单纯依赖承认规则的事实判准。法律原则形成于道德维度的妥当感(sense of appropriateness),取向于制度支持(institutional support),并为法官所发现与识别。与此同时,司法实践所见的法律原则的适用方式与法律规则存在逻辑上的差别:规则以全有或全无的方式适用,即法律规则要么适用于个案处理,要么在与相冲突的法律规则的折冲之下归于无效或添为例外;而法律原则的适用是权衡式的,亦即冲突的法律原则轻重不同、方向迥异,但始终有效。⑤

---

① 参见〔美〕拉里·亚历山大、肯尼思·克雷斯:《反对法律原则》,载安德雷·马默主编:《法律与解释》,张卓明、徐宗立译,法律出版社 2006 年版,第 351—410 页。
② See Hans Kelsen, *General Theory of Norms*, Michael Hartney trans., Clarendon Press, 1991, pp. 115-119.
③ 也有学者将其名译为弗雷德里克·绍尔。参见〔美〕费雷德里克·绍尔:《规定的三个维度》,载郑永流主编:《法哲学与法社会学论丛》2008 年第 1 期(总第 13 卷),北京大学出版社 2008 年版,第 156 页。
④ 参见刘建刚:《法律的规范一元论——以法律原则为中心的研究》,辽宁大学 2020 年博士学位论文。
⑤ 参见〔美〕罗纳德·德沃金:《认真对待权利》,信春鹰、吴玉章译,中国大百科全书出版社 1998 年版,第 43—48 页。

基于法律原则与法律规则的质之分野，阿列克西引入不同的道义模态词，确认法律原则是一种在结构上与规则根本不同的规范。在阿列克西眼中，法律规则是现实应然，是一种确定性命令，它具有极高的确定性和现实性：要么被实现，要么不被实现；与之不同，法律原则是理想应然，是一种最佳化命令，其价值理念的实现程度取决于事实上和法律上的可能限度。① 由此，规则的适用方式是涵摄的规范逻辑形式：在满足法定的事实构成时，法律规则所推论的法律后果将自动推出；而原则的适用方式是衡量：判断碰撞之原则的重要性和分量，以确立其相应的优先性关系。

规范二元论对不同类型之法律规范的梳理与建构，虽然未能尽得其理论对手的信服，却为法律规范理论打开了新的视野，从而为法律规范理论的发展提供了良好契机。至少，即使规范一元论否认不同规范之本质区别，却无一例外地承认规范类型的多元性和丰富性，进而以此作为构建法律规范理论的基石。

三、法律规范的类型区分

继承认法律原则和法律规则是两种不同的法律规范后，不同法理学家对两者的类型区分给出了各自不同的理论描述，并由此形成强弱不一的区分。

最弱的类型区分仅承认原则与规则是程度之别，而非性质之别。例如，当代法律实证主义的代表人物之一拉兹就认为，规则与原则的区别取决于其所规定的规范行为（norm-act）的特性：规则规定了较为具体和明确的行为，原则规定了高度不确定的行为，因此规范行为的抽象程度构成两者之区分的分界线。而且，由于具体行为与抽象行为之间没有清晰的界限，因此在边缘案例中很难确切判定存在的究竟是一项规则还是一项原则。②

另一种弱区分虽然承认原则和规则具有性质之别，却认为是非逻辑范畴的区别。例如，拉伦茨（Karl Larenz）将原则视为"从事法律规范化的方向性标准"，并以其特有的说服力正当化法律决定③，因为它们设定了解释和适用法律的规范基础，直接或间接得出作为行为规范或裁判规范的规则。与之相似，在埃塞尔（Josef Esser）看来，原则是设定特定命令之基础的规范，它与规则之区别与其说是规范条文的抽象程度之别，毋宁说是性质之别，两者作为裁判之规范基础的作用不同。卡纳里斯（Claus-Wilhelm Canaris）同样认为，两个存在的特性足以区分原则和规则：一是价值论或目的论内容。原则具有较为明确的价值论内容，缺乏有待实现的具体行为规则。二是与其他规范的

---

① 参见〔德〕罗伯特·阿列克西：《法 理性 商谈：法哲学研究》，朱光、雷磊译，中国法制出版社2011年版，第43—48页。
② 参见〔英〕约瑟夫·拉兹：《法律原则与法律的界限》，雷磊译，载《比较法研究》2009年第6期。
③ 参见〔德〕卡尔·拉伦茨：《法学方法论（全本·第六版）》，黄家镇译，商务印书馆2020年版，第528—530页。

互动方式。原则仅能通过补充或限缩的辩证过程而获得其意义内涵。①

最后是一种性质之别的强区分。它最初在德沃金批评法律实证主义的基础上发展而来,尔后由阿列克西进一步充实完善。其核心观点是,原则与规则存在某种逻辑结构上的区别。德沃金认为,原则具有一定的分量维度,当原则冲突时必须权衡不同原则的轻重。规则的适用是全有或全无的,如果发生规则所蕴含的事实构成(操作性事实),规则不仅有效而且应发生其法律后果;在规则冲突的情形下,必然有规则将宣告无效。在此基础上,阿列克西将原则与规则之关系进一步精练为理想应然与现实应然、最佳化命令与确定性命令之区别。

不同的区分学说反映了不同的理论立场。法律实证主义者乐于接受原则和规则的弱区分命题,非法律实证主义者则倾向于强调原则和规则的强区分命题。虽然上述区分未能对此主题提供一个令人满意的答案,但各自给出了较为合理的理论描述。② 综合上述区分的合理要素,可以获得法律原则与法律规则的如下区分:

(1) 在规范表述的实质内容与形式特征上,法律原则是一种最佳化命令,在应然的层面上设定了意欲实现的某种理想状态,其内容与某种价值理念或目标相关;法律规则是一种确定性命令,在应然的层面上详细规定了应当、禁止或允许做什么,其内容与特定的行动或活动相关。③ 因此,原则是"应当是"的指示,而规则可以看成是"应当做"的指令,两者向行为人所发出的指令内容的确定性程度存在明显差异。

(2) 在最终的适用模式上,法律原则的适用是或多或少的权衡模式,它需要在具体情境下考虑与之相左的原则之指示,并在比较权衡之后作出方向性的选择;法律规则的适用是全有或全无的涵摄模式,要么待决的事实可以正确地涵摄在特定规则之下,发生该规则所推论的法律效果,要么本案事实与特定规则无关,该规则无助于裁决的作出。

(3) 在规范关系的层面上,法律原则之间的规范关系是并立(juxtaposition)而非矛盾(contradiction),因此法律原则之间可以碰撞(collide),但并不会使碰撞的原则归于无效或影响其法律效力;法律规则之间的矛盾关系是一种典型的规范冲突(conflict),只能通过宣告抵触规则无效或通过创设规则例外的方式予以合理解决。至于规则与原则之间的抵触,一般认为并不构成不同层面的冲突,但可通过具体化或原则衡量而转化为规则与规则、原则与原则之间的规范关系。

---

① See Humberto Avila, *Theory of Legal Principles*, Springer, 2007, pp. 11-12.
② See Aulis Aarnio, *Essays on the Doctrinal Study of Law*, Springer, 2011, p. 121.
③ See Robert Alexy, "On the Structure of Legal Principles", 13 *Ratio Juris* 295(2000).

## 第二节 法律规则

### 一、法律规则的概念与分类

#### (一)法律规则的概念

在规范与规则通用的语境下,人们常将法律规范与法律规则混为一谈,由此导致了很多不必要的混乱。例如,在定义"法"或"法律"时,常将其理解为一种与道德、宗教等并列的调整人们行为的社会规范。这意味着"规范"是更为一般性的上位概念,而"规则"仅仅是位于其下的概念范畴。

我国法理学教材常在"法的要素"的章节中,将法律规则作为法的要素加以阐述。法的要素是构成法律不可或缺的基本元素或最小单元,正如原子是自然物质化学反应不可再分的基本微粒一样。我国法理学界将法律概念、法律规则和法律原则确认为法的要素。

对于作为独立的法律规范类型的法律规则,我们有必要从法律的个别化角度予以说明。法律的个别化旨在回答"什么构成一条完整的法律"这一问题。法律作为理念或智识的实体和整体,可以细分为个别化的完整理念予以分析和研究。法律规则的独立化蕴涵了一个完整性的理念,即一个完整的法律规则,如同一个完整的法条,将以"普遍化的方式描述案件事实、'事实构成',并赋予其同样以普遍化方式描述的'法律后果'"①。然而现实是,一方面,不是所有的法条都是完整的法条,有很多类型的法条是不完整的法条;另一方面,法律规则的适用毫无疑问会存在一定的例外情形,这些规则的例外不仅事前难以预测,而且很难被完整地事先规定在法律规则的内容之中。

因此,在规范语句的表述上,作为一个完整的法条,法律规则是明确规定具体行为模式和相应法律后果的行为规范,或是明确规定特定事实构成(Tatbestand)及其法律后果的确定规范(Bestimmungsnorm)。②

#### (二)法律规则的分类

分类是根据一定标准对事物之种类、等级或性质所进行的分门别类,有利于认识和厘清不同或同一事物之间的细微差异。对法律规则的恰当分类,既有利于我们形成形

---

① 〔德〕卡尔·拉伦茨:《法学方法论(全本·第六版)》,黄家镇译,商务印书馆2020年版,第321页。
② 参见〔德〕魏德士:《法理学》,丁晓春、吴越译,法律出版社2005年版,第47页。

式多样、功能协调的规则体系,又有利于对法律规则的理解和适用。

(1) 根据规则所确定的不同行为模式,可以分为义务性规则、授权性规则和权义复合性规则。

义务性规则是直接规定从事或不得从事某种行为的规则,其行为规定又可分为以作为义务为内容的命令性规范和以不作为义务为内容的禁止性规范。义务性规则具有较为明显的强制性,其规定的行为内容明确,不允许行为主体任意变通和违反。在行为模式的规范表述上,命令性规则常采用"应当""必须"等术语,禁止性规则常使用"不得""禁止""严禁"等术语。

授权性规则是非命令性的,特指授予权利的许可或自由。一个行为被许可,意味着行为人有实施该行为的自由,可以做也可以不做该行为。授权性规则为权利主体提供了一个自由选择的空间,具有一定的任意性和选择性,而非强制性。在其规范表述上,授权性规则通常采用"可以""有权利""有……的自由""不受……干涉"等术语。

权义复合性规则是兼具义务性和授权性规则之性质的法律规则。在性质上,它是对特定主体依法作出特定行为的授权,即被授权主体有权作出特定的行为,无授权则不可为;与此同时,这种行为授权与授权性规则不同,被授权主体负有不可推卸的职责出该行为。因此,权义复合性规则可视为一种授予权力的法律规则,通常表现为公法上授予特定国家机关及其工作人员以特定职权的规则。

(2) 根据规则所发挥的行为规范功能,可以分为调整性规则和构成性规则。这一分法源于当代哲学家 J. R. 塞尔(J. R. Searle)对社会规则的建构分类。在塞尔看来,调整性(regulative)规则规定人们以一定方式行为,是对既有人类行为模式的调整与规制;构成性(constitutive)规则创设了其所调整的新的行为模式①。

根据这一分类的功能指向,调整性规则是对已有行为模式进行调整的规则,其功能在于通过肯定性或否定性的后果评价,对既有行为模式予以控制或规整。调整性规则所调整的行为在逻辑上先于规则本身,并受规则的后溯式引导。从法律的规范作用来看,调整性规则是法律规则的主要范式,是对具有法律意义之行为的规范评价。构成性规则是创设特定行为模式以调整人们行为的规则,规则本身在逻辑上先于行为的产生。换言之,没有构成性规则的规范指引,就没有或不存在其所规整的相应行为模式,正如没有婚姻法律制度的创设,就不会发生受法律保护的婚姻行为一样。

(3) 根据规则的形式特征,可分为规范性规则和标准性规则。这一分类是基于规则的确定性程度设立的。一般认为,法律规则相对于法律原则具有更大的确定性,其行为模式和法律后果均具有较高程度的明确性和具体性。然而,法律规则的确定性不是固定不变的,而是取决于规范表述在事实上和法律上的可能空间。因此,部分法律规则可能采用"重大误解""显失公平"等表述,或使用"公共利益""社会公德"等宽泛概念。这类规则的适用必须经由解释方能确定。

---

① 转引自柳海涛、万小龙:《语言、实在与规则——简论塞尔的社会哲学》,载《甘肃社会科学》2011 年第 5 期。

规范性规则是确定性程度较高的规则,其规范内容相对明确、肯定和具体,且一般可以直接适用,不需要加以解释。例如,《民法典》第 1179 条规定:"侵害他人造成人身损害的,应当赔偿医疗费、护理费、交通费、营养费、住院伙食补助费等为治疗和康复支出的合理费用,以及因误工减少的收入。造成残疾的,还应当赔偿辅助器具费和残疾赔偿金;造成死亡的,还应当赔偿丧葬费和死亡赔偿金。"标准性规则是有一定不确定性的规则,其规则的部分内容不甚具体和明确,具有相当的裁量余地,需要根据具体情况或特殊对象加以解释方能适用。例如,《民法典》第 153 条第 2 款规定:"违背公序良俗的民事法律行为无效。"其中,"公序良俗"的内涵和意指,需要结合具体情况加以斟酌和考量,方能得到正确的理解和适用。

二、法律规则的逻辑结构

"结构"是一事物内部要素的特定组合关系,被广泛用于研究自然和社会现象。虽然用结构来分析法律的最初源头已无从探知,但最早研究这一问题的是帝俄时期的法学教授科尔库诺夫(Korkunov),他在同意德国法理学家齐特尔曼(Ernst Zitelmann)有关"法律规则是将做什么的假言判断"的基础上,专门讨论了"法律规范的结构"。他在《法的一般理论》中认为,法律规则是一种条件式规则,即每一个法律规则都包含一个样式化的假定与处理,其表述方式为"如果……那么……",而且"假定与处理是所有法律规范的普遍要素"①。其后,科尔库诺夫的"二要素"被改造成"三要素",并成为苏联法学界的通说。法律规范结构的"三要素"包括假定、处理、制裁:假定是规范中指明规范生效条件的部分;处理是规范中指明行为规则本身的内容,即指主体产生的法律权利和义务的部分;制裁是规范中指明在不遵守规范时采取措施的部分。

苏联的法律规范结构学说被深受其影响的我国法理学界所继受,并成为 20 世纪 80 年代我国法理学教材和论著的主流观点。但是,我国法学家在对"三要素说"进行批评的基础上,提出了法律规则由行为模式和法律后果两部分构成的"二要素说"。二要素说认为,传统的三要素论存在两个方面的混淆:一是片面地将法律后果限定为制裁,从而忽略了肯定性法律后果的存在及意义;二是人为割裂了假定与行为模式的关联,从而使得假定的条件看起来是多余的。

在部分学者仍然坚持二要素的同时,又有中国学者提出了"新三要素说"。新三要素说认为,"假定"的要素地位是成立的。其理由是:一方面,虽然实际的法律条文缺少"假定"的部分,但不等于"假定"的要素不存在。其一,法律条文只是法律规则的规范表述形式,而非其必然的逻辑结构形式,在法律条文中的缺位与逻辑上的不可或缺并无必然关联。其二,法律条文与法律规则之间存在复杂的关系,一个法律规则的"假定"要素可能分散在不同法律条文中,这足以证明缺少相关的"假定"要素,规则就无法正确并有效地适用。另一方面,即使"假定"的要素可以包含在行为模式之中或与行为模式不可

---

① 转引自沈宗灵主编:《法理学》(第 3 版),北京大学出版社 2009 年版,第 29 页。

切分,在逻辑上仍然不能证明"假定"的要素是可有可无的,因为"任何具有一定法律后果的行为模式都是在一定的条件下的行为模式。也就是说在一定条件下的行为模式才具有这样的法律后果,离开了特定条件,某一行为模式就不一定有这样的法律后果"①。

新三要素说认为,法律规则的逻辑结构由假定、行为模式和法律后果构成。假定是法律规则中有关适用该规则必须具备的条件与情况部分,包括规则的适用情境和行为的缺省条件两个类别。规则的适用情境主要确定法律规则在何时、何地以及对什么人发生效力;行为的缺省条件则包括行为主体的资格构成和行为的预设条件。行为模式是法律规则所规定的人们行为的基本样式或抽象标准,是法律规则的中心内容,是不可或缺的核心要素。其可大体上分为三类:(1)可为模式,即可以这样行为;(2)应为模式,即应该这样行为;(3)勿为模式,即不得这样行为。法律后果是法律规则中规定人们作出符合或不符合行为模式的行为时所引起的法律上的后果或效果,是法律对具有法律意义的行为所作出的积极或消极的评价,可分为两种:(1)肯定性法律后果,即肯认符合行为模式之行为的有效性和合法性,并表现为对特定行为的保护、许可或奖励;(2)否定性法律后果,即否定不符合行为模式之行为的合法性和有效性,并给予相应的法律制裁。

新三要素说并非十全十美的立论,也遭遇了逻辑不连贯和类型简化的学术批评,其根本原因在于其提出者误识了逻辑结构理论所要解决的问题以及逻辑结构的性质。进而,有学者主张法律规则由构成要件和法律后果组成的"新二要素说"②,或者主张"行为条件(假定)、行为命令(处理、行为模式)、事实构成要件、法律后果"的"四要素说"。③

## 第三节 法律原则

### 一、法律原则的概念与分类

（一）法律原则的概念

在西文中,"原则"(principle)一词源于拉丁语 principium,意指事物的开始、起源。意大利哲学家埃米利奥·贝蒂(Emilio Betti)从语源学的论据中得出,"原则"暗指"一个社会的某个标准或所有标准和判准在某个历史时刻的起源",因此它既可超越于体系

---

① 舒国滢主编:《法理学导论》(第2版),北京大学出版社2012年版,第102页。
② 参见雷磊:《法律规则的逻辑结构》,载《法学研究》2013年第1期。
③ 参见舒国滢:《法律规范的逻辑结构:概念辨析与逻辑刻画》,载《浙江社会科学》2022年第2期。

之外,又是体系的内在和外在渊源。① 由此,可将法律原则定义为作为法律规则之本源或基础的综合性原理和标准。

法律原则在欧陆国家的法学理论中长期以来一直被作为法律渊源。1811年《奥地利民法典》规定:"当案件有疑问时,必须依据自然法原则予以裁判。"自那之后,法律原则作为一种规范类型逐渐获得承认。它在欧陆传统的法教义学中占据着重要的理论地位。只有当人们考虑不同法律原则的具体化程度并将他们彼此联结在一起时,才能借此获得某种法教义学的"内部体系"。②

作为法律规范类型,法律原则与法律规则不同。法律原则不预设任何确定的、具体的事实状态,也未规定具体的权利和义务,更没有确切的法律后果。如果说法律规则的内容具有义务论的特性(具体规定应当做什么),那么仅规定某种理想客体或事态的法律原则则具有价值论的地位。因此,有学者认为:"原则与价值是同一回事,它一会儿穿着义务论的外袍,一会儿穿着价值论的外袍。"③

(二) 法律原则的分类

我们可以依据不同标准对法律原则作出不同分类,既可以是较为具体而细致的分类,如美国法学家迈克尔·D.贝勒斯(Michael D. Bayles)曾根据原则所处法律部门而将法律原则区分为程序法原则、财产法原则、契约法原则、侵权法原则、刑法原则五大类;也可以是较为一般的分类。一般分类主要有以下三种:

(1) 根据法律原则的存在形态,可以将法律原则区分为实定的法律原则和非实定的法律原则。法律原则的存在形态是多种多样的,有些原则具有道德上的普遍确信,但尚未被实在法上升为正式的法定原则;有些原则被习惯法、判例法所承认,但尚未得到成文法或制定法的明文规定;有些原则被成文法或制定法所规定,已成为正式法律条文的内容。所以,可以根据原则的存在形态把法律原则分为两类:被实在法(宪法或制定法)所明定,即存在于法律明文规定中的,可称之为实定的法律原则;虽然没有被实定化,但可以从法律条文中归纳得出,或者作为实在法的规范基础而存在的,可称之为非实定的法律原则。

实定的法律原则和非实定的法律原则在内容性质上没有根本的区别,两者都是法理念的具体化形式。实定的法律原则是非实定原则的法律化,即上升为法律规定的法律原则,属于正式法源,具有法律效力。由于实定的法律原则具有较为典型的法条表达形式,又可称之为"法条形式的原则"。④ 例如,我国《宪法》第33条第2款规定的"中华

---

① 转引自李锦:《法律理论的第三条道路——德沃金的解释转向及其意义》,湖南大学出版社2013年版,第46页。
② 参见〔德〕卡尔·拉伦茨:《法学方法论(全本·第六版)》,黄家镇译,商务印书馆2020年版,第603页。
③ 〔德〕罗伯特·阿列克西:《法 理性 商谈:法哲学研究》,朱光、雷磊译,中国法制出版社2011年版,第213页。
④ 参见〔德〕卡尔·拉伦茨:《法学方法论(全本·第六版)》,黄家镇译,商务印书馆2020年版,第600页。

人民共和国公民在法律面前一律平等",正是平等原则在宪法上的实定化表现。非实定的法律原则属于"超法律"的或"实在法之外"的原则,是非正式法源,在必要的制度支持之下,可被用于弥补法律漏洞并作为案件裁判的依据。例如,德沃金在里格斯案中所推崇的"任何人不得从自己的错误行为中获利"的原则,正是非实定的法律原则,虽然有数个案例可能支持该原则,但没有一个案例能够单独创设或权威性地阐述它。

（2）根据法律原则的产生基础,可以将法律原则区分为公理性原则和政策性原则。美国法律过程学派的代表性人物亨利·M.哈特（Henry M. Hart）和阿尔伯特·M.萨克斯（Albert M. Sacks）最早将原则和政策视为法律的不同目标并指出原则区别于政策,因为原则主张其结果必须得以实现,且附带为何必须实现其结果的理由。受其启发,德沃金不仅将政策纳入广义法律原则的范畴,而且将其与狭义的法律原则相区分：政策旨在促进某种社会和国家所欲求的经济、政治和社会情势,而原则是一种正义、公平或其他道德维度的要求[①]。

公理性原则是从社会关系性质中产生并得到广泛认同的被奉为法律公理的法律原则,它具有较为普遍的道德维度,是严格意义上的法律原则。虽然公理性原则具有一定的历史性和地域性,但其作为普遍的道德理念得到了广泛的社会认同并被奉为基本法理。宪法领域的人民主权原则、人权保障原则,刑事法律领域的罪刑法定原则、无罪推定原则,民事法律领域的诚实信用原则、契约自由原则等,均为现代社会的公理性原则。

政策性原则是国家为了实现特定的经济、政治、社会发展战略目标,并根据某一时期或某一方面的任务而作出的政治决策或方略,是广义的法律原则的一部分,并因其常常出现在法律条文中而被概称为"基本国策"条款。在当代中国,基本国策主要包括保护环境、对外开放、男女平等、水土保持、节约资源、合理利用土地和保护耕地、计划生育、科教兴国、"一国两制"等,它们事关经济、政治、社会、生态文明的发展目标和战略举措,具有全局性和根本性。

（3）根据法律原则的覆盖范围,可以将法律原则分为基本法律原则和具体法律原则。基本原则是体现法的根本价值的法律原则,反映它所涵盖的各部门法的共同要求。基本法律原则是全部法律活动的共同指导思想和出发点,也是法律基本价值的直接体现,构成法律体系的神经中枢。基本法律原则,包括但并不限于平等、自由、人权、公平、正义、法治等原则要求。

具体原则是基本原则的具体化或部门化,构成某一个法律领域的法律规则的基础或出发点,是某一次级领域或部门法领域的指导思想和直接出发点,反映并体现出其所调整之法律领域的特殊性。例如,作为民法基本原则的法律地位一律平等原则是平等原则在民事法律领域的具体化,而罪刑法定原则则可被视为法治原则在刑事法律领域

---

[①] 参见〔美〕罗纳德·德沃金：《认真对待权利》,信春鹰、吴玉章译,中国大百科全书出版社1998年版,第41页。

的具体要求。

二、法律原则的功能与适用

(一)法律原则的功能

在分析法律原则与规则之不同时,英国法学家拉兹曾探讨过法律原则在法律中所扮演的角色和作用。在拉兹看来,法律原则可用于五种不同目的:(1)原则可以作为解释法律规范的基础——这是最为广泛,也是最不受限制的用途;(2)原则可以作为修正法律规范的基础,这是原则的解释功能的应有之义;(3)原则可以作为法律规范之特定例外的基础,这是法律规范不被修正的合理推论;(4)原则可以作为制定新规则的基础,这是普通法发展的重要方式,即在既有原则的基础上发展并制定新的规则;(5)原则可以作为特定案件裁判的唯一基础。[1] 总而言之,拉兹对法律原则功能的描述是较为详尽的,但也存在"过犹不及"的重复问题。例如,在功能(2)中,法律原则作为修正法律规范之基础,便含有增设或补充法律规则之例外的内涵。

根据法律原则的规范性质与地位,可以将其功能作用概括为三个方面的内容:

(1)原则作为"规则与价值观念的汇合点",是法律体系的"神经中枢",有助于维护和保障法律体系的融贯性和统一性。任何一国的法律体系都包含数量众多、纷繁复杂的法律规范,诸规范之间极易产生体系内部的冲突与抵触。法律原则是"一种指导思想"[2],具有坚实的价值论基础,不仅可以为法律规则提供必要的正当性证成,而且可以发挥其必要的价值纽带作用,衔接协调众多的法律要素,使之成为融贯的法律体系,以保障法律体系的统一性。

(2)原则作为法律规则之本源,不仅可以有效解释规则,而且可以创设和改变规则,有助于指导人们正确适用与遵守法律规则。法律规则是确定性命令,是法律原则或价值理念的具体化,是在具体情况下法律原则进行权衡的结果。要解释法律规则,人们必须理解和掌握其所包含的价值判断及其作用范围。而且,在具体法律适用和作出法律决定的过程中,法律原则是正当化法律决定的合理基础。因此,一定程度上,我们可以将法律原则视为法律规则的"一阶理由"。作为法律规则之理由的原则,不仅有助于指引法律适用者选择与原则相一致的解释因素,而且还有助于发展或创设新的法律规则,以契合于法律的规范意指与价值导向。

(3)原则作为一种最佳化命令的规范类型,不仅可以有效填补法律之漏洞,而且可以直接作为案件的裁判依据。法律漏洞是法律体系的不圆满或欠缺状态,因人类立法者的思虑不周或时移世易而产生。在法律有漏洞的情形之下,法官虽然有"司法造法"的自由裁量权,但不得恣意为之,应受限于法律原则的最佳化命令。在一定条件下,法

---

[1] 参见〔英〕约瑟夫·拉兹:《法律原则与法律的界限》,雷磊译,载《比较法研究》2009年第6期。
[2] 〔德〕卡尔·拉伦茨:《法学方法论(全本·第六版)》,黄家镇译,商务印书馆2020年版,第529页。

律原则可以直接作为断案依据排他性地主导整个判决过程和结果。例如,2001年的泸州遗嘱继承案中,第一审和第二审人民法院便以违反公序良俗原则为依据,直接认定经公证的遗嘱为无效。类似的情形,无论是在英美判例法国家,还是在大陆法系国家,均屡见不鲜。

(二) 法律原则的适用

1. 法律原则的适用情形

从法律规范作为裁判理由的角度来看,无论是法律原则还是法律规则都具有程度不一的初显性特征(the prima facie character):它们作为裁判理由具有初步的可行性,当且仅当被其他规范理由所击败时,其可行性才被推翻。由此可以说,法律规范作为裁判理由是可谬的(fallible)或可辩驳的(defeasible)。但是,法律规则的初显性具有一定的历史合理性,它们是一个社会确立制度化体系的产物,可据此确定其优先适用的形式条件,将其视为"二阶"的排他性理由①;法律原则不具备此种历史存在的合理确信,因而无法确定不同原则的相对优先性,即"一个原则从一开始就优先于其他原则"②,故仅能作为一阶理由而发挥作用。

基于规则与原则的不同理由特性,人们试图限定法律原则的适用,即认为法律原则仅在满足特定条件或一定逻辑前提下方能作为裁判规范,并进一步推论出"穷尽法律规则,方得适用法律原则"等条件式规则。③ 从理想的、应然的情形来看,这些条件式规则是可以理解的,符合法治的价值理念;但从现实应用的角度出发,这些条件设定并不必然符合司法适用的实际情形。

法律原则的具体适用,可以分为两种情形:

一是在有既定法律规则的情形下,适用法律原则。具体来说,某个待决的个案确有规则依据R,但审案法院在经过全盘考量之后认为严格适用规则可能导致非常不公正的结果或有悖于正义的要求,所以选择原则P作为论证理由。这一裁判过程看起来是法律原则与法律规则之抵触,实质却是原则与原则的碰撞,亦即支持规则R的实质(正当性)原则P′R和形式(合法性)原则F-P′R与原则P之间的合理碰撞。其碰撞的结论是,P>P′R+F-P′R(法律原则P优先于法律规则)。

二是在没有可直接适用的法律规则的情形下,适用法律原则。具体来说,某个待决的个案确实没有找到可直接适用的法律规则,法院不得不适用某个原则P作为裁判依据。在此情形下,原则的适用符合"穷尽法律规则,方得适用法律原则"的条件规则。然

---

① 拉兹区分了一阶理由和二阶理由,一阶理由是行动理由,二阶理由则是因为特定理由而行动或不行动的理由。因此,当排他性的二阶理由与一阶理由冲突时,排他性理由总是有限的。因此,拉兹才会说:"所有法律规则既是一阶理由,又是排他性理由。"参见〔英〕约瑟夫·拉兹:《实践理性与规范》,朱学平译,中国法制出版社2011年版,第26—35,161页。

② 〔德〕罗伯特·阿列克西:《法理性 商谈:法哲学研究》,朱光、雷磊译,中国法制出版社1998年版,第196页。

③ 参见舒国滢:《法律原则适用中的难题何在》,载《苏州大学学报(哲学社会科学版)》2004年第6期。

而,由于法律原则必须"通过它的具体化才能被澄清,而具体化又只有在与原则的意义关联中才能进行"[①],因此除非事先确定不同原则之间的优先性关系,否则无规则依据的原则适用仍然需要处理不同实质原则的碰撞问题。

2. 法律原则的适用方式

从上述原则适用的情形来看,无论是在有规则的情形下,还是在无规则的情形下,原则的适用都必然涉及原则之间的碰撞和竞争,这使得不同的原则之间形成一种天然的紧张关系。要化解这一紧张关系,关键是在具体个案的裁判过程中确定法律原则之间的条件式的优先关系。之所以是条件式的优先关系,是因为法律原则所代表的价值没有客观的优先位序,须视具体个案的具体情形而定,其符号化的表达方式是:C(P1 P P2),即在条件 C 的情形下,原则 P1 应优先于 P2。[②] 这个根据"竞争法则"[③]形成特定案件法律决定的大前提的过程,正是通常所谓的法律原则的具体化过程。

严格地讲,具体化不是法律原则的适用方式,而是其适用过程。这一过程所依循的"竞争法则"与确定原则相对重要性的"权衡法则"是内在统一和高度一致的。因此,法律原则的适用是一种典型的权衡方式,并可借用阿列克西的"权衡法则"加以说明和论述。

在阿列克西那里,"权衡法则"可以表述如下:"对一个原则的不满足(non-satisfaction)或受侵害的程度越大,对另一个原则的满足就越具有重要性。"[④]"权衡法则"一般地表述了两个相互竞争的原则之间的相对优先性关系,其个案的具体适用又可细分为三个阶段:首先,基于价值理想的最佳实现程度,确立并判断某个原则 P1 的不满足(non-satisfaction)或受侵害(detriment)的程度。例如,在涉及青少年犯罪的新闻报道中,新闻自由的实现程度将受到一定的限制,因此确定新闻自由的"不满足"程度之后才能判断相关案件是否涵摄在新闻自由的保护之下。其次,确定与原则 P1 相竞争的原则 P2 在实现上的重要性程度。原则 P2 的重要性程度是在具体适用语境下,与相竞争的原则 P1 权衡考虑的结果。最后,要确定实现原则 P2 的重要性程度是否足以证成对原则 P1 的侵害程度。如果实现原则 P2 的重要性程度要高于对原则 P1 的侵害程度,就应当优先适用原则 P2。综上可见,"权衡法则"的适用必须对第一阶段的干涉密度、第二阶段的重要程度和第三阶段的相互关系作出较为理性的判断。

尽管阿列克西以数学符号的形式将"权衡法则"发展为一个权重公式,并为原则的

---

① 〔德〕卡尔·拉伦茨:《法学方法论(全本·第六版)》,黄家镇译,商务印书馆 2020 年版,第 595 页。
② 参见〔德〕罗伯特·阿列克西:《法 理性 商谈:法哲学研究》,朱光、雷磊译,中国法制出版社 2011 年版,第 200—202 页。
③ 彭诚信教授建议用"竞争法则"来翻译阿列克西谈论原则冲突所用的概念"das Kollisionsgesetz",在中文世界中,有翻译为"碰撞法则"的(雷磊等),亦有译为"冲突法则"的(张嘉尹)。彭教授认为,原则竞争更能表述它与规则冲突之间的区分,而且可以更加通俗易懂,因此用"竞争法则"来表述原则碰撞或竞争时在相竞争的原则中确立某个优先适用的原则。参见彭诚信:《从法律原则到个案规范——阿列克西原则理论的民法应用》,载《法学研究》2014 年第 4 期。
④ Robert Alexy, *A Theory of Constitutional Rights*, Julian Rivers trans., Oxford University Press, 2002, p. 401.

权衡适用给出了一个逻辑式的结构分析,但实际的司法审判既不可能被简化为一个权重公式和若干算子的综合运算,法官也很难以这一公式作为个案裁判的裁量依据。实际上,法官最终必须从现实生活的具体需要出发,寻找并证明原则适用的价值确信。

## 思考题

1. 什么是法律规范?
2. 法律规则与法律原则的区别何在?
3. 如何理解法律规则的逻辑结构?
4. 法律原则作为规范类型,具有什么样的功能作用?
5. 如何将法律原则适用于司法个案?

## 参考文献

1. 〔美〕罗纳德·德沃金:《认真对待权利》,信春鹰、吴玉章译,中国大百科全书出版社1998年版。
2. 〔德〕罗伯特·阿列克西:《法 理性 商谈:法哲学研究》,朱光、雷磊译,中国法制出版社2011年版。
3. 〔德〕卡尔·拉伦茨:《法学方法论(全本·第六版)》,黄家镇译,商务印书馆2020年版。
4. 〔英〕约瑟夫·拉兹:《法律原则与法律的界限》,雷磊译,载《比较法研究》2009年第6期。
5. 雷磊:《法律规则的逻辑结构》,载《法学研究》2013年第1期。
6. 舒国滢:《法律规范的逻辑结构:概念辨析与逻辑刻画》,载《浙江社会科学》2022年第2期。
7. Hans Kelsen, *General Theory of Norms*, Michael Hartney trans., Clarendon Press, 1991.
8. Robert Alexy, *A Theory of Constitutional Rights*, Julian Rivers trans., Oxford University Press, 2002.
9. Humberto Avila, *Theory of Legal Principles*, Springer, 2007.

# 第十讲 法律权利、法律义务与法律责任

第一节 法律权利
第二节 法律义务
第三节 法律责任

法律概念是从法律实践中概括和提炼、用以表达法律规范和进行法律推理的专业术语。它是我们思考、分析法律问题的思维工具,也是表达和沟通法律思想的语言中介。有一种观点认为,概念(concept)和观念(conceptions)是不同的,概念是有关对象的描述性的形式特征,观念是从不同角度对概念所做的进一步阐释,它们就像树干和树枝的关系一样。不同的人对于同一对象具有不同的观念,但是他们必须从一个大致相同的概念出发才能展开对话。实际上,概念也是对实践的阐释,不同的人的阐释可能在根本上就不相同。二者的区分是相对的,并不存在明晰的界限。现代法律中有非常多的专业概念,比较基本的有法律权利、法律义务和法律责任等概念。本讲试图分析和阐释这三个概念。

## 第一节 法律权利

### 一、权利的概念

(一) 一个简要的概念史

权利是一个非常重要、不易界定的法律概念。在不同的时代、不同的国家、不同的使用者那里可能具有不同的含义。

中国古代并无现代意义上的"权利"词汇。《辞海》对"权利"一词的释义为"权势和货利",并举了两个例证。一个是《史记·魏其武安侯列传》:"家累数千万,食客日数百人,陂池田园,宗族宾客,为权利";另一个是《盐铁论·禁耕》:"夫权利之处,必在深山穷泽之中,非豪民不能通其利"。① 这些都不是现代意义上权利的意思。孟子有"义""利"之辨。"义""利"对立,"义"高于"利"。"义"不是指导人们如何获得利益的教条,而是指导人们如何克制私欲的学说。法家比较承认个人的利益。商鞅讲过:"一兔走,百人逐之,非以兔可分以为百也,由名分之未定也。夫卖兔者满市,而盗不敢取,由名分已定也。"② 大意是,如果一个兔"名分"不定,众人就会去争夺它。而市场上很多卖兔者的兔,由于"名分"已定,坏人也不敢去取。在这里,他就讲到了法律的作用,即定"名分"。"名分"是一个具有类似权利功能的词汇。古代汉语中这种功能类似词汇还有一些,例

---

① 《辞海》(缩印本),上海辞书出版社 1979 年版,第 1252 页。
② 蒋礼鸿撰:《商君书锥指》,中华书局 2014 年版,第 146 页。

如"名位"(《左传·庄公十八年》:"王命诸侯,名位不同,礼亦异数")、"配享"(《尚书·吕刑》:"惟克天德,自作元命,配享在下"),但是这些概念在本质上仍然不同于现代意义上的权利概念。古代中国人普遍相信,存在着一个客观的正义结构或价值秩序——在儒家那里,就是"礼"或"天理",在这一秩序中人们依据其出身、身份、地位、道德价值而配享一定的名分、利益或负担。主观的利益要求是不重要的。现代汉语中的"权利"一词是从西方语言中移译而来的。

在西方,现代意义上的"权利"概念也并非古已有之。麦金太尔认为:"在中世纪临近结束之前的任何古代或中世纪语言中,都没有可以准确地用我们的'权利'(a right)一词来翻译的表达式。这就是说,大约在公元 1400 年以前,古典的或中古的希伯来语、拉丁语或阿拉伯语,更不用说古英语了,都缺乏任何恰当的方式来表达这一概念。在日语中,甚至到 19 世纪中叶仍是这种情况。"① 在古希腊,一个独立并对峙着国家权力的个人权利是不可想象、不可思议的。古罗马法学家所讨论的"ius"指的是类似于"做对的事情"。古罗马法所规定的一系列"ius"最终都决定于查士丁尼《法学总论》开篇所描述的客观、不以人的意志为转移的自然法秩序。在古英语中,"right"一词表达的是"正当"的意思,具有义务的意味。说一种行为是正当的,某人可以且应当去做此种行为,所要实现的并非行为人的自主利益或意志自由。赫伯特(Gary B. Herbert)依据西方权利观念演变史阐释了"客观正当"与"主观权利"之分:客观正当(objectively right),即法、自然或上帝决定的正当,或仅仅是正义和/或公平的普遍要求;主观权利(subjectively right),即个体(主观)的自由,他的选择自由和他的利益的优先性。② 说保护某人的利益是为了保障他的权利,与说保护某人的利益是为了实现正义,具有明显不同的意味。用现代"权利"一词指称客观正当秩序下一个人的配给物,是不准确的。说那种意义上的配给物是"权利",也许就好比我们现在说动物有"权利"一样。在西方中世纪的中晚期,主要由于经济关系、宗教观念、社会结构的变化,"客观正当"演变为"主观权利",形成了现代意义上的权利概念。

(二)现代权利概念的基本含义

由于词义演变的复杂历史,对于权利,我们所能做的是把握它在现代社会背景下的基本用法和含义,特别是在当代中国法学和法律实践中的基本用法和含义。法学上的界定纷繁复杂。常见的是从形式、实质两个角度进行界定:

(1)形式的角度。这一角度侧重于权利的形式。或把权利界定为手段:权利是"法律所允许的权利人为了满足自己的利益而采取的,由其他人的法律义务所保证的法律手段"③。或界定为资格:"权利概念之要义是'资格'。说你对某物享有权利,是说你有

---

① 〔美〕阿拉斯戴尔·麦金太尔:《追寻美德:伦理理论研究》,宋继杰译,译林出版社 2003 年版,第 88 页。
② 参见〔美〕加里·B. 赫伯特:《权利哲学史》,黄涛、王涛译,华东师范大学出版社 2020 年版,第 4 页。
③ 《法理学》编写组:《法理学》(第 2 版),人民出版社、高等教育出版社 2020 年版,第 133 页。在国内多部法理学教材中都可以看到这种定义,具体表述大同小异。

资格享有它,如享有股票、接受养老金、持有个人见解,以及享受家庭隐私的权利"①。还有把权利界定为法律所赋予的力量。也有人认为,权利不过是世俗利益或欲望的正当化话语,本质是一种虚构或修辞。

(2) 实质的角度。这一角度旨在揭示权利的实质内容。主要有两种:把权利界定为利益:"权利自身不外是一个在法律上受保护的利益"②;或侧重于界定为自由:"权利是指社会规范赋予的实现于社会关系中的趋向于利益的自由状态"③。

这些界定都有助于我们认识权利和法律权利,但是它们都是通过定义的方式从单一的角度来说明权利,只是揭示了权利丰富内涵的一个侧面。如果把它们综合在一起,则可以比较全面地理解权利的概念。

除了定义的方式之外,我们还可以通过归纳权利一词通常用法来说明它的含义。权利一词通常用于以下的场合或语境:按照一定的规范,人们可以按照自己的意愿做某事或不做某事,不应当受到其他人的阻碍或强迫;或者可以要求他人去做某事或者不做某事,而被要求者应当如此。当这种规范是法律规范时,这就是法律权利。当这种规范是道德规范时,它就是道德权利。

权利的内涵不可能穷尽于一个简短的定义或界定。我们需要进一步说明:

第一,权利是一个规范性概念。法律权利即是一个法律上的规范性概念。在现代汉语中,说某人做某事是他的权利,意思是从一定规范的角度看这样做是对的。其对应的英文词"right"的本义是"对的""正确的"。权利意味着根据一定规范对一定行为或关系状态的正当性的尊重和保障。一个人作出权利下的行为,与他作出义务下的行为,可能具有完全相同的外观,不从规范的角度无法加以区别。但是权利所蕴含的"对"不完全等同于道德意义上的"对"或"善"。如果某人对某物有财产权,我们在一般情况下应当尊重他使用财物的意愿,这在法律上是对的,同时具有道德上的正当性。当他浪费自己的财物时,我们可以从道德的角度批评,但是不能认为他这样做在法律上是错的。

第二,权利意味着对行为人的主观要求、愿望,或者说对他的自由或利益的尊重。这也是现代主观权利的意味。这体现了对他作为目的的尊重。他的自由或利益本身就值得保障,具有独立,甚至终极的价值,并不仅仅是实现他人、社会、国家的目的的手段。

第三,权利存在于社会关系之中,至少存在于两个社会关系主体之间。说一个人具有某项权利,实际上是对其他义务人来表达的。现代意义上的权利通常意味着一种或多或少平等的社会关系,不仅具有相同规范条件的主体普遍地具有权利,而且权利主体相对于义务主体也不享有某种身份上或道德上的优势地位。

20世纪初期,美国法学家霍菲尔德(W. N. Hohfeld)曾在英美法背景下对权利、义务等基本概念进行比较系统的分析。他认为,权利概念具有以下四种含义:(1) 狭义的

---

① 〔英〕A. J. M. 米尔恩:《人的权利与人的多样性——人权哲学》,夏勇、张志铭译,中国大百科全书出版社 1995 年版,第 111 页。
② 〔德〕鲁道夫·冯·耶林:《为权利而斗争》,郑永流译,法律出版社 2007 年版,第 21 页。
③ 刘星:《法理学导论》,法律出版社 2005 年版,第 133 页。

权利,指人们可以要求他人行为或不行为;(2)特权(privilege),指人们不受他人干涉而行为或不行为的自由;(3)权力(power),指人们通过一定行为或不行为而改变某种法律关系的能力;(4)豁免(immunity),指人们有权利不因其他人行为或不行为而改变特定法律关系。① 现在权利一词的主要用法,特别是在当代中国语境中的主要用法包括这里的第一种和第二种含义。霍菲尔德所说的"权力"现在特指国家或国家机关拥有的公权力。公民、非公权力机关的法人所拥有的私权力,例如霍菲尔德所说的权利人处分或转让他的财产、授权代理人等私权力,现在都用权利一词来表达,或者可以从权利中推导出来。一个人在一定条件下免于承担责任,也很少被称为他的权利。

当代中国法律中除了权利概念外,还有一个有特色的权益概念。这一概念主要规定在私法和社会法之中。《民法典》《消费者权益保护法》等法律既规定有"权利",也规定有"权益",例如《民法典》第3条规定:"民事主体的人身权利、财产权利以及其他合法权益受法律保护,任何组织或者个人不得侵犯。"在构词上,权益是权利和利益的合称。合法权益就是合法的权利和利益。这种规范表明,国家保护的范围不限于明确规定的权利,还包括未明确规定的合法利益。总体上,两者的保护方式、力度和构成要件有所不同,对前者的保护要强于后者,但是它们之间并不存在明确的界限。

权利与自由有时并称,例如《世界人权宣言》第2条规定,"人人有资格享受本宣言所载的一切权利和自由"。当一定规范确认某种自由时,这种自由亦可称为自由权。但是作为权利的自由只是自由的一部分。行为人在规范所确定的义务之外,享有广泛的自由,法不禁止和不强迫的行为,都属于自由。民事侵权法所研究的一个问题就是民事权利与个人自由的张力:过于宽泛地保护民事权利就会缩减人的自由,例如过于宽泛地保护名誉权会缩减言论自由。另外,权利的主体可以是自然人、公民、法人和非法人组织。而自由的主体,至少现代意义上自由的主体是自然人、公民,而不包括法人和其他组织。

尽管少数学者认为权利与权力是通用的,具有相同的本质,但是多数学者认为它们存在根本的区别。权利主体的基本形式是自然人、法人和非法人组织,而权力主体的基本形式是国家或国家机关。在特殊情况下,国家或国家机关也可以成为权利主体。在国际法上,国家或人民享有权利是针对其他国家或人民而言的。在国内法上,国家或国家机关享有权利,是指在私法上享有权利,这种权利与其他私法主体的权利处于平等的地位。一般而言,权利旨在实现权利人的自主利益或意志自由,权力旨在实现公共利益或公共意志;权利是可以不行使或可以放弃的,而权力则必须履行、不可放弃。权利的基础是平等的社会关系,除特殊情况外,权利人不能通过强制性的自力手段救济其受到侵害的权利。权力的基础是不平等的社会关系,其本身就是强制力,表现为一方对另一

---

① 参见〔美〕韦斯利·霍菲尔德:《司法推理中应用的基本法律概念》(修订译本),张书友译,商务印书馆2022年版。

方的支配和控制。①

### (三) 权利的结构

权利的结构需要放在权利人与义务人的关系之中来分析。在结构上,权利通常可以这样来表述:权利人根据一定规范对义务人享有有关客体的某种权利,也可以表示为:S1 根据 R 而对 S2 有关于 X 的 Y 权利。例如张三根据财产法规范,可以按照自己的意愿处理财产事务,不受其他人的干涉或强迫;或者李四根据《民法典》以及有关协议,可以要求王五按期支付货款。这种结构由五个要件组成:

(1) 主体(S1),即享有权利的人(权利主体)。

(2) 对应的义务人(S2),即权利主体对谁主张权利,也就是义务主体。在财产权利的例子中,义务人是除财产权人之外的其他任何人和组织,他们都负有不干涉、不强迫财产权人处理财产事务的义务。在合同权利的例子中,义务人是与李四缔结合同、承担支付货款义务的王五,李四只能够向王五主张收取货款的权利。

(3) 客体(X),即权利,同时也是义务指向的对象。在财产权利的例子中,客体是财产权人处理财产的行为及利益。在合同权利的例子中,客体是合同权利人收取货款的行为及利益。

(4) 内容(Y),即权利的具体内容,包括行为模式、利益种类、限度等方面的内容。在财产权利的例子中,包括占有、使用、收益、处分等权利。在合同权利的例子中,包括按照一定的时间、方式收取货款以及在对方迟延交付时请求利息等权利。

(5) 根据或理由(R),即权利主体对义务主体主张权利所依据的规范和其他理由。权利可能是明确地规定于,也可能是隐含地存在于一定的规范之中。为权利确立根据的过程通常涉及规范的来源、解释和推理。

除了以上要件外,有学者认为权利要件还应包括:构成侵权的条件,侵权行为在何种情况下可宽宥,何为适当救济,何为获取救济的方法,谁可以强制施与救济。② 在这里,我们最好区别权利要件与权利制度的要件。对理解权利概念而言,前面的五个要件基本上已经够用的了。而要理解一项权利制度,还需要掌握这里所说的五个有关侵权与救济的要件。

### (四) 权利的类别

可以从不同角度对权利进行分类。这里阐述几种常见的分类方法。

人们主张权利,其根据或理由可能不同。由此,权利可以分为多个类别。当某种权利具有法律上的根据并为法律所保障时,就是法律意义上的权利,即法律权利。一个非公权力机构的组织或社团的成员根据其组织章程提出权利主张或要求,它们是组织内

---

① 有观点建议把法权作为权利和权力的共同上位概念,参见童之伟:《中文法学中的"权利"概念:起源、传播和外延》,载《中外法学》2021 年第 5 期。

② See Lawrence C. Becker, *Property Rights: Philosophical Foundations*, Routledge and Kegan Paul, 1997, pp. 8-11. 转引自夏勇:《权利哲学的基本问题》,载《法学研究》2004 年第 3 期。

部的权利或会员权利。当权利主张或要求得到习惯或惯例的支持时,它们是习惯意义上的权利。当人们在道德层面上提出权利要求或主张,这些要求或主张得到道德上的证明或者为某种道德观念所支持时,它们是道德意义上的权利。人权是一种什么意义上的权利呢?人权是道德意义上的权利。① 也就是说,人们主张人权,根本上是从道德层面来论证和提出理由的。当然,就法律作为人权保障的手段来说,人权也需要得到法律的承认和保障。

  法哲学上一种常见的分类是把权利分为消极权利与积极权利。通常认为,消极权利是指只要不存在外在的障碍、干预就可以实现的权利;积极权利是指不仅需要不存在外在的障碍或干预,而且需要外在的帮助或协助,才能够实现的权利。我们还可以从权利人的意图及效果的角度来加以区别。权利人的意图可以分为两种情况:一是保护权利下的行为或状态不受干涉、强迫的意图;二是实现权利下的目标或规划的意图。消极权利依赖于第一个意图的存在和成就;积极权利依赖于两个意图的存在和成就。在不同的视角下,同一权利会呈现不同的性质。例如健康权,从权利人保护身体健康不受侵害的意图角度来看,是消极权利;从权利人期望处于健康状态的意图角度来看,是积极权利。法哲学上的这种分类旨在分析国家在权利实现过程中的作用及界限。对于消极权利,国家负有不侵害以及排除侵害的义务;对于积极权利,国家还要采取更积极的措施来促进其实现。

  宪法学或公法学上还流行一种内容角度的分类法,即以权利的内容为标准,把权利分为自由权、政治权、社会权。这种划分与所谓的三代人权有关。从人权发展历史来看,最早出现的人权是"天赋权利"或"自然权利",主要包括生命权、自由权、平等权、财产权、宗教信仰自由等,或者按照美国《独立宣言》的说法,包括"生存权、自由权和追求幸福生活的权利"。人们为了保障这些权利不受政府的干涉,进而主张政治自由和权利,包括言论出版自由、集会游行示威自由、结社自由、选举权和被选举权、知情权等。大部分的这些政治自由和权利都在资产阶级革命期间提出过,并在革命成功以后得到了一定程度的承认和实施。在19世纪末和20世纪初,在西方主要国家,这些权利逐渐扩展到妇女、黑人和少数民族,成为第二代人权。在20世纪,特别是在第二次世界大战以后,兴起了一系列的新型权利,主要是经济社会文化权利,例如劳动权、获得基本生活保障的权利、受教育权等。英国社会学家马歇尔(T. H. Marshall)从公民身份的角度理解公民权,所谓公民身份是赋予共同体成员的地位(status),所有拥有这种地位的人就这种地位所授予的权利和义务而言是平等的。公民身份包括三个基本维度或者说三个组成要素,即民事的、政治的和社会的要素,亦即民事权、政治权和社会权。民事的要素由个人自由所必需的各种权利组成,包括人身自由,言论、思想和信仰自由,占有财产和签署有效契约的权利以及寻求司法救济的权利。与民事权最直接相关的机构是法院。政治的要素是作为政治权威机构的成员或此种机构成员的选举者参与行使政治权力的

---

  ①  参见沈宗灵:《人权是什么意义上的权利》,载《中国法学》1991年第5期。

权利,与其相对应的机构是国会和地方政府的议会。至于社会的要素,是指从享受少量的经济和安全的福利到充分分享社会遗产并按照社会通行标准享受文明生活的权利等一系列权利,与之最密切相关的机构是教育系统和社会服务体系。①

以权利的内容为标准,还可以把权利划分为实体性权利和程序性权利。实体性权利是指影响到权利人实际利害关系、以实际的利益要求为内容的权利,例如生命权、人身自由权、财产权、名誉权等。程序性权利是指涉及实体性权利行使、救济、保障等问题的权利,例如辩护权、沉默权、获得律师帮助的权利。

## 二、利益论与意志论

利益论与意志论是有关权利特别是法律权利的两种不同的概念性理论。它们争论的问题是,权利的性质或目的是什么,或者说权利到底要保护什么。

利益论的代表是边沁、拉兹等人。根据这种理论,权利的本质在于对权利持有人的利益或福祉的某些方面的规范性保护。某人提出权利要求,是因为所要求的东西对他有利;某人提出诉求,是因为他的利益被侵害。不论权利客体是什么,对权利人来说,它总是一种利益。离开了利益,权利就是空无所有了。这里有一个疑问:我履行一项义务,可能有很多人会由此而获得利益,但是我们不能说这些人都有权利要求我履行义务。不过,这个疑问不难解决。根据利益论,存在着直接利益和间接(结果)利益之分,只有某项行为的直接受益者才拥有权利。直接受益者是这样的人,其利益的保护是他人义务的核心理由。直接受益者就是利益的主体,也是权利人。举例说,你的名誉就是你所拥有的利益,其他人负有不侵害你的名誉的义务,这种义务的直接受益者当然就是你了。这就意味着你有名誉权。当然,你的名誉利益得到了保障,你的亲朋好友也感到欣慰,但是他们并不拥有你的名誉权。权利是义务的规范基础,当对甲的利益的保护非常重要,以至于构成了给乙施加义务的充分理由时,就可以说甲拥有权利。②

利益论的特点是认为一个人有没有权利,取决于他有没有值得尊重和保护的利益,而不是取决于他的意志自由和控制能力,以及他在主观上有没有认识到他的权利。由此带来一个优点,即利益论更有利于保护特殊群体,例如未成年人和精神障碍者。他们没有成熟的意志判断和控制能力,难以有效地行使意志自由,但是他们有需要保护的利益,因而拥有权利。利益论也受到了批评,特别是来自意志论者的批评。其中一个批评是,利益论不能解释有的权利并不能给权利人带来利益,特别是那种以第三人受益为目的的权利。例如张三雇佣李四去照顾他的母亲,张三对李四的劳动享有权利,但是这一权利所促进的并非张三的利益,而是张三母亲的利益。

主张意志论的一般根据是:法律目的在于赋予人们以最大限度的自我主张,权利是

---

① 参见〔英〕T. H. 马歇尔:《公民身份与社会阶级》,刘训练译,载《公民身份与社会阶级》,郭忠华、刘训练编,江苏人民出版社2007年版,第6—15页。
② 参见〔英〕约瑟夫·拉兹:《公共领域中的伦理学》,葛四友主译,江苏人民出版社2013年版,第310页。

人的意志的内在属性。第二次世界大战后新分析法学派代表人物哈特就持有意志论。他认为,说一个人有权利,意思就是法律或道德在有关对象或关系上承认某个人的意志(或选择)优于他人的意志和选择。拥有一项权利也就是拥有一项为法律所尊重的选择。所以意志论亦称选择论。按照这一理论,权利赋予权利人在一定范围内对他人义务的控制权。如果我有权利,那么在一定范围内其他人的义务取决于我的选择。如果我有健康权,那么你的挥动拳头的自由就止于我的鼻尖,你负有不侵害我的健康的义务。我可以主张我的权利,我也可以免除你的义务,甚至在你侵害我的时候免除你赔偿的责任。哈特把权利人称为小型主权者:"依据法律,某个人被给予对另一个人义务或多或少广泛的专有控制,以至于在义务所涵盖的行为领域,拥有权利的人对于义务人而言是一个小型主权者。"[①]

意志论的特点是认为,一个人有没有权利,取决于他是否具有在法律上或道德上受到尊重和保障的自主选择或意志自由。权利所保护的是那些应当得到尊重的自主选择或意志自由。意志论的优点也就在于突出强调对权利人自主性的重视。它也受到了批评,特别是来自利益论者的批评。一个重要的批评是,它无法解释为什么人们广泛认为未成年人、精神障碍者,甚至胎儿也有一定范围的权利,以及存在一些所谓"不可放弃的"权利。[②] 还有一种批评认为,意志论是逻辑不自洽的理论,它重视个人的自主性,却又允许个人放弃他的自主性。

两种理论都有道理,也都有不足。表面上,它们的区别在于它们的解释力和解释范围的不同,在于它们用以概括和揭示权利核心特征和性质的概念——"利益""意志"的不同。更深入地看,它们的区别还在于它们可能具有不同的社会秩序理想图景,特别是个人与共同体关系的理想图景。按照奈杰尔·西蒙茨的观点,这场争论可以最后理解为激发更宽泛的关于社会秩序的相互冲突的观点。由是观之,意志论以康德派的社会图景为基础,在这种图景中正义原则和社会规则起源于理性的同意,所有个体都拥有平等的权利。公法不同于私法,较少体现自主选择,个人的自主选择在私法领域受到尊重并且得到强制执行。相反,利益论反映了一种洞见,即并非所有利益都可以调和并达成一致,只能由立法者来规定一种合理的利益秩序。[③]

### 三、权利在社会历史中的作用及演变

现代意义上的权利概念首先出现于西方的法律思想和实践中,前提是"个人的发现"。个人的发现有一个过程。在古代和中世纪时,人主要是作为氏族成员、宗教信徒

---

① H. L. A. Hart, *Essays on Bentham: Studies in Jurisprudence and Political Theory*, Oxford University Press, 1982, p. 183.

② 例如《民法典》第 992 条规定,人格权不得放弃、转让或者继承。不过有观点认为,不可放弃的权利是不成立的。参见陈景辉:《不可放弃的权利:它能成立吗?》,载《清华法学》2020 年第 2 期。

③ See N. E. Simmonds, "Rights at the Cutting Edge", in Matthew H. Kramer, N. E. Simmonds and Hillel Steiner, *A Debate Over Rights: Philosophical Enquiries*, Oxford University Press, 1998, pp. 133-232. 转引自〔美〕布赖恩·比克斯:《法理学:理论与语境(第四版)》,邱昭继译,法律出版社 2008 年版,第 156—157 页。

和团体分子被看待的。也就是从人的社会身份来看待人,而不是从人本身来看待人。在中世纪向近代转变的过程中,主要是由于现代经济关系(其法律形式是契约关系)的兴起和发展,强调个人可以直接与上帝相沟通的新教改革运动以及具有人文主义思想的文艺复兴运动,"个人"出现了,人们逐渐地把人界定为个体的存在。在《古代法》中,梅因指出,"所有进步社会的运动,到此处为止,是一个'从身份到契约'的运动"①。这句话反映了西方社会的一个历史进程。在中世纪的意识形态中,"身份"具有极端的重要性。它是人们获取特权或担负义务的主要途径,是人与人之间的分水岭,是人与人之间一切差别的根源。人与人之间的关系根据身份的等级而定,政治法律制度建立在这个基础之上。现代生产关系的兴起和发展,推动契约被广泛使用,并逐步取代身份成为社会组织的基础。社会逐步向这样一个秩序阶段发展:主要的法律关系产生于平等个体的自由约定。在这种法律关系中,契约表现的是人与人之间的交换关系;意思自治的具有主体地位的自由人是契约订立的基础;平等互惠的交往是理想的交往形式。这样,作为交往主体的个人必须摆脱宗教和世俗的身份对于个人人身自由的限制。这时的人是"绝对"自由的,也是个别的、利己的。由此,意思自治的个人之间的契约关系日益成为编织社会秩序网络结构的主要经纬。布克哈特在《意大利文艺复兴时期的文化》中说:

> 在中世纪,人类意识的两方面——内心自省和外界观察都一样——一直是在一层共同的纱幕之下,处于睡眠或者半醒状态。这层纱幕是由信仰、幻想和幼稚的偏见织成的,透过它向外看,世界和历史都罩上了一层奇怪的色彩。人类只是作为一个种族、民族、党派、家族或社团的一员——只是通过某些一般的范畴,而意识到自己。在意大利,这层纱幕最先烟消云散;对于国家和这个世界的一切事物做客观的处理和考虑成为可能的了。同时,主观方面也相应地强调表现了自己;人成为精神的个体,并且也这样来认识自己。②

随着个人的出现,混沌一体的人类生活结构逐步演化分离出国家与社会两个领域。在欧洲中世纪的早期,在封建采邑制度下,私人事务和公共事务融为一体,彼此界限模糊不清。封建领主既是公共权力的最高代表,又是最有势力的私人利益主体。各地领主与国王的关系是一种私人依附关系,但是这种私人关系又是国家结构中中央与地方的公共关系。国王的家事就是国事。在中世纪中后期,自治城市兴起并逐渐摆脱封建领主的控制,由于现代生产关系的发展和市民阶级的形成,也由于欧洲封建社会本身所具有的多权力中心的特征(例如存在着国王、贵族或领主、教会等),市民社会和政治国家的分离开始了。所谓"分离",实际上是在原先的国家—社会的一体结构中生长出一种要求自主的、以市民阶级为主导的社会力量。人们把这种社会力量所形成的新的社

---

① 〔英〕梅因:《古代法》,沈景一译,商务印书馆1959年版,第112页。
② 〔瑞士〕雅各布·布克哈特:《意大利文艺复兴时期的文化》,何新译,商务印书馆1979年版,第125页。

会结构称为"市民社会"。市民社会的形成改变了原来的国家—社会一体结构。到 18 世纪工业革命以后,在欧洲主要国家,这种社会力量演变成强大的成熟的中产阶级,成为社会的主体力量,市民社会成为稳定的社会结构。在市民社会生长的过程中,在社会获得了自主性的同时,国家也"分离"出来,成为相互竞争的多元利益群体之上的"超然的"、代表"普遍"利益的政治结构。获得自主性的社会又要进一步控制国家政治结构的运作,以保障和促进其成员的利益,因此必须建立一套程序性的制度,以实现他们的政治参与诉求。

在这一过程中,权利兴起了。它的历史意义就在于划分国家与社会,划分个人自主行动领域与国家权力运作领域。"权利"是刻画社会自治领域的边界和逻辑、表达社会自主利益和需求的话语。而"权力"是刻画国家行动领域的边界和逻辑、表达公共利益和意志的话语。这种划分的具体方式就是把同一个人划分为市民社会的具体现实的私人和政治领域中抽象的公民,分别赋予自由权和政治权。在这一过程中,权利发挥了两个作用:区分和排他。权利把"你的""我的"区分开来,"你的"权利排除"我"的支配,"我的"权利也排除"你"的支配。不管一个人作为私人在市民社会中是何种身份,具有何种经济势力,他作为公民在政治上是与其他公民平等地行使政治权的,任何一个公民的权利既不比别人多,也不比别人少。如何行使政治权,取决于每个公民自己的判断和选择,不受那些身份高贵者或经济强势者的支配。这样,权利区分了国家与市民社会。同时,权利也区分了市民社会与国家。每个私人都平等地享有与生俱来、不可剥夺的自由权,不管他是否作为国家官员掌握政治权力,或者作为一个公民是否属于政治上的多数。这形成了一种屏障,在一定程度上防御了来自国家的侵入和侵犯,保障了市民社会成员的人身、财产和宗教信仰等私人利益。在此,国家的作用就是处理公共事务,保障公共利益,而不能任意干预市民社会的自发运行和市民私权利的自由行使。

马克思通过对这一时期欧洲社会结构演变的考虑,研究了权利的历史作用。他认为,权利的存在及作用取决于历史条件:

> 权利决不能超出社会的经济结构以及由经济结构制约的社会的文化发展。在共产主义社会高级阶段,在迫使个人奴隶般地服从分工的情形已经消失,从而脑力劳动和体力劳动的对立也随之消失之后;在劳动已经不仅仅是谋生的手段,而且本身成了生活的第一需要之后;在随着个人的全面发展,他们的生产力也增长起来,而集体财富的一切源泉都充分涌流之后,——只有在那个时候,才能完全超出资产阶级权利的狭隘眼界,社会才能在自己的旗帜上写上:各尽所能,按需分配!①

在一定历史条件下,权利的历史进步意义主要表现在:其一,通过解放生产力、推动生产力的不断发展而促进人的自主性;其二,通过消除人的差别的社会意义和政治法律意义而促进人的自主性。如果在未来的人类社会,权利的解放作用已经穷竭而变成了

---

① 《马克思恩格斯文集》(第 3 卷),人民出版社 2009 年版,第 435—436 页。

个人发展的桎梏,那么权利观念和制度就失去了用武之地,也就消失了。那时,国家复归于社会,公民复归于人,人与人的结合代替人与人的分离。"自由不再是一种否定和保护,不再是自我与他人的分界线,而会成为个人与他人联系在一起的积极力量。平等不再是与私人个体作抽象对比,而是在强大的社会里倾情参与。所有权不再是排他性权利,而是社会公共的财产权。"① 也许这就是共产主义社会。

　　古代中国并没有发生国家与社会的分离。"礼法合一"反映的是"家国一体"。"礼"与"法"、"家"与"国"彼此界限模糊不清,基本原则具有同构性质。国家具有非常强大的控制与渗透能力:"普天之下,莫非王土;率土之滨,莫非王臣。"尽管在大多数朝代正式的政府机构只设到县一级,但是这并不意味着乡野社会就存在着独立的社会力量和自主的社会空间。明朝时期出现的资本主义生产关系萌芽受到官府的压制,到了清朝末期打开国门之后才获得一定的发展空间。到1949年中华人民共和国成立时,商品经济的发展并不充分,自给自足的小农经济是主要的经济形态。独立自主的个体并没有成为社会结构的基本要素。社会主义改造之后、改革开放之前,中国是一个大一统的一元化社会,政治、经济、意识形态三个权力中心高度重叠。整个社会的资源——包括土地、全部有形财富、收入等物质性资源,权力、声望等关系性资源,教育、信息等文化性资源全部由政府垄断和配置。整个社会没有中介组织。农民生活在人民公社体制下,主要靠工分生活。城市居民则生活在单位制度下,依靠级别工资生活。改革开放以后,社会逐渐获得了自主意识,而国家也从过去所承担的全面职能中解脱出来,集中力量去做那些属于宏观调控和提供服务的事务。这样,社会与国家有了一定程度的分离。社会的自主性有了增强。改革开放以来的权利观念和制度建设就是发生在这样的背景之下。

　　当代中国是否需要、在多长时间内还需要权利观念和制度,同样取决于她的历史条件。她不是建立在生产力充分发达的历史条件之上的,物质和精神产品不能够像泉水那样大量涌出满足所有人的需要,还需要实行生活资料的私有制。她不是建立在市场经济充分发展的历史条件之上的,她为了发展和解放生产力而实行市场经济,市场经济的运行则需要权利制度的保障。她实行间接民主制度,还存在职业官员发展为官僚集团以及国家可能为市场经济中强势集团俘获的危险。她也不是建立在权利的意识和制度已经充分发展的历史条件之上的,人们的民主意识和道德水平不是非常高,侵害他人利益和公共利益的行为仍有发生。一定的观念和制度需要与一定的社会、经济状况相适应。在社会主义初级阶段,不仅不能消灭,反而应当促进权利观念和制度。权利的充分发展和实现是人类进入共产主义社会、实现人类解放的前提条件。社会主义社会同样是通过解放生产力、推动生产力的不断发展,通过消除人的差别的社会意义和政治法律意义来促进人的解放。人类解放是社会不再需要权利、权利逐步消失的自然过程。

---

① 〔英〕科斯塔斯·杜兹纳:《人权的终结》,郭春发译,江苏人民出版社2002年版,第173页。

## 第二节　法律义务

### 一、义务的概念

义务是指法律关系主体必须这样行为（作为）或者不这样行为（不作为）。义务也有多种含义，这里指法律义务。道德义务的含义更加宽泛，不仅包括对行为的约束，而且包括对内心活动的约束。义务是约束、要求，通常意味着对于主体的不利益或负担。但是在法律上，特别是在道德中，存在着对于主体而言有利的义务。

在法律中，义务通常指自然人、公民、非国家机关的法人和社会组织必须这样行为或不这样行为。在私法法律关系中，一方主体按照另一方的要求必须怎样行为或不得怎样行为，这称为义务。在公法法律关系中，相对于国家机关的一方必须怎样行为或不得怎样行为，也称为义务；国家机关及国家工作人员的职责或职务相当于义务。法律规定了某种行为的法律责任或处罚措施，可以推论规定了不得从事这种行为的义务。

在法律中存在权义复合规范。这种规范有两种类型。一种是授予权利亦施予义务的规范，例如《宪法》规定，劳动、受教育是公民的权利和义务；《民法典》第1068条规定，父母有教育、保护未成年子女的权利和义务。这种情形下，权利、义务是在不同层面上或针对不同对象而言的。另一种是授予权力亦施予义务的规范。授予国家机关或国家工作人员权力的规范同时也是义务性规范，相关主体有权作出一定行为，同时作出这些行为又是其不可推卸的义务。

### 二、义务的逻辑关系

义务的逻辑关系是指义务在法律关系的形式层面中的地位和作用。法律关系可以简化为两种基本类型：权利和义务关系，权力和义务关系。义务在它们中的逻辑关系是相同的，意即义务与权利之间、义务与权力之间都具有结构上的对立统一关系、功能上的对应合成关系。以下仅说明义务与权利之间的逻辑关系。

1. 结构上的对立统一关系

在法律关系的结构中，权利、义务是对立统一的关系。权利意味着允许、自由或利益，义务意味着要求、约束或负担。若权利表现为甲可以做某事或者不做某事，义务就表现为其他人不得干涉甲做某事，或者强迫甲做某事。若权利表现为甲可以要求乙做某事或者不做某事，那么义务就表现为乙必须做某事或者不做某事。它们是两个相互排斥的对立面。然而，它们通常又相互联系，相互依存，相辅相成，统一于法律关系之中，共同维系了法律关系的存在。

2. 功能上的对应合成关系

权利的行使离不开义务的履行。义务的履行离不开权利的行使。它们互为对方实现的功能条件。权利的行使与义务的履行结合在一起，推动了法律关系的动态演变。

### 三、义务的价值关系

义务的价值关系是指在法律关系的实质层面，或者说在法律所调整的社会关系中义务与权利相比较，哪一个更加重要，更加根本。在这方面，存在着不同的观点。

#### （一）国内有关法的本位的争论

20世纪80年代末90年代初，国内法学界就权利与义务的关系进行讨论，提出了三种观点：权利本位论、义务重心论、权利义务本位（或权利义务无本位）论。

（1）权利本位论认为，全部法的问题都可归结为权利义务。法是以权利为本位的，即法以权利为其起点和重心。在权利与义务的关系上，权利是目的，是第一性的；义务是手段，法律设定义务的目的应当在于保证权利的实现；义务是权利的对象化，通过权利表现自身价值，义务来源于、服务于并从属于权利。

（2）义务重心论认为，关于法本位的讨论应严格局限在实在法效用的实现借助于何种规范手段的范围内，当法的价值目标已经确立而实际的法律规范体系却背离它时，对于法学家而言，就必须考虑如何改造法律规范体系使之与已设立的价值目标相一致，而不是去提问"法律权利应该是什么"或解决以什么为法的本位的观念问题。法律实际上被遵守才具有实效。因此法的重心在于义务，义务比权利更具有决定意义和更大的实用价值。

（3）权利义务无本位论认为，权利和义务都是法的核心问题，不存在以谁为本位的问题。撇开法律赋予谁以权利和施加谁以义务这一本质问题，讨论法以什么为本位是没意义的。本位论的根本缺点在于将权利义务关系绝对化，是以重点论否定两点论。事实上不存在固定的权利本位或义务本位，作为矛盾统一体的各方地位依条件而变化。①

相较而言，权利本位论得到了广泛的认同。权利本位论更加符合当代中国社会经济发展的需要和人们的愿望，其法律实践意义可概括为以下方面：(1) 权利主体在行使权利时只受法律规定的限制，限制的目的在于在整体上保障权利体系的存在和实现。(2) 在法律没有明文禁止和强制的情况下，可作出权利推定，即推定有权利（自由）去作为或不作为。(3) 人们在享有权利、成为权利主体的前提下，应承担相应义务，在行使

---

① 关于这三种观点的归纳总结，参见吕世伦、张学超：《权利义务关系考察》，载《法制与社会发展》2002年第3期。

权利和履行义务的实践中实现权利义务的一致性。①

（二）国际上的有关争论

《世界人权宣言》注意到了权利与义务的关系。在规定了一系列的权利之后，第29条规定：

  （一）人人对共同体（the community）负有义务，因为只有在共同体中他的个性才可能得到自由和充分的发展。

  （二）人人在行使他的权利和自由时，只受法律所限定的限制，限定此种限制的唯一目的在于保证对他人的权利和自由给予应有的承认和尊重，并在一个民主的社会中适应道德、公共秩序和普遍福利的正当需要。

  （三）这些权利和自由的行使，无论在任何情况下均不得违背联合国的宗旨和原则。

权利与义务关系的社会基础是个体与共同体的关系。西方政治法律思想传统上存在着两种对立的观念，一种认为个体价值高于共同体价值，另一种认为共同体价值高于个体价值。总体而言，自由主义倾向于前者，社群主义倾向于后者。

自由主义相信，正当优先于善，权利优先于义务。这种思想以康德的道义论伦理学为基础。康德认为，人不能仅仅被当作别人目的的手段，或者自己目的的手段，而应被珍视为自身的目的。罗尔斯等人沿着康德的思路，围绕着正义这一核心范畴指出："每个人都拥有一种基于正义的不可侵犯性，这种不可侵犯性即使以整个社会的福利之名也不能逾越。因此，正义否认为了一些人分享更大的利益而剥夺另一些人的自由是正当的，不承认许多人享受的更大利益能绰绰有余地补偿强加于少数人的牺牲。所以，在一个正义的社会里，平等公民的各种自由是确定不移的，由正义所保障的权利绝不受制于政治的交易或社会利益的权衡"，"自由只能为了自由的缘故而被限制"。② 自由主义的契约范式假设了自由而平等的个体作为契约当事人，每个人对契约本身和契约内容都具有否决权。诺齐克强调："个人是目的而不仅仅是手段；他们若非自愿，不能够被牺牲或被使用来达到其他的目的。个人是神圣不可侵犯的。"③德沃金认为："个人权利是个人手中的政治护身符。当由于某种原因，一个集体目标不足以证明可以否认个人希望什么，享有什么和做什么时，不足以证明可以强加于个人某些损失或损害时，个人便享有权利。"④

社群主义的基本思想是个体存在于共同体之中，个体价值最终是由他对共同体的参与和贡献所决定的，无法脱离共同体来界定个体及其价值。社群主义认为，自我不是

---

 ① 权利本位论的代表性作品，参见张文显：《"权利本位"之语义和意义分析——兼论社会主义法是新型的权利本位法》，载《中国法学》1990年第4期；郑成良：《权利本位说》，载《政治与法律》1989年第4期。
 ② 〔美〕约翰·罗尔斯：《正义论》，何怀宏、何包钢、廖申白译，中国社会科学出版社1988年版，第1、237页。
 ③ 〔美〕罗伯特·诺齐克：《无政府、国家与乌托邦》，何怀宏等译，中国社会科学出版社1991年版，第39页。
 ④ 〔美〕罗纳德·德沃金：《认真对待权利》，信春鹰、吴玉章译，中国大百科全书出版社1998年版，第6页。

一个空洞的、没有历史和文化内涵的概念。自我是社群有机体的一个组成部分，是由个体所处的社会历史文化环境构成和塑造的。社群主义者把自由主义的个体观念称为原子主义。这种原子主义是一种不真实的观念，"人们不会孤立地或在完全客观的环境中茁壮成长，把人当人看，就是要承认一个人的性格是在与他人的交往中形成的，是一个有同伴和家庭分享快乐和痛苦的人"①。桑德尔分析了三种共同体观念。一种是工具型的，即共同体是个人追求利益的工具。第二种是情感型的，个人认同并受共同体情感的约束。这两种都是个人主义的。他倾向于第三种构成型的共同体观念，即共同体构成、界定了个体。社群主义重视对公共生活的参与、与社群的互动和共同善，认为个体的价值形成于参与公共生活、成为社群一分子的活动和过程中，并不是形成于一个由其孤独的意志所控制的虚无缥缈的空间之中。社群主义指责说："自由主义作为我们所熟悉的一种西方传统，它缺乏责任伦理。它关注的焦点在于自由和权利，而对义务和责任关注不够。"②社群主义强调义务和责任，主张权利与义务的有机结合或平衡。

马克思在《政治经济学批判序言》中指出，"法的关系正像国家的形式一样，既不能从它们本身来理解，也不能从所谓人类精神的一般发展来理解，相反，它们根源于物质的生活关系"③。权利与义务的价值关系并不是静态的和模式化的。它受到经济关系、社会结构以及文化传统等因素的影响而呈现出不同的内涵和特点。权利优先于义务，还是义务优先于权利，哪一种会成为主流观念并呈现更强的说服力，取决于这些因素的综合影响。当这些因素发生变化，它们的价值关系也会发生变化。权利优先的观念可能更适合于需要个人自主、存在利益多元的社会，而义务优先的观念则适合于具有更多一体化特征的社会。

## 第三节　法律责任

### 一、法律责任的概念

在现代汉语中，责任具有多种不同的含义，大致可以分为广义和狭义两类：广义的责任泛指对行为的要求、约束和担当，与"义务"相当；狭义的责任是指承担行为的后果，特别是不利后果。一般认为，法律责任属于狭义的责任范畴。

在英语中，对应汉语责任一词的有 responsibility 和 liability。哈特区分了

---

① 〔美〕菲利普·塞尔兹尼克：《社群主义的说服力》，马洪、李清伟译，上海人民出版社 2009 年版，第 42 页。
② 同上书，第 9 页。
③ 《马克思恩格斯全集》(第 31 卷)，人民出版社 1998 年版，第 412 页。

responsibility 的四种含义:即:(1)角色责任(role-responsibility),是指一个人因为在社会组织中担任或占据一定的职位、地位而应负的责任;(2)因果责任(causal-responsibility),指一个人对其行为所致的结果负责;(3)法律责任(liability-responsibility),指根据法律规则,违法者因其违法行为而应受到的惩罚,或被迫承担的赔偿;(4)能力责任(capacity-responsibility),是指某人具有正常的理性能力(思考、理解和控制行为的能力),因而需要对行为负责。第三种就是法律责任。其他三种责任是法律责任的构成条件或承担条件。①

国内学界对法律责任的界定或阐释中比较有影响的主要有两种观点:特殊义务说、不利法律后果说。特殊义务说把法律责任界定为行为人违反第一性法律义务而引致的第二性法律义务。它认为,法律责任是"由特定法律事实引起的对损害予以补偿、强制履行或接受惩罚的特殊义务,亦即由于违反第一性义务而引起的第二性义务"②。例如一个人如果没有履行第一性的合同义务就应承担第二性的赔偿损失、支付违约金等特殊义务。特殊义务说揭示了通常意义上法律义务与法律责任之间的因果联系以及二者的相似性。但是这一界定易于使人忽视法律责任与通常意义上法律义务的区别。通常意义上的法律义务是可以主动承担的,法律责任(特别是刑事和行政责任)往往是被动施予的,或者说是与法律制裁相联系的。而且,有的法律责任并非由行为人违反法律义务所导致,而是立法者基于社会正义的考量对风险的分配,例如《道路交通安全法》第76条所规定的机动车一方承担"不超过百分之十"的赔偿责任。这样的责任规范在现代法律中为数不少。

不利法律后果说认为,法律责任是"行为人由于违法行为、违约行为或者由于法律规定而应承受的某种不利的法律后果"③。这一界定准确地揭示了法律责任的本质,即不利法律后果,符合当代中国法律文本和实践对法律责任的主流认知和标准用法。责任与后果紧密相连,本义是对可能出现的不利后果的承担,法律责任就是对法律上的不利后果的承担。不利法律后果包括但不限于哈特所说的"应受到的惩罚,或被迫承担的赔偿",更具一般性。这一界定也全面概括了法律责任产生的原因:违法行为、违约行为和法律规定。

法律责任应当如何设定、归结和追究? 通常认为,应符合以下基本原则:其一,合法性原则,即法律责任应通过法律来设定,以及在实践中归结和追究法律责任应当符合法律规定。其二,公正性原则,即法律责任的设定应当公平合理,实践中的归责和追究应当做到在法律框架内的公平合理,使行为人所承担的责任与危害结果、主观恶性相适应。其三,主客观相统一原则,即不仅应关注行为人的行为及其危害的客观表现,还应关注行为人的主观状态。

---

① See H. L. A. Hart, *Punishment and Responsibility: Essays in the Philosophy of Law*, 2nd Edition, Oxford University Press, 2008, pp. 210—230.
② 张文显主编:《法理学》(第5版),高等教育出版社2018年版,第164—165页。
③ 沈宗灵主编:《法理学》(第4版),北京大学出版社2014年版,第336页。

## 二、法律责任与有关违法原因的主要理论

如何在立法中设定法律责任、如何在实践中归究和追究责任才公正合理？这受到诸多因素的影响，特别是受到有关违法原因和惩罚目的的认识和观念的影响。

违法行为是法律责任产生的主要原因。广义的违法行为包括犯罪行为，通常关于违法原因的探讨集中在犯罪行为，形成了诸多的理论。这些理论基本上可以借用来认识违法的原因。其中主要有自由意志论和因果决定论。

自由意志论认为，犯罪是人类基于自由意志所作出的理性选择。这种理论有两个前提。第一，人是自私而理性的。人总是追求自己的利益，倾向于按照利益最大化的方针而行为。第二，人的意志是自由的。做什么行为、不做什么行为，是人的意志可以控制的。因此人为了追求自身利益而实施犯罪就应当接受惩罚。这种惩罚是他可以预计到的，而且对他的惩罚恰恰是对他作为具有自由意志的人的尊重。18 至 19 世纪主要流行于欧洲的古典刑事学派提出这种理论，代表人物主要有贝卡利亚、康德、黑格尔、费尔巴哈等人。

因果决定论在自由意志外寻找违法犯罪的原因。由于所寻找的原因不同，又可以分为身心结构决定论、社会环境决定论和物质生活条件决定论。

身心结构决定论认为，犯罪是由个体特定的生理心理结构所决定的。意大利犯罪学家龙勃罗梭提出天生犯罪人论。他认为，犯罪人具有特定的、异于常人的生理和心理特征；犯罪天赋是具有遗传性的；犯罪人是一种人类学上的返祖现象，是蜕变到低级形态的原始人类型。龙勃罗梭后期著作《犯罪及其原因和矫治》中的观点有所变化，承认犯罪原因的复杂性，不能以其中一个原因代替所有原因。但是他的天生犯罪人理论具有更广泛的影响。

社会环境决定论认为，犯罪是由于包括社会环境在内的诸多因素综合作用而造成的，其中社会环境是主要因素。刑事社会学派反对把自由意志作为犯罪的原因，甚至否认自由意志的存在，认为犯罪原因是综合性的，比较重视犯罪的社会原因。代表人物有法国人菲利、德国人李斯特等。这一学派兴盛于 19 世纪末 20 世纪初。菲利继承了龙勃罗梭的一些观点，但是更强调社会因素，他在《犯罪社会学》中提出犯罪原因三元论：犯罪是由多种原因引起的，主要包括个人因素、自然因素、社会因素。个人因素包括罪犯的生理状况、心理状况、个人状况（生物学状况和生物社会学状况），自然因素包括地理和农业状况，社会因素包括社会、经济、文化等状况。①

物质生活条件决定论是根据马克思、恩格斯的论述提出的。马克思、恩格斯在《德意志意识形态》中指出："犯罪——孤立的个人反对统治关系的斗争，和法一样，也不是

---

① 参见〔意〕恩里科·菲利：《犯罪社会学》，郭建安译，商务印书馆 2018 年版，第 49—50 页。

随心所欲地产生的。相反地,犯罪和现行的统治都产生于相同的条件。"①这些相同的条件就是"那些决不依个人'意志'为转移的个人的物质生活,即他们的相互制约的生产方式和交往形式"。②

在这些理论中,自由意志论、社会环境决定论是两种相互对立、影响较大的理论,它们在批评和反批评中不断修补,至今仍是解释违法犯罪原因的主要理论。大多数自由意志论者倾向于严格地设定和追究违法犯罪行为的法律责任,让行为人自身承担所应承担的法律责任,对行为人较少抱有宽宥、仁慈的态度,而且认为合理地设定法律责任、使潜在违法犯罪人的预期成本大于预期收益是阻止和减少违法犯罪的主要手段。社会环境决定论者则通常把部分的责任归咎于行为人所处的家庭和社会环境,主张把惩罚和改造结合在一起,提出了假释、非监禁刑、恢复型司法等的构想和措施把社会环境改善作为阻止和减少违法犯罪的根本途径。

### 三、法律责任与有关惩罚目的的主要理论

有关惩罚目的的理论也影响着法律责任(至少是刑事责任)的设定和归结。在这方面,功利主义和报应主义形成了两种对峙的理论。

莫里森将这两种理论有关惩罚问题的观点归纳为若干简明扼要的命题。③古典功利主义立场可概括为如下命题:

(1) 惩罚某人的唯一可接受的理由就是,惩罚他将有助于预防或减少犯罪;

(2) 以某种方式或在某种程度上惩罚某人的唯一可接受理由就是,这种方式或程度最有可能减少或预防犯罪;

(3) 只有当惩罚是预防或减少犯罪的最好办法时,才可以施加惩罚。

针对古典功利主义的上述每一个命题,报应主义都有一个对立的命题:

(1) 惩罚某人的唯一可接受的理由是,他犯下了一桩罪行;

(2) 以某种方式或在某种程度上惩罚某人的唯一可接受理由是,这种惩罚是他所应得的;

(3) 无论谁犯了罪,都必须受到应得的惩罚。

边沁是古典功利主义的代表人物。在他看来,政府唯一正确和正当的目的是促进最大多数人的最大幸福。对违法犯罪的追究也应当以此为目的。所有惩罚都是损害,所有惩罚本身都是恶,因为它引起苦痛。如果它被允许,那只是因为它有可能排除更大的恶。因此,在施加惩罚的情形下,惩罚的值应当与行为的恶相适应。具体而言,在任何情况下,惩罚之值皆须不小于或足以超过罪过收益;罪过的害处越大,以惩罚方式可

---

① 《马克思恩格斯全集》(第3卷),人民出版社1960年版,第379页。
② 同上书,第377页。
③ 参见〔英〕韦恩·莫里森:《法理学:从古希腊到后现代》,李桂林等译,武汉大学出版社2003年版,第153—156页。

能值得付出的代价也就越大;在两项罪过彼此竞争的场合,对那项较大的罪过的惩罚必须足以诱导一个人宁愿去犯那项较小的罪过。在下列情况下不应当施加惩罚:

(1) 惩罚无理由,即不存在要防止的损害,拟惩罚的行为总的来说是无害的;

(2) 惩罚必定无效,即不可能起到防止损害或预防犯罪的作用;

(3) 惩罚无益,或者说代价过高,即惩罚造成的损害将大于它要防止的损害;

(4) 惩罚无必要,即损害不需惩罚便可以防止或自己停止,亦即以较小的代价便可防止或停止。①

按照功利主义原理,法律责任及其实施可以看作社会或政府对于违法行为者的要价,这个要价不能太低,也不能太高。通常所谓"违法成本太低"就是低于预期违法收益,这不能阻止犯罪动机。但是"严刑峻法"未必有助于提高社会的幸福总额。孟德斯鸠在《论法的精神》里提出:"在我们国家里,如果对一个在大道上行劫的人和一个行劫而又杀人的人,判处同样的刑罚的话,那便是很大的错误。为了公共安全起见,刑罚一定要有一些区别,这是显而易见的。在中国,抢劫又杀人的处凌迟,对其他抢劫就不这样。因为有这个区别,所以在中国抢劫的人不常杀人。在俄罗斯,抢劫和杀人的刑罚是一样的,所以抢劫者经常杀人。他们说'死人是什么也不说的'。在刑罚没有区别的场合,就应该在获得赦免的希望上有些区别。在英国,抢劫者从来不杀人,因为抢劫者有被减为流放到殖民地去的希望;如果杀人的话,便没有这种希望。"②在惩罚抢劫犯方面,古代中国的刑法不如古代俄罗斯的刑法严厉,但是比俄罗斯的效果好得多,"在中国抢劫的人不常杀人",抢劫案的被害人更有可能活下来。

康德是古典报应主义的代表人物。他的报应主义观点以他的道义论伦理学为基础。在他看来,"司法的惩罚永远不能仅仅作为促进另一种善的手段而为了犯罪者本人或者为了公民社会来实行,而是在任何时候都必须仅仅是因为罪犯犯了罪而施加于他的;因为人绝不能仅仅作为手段而被用于一个他者的意图"③。这样,出于惩罚之外的其他目的,无论在结果上减免还是加重一个人的法律责任,都是把他作为手段来看待,都是违反正义的。

正义是至高无上的价值,如果公正和正义沉沦,那么人类就再也不值得在这个世界上生活了。康德甚至认为:"即使公民社会以所有成员的赞同要解体(例如,住在一个岛屿上的人民决定分手并分散到世界各地),也必须把监狱里的最后一名谋杀犯处决掉,再执行他们解散的决定。如此可以让每一个人接受自己言行应得的报应,以及这样的血债不会由于没有实施惩罚而留给人民。如果不这样做,他们将被认为参与了这次谋杀,这是对法和正义的公开违犯。"④

无论是功利主义还是报应主义,或者其他的观念,似乎都不能排他性地解释和指导

---

① 参见〔英〕边沁:《道德与立法原理导论》,时殷弘译,商务印书馆2000年版,特别是第十三、十四、十五章。
② 〔法〕孟德斯鸠:《论法的精神》(上册),张雁深译,商务印书馆1963年版,第92页。
③ 〔德〕康德:《道德形而上学》,张荣、李秋零译注,中国人民大学出版社2013年版,第121页。
④ 同上书,第122页。

有关法律责任的全部立法和司法实践。对功利主义的最大坚持也难以允许惩罚一个无辜者或放纵一个罪犯,而报应主义也难以回答对一个犯罪行为多判和少判一天监禁哪一个更加公正。真理或许存在于对立面的折中或综合。

## 思考题

1. 法律权利是什么?它有何含义和基本特征?
2. 权利具有哪些基本的社会作用?
3. 法律义务是什么?它与法律权利有何区别?
4. 如何理解法律责任的内涵?

## 参考文献

1. 〔美〕加里·B. 赫伯特:《权利哲学史》,黄涛、王涛译,华东师范大学出版社2020年版。
2. 〔美〕韦斯利·霍菲尔德:《司法推理中应用的基本法律概念》(修订译本),张书友译,商务印书馆2022年版。
3. 张骐:《论当代中国法律责任的目的、功能与归责的基本原则》,载《中外法学》1999年第6期。
4. 夏勇:《权利哲学的基本问题》,载《法学研究》2004年第3期。
5. 童之伟:《中文法学中的"权利"概念:起源、传播和外延》,载《中外法学》2021年第5期。

# 第十一讲　法律与道德

第一节　道德的概念、类型与客观性
第二节　法律与道德的经验联系
第三节　法律与道德的规范联系
第四节　法律与道德的概念联系

法律与道德之间的关系问题是法理学中的一个传统问题,也是不同法学流派共同关注的一个问题。法律实证主义即肇始于法律与道德的区分。"法律的存在是一回事,法律的好坏则是另一回事。"①法理学应当关注"法律的存在",立法学才应当关注"法律的好坏"。② 但自然法学说却始终坚持无法脱离"法律的好坏"来谈论"法律的存在";换句话说,"法律是什么"至少部分地取决于"法律应当是什么"。正是由于在法律与道德的关系问题上存在理论争议,而这些争议又涉及我们应当如何理解、认识与评价法律,应当如何研究法律现象,庞德将其作为法理学的三大核心问题之一,并从历史、分析与哲学的视角进行了系统的梳理与总结。③ 庞德的总结并未终结法律与道德问题上的争论。相反,在其之后,随着《道德的法律强制》(德富林,1959)、《法律的概念》(哈特,1961)、《法律、自由与道德》(哈特,1963)、《法律的道德性》(富勒,1964)、《认真对待权利》(德沃金,1977)、《法律帝国》(德沃金,1986)等文献的出版,法律与道德关系问题上的争论在更多的视角与面向下以及更为深入的论证层次上不断展开。为了全面、深入地了解法律与道德之间的关系,正确把握法律实证主义与自然法学说之间的分歧及其意义,本讲准备在一般性地考察道德的概念、类型与客观性等基本问题的基础上,从经验、规范与概念三个方面探讨法律与道德之间的联系。

## 第一节 道德的概念、类型与客观性

一、道德的概念

在日常生活与学术讨论中,当人们提到"道德"时,所说的可能是事物的道德属性,也可能是社会中存在的道德标准、道德规范,甚至人们的道德观。有必要将这些不同的概念区别开来。

(一) 道德属性

道德属性是指特定事物所具有的善恶对错的性质。例如,人们经常会说"张三是个'好人'""奴隶制是一种'邪恶'的制度"等。这里,"好人"是张三的道德属性,"邪恶"是

---

① John Austin, *The Province of Jurisprudence Determined*, Weidenfeld & Nicolson, 1955, p. 184.
② 参见〔英〕边沁:《政府片论》,沈叔平等译,商务印书馆 1995 年版,第 97 页。
③ 参见〔美〕罗斯科・庞德:《法律与道德》,陈林林译,中国政法大学出版社 2003 年版。

奴隶制的道德属性。显然，不是所有的事物都具有道德属性，因为不是所有的事物都能被评价为"好的"或"坏的"，"正义的"或"邪恶的"。一般来说，只有与人以及人的行为密切相关的事物才具有道德属性，例如人、行为、制度等。

### （二）道德标准

道德标准是人们用以判断特定事物道德属性的评价标准。从不同的道德标准出发，人们可能作出不同的关于特定事物具有何种道德属性的判断。这种判断可以称为道德评价。虽然人们在评价不同类型的事物时所用的谓词经常不同，但总的来说，道德评价谓词大体可以分为三类，分别为："道德正确的""道德错误的"与"无关道德的"。例如，同性之间的性行为在很长一段时间内被认为是"道德上错误的"，但在当下，越来越多的人对它的评价是"无关道德的"。

### （三）道德规范

道德规范是基于特定道德标准的行为规范。道德规范通常采取"道义词＋行为模式"的表达形式，例如"禁止撒谎""应当信守承诺"。道德标准与道德规范之间存在非常紧密的联系，甚至可以说是同一回事的两种不同表述。例如，如果根据某个道德标准，行为模式 A 在道德上是错误的，那么就有相应的道德规范：禁止做 A；反过来，如果存在一个禁止行为模式 A 的道德规范，那么一定存在一个道德标准，根据该标准，做 A 在道德上是错误的。

### （四）道德原则

"道德原则"同样经常在不同的意义上使用。为了概念的清晰性，我们倾向于在最窄的意义上使用"道德原则"，用它指那些最基本的道德规范。一些道德规范可以通过援引其他道德标准来加以证立。例如，如果禁止撒谎的原因是撒谎通常会伤害到他人，那么"禁止撒谎"可以通过援引"禁止伤害他人"来证立。所谓"最基本的道德标准"，是指那些无法通过援引其他道德标准或规范来加以证立的道德规范。这些道德规范在道德推理与道德理论中具有特殊的重要性。

### （五）道德观

道德观是指人们在道德属性、道德标准等问题上的看法。根据主体的不同，道德观可以区分为个人道德观、群体道德观与社会道德观。

个人道德观是指特定主体在道德属性、道德标准等问题上的看法。每个人都有自己的道德观。未加反思的个人道德观是在就其本质而言无法选择的社会环境中被"灌输的"，或者说是在其所置身的社会互动中潜移默化地"习得的"，这种自发的道德观通常是零散的，且在不同的问题上很有可能相互抵牾。但这并不排除个人可以通过深入、细致的道德反思形成系统融贯的自觉道德观。

群体道德观是指特定群体在道德属性、道德标准等问题上的看法。这里的群体可能是因劳动分工而形成的不同职业群体,也可能是因经济地位不同而形成的不同阶层,或因时空环境、亲缘关系形成的不同族群。在现代社会,同一个主体经常分属不同的群体。这是造成个体道德冲突的根源之一。

虽然不同的群体在道德问题上可能有不同的看法,但整个社会在一些基本的问题上仍然共享着一些相同的看法。这些为社会中的绝大多数成员所共享的看法可以被称为社会价值观或社会主流价值观。

二、道德的类型

道德标准与道德规范可以从不同的角度类型化。下面讨论三对相互独立的类型,分别为:实证道德与客观道德、愿望的道德与义务的道德、角色道德与共同道德。

(一) 实证道德与客观道德

实证道德是指一个社会(或群体)中实际存在的道德标准与道德规范。"实际存在"可能通过多种方式表现出来。例如,该社会或群体中的多数主体用其来判断事物的道德属性、对符合或偏离它的行为表达赞同或反对的态度。实证道德依赖于社会中多数人的接受态度与自觉维护而持续存在。客观道德是指客观上正确的道德标准与道德规范。一个社会中的实证道德未必是正确的。例如,在某些社会的历史阶段,蓄奴以及买卖奴隶是普遍存在的社会现象。这些行为并不违反其所处社会中的实证道德。但在我们看来,它违反了客观道德。

(二) 愿望的道德与义务的道德

富勒第一次系统地讨论了"愿望的道德"与"义务的道德"这一区分。"愿望的道德……是善的生活的道德、卓越的道德以及充分实现人之力量的道德。"[①]换句话说,愿望的道德是对主体、行为、制度等的最高道德要求。相应地,义务的道德是对主体、行为、制度等的最低道德要求。"如果说愿望的道德是以人类所能达到的最高境界作为出发点的话,那么,义务的道德则是从最低点出发。"[②]

根据富勒的讨论,愿望的道德与义务的道德之间的区别在于如下几点:(1) 由于愿望的道德是最高的道德要求,不能满足愿望的道德不会招致负面评价;而义务的道德是最低的道德要求,不能满足义务的道德会招致负面评价。(2) 既然愿望的道德很难完全满足,谈论其在多大程度上被满足了就是有意义的;而义务的道德则不存在满足程度的区别。例如,"不应撒谎"作为义务的道德规范,某个行为或者符合这一规范,或者不符合这一规范,不存在在多大程度上符合这一规范的问题。(3) 由于愿望的道德代表了事物的理想状态,不管是个人的理想还是社会的理想,都是多元的且无法同时实现的,因此对于愿望的道德来说,不同的道德要求之间会相互冲突;而义务的道德之间一

---

① 〔美〕富勒:《法律的道德性》,郑戈译,商务印书馆 2016 年版,第 7 页。
② 同上书,第 8 页。

般不会相互冲突。当然，这并不是说不同的愿望的道德之间一定会相互冲突，或者不同的义务的道德之间一定不会相互冲突，而是说愿望的道德之间的相互冲突是常态，而义务的道德之间的相互冲突是例外。

（三）角色道德与共同道德

角色道德是主体基于其在社会中所扮演的某种角色应当遵循的道德规范，共同道德则是所有人都应当遵循的道德规范。角色道德与共同道德有时会相互冲突。例如，律师为犯罪嫌疑人辩护的勤勉义务可能会和一般公众观念中实现正义的义务相悖。当角色道德与共同道德发生冲突时，不是哪一种道德绝对优先，而是应当在不同的道德之间进行权衡。戴维·鲁本（David Luban）为我们提供了这样一个权衡思路。在角色道德与共同道德发生冲突时，如果能够完成如下四步骤的论证，那么角色道德的要求可以免除其违反共同道德所应承担的责任：(1) 证明制度具有道德上的善从而是合理的；(2) 通过诉诸制度的结构来支持角色的合理性；(3) 通过证明角色义务对于该角色来说至关重要来支持义务的合理性；(4) 通过证明角色义务要求实施角色行为来支持角色行为的合理性。①

三、道德的客观性

（一）道德客观性问题上的三种观点

在社会交往与实践中，人们经常作出各种道德主张。这些道德主张有真假之分吗？还是仅仅表达了主张者在相关问题上的看法或态度？这就是道德的客观性问题。如果道德主张有真假之分，那么对道德问题的回答就存在正确与错误之分，人们在道德判断上的分歧就是真正的，道德领域也就存在客观的知识。反之，道德领域就只有主观的意见。

在道德的客观性问题上，存在三种不同的看法，分别为：主观主义、相对主义与客观主义。在主观主义者看来，道德主张并无真假之分。道德问题类似于口味问题。"歧视残疾人是不对的"类似于"巧克力味的冰激淋不好吃"。我们知道，口味是因人而异的。何种风味的冰淇里更好吃完全取决于个人的口味，并不存在客观上正确的答案。

相对主义者反对这一看法，他们认为，歧视残疾人在道德上是不是错误的，取决于回答者所在社会中的多数人是否认为它在道德上是错误的，换句话说，取决于特定社会中是否存在禁止歧视残疾人的实证道德。在相对主义者看来，道德问题不是类似于口味问题，而是类似于风俗问题。"正当不外乎习俗……在习俗中，存在的就是正当的。"②

---

① 参见〔美〕戴维·鲁本：《律师与正义：一个伦理学研究》，戴锐译，中国政法大学出版社2010年版，第120页。
② William G. Summer, *Folkways*, Ginn & Co., 1906, p.76.

客观主义者认为,道德判断的对错既不取决于判断者个人的信念,也不取决于社会中多数人的信念,而是独立于所有人的信念。换句话说,道德问题类似于科学问题。我们知道,像"太阳的表面温度约为6000摄氏度"这样的主张,其真假并不取决于人的信念,哪怕世界上的所有人都认为这个主张是错误的,它仍然可以是正确的。在客观主义者看来,道德问题同样如此。例如,他们会说:"奴隶制是邪恶的,这点是客观的,不因任何人的想法而改变。哪怕全世界人甚至奴隶也认为奴隶制并不存在道德瑕疵,它仍然是一种邪恶的制度。"

(二)对主观主义与相对主义的反思

主观主义的核心观点是,道德主张不存在真假之分。我们也可以把这种看法称为道德怀疑论。道德怀疑论的理由通常有三个:(1)不存在客观的道德实体/属性。例如,休谟曾说,善、恶并不存在于客观世界中,而是一种主观投射①;麦基也说,如果客观价值存在的话,那一定是"一种非常奇怪的实体、性质或关系"②。对于任何一个主张来说,如果该主张所涉及的对象并不存在,那么它是没有真假之分的。这种怀疑论可以被称为反实在论。(2)道德主张不可证明,基于这一理由的怀疑论可以被称为不可知论。(3)道德主张只是情感的表达,或者作出建议。这种观点通常被称为非认知主义。③

对反实在论可以通过两种方式回应。第一种坚持认为存在客观的道德属性。它们可以通过道德直觉被认识到④,或者可以被还原为其他可经验的自然属性⑤,或者可以经由对道德现象的解释被间接认识,就像科学中的理论实体一样⑥。第二种回应从本体论承诺的理论出发,认为不应依据客观上存在什么来判断某个理论是否正确,而是反过来,要由一个正确的理论来判断什么对象存在。⑦ 换句话说,如果一个承诺了某种对象存在的理论优于不承诺这种对象存在的理论,那么我们就说相关的对象是存在的。

不可知论的问题在于其背后隐藏了一种错误的证明观,即验证式证明观。在验证式证明观看来,一个命题被证明,就是直接或间接被经验所验证,而间接验证就是在直接验证的命题的基础上通过演绎推理得出。然而,并不存在逻辑实证主义者所设想的这种基本命题:它能够直接被经验所验证,并能够作为其他科学命题的基础。因此,如

---

① See David Hume, *A Treatise of Human Nature*, Clarendon, 1888, pp. 468-469.
② John L. Mackie, *Ethics: Inventing Right and Wrong*, Penguin Books, 1977, p. 38. 麦基由此得出的结论并不是道德判断没有真假之分,而是所有的道德判断都是假的。
③ 对非认知主义的一个较为全面的介绍与评价,可参见 Mark Schroeder, *Noncognitivism in Ethics*, Routledge, 2010.
④ See P. Stratton-Lack ed., *Ethical Intuitionism: Reevaluations*, Oxford University Press, 2002.
⑤ See Charles R. Pigden, "Naturalism", in Peter Singer ed., *A Companion to Ethics*, Basic Blackwell, 1991, pp. 421-431.
⑥ See Nicholas L. Sturgeon, "Moral Explanations", in David Copp and David Zimmerman eds., *Morality, Reason and Truth: New Essays on the Foundations of Ethics*, Rowman & Allanheld, 1985, pp. 49-78.
⑦ 关于本体论承诺的理论,可参见〔美〕蒯因:《存在与量化》,载涂纪亮、陈波主编:《蒯因著作集》(第2卷),中国人民大学出版社2007年版,第416—433页。

果采纳这一证明观,不仅道德主张是不可知的,科学主张同样是不可知的。① 如果摒弃验证式证明观,就可以发现,在理性可证立的意义上,道德主张和科学主张都是可证明的。

非认知主义将包含价值词汇的语句视为表达情感或作出建议。这对于一些简单的语句来说可能是成立的,例如"盗窃是错误的"就是说"不要盗窃"。但一些较为复杂的语句很难被还原为情感或建议。例如,"张三撒谎是错误的,因为这让信任他的人伤心了"。很难将这个语句理解为"因为撒谎会让信任你的朋友伤心,所以我建议你不要撒谎"。也许这个语句能够起到这样的作用,但正如罗斯所指出的那样,一句话可以用来引导人们作出特定的行为,并不意味着这句话不是真正的陈述。② 实际上,像"天要下雨了"这样的陈述也能被用来推荐某种行为,例如带上雨伞,但很难说"带上雨伞!"这一建议是"下雨了"的意义的一部分。实际上,即便一些看起来纯粹的描述性词汇也可以被用来表达情感或提出建议。反过来,一些看起来带有浓厚的规范性色彩的词汇同样可以被用来描述。非认知主义的错误在于,它混淆了陈述的性质与陈述的用法。

下面我们来看相对主义。对于相对主义者提出的论证,我们可以通过三个方面来进行考察:一是考察结论是否可接受,如果从一个论证的结论中推出了一些不可接受的后果,那么这个论证往往是存在问题的;二是考察前提是否支持结论,即推论的有效性问题;三是考察前提本身是否可靠。

首先,从结论上看,我们可以想一想,如果相对主义是正确的,将会出现什么样的理论后果。显而易见的一个理论后果是,我们不可以对其他文化中的道德现象进行评价,无论它看起来是多么"不合理"甚至"邪恶"。如果一个国家赞同奴隶制、歧视女性、残害儿童孩子作为自己的私产,那么我们只能说这个国家中的道德标准和我们不同,但在该国文化风俗下没什么不妥。这在很大程度上是反直觉的,因为多数人可能会觉得,奴隶制、歧视女性、残害儿童等在"客观上"是错的,而不是在某个地方是对的,在另外的地方是错的。

其次,从前提与结论之间的推论关系上看,相对主义论证是无效的。相对主义论证的前提所谈论的是实证的道德规范,即一个社会中对什么是对与什么是错的看法,或者说是关于道德的信念;而结论所谈论的是道德本身。一般地说,人们相信事情是什么样子的是一回事,而事情实际上是什么样子的是另一回事。人们对于道德的信念也许随文化而不同,但不能就此得出"道德本身也因文化而不同"的结论。当然,相对主义者可以说除了实证的道德规范之外,并不存在其他的道德规范,但那正是他们需要证明的主张。

最后,相对主义论证的前提也未必可靠。一方面,道德相对主义者有意或无意地忽略了在不同的文化下,同样存在很多共同的道德规范。另一方面,一些道德规范上的差

---

① 关于验证式证明观及其反思,可参见〔奥〕鲁道夫·哈勒:《新实证主义》,韩林合译,商务印书馆1998年版。
② See David Ross, *Foundations of Ethics*, Clarendon, 1939, p. 34.

异可能最终来源于不同的社会环境或不同的信念。例如,虽然因纽特人有抛弃或杀死婴儿的习俗,但是如果条件允许,他们也尽可能地保存自己的孩子,杀婴只是极端环境下的一种无奈选择,背后的合理性依据可能恰恰是最大程度地保存生命。不同的文化下对死者的处理方式不同,但背后相同的可能是"尊重死者"这样一个共同的价值理念,有区别的是他们关于如何对待才算尊重的信念。虽然未必所有的道德差异都可以最终被归结为价值差异,但正如阿马蒂亚·森所说,尚未发现有哪种道德判断可以被证明为基本的,或者说不可以通过修改经验信念的方式来重塑的,这一点无疑是耐人寻味的。[1]

(三)客观主义的合理性

在客观主义者看来,一个道德主张的真假并不依赖于人们关于其是否为真的信念。在这点上它类似于科学主张,即事情是什么样子的不依赖于人们认为事情是什么样子的。换句话说,道德领域存在客观的知识。基于如下三个理由,相较于主观主义与相对主义,客观主义具有更大的合理性:

第一,客观主义在描述上更有解释力。上面说过,道德问题上的文化差异并不像相对主义者设想的那样严重。经过仔细考察可以发现,不同的社会在道德原则方面的分歧远少于共识。道德客观主义解释了不同社会为什么在相当多的道德问题上存在共识。虽然在具体规范上有所不同,但考虑到信念的不同或具体环境的差异,道德客观主义同样能够解释这些不同。如果信念与具体环境相同,人们在大量的问题上都能作出相同的道德判断,"φ在道德上是正确的/错误的",那么对这一现象最自然的解释就是:φ在道德上的确是正确的/错误的。

第二,客观主义在规范上更有吸引力。首先,只有坚持客观主义,我们才能对自己的行为进行道德反省,对他人的行为提出道德要求。这些反省与要求不仅使社会更加良善、和谐,而且使我们能够一定程度上能够摆脱纯粹的个人欲望。其次,只有坚持客观主义,我们才能对不同社会(包括我们自身所处的社会)中的行为、现象与制度进行道德反思与道德批评,实现道德进步。最后,只有坚持客观主义,我们才能对"什么样的行为是正确的""我们应当促进与尊重什么样的价值""我们应当培养哪些品质与美德""什么样的社会制度是正义的"等问题进行有意义的思考,从而为个人与公共生活提供行动与决策的指南。

第三,像科学问题一样,道德问题上的客观主义同样具有可靠的知识论基础。首先,道德知识像科学知识一样有作为知识来源的素材。例如,根深蒂固的道德直觉、社会生活中的道德谈论与道德行为等。这些素材可以通过内省、观察、社会调查等多种方式进行收集。当然,这些素材对于道德知识来说是不充分的。但经验素材对于科学知识来说同样是不充分的。正如爱因斯坦所说:"科学不能在经验的基础上成长起来,在

---

[1] See Amartya Sen, "The Nature and Classes of Prescriptive Judgments", 17 *Philosophical Quarterly* 46 (1967).

建立科学时，我们免不了要自由地创造概念，……这种状况被前几代人疏忽了，他们以为，理论应当用纯粹归纳的方法来建立。"① 其次，和科学知识一样，道德知识在若干基本的认识论原则的指导下产生。这些原则包括：观察原则、演绎原则、归纳原则与最佳解释原则。最后，和科学推理一样，道德推理需要满足若干基本要求，包括概念的清晰性、证据的确凿性、支持关系的有效性以及结论的合乎情理。

## 第二节 法律与道德的经验联系

法律与道德的经验联系是指法律与道德在实然层面的联系，也是那些人们通过经验实证研究所揭示出来的联系。因此，在经验层面上谈法律与道德的联系时，所说的"道德"通常是指社会中的实证道德。

### 一、法律"脱胎于"道德

在人类社会的早期阶段，法律、道德与习俗并无明显的区别。人类学家马林诺夫斯基的研究表明，早期社会存在由规定义务、责任以及对他人的正当要求等社会规则所构成的合作制度，它们通常是自我执行的。② 由于这些规则并未得到立法者的颁布，也不曾被制度化地执行与适用，甚至这些规则是否从其他社会规则中独立出来构成一个明确的范畴同样是值得怀疑的，我们可以笼统地将它们称为习俗性的实证道德。法律史学家与人类学家通常认为，法律是从这种实证道德中分化出来的。

法律形式的产生以次级规则的出现为标志。次级规则使得法律具有自治性、体系性与制度性，成为不同于习俗、道德以及其他社会控制形式的治理模式。为了理解何为次级规则及其为何具有此种作用，需要从哈特的法律规则理论谈起。③

哈特让我们想象一个没有任何立法机关、法院以及任何种类之官职的社会。这个社会的存在有两个条件：一是有一些禁止滥用暴力、盗窃、欺骗等的义务性规则；二是接受这些义务性规则的人占多数。我们可以把这样一个社会想象成依赖习俗或道德而存在的原始社群。由于存在一些多数人接受的义务性规则，这个社会的存在能够得以维持。但它存在三个缺陷。第一个缺陷是这个社会中虽然存在个别零散的规则，但它们之间没有任何可供鉴别的标识。这使得人们在对存在某些规则以及这些规则的精确范

---

① 《爱因斯坦文集》（第1卷），许良英等译，商务印书馆1976年版，第309页。
② See Bronislaw Malinowski, *Crime and Custom in Savage Society*, Harcourt, Brace & Co., 1926, pp. 20-32.
③ 参见[英]哈特：《法律的概念》（第3版），许家馨、李冠宜译，法律出版社2018年版，第149—157页。下文多次引用这一部分的内容，不再一一注释。

围存在疑问时,没有任何解决这个疑问的方案。哈特将这个缺陷称为不确定性。第二个缺陷是静态性。这个社会中的规则的变动是非常缓慢的甚至是彻底静态的,不存在适应环境变化的变动方案。第三个缺陷是,由于缺乏执行、适用这些规则的正式机构,这个社会中的规则只能依赖分散的社会压力来加以维持,因此是无效率的。

为了克服上述三个缺陷,这个社会逐渐引进了三个补救办法;通过这三个补救办法,其自身由前法律世界迈向法律世界。第一个补救办法是引入哈特称之为"承认规则"的规则。承认规则指出某个或某些特征,告诉人们,如果一个规则具有这个或这些特征,那么就可以确认该规则是该社会中应当遵循的义务性规则。有了承认规则,人们就可以通过它来识别义务性规则,从而克服其不确定性。静态性的补救办法是引入"变更规则",即授权给某个人或某些人制定或引入新的义务性规则的规则。承认规则与变更规则之间存在紧密的联系,因为凡是后者存在之处,前者必然要将通过后者新制定或引入的规则包括进来。对于无效率性,相应的第三个补救办法就是引入"裁判规则"。裁判规则授权给某些人,对在特定的场合中义务性规则是否被违反以及应当施加何种制裁作出权威性的决定。

可以看出,在进入法律世界之后,这个社会存在两类规则:一类是义务性规则,它直接规定了个人应当如何行为,可以称之为初级规则。另一类规则并不是直接关于个人应当如何行为的,而是关于那些规定了个人应当如何行为的规则的。它们是关于规则的规则,因此是次级规则。次级规则规定了如何识别、变更、执行初级规则。在引入了三种次级规则后,规则的制定与实施成为制度性的,即由专门的主体通过专门的程序进行;规则也不再是个别的、零散的,而是通过承认规则统一起来,成为一个体系;此外,法律有哪些内容,应当如何实施,也是由法律本身决定,从而成为自治的。

二、法律与道德的相同之处

(一)共同的内容

法律与道德具有一些内容相同的规范。实际上,正如哈特所指出的,在任何社会中,都必然有一些维系社会存在的基本规范,它们是法律与道德的共同内容。考虑到人类社会的一些基本事实,只有在存在这些基本规范的前提下,社会才能持续存在。概括说来,这些人类社会的基本事实包括:(1)人是脆弱的,人的身体很容易受到来自他人的伤害。这使得禁止相互伤害的规范成为必要。如果人的身体不是脆弱的,而是不会受到彼此的伤害,那么禁止杀人与伤害的规范就不会出现。(2)人是大体平等的,人们在体力与智力上的差距不是很大。这一事实使得相互克制与妥协的制度成为必要。(3)有限的利他主义。人类既不是天使,也不是魔鬼,而是在这两者之间。人类是自私的,虽然有时关心他人的生活和福祉,但这既是有限的又有亲疏之别。如果人和天使一样不会伤害他人,就不可能有要求自制的规则;如果人和魔鬼一样充满破坏的念头,这些规则同样不可能存在。(4)有限的资源。人类需要食物、衣服、居住条件等各种资源,而这些资源并不是无限的。这使得分配资源的规则成为必要。(5)有限的理解与意志的力量,这使得人们有时会偏向眼前的私利,因此需要特别的制裁手段。① 值得注意的是,当哈特说上述基本事实的存在使得一些规范成为必然时,这里"必然"是物理必然,而非逻辑必然。换句话说,如果人类社会不是这个样子,那么也就不会存在这些规范,虽然一定会存在另外一些与改变后的社会形态相匹配的规范。

除了哈特所说的法律与道德都必然具有的共同规范外,法律与道德还有一些偶然相同的内容,它们根源于立法者试图让法律的内容符合道德的期待。这种期待可能来源于不同的心理学动机,既包括让社会变得更加良善的公共目标,也包括与选民保持一致从而获得连任的个人目标。无论如何,它都使一些道德要求被吸纳进正式的法律制度之中。

(二) 共同的性质

法律与道德具有一些相同的性质。

第一,法律与道德都具有强制性。但强制的方式具有显著不同。法律的强制是制度性的,由专门的主体通过专门的程序进行;道德的强制则依赖分散的社会压力进行。由于法律的强制是制度性的,一个特定的违反法律的行为是否会受到制裁以及受到何种制裁等具有较强的确定性;相应地,由于道德的强制是分散的,一个特定的违反道德的行为是否会受到制裁以及受到何种制裁等具有很强的不确定性。

第二,法律与道德都具有规范性。一方面,道德与法律都会激发主体从事某事行为,"道德信念与动机之间存在特殊联系,而非道德信念与动机之间却没有"②,法律信念像道德信念一样,与行为动机之间紧密联系。另一方面,道德与法律都经常作为行为理由。当然,道德与法律是不同类型的理由。道德作为行为理由来源于其内容的正确性,而法律作为行为理由则通常来源于制定者的权威性;就此而论,道德是实质理由,法律则是形式理由。

第三,法律与道德都具有评价性,即它们都经常被用来作为评价他人行为的标准。人们常说,"道德只能律己,不能律人"。但这句话是错误的。如果道德不能作为评价他人行为的标准,那么违反道德义务的行为就不会受到任何谴责;长此以往,道德也将烟消云散,因为它仅靠个人良知是无法长期存在的。这句话之所以有时会引起共鸣,是因为人们有时会以"愿望的道德"来批评他人。例如,当网络上有人批评一些明星不捐款时,持有不同意见的人就可能以"道德只能律己,不能律人"来质疑这些批评,这种质疑有时会引起共鸣。之所以如此,是因为乐善好施是一种愿望的道德,而非义务的道德。对于愿望的道德来说,不能达到其要求不应被批评,而是反过来,达到其要求应受奖赏。换句话说,明星不捐款不应被批评,不是因为道德不能律人,而是因为愿望的道德不能用来批评。

---

① 参见〔英〕哈特:《法律的概念》(第3版),许家馨、李冠宜译,法律出版社2018年版,第260—266页。
② 〔美〕马克·施罗德:《伦理学中的非认知主义》,张婉译,华夏出版社2017年版,第13页。

### (三) 共同的作用

法律与道德具有共同的作用。

首先,对于法律与道德来说,最基本的作用都是维系一个社会的稳定存在。法律与道德的这一作用主要通过对违规行为进行制裁、合理分配资源、文明解决分歧来实现。只有对违规行为进行制裁,才能实现最基本的人身与财产安全。只有对有限的资源进行合理分配,才能避免纠纷。当然,基于资源的有限性以及个人的利他心、理解力以及意志力的有限性,人类之间的纠纷是难以完全避免的。当纠纷发生,只有通过文明、克制的方式来解决,才能最大限度地避免暴力。总之,一个有秩序的社会的稳定存在是法律与道德的最基本作用。

其次,法律与道德更进一步的共同作用是帮助个人实现良善生活。这一作用主要通过保障自由、建立预期等来实现。一方面,虽然法律与道德都对人的行为进行了限制,但是限制行为的目的,"不是废除或限制自由,而是保护和扩大自由"①,因为一个人的自由需要与其他人的自由并存。另一方面,法律与道德为个人建立了合理预期,使得人们能够合理地预测自己和他人的行为的后果,从而妥善地安排自己的行为计划,来追求实现幸福生活的各种目的。

最后,法律与道德最终都旨在实现正义的社会。虽然人们对何谓正义尚存许多分歧,但国家与社会应致力实现于正义却是所有人类社会的共识。正义社会的实现需要法律与道德的合力。"法律是成文的道德,道德是内心的法律。""法安天下、德润人心。法律有效实施有赖于道德支持,道德践行也离不开法律约束。法治和德治不可分离、不可偏废,国家治理需要法律和道德协同发力。"②

## 三、法律与道德的相互影响

### (一) 道德影响法律

道德能够通过多种方式影响法律。

首先,道德能够通过立法上升为法律的一部分。事实上,在传统社会,立法经常是对所在社会中的实证道德的正式确认。例如,《摩奴法典》《十二铜表法》都体现了相应社会的实证道德。在现代社会,法律作为民主制度的产物,同样不可避免地会反映民众的道德观念。例如,2013 年修订的《老年人权益保障法》将经常看望或问候老年人作为一项法律义务。正因为此,道德是否应当通过法律来强制实施才成为一个存在巨大争

---

① 〔英〕洛克:《政府论》(下篇),叶启芳、瞿菊农译,商务印书馆1964年版,第36页。
② 习近平:《坚持依法治国和以德治国相结合》(2016 年 12 月 9 日),载《习近平谈治国理政》(第 2 卷),外文出版社 2017 年版,第 133 页。

议的理论难题。

其次,道德影响法律实施,即影响人们对法律的遵守、执行和适用。"不符合一个社会的正当观念与实际要求的法律,很有可能会因为人们的抵制以及在长期监督其实施方面存在的困难而丧失其实际的效力。"[1]经验告诉我们,与社会的正当观念及人们的道德情感相悖的法律,在实施过程中经常遇到人们的抵制或规避。

最后,道德通过一般条款中的不确定概念在细节上补充和完善法律的内容。"为了克服法律的滞后性,避免法律的僵化……保持法律的适度性,使之更好地适应社会的发展,并能够维持其开放性。……不确定概念已经成为立法中常用的技术。"[2]在执行、适用包含不确定概念的一般条款时,人们不可避免地要通过道德推理进行价值判断。

(二) 法律影响道德

"尽管道德规则和传统不能借由人为的选择或立法去废除或改变,但是法律的制定或废除,却可能是造成某些道德标准或传统的改变或没落的原因之一。"[3]法律对道德的影响可能是直接的,即法律直接改变一个社会中的道德规范。在一个法律受到广泛信仰即法律的规定被普遍地推定为具有道德正确性的社会中,法律禁止某些行为,将导致这些行为被人们视为不道德。同样,法律对已有禁令的免除,也将导致相关行为被认为并非不道德。

法律不仅可能直接改变道德规范,法律对道德的影响也可能是间接的,即通过改变社会环境进而改变一个社会中的道德规范。一般来说,一个社会中的道德规范是该社会中的人们在长期的互动与博弈过程中产生的,是为了解决利益的协调与冲突问题而选择的合作模式的固定化。[4] 由于不同的社会环境在很大程度上决定了人们在博弈过程中的不同策略所可能产生的不同结果,它对形成的合作模式也会产生实质性的影响;而法律会改变人们在其中进行博弈的社会环境,从而进一步改变社会中的实证道德。当然,一些道德规范可能相当强韧,能够抵制住这种影响。在这种情况下,它可能反倒会使立法由于无法被贯彻而被废除或变更。

总之,法律与道德之间的互动关系是双向的、复杂的,但"受保障之法与在共同体中占主导地位的正义观念有冲突的状态下,总会产生使两者相互趋近的'调适压力'"[5]。

---

[1] Vinogradoff, "Customary Law", in C. G. Crump and E. F. Jacobs eds., *The Legacy of the Middle Ages*, Oxford, 1958, p. 287.
[2] 王利明:《法学方法论》,中国人民大学出版社 2012 年版,第 468 页。
[3] 〔英〕哈特:《法律的概念》(第 3 版),许家馨、李冠宜译,法律出版社 2018 年版,第 244 页。
[4] 参见徐向东:《理由与道德》,北京大学出版社 2019 年版,第 313—334 页。
[5] 〔德〕莱因荷德·齐佩利乌斯:《法哲学(第六版)》,金振豹译,北京大学出版社 2013 年版,第 43 页。

## 第三节　法律与道德的规范联系

法律与道德的规范联系是指法律与道德在应然层面上存在的联系,相应地,表达这些联系的主张也都是规范性主张。在规范层面,法律与道德的联系主要表现在公民的守法义务、法律的道德正确性以及道德的法律强制等问题上。限于篇幅,这里仅讨论法律的道德正确性问题。

上面说过,法律应当符合客观道德的要求,这一想法并非自然法学者专有。实际上,不少法律实证主义者都明确表示过,立法应当接受客观道德的指引,例如边沁、奥斯丁、哈特。不过,由于法律实证主义专注于研究实际存在的法律的内容与性质,有关法律的道德正确性的讨论,的确多为自然法学者提出。根据已有文献,下面从形式、内容与程序三个方面考察法律的道德正确性,也即法律的正当性。

### 一、法律的形式正当性

法律最基本的目标是指引行为、建立秩序,达成一种"规则治理的事业"。要实现这一点,就需要满足一些形式上的要求。富勒①、拉兹②、菲尼斯③等学者都曾讨论过法律的形式正当性。在考察与反思这些讨论的基础上,我们将形式正当性的要求总结为六点:一般性、公开性、明确性、稳定性、可行性、融贯性。

1. 一般性

富勒将一般性视为规则的构成性特征,这与奥斯丁区分法律与个别命令的想法是一致的。④ 针对一般的人和事、能反复适用是法律规则的本质特征之一。在不同的法律制度下,一般性的实现方式是不同的。在制定法的背景下,一般性是通过直接制定具有普遍适用性的法律规范实现的;而在普通法的背景下,一般性则是通过不断援引先例实现的。但不管通过何种方式,法律要想发挥其规范行为、维持秩序、建立预期的作用,都必须要有一套一般性的规则。

2. 公开性

一般性的法律规则如果不公开,同样无法用来规范人们的行为。公开最有效率的

---

① 参见〔美〕富勒:《法律的道德性》,郑戈译,商务印书馆 2005 年版,第 55—111 页。
② See Joseph Raz, *The Authority of Law*, Oxford University Press, 1979, pp. 212-216.
③ 参见〔美〕约翰·菲尼斯:《自然法与自然权利》,董娇娇、杨奕、梁晓晖译,中国政法大学出版社 2005 年版,第 216 页。
④ 参见〔英〕约翰·奥斯丁:《法理学的范围》(第 2 版),刘星译,北京大学出版社 2013 年版,第 33 页。

方式是通过书面的形式向公众颁布。公开性有两个衍生的要求：第一，公开性要求判决等特别的法律决定根据公开的一般规则进行，即行为规范与裁判规范相统一。富勒将之作为一个独立的要求，即"官方行动与公布的规则之间的一致性"。由于特别的法律决定确定了真实的、具有强制执行性的法律后果，如果其不根据之前已经公开的一般规则进行，就等同于它实际上据以作出的规则并未公开。第二，公开性要求"非溯及既往"，因为溯及既往意味着相关的规则在行为作出时并未公开。

3. 明确性

法律要发挥确定的指引与规范作用，不仅要有公开的一般规则，而且公开的一般规则必须是明确的、能够被理解的。具体而言，明确性包括如下三个要求：(1) 具体性。法律规则不能过于抽象，要具有最低程度的具体性。例如，几乎所有的规则其最终目标都是实现社会正义，但法律仅有这样一个"做正义之事"的规则显然是不够的。(2) 清晰性。尽量使用清晰的概念，避免含混与晦涩。值得注意的是，"避免含混"和"避免晦涩"这两个要求实际上本身就可能相互冲突。因为日常概念是含混的，如果要避免含混，就要使用一些专业性更强的概念，对于普通民众来说就会显得晦涩。因此立法时要保持一个恰当的平衡。(3) 简洁性。法律条文要易于阅读，不能过于冗长。这也是法律中规则和例外通常分开规定的原因之一。

4. 稳定性

法律要具有最低程度的稳定性，不能频繁变化。当然，并不是说法律越稳定越好。因为稳定性与滞后性总是伴随在一起的。社会生活总是不断变化的，法律越稳定就越不能适应这种变化的需要。因此庞德说："法律必须稳定，但又不能静止不变。"① 值得注意的是，稳定性和上面说过的明确性（特别是其中的具体性）之间可能相互冲突。一般来说，越抽象的概念越有利于法律的稳定性。美国宪法之所以能够在很长一段时间内保持稳定，正是因为它使用了大量的抽象概念。但同时，越抽象的概念越不利于法律的明确性。

5. 可行性

可行性主要是针对法律义务与法律责任来说的。法律要想起到指引和规范行为的作用，它所规定的义务与责任就必须具有可行性。所谓"法律不能强人所难"。是否"强人所难"应当根据常人（平均人标准）来判断，而不能根据圣人来判断。刑法学的期待可能性理论、民事责任以一般要求"行为人有过错"，这些都体现了法律的可行性要求。

6. 融贯性

融贯性有三个层次的要求。第一个层次的要求为一致性，即富勒所说的无矛盾性，它要求不同的法律规定之间不能相互冲突，而在的确出现了相互冲突的情况下，它要求有法定的解决机制，例如《立法法》规定的"上位法优先于下位法""新法优于旧法""特别法优于一般法"。第二个层次的要求为相关性，对于法律规定来说，这意味着不同的法

---

① 〔美〕罗斯科·庞德：《法律史解释》，邓正来译，中国法制出版社 2003 年版，第 2 页。

律规定之间要相互衔接、相互配套与相互支持。第三个层次的要求为体系性,即法律规定在共同的理念与原则下构成一个结构严密、层次分明的统一体。

二、法律的内容正当性

法律不仅应当具有形式正当性,而且应当具有内容正当性。不过相较于法律的形式正当性,人们在内容正当性方面的争论更多一些。但总的来说,它有如下四点要求:

1. 充分保障自由

法律应当充分地保障每个公民的自由,包括言论自由、思想自由、财产自由等。任何对自由的限制都需要理由,即无理由,不干涉。在密尔(James Mill)看来,限制自由的唯一正当理由就是对他人的伤害,即"伤害原则":"对于文明群体中的任何一名成员,可以违反其意志而正当地行使权力的唯一目的,就是防止对他人的伤害。"①在范伯格(Joel Feinberg)看来,针对个人的、不可避免的严重冒犯,例如公开性交、焚烧国旗等,同样构成限制的正当理由。② 在《自由的道德性》中,拉兹从促进个人自主的角度重释了"伤害原则",将伤害自己也作为强制干涉的正当理由。③ 尽管人们在自由的边界问题上存在争论,但有一个基本的共识:只有在一个行为可能带来对自己、他人或社会的某种不利后果时,才可以被正当地干涉;而且可以干涉的程度应与该行为可能带来的不利后果相匹配。

2. 平等对待公民

正如人们对自由有不同的理解一样,人们对平等也有着不同的理解。对平等的两种基本理解为形式平等与实质平等。形式平等体现为一个抽象的原则:无理由,不区分。对不同公民的区别对待是否违反了形式平等原则,要看这一区别对待是否有正当的理由。亚里士多德所推崇的比例平等即为形式平等理念的体现。④ 实质平等也称结果平等,是指每个人都享有同等份额的社会资源。形式平等与实质平等很难两全。由于公民在身体素质、智力水平、受教育程度、财产、经历等方面存在巨大差异,形式平等将给不同人带来不同的结果,从而造成实质上的不平等。为了消除这种不平等,一方面需要限制上述差异可能造成的影响,这将损及人们按照自己的能力以自己的方式追求幸福的自由;另一方面需要按照一些表面上不相关的特征进行优惠性的区别对待,即"逆向歧视",从而造成形式上的不平等。正当的法律应当在形式平等与实质平等之间取得恰当的平衡。

3. 权利义务对等

每一部法律都应当做到权利义务对等。在私法关系中,权利通常体现为利益,义务

---

① 〔英〕密尔:《论自由》,顾肃译,译林出版社2012年版,第11页。
② 参见〔美〕乔尔·范伯格:《刑法的道德界限 第2卷 对他人的冒犯》,方泉译,商务印书馆2014年版,第38—39页。
③ See Joseph Raz, *The Morality of Freedom*, Clarendon Press, 1986, pp.400-413.
④ 参见苗力田主编:《亚里士多德全集》(第8卷),中国人民大学出版社1992年版,第279页。

通常体现为付出;规范私法关系的法律应当努力实现每个主体可能享有的利益与其付出相均衡。在公法关系中,权利通常体现为权力,义务通常体现为责任;规范公法关系的法律应当努力实现权力与责任相均衡。

4. 增进社会福利

尽管不同的法律有其不同的具体目的,例如环境保护方面的法律旨在保护环境、保障公众健康,未成年人保护方面的法律则旨在保护未成年人的身心健康、促进其全面发展,但它们的最终目标都是提高社会福利,实现"好的生活"。"法律有多种目的,它们都与社会稳定、人类繁荣昌盛有关。"①不过,要确保能够增进社会福利,仅有良好的立法目标是不够的,还要做到同时注重立法效益。立法效益包括立法效果与立法效率。立法效果即法律的实施是否能够达成立法目标,立法效率即立法目标的达成和付出的成本之间的关系。这要求立法者在立法之前进行大量的社会学、经济学等社会科学研究。

### 三、法律的程序正当性

法律的正当性不仅体现在它的形式与内容是否符合客观道德的要求,而且还体现在它是否从正当的立法程序中产生。在现代社会,正当立法程序的实质意义在于使法律能够通过民主的决策程序产生。哈贝马斯曾言:"现代社会的法律秩序只能从自主理念中才能获得正统性。"②在他看来,制定法的正当性完全是由民主的立法程序所决定的。这一想法多少有些偏颇,因为民主本身并不能保证法律内容的良善。但不可否认的是,民主决策与广泛的公众参与本身就是法律正当性的一个重要面向。正如拉伦茨所言,"参与原则"实为共同体领域的第一原则。③

民主有着不同的类型与形式,在不同的社会制度中,民主立法的程序正当性同样可以通过不同的方式实现。但总的说来,它有"公众参与""公开透明""实质商谈"这三个基本要求。

首先,民主立法的目标是凝聚公意、实现共同善。要做到这一点,必须最大程度地保障公众的参与权。否则,既有可能使所制定的法律仅代表少数人的意志,也可能使所制定的法律忽略少数人的利益。此外,公众参与本身也是法律获得合法性认可的重要渠道。正如科恩所说:"法律可能是不好(尽善尽美)的,但我参与立法的过程使我有义务承认它们的合法性并服从它们——那种义务来自这一事实:我是构成社会的成员之一,社会的法律就是我的法律,制定法律时我出过力。"④

其次,立法从立项、起草到审议、表决乃至评估、审查的全过程都应最大限度地向社会公开,以使未直接参与立法的公民也有知情、监督、批评的渠道。此外,公开也使立法过程能够最大程度地围绕公共而非私人的利益展开。"审议民主模式将民主视为一个

---

① 〔英〕托尼·奥诺里:《法律简义》,郑玉双译,中国政法大学出版社2019年版,第27页。
② Jurgen Habermas, *Beyond Facts and Norms*, William Rehg trans., MIT Press, 1996, p.449.
③ 参见〔德〕卡尔·拉伦茨:《正确法:法伦理学基础》,雷磊译,法律出版社2022年版,第113—124页。
④ 〔美〕科恩:《论民主》,聂崇信、朱秀贤译,商务印书馆1988年版,第233页。

公共创生的过程,其间公民们就集体性的问题、目标、理想和行动展开讨论。民主过程的核心在于对这种共同利益进行讨论,而不是就个人私利展开竞争。"①

最后,民主立法要求建立和完善互动协商机制,实现立法过程的实质商谈。实质商谈有三个具体的要求:(1)实质商谈是一种说理的商谈。在立法商谈中,各方不仅要表达自己的意见,而且要给出理由。"协商民主是公共协商过程中自由平等公民通过对话、讨论、协商、审视各种相关理由而赋予立法和决策合法性的一种治理形式。"②"我们可以将审议民主界定为这样一种治理形式:自由而平等的公民(及其代表)通过互相陈述理由的过程来证明决策的正当性,这些理由必须是相互之间可以理解并接受的。"③(2)实质商谈是一种互动性的商谈。对于立法商谈来说,这意味着公众表达的意见能够得到有效回应。例如,在立法机构征求意见之后,对于征求到了哪些意见,其中哪些采纳了、哪些没有采纳、为什么没有采纳等,都要对公众说清楚。(3)实质商谈是一种对结果有实质影响的商谈。没有影响力的参与是没有意义的。就此而论,对法案产生过程的详细说明应当包含有关其在多大程度上受到公众参与的影响的内容。

## 第四节　法律与道德的概念联系

在法律与道德三个层面上的联系中,人们在经验联系方面的共识最多,在规范联系方面的共识次之,在概念联系方面的分歧最大。法律与道德是否存在概念联系也是法律实证主义与自然法学说之争的焦点所在。虽然人们在法律与道德的规范联系诸问题上也有争论,但那一争论并不反映法律实证主义与自然法学说的立场。换句话说,法律实证主义者完全可能同意"公民具有守法义务""法律应当符合客观道德的要求",以及"法律应当强制实施实证道德的要求"这三个主张中的一个或全部;同样,自然法学者也可能反对这三个主张的一个或全部。概念联系问题上的争论反映了法律实证主义与自然法学说的立场。概言之,自然法学说认为法律与道德之间存在概念联系,而法律实证主义则否认这一点。为了理解这一争议,我们首先需要搞清楚究竟什么是概念联系

---

① 〔美〕艾利斯·杨:《沟通及其他:超越审议民主》,聂智琪译,载谈火生编:《审议民主》,江苏人民出版社2007年版,第111页。
② 〔美〕卡罗尔·佩特曼:《参与和民主理论》,陈尧译,上海人民出版社2006年版,第11页。
③ 〔美〕埃米·古德曼、丹尼斯·汤普森:《审议民主意味着什么》,谈火生译,载谈火生编:《审议民主》,江苏人民出版社2007年版,第7页。

## 一、概念联系

经验联系、规范联系与概念联系可以通过表述这些联系的命题的性质来加以定义。表述经验联系的命题为事实命题,即那些在原则上是可以通过经验来加以证实或证伪的命题。表述规范联系的命题为价值命题,即那些无法验证但可以通过援引其他价值命题加以证立的命题。表述概念联系的命题则为分析命题。分析命题在哲学中有过大量讨论[1],这里我们简单地将分析命题界定为根据语言约定为真的命题。由于分析命题根据语言约定而非经验事实而为真,它是先验而非经验的;并且只要相关的语言约定不变,它的真就是必然而非偶然的。但值得注意的是,我们谈论世界的语言框架本身是历史的、经验的与偶然的,并且是可以改变的。一旦我们认识到这一点,就会发现,概念联系同样存在两个面向:(1)在我们现有的谈论世界的语言框架中,表述某一联系的命题是否是分析命题?(2)表述某一联系的命题是否应当成为分析命题?对前者的回答完全取决于概念分析,而对后者的回答则在本质上是规范性的,它涉及我们应当如何界定概念。下面我们先讨论有关"法律"的概念界定问题,即有关法律与道德概念联系的规范性论证;然后再反思自然法学者提出的支持概念联系的三个分析性论证。

## 二、"法律"的概念界定

有关法律与道德的概念联系有两类论据,一类是规范性的,一类是分析性的。本条处理前一类论证。值得注意的是,规范性论据所支持的不是"法律与道德之间存在概念联系",而是"法律与道德之间应当存在概念联系"。该问题从本质上说,要从如何恰当地界定一个概念谈起。

一般来说,一个好的概念界定要满足三个方面的要求。首先,概念界定受到语言惯习的制约。人们使用语言无非是为了认识与交际,而一个不符合语言惯习的概念界定将在很大程度上使这一目标受挫。其次,概念界定显然还受到界定目的的限制。一般来说,在学术讨论中,人们之所以进行概念界定,是试图更准确地描述一种事物与另一种事物之间的区别与联系,以及更深入地探究事物的内部结构或变化过程。为了达成这个目标,它必须是清晰的和便于操作的。最后,对一些概念的界定不仅受到语言惯习的限制,还受到规范态度的限制。如果不是在特殊的交流情景中(例如在裁判的过程中),关于西红柿究竟是不是水果的争论通常说来是没有意义的,它仅仅表明人们是在不同的意义上来使用"水果"一词的。但关于"法律""民主""法治"等概念的争议却并非如此。人们对于这些词语究竟指称什么样的范畴的争议,根源于他们对那些典型成员的哪些属性最大限度地彰显了它们对于人类社会与秩序安排的价值与意义有不同的理

---

[1] 参见〔德〕康德:《纯粹理性批判》,蓝公武译,商务印书馆1997年版,第35页;涂纪亮、陈波主编:《蒯因著作集》(第4卷),中国人民大学出版社2007年版,第42页;〔美〕索尔·克里普克:《命名与必然性》,梅文译,上海译文出版社1988年版,第35—40页。

解。加利将这样一种概念称为"本质竞争的概念"[①],德沃金则称之为"诠释性概念"[②]。人们一般认为,对这些词语的概念界定要将相关事物的核心价值以最佳的方式展现出来。下面我们来看,将"合道德性"作为法律概念的必备要素是否符合这些要求。

(一)合道德性与语言惯例

表面看来,将合道德性作为法律概念的必备要素并不是语言惯例的要求,因为类似于下面这样的表述完全是可理解的,并不存在任何逻辑矛盾:"虽然这是一个在道德上错误的法律规则,但它尚未被废止,因此仍然是法律。"这意味着合道德性不是法律的必要条件。但值得注意的是,像"这个规定是权威制定的且具有社会实效,但它并不是法律,因为是极端不正义的"这样的语句表述也是没有矛盾的。这意味着,将合道德性作为法律概念的必备要素虽然不是语言惯例的要求,但与语言惯例也并不冲突。就此而论,包含或不包含合道德性的法律概念都是可能的。

但在一些学者看来,以上对语言惯例的考察是表面的,所得出的结论也是肤浅的。他们说,如果站在参与者的立场上,对法律实践的过程进行仔细考察,就会看出,存在一些深层次的语言惯例,使得法律与道德之间在概念上是不可分离的。这些学者提出的论证是分析性的,将放在下条处理。

(二)合道德性与工具价值

概念界定不仅要符合语言惯例,而且要具有工具价值。这意味着,它必须是清晰的和便于操作的。概念界定的清晰性要求通过这一界定能够最大限度地将不同事物区别开来。要做到这一点,在进行概念界定时,应当选择具有普遍性、重要性、恒常性与显著性的特征作为相关范畴的识别标准。首先,合道德性是否达到了普遍性所要求的门槛是可以商榷的,但这里暂且假定多数人称为法律的事物是符合道德要求的。其次,特征的重要性是指某个特征能够解释其他方面的特征。例如,水的分子式为 $H_2O$ 解释了它为什么在常温下是无色无味的,在这个意义上,该特征是重要的。人们在界定法律时通常考虑三个特征:制度来源、社会实效与合道德性。对于法律来说,其内容的合道德性不能令人满意地解释它为什么具有制度来源或社会实效。再次,特征的恒常性是指其在不同时间、地点与环境下的稳定性。从实证道德的意义说,合道德性并不具有恒常性,因为实证道德本身是变动不居的。但这里的合道德性更多地是指符合客观的道德。一个规定的内容是否符合客观的道德一般是稳定的。最后,特征的显著性一方面是指容易判断,另一方面是指具有广泛共识。合道德性的显著性因情况而变,一般来说,一个规定或制度越不符合客观道德的要求,其不符合客观道德的性质就越显著。换句话说,相较于轻微的不正义,人们更容易认识到极端的不正义并就其达成共识。但无论如

---

① W. B. Gallie, "Essentially Contested Concepts", 56 *Proceedings of the Aristotelian Society*, New Series 167,(1955-1956).

② 〔美〕德沃金:《法律帝国》,李冠宜译,时英出版社 2002 年版,第 52—55 页。

何,制度来源显然具有更强的显著性。

工具价值的另一方面是其有助于认识。对于法律概念来说,这意味着一个恰当的界定应当能够有助于我们认识法律发展的规律、法律与其他社会现象之间的区别与联系以及法律实施的过程。由于在这些方面合道德的法律与不合道德的法律并无显著差别,将其区分开来不利于对法律现象的认识。

(三)合道德性与政治理想

法律是一个诠释性概念,对它的界定应当最大限度地彰显相关事物的实践价值。换句话说,如果将合道德性作为法律概念的必备要素有助于促进相关政治理想的实现,那么法律与道德之间就应当存在概念联系。在自然法学说与法律实证主义的争论中,这些相关的政治理想主要是指抵制恶法、民主、坦诚等。

抵制恶法是促使拉德布鲁赫从法律实证主义者转变为自然法学者的一个关键因素。[①] 在其看来,法律实证主义由于坚信"法律就是法律"而无助于甚至会削弱人们对于不正义的制定法的抵制。但在哈特看来,这一对法律实证主义的批评完全忽视了法律并不等于应当服从的法律这一明显事实。[②] 凯尔森更是认为,削弱抵制恶法能力的恰恰是自然法学说。[③] 应当说,在抵制恶法问题上,法律实证主义与自然法学说的主张都缺乏经验证据的支持,都是猜测性的;且均高估了法律理论对公民行为的影响力。

像抵制恶法一样,自然法学者与法律实证主义者均指责对方会给民主制度带来危险。在法律实证主义学者看来,自然法学说从正义出发将通过民主程序制定的法律视为无效从根本上说是反民主的;而在自然法学者看来,法律实证主义将所有法律均视为有效的,可能会造成对少数人基本权利的严重侵害,从而对民主制度的前提即所有人有平等的基本权利造成冲击,才是真正给民主制度带来危险。在这个问题上,自然法学者与法律实证主义者的观点同样都是站不住脚的。一方面,法律实证主义者的指责忽视了,虽然民主是一个非常重要的政治理想,但它并不是唯一重要的,还存在许多同样重要的其他政治理想,而不正义的法律通常会损害这些政治理想甚至民主本身。另一方面,自然法学者的指责则忽视了,在现代社会,不正义的法律通常也是违宪的,从而不会被法律实证主义认为是有效的;此外,即便存在一些无法在法律体系内排除其有效性的不正义的法律,法律实证主义也仅仅是将其视为"法律上有效的",而非应当服从的。

法律实证主义者对自然法学说的一个常见的指责是后者不坦诚,即隐藏了我们必须在多种不同的道德价值之间进行权衡的难题。"将不道德的事物说成不是法律或不可能合法的害处在于,它将会掩盖我们所面对的难题的真正本质,从而鼓励了一种错误

---

① 参见〔美〕詹姆斯·E.赫格特:《当代德语法哲学》,宋旭光译,中国政法大学出版社 2019 年版,第 58—59 页。

② See H. L. A. Hart, "Positivism and the Separation of Law and Morals", 71 *Harvard Law Review* (1958), p.618.

③ 参见〔奥〕汉斯·凯尔森:《纯粹法学说(第二版)》,〔德〕马蒂亚斯·耶施泰特编,雷磊译,法律出版社 2021 年版,第 89 页。

的乐观主义,即认为所有我们珍视的价值最终都能在统一的价值体系中融洽相处,一种价值不会因为另外一种价值而牺牲或贬损。"①这一批评建立在一种实质性的价值理论即道德多元论的基础之上。但问题在于,自然法学者并不一定赞同这种价值理论。例如,德沃金就认为不同的价值的确能够和谐共处。②就此而论,自然法学者并非不坦诚,而仅仅是持有不同意见。换句话说,基于道德多元论指责后者不坦诚实际上是一种预设结论的循环论证。

从上面的讨论中可以看出,在法律实证主义与自然法学说何者对法律概念的界定有助于增进相关的政治理想这一问题上,并不存在结论性的回答。通过语言惯例、工具价值与政治理想这三个方面的考察,总的来说,没有证据表明,将合道德性作为法律概念的必备要素比起相反的做法更能满足概念界定的恰当性要求。

三、支持概念联系的分析性论证及其反思

(一) 原则论证

原则论证由如下三个主张构成:(1) 每个法律体系都必然包含一些原则;(2) 这些原则和规则一样是法律之内的标准;(3) 这些原则同时也是道德原则,或至少具有道德正确性。值得注意的是,这三个主张在逻辑上是相互独立的,即认可其中某个主张并不一定要同时认可其他主张。原则论证的支持者需要对每个主张都给出理由。

对于主张(1),原则论证的支持者给出的理由是,由于承认规则能够识别的规则是有限的,而规则本身又存在"开放结构",因此必然会有一些案件是无法仅依据给定的权威素材决定的。在这些案件中,法官需要在不同的价值与利益之间进行权衡。"凡是进行衡量就必然依赖原则。"③应当说,如果主张(1)中的"必然"是在"物理必然"的意义上讲的,考虑到人类社会的一些基本事实,例如思维能力与语言单位的有限性、未来的不可预测性、事物及特征的无限性等,它很有可能是正确的。但由于原则论证是用以支持法律与道德之间的概念联系的,主张(1)中的"必然"只有在"逻辑必然"的意义上讲才能起到这一作用;而在该意义上,主张(1)显然是错误的。由于上述基本事实都不是逻辑真理,不包含原则的法律体系在逻辑上并非不可想象的。

主张(2)引起了更大的争议。在德沃金看来,这些原则属于法律标准,因为法官在关于疑难案件的争论中认为它们是法律标准。④阿列克西则给出了不同的理由,在其看来,这是由于在疑难案件中"进行衡量并因而考虑原则是法律上所要求的"⑤。这两个理由都不够充分。其一,法官认为原则是法律标准的最佳解释并不一定是这些原则

---

① H. L. A. Hart, "Positivism and the Separation of Law and Morals", 71 *Harvard Law Review* 619 (1958).
② See Ronald Dworkin, *Justice for Hedgehogs*, Harvard University Press, 2011, p. 1.
③ 〔德〕罗伯特·阿列克西:《法概念与法效力》,王鹏翔译,商务印书馆 2015 年版,第 79 页。
④ 参见〔美〕德沃金:《法律帝国》,李冠宜译,时英出版社 2002 年版,第 16—20 页。
⑤ 〔德〕罗伯特·阿列克西:《法概念与法效力》,王鹏翔译,商务印书馆 2015 年版,第 80 页。

的确是法律标准,也可能是"非民选的法官有义务让他们的行为看起来是根据法律作出的"。① 其二,法律要求裁判时必须考虑的要素并不都是法律标准。正如拉兹所说,法官有义务去遵循的标准并不一定都是构成某个社会的法律之一部分的标准。② 同样,所考虑的原则是法律所要求的,并不意味着它们本身具有法律性质。当然,这并不意味着这些原则在任何时候都不能成为法律的一部分。这取决于特定社会中的承认规则是什么,因此同样是一个社会事实问题,而非概念问题。

主张(3)存在的问题相对少一些。法官在疑难案件中援引的原则或者属于实证道德(在法官直接援引个人或社会的道德观念时),或者属于客观道德(在法官进行严谨的道德推理时)。但由于上述三个主张是联合在一起构成支持法律与道德之间存在概念联系的原则论证的,只有当每个主张都成立时,原则论证才能成立。因此总体来说,原则论证是失败的。

(二) 解释必要性论证

解释必要性论证由两个主张构成:(1) 所有的法律规则都需要经过解释才能适用;(2) 在解释的过程中需要进行道德推理与规范性论证。这一论证将法律与道德的概念联系从效力层面推向了内容层面。在其看来,离开了道德,我们即便能够知道哪些规范属于法律规范,也不能确定它们具体规定了什么,即不能知道具体案件中的法律究竟是什么。

和原则论证一样,只有当构成解释论证的两个主张都成立时,解释论证才是成立的。在这两个主张中,有问题的是主张(1)。虽然支持这一主张的人们提出了多个理由,但这些理由要么混淆了理解与解释,要么在一些问题上存在认识错误。③ 例如,富勒曾认为,规则只有通过其目标才能得到理解,马默、肖尔在不同地方对这一主张提出了令人信服的批评。在马默看来,富勒的主张建立在诸多混淆与误解的基础上。④ 肖尔则指出,富勒的问题在于没有区分"理解"与"最佳/全面理解"。⑤ 实际上,所有的法律规则都要经过解释才能适用这一主张不仅在经验上是错误的——事实上存在着一些不经解释就可以适用的规则,且正因为这些规则的存在,法律才能发挥普遍的指引作用;而且在概念上也是难以成立的。一方面,规则的内容由规则的目标决定将使其丧失规则性,即能够在不考虑实质理由的情况下告诉人们应当怎么做这一本质特征;另一方面,规则经过解释才能适用将导致无穷后退,因为解释从根本上说不过是用一个更为清晰的规则代替原来的规则的过程。正如维特根斯坦所言,解释无非是"用规则的一种表达代替另外一种表达"。⑥ 如果规则必须经过解释才能适用,那么它就根本无法被适

---

① See Jules L. Coleman and Brain Leiter, "Legal Positivism", in Dennis Patterson ed., *A Companion to Philosophy of Law and Legal Theory*, Blackwell, 1996, p. 250.
② See Joseph Raz, *The Authority of Law*, Oxford University Press, 1979, p. 85.
③ 参见陈坤:《重申法律解释的明晰性原则》,载《法商研究》2013年第1期。
④ See Andrei Marmor, *Interpretation and Legal Theory*, Hart Publishing, 2002, pp. 99-106.
⑤ See Frederick Schauer, "Formalism", 97 *Yale Law Journal* (1988), p. 5526.
⑥ See Ludwig Wittgenstein, *Philosophical Investigations*, G. E. M. Anscombe trans., Basil Blackwell, 1986, p. 80 (par. 201).

用。就此而论,规则就其概念而言在逻辑上蕴含无须经过解释而得到适用的可能性。

（三）正确性宣称论证

阿列克西提出的正确性宣称论证主张,正确性宣称是区别法律体系与"无意义的秩序和抢匪秩序"的关键要素,只有当一个统治秩序提出正确性宣称的时候才有资格被称为一个法律体系,"既未明示也未默示地提出正确性宣称的规范体系就不是法律体系"①。阿列克西分别从观察者与参与者的视角阐述了正确性宣称论证主张。

从观察者的视角看,关键的问题是如何将法律体系与所谓的"抢匪秩序"区别开来。人们显然不愿意将暴徒的命令视为法律义务。但它与法律制度的区别究竟在何处呢？法律实证主义同样思考、处理过这个问题。例如,在奥斯丁看来,它们的区别在于法律命令是一般性的、持续性的并且是被普遍服从的;而在哈特看来,关键的区别在于法律制度中的义务性规则不仅是被广泛服从的,而且是根据社会官员内在接受的承认规则被识别出来的。但在阿列克西看来,这些区别不是最关键的,最关键的区别是法律体系提出了正确性宣称,即宣称自己在道德上是正确的。换句话说,即便一个社会中的义务性规则已经得到了普遍的服从,甚至已经存在稳定的识别这些义务性规则的承认规则,只要其未提出正确性宣称,就仍然不是一个法律体系;而一旦它宣称了自己在道德上是正确的,就马上成为法律体系了。这显然和人们的直觉相去甚远。下面的情形同样和直觉相悖：一个依赖强制和威胁实现了较长时间稳定秩序的"暴徒统治"由于宣称自己是正义的就成了一个法律体系,而一个获得广泛认可但未曾宣称自己的正义性的社会却不存在法律制度。

阿列克西从参与者的视角出发提出了另外一个论证。在他看来,如果一个宪法条文宣称自己是不正义的就会存在概念上的缺陷,即陷入语义上的自我矛盾;更进一步,如果"制宪者在进行制宪行为时提出正确性宣称"而宪法内容却否定了该宣称,那么"制宪者就犯了以言行事的矛盾"。②首先需要指出的是,这里阿列克西所谓以言行事的矛盾实际上仅是一种不真诚的表意行为,人们可以说它违反了交流的真诚性原则,但无法指责其陷入逻辑矛盾。否则所有的谎言、不愿意遵守的承诺等常见的语言现象在逻辑上就都是不可能的了。其次,一个宪法条文宣称自己是不正义的也不会陷入语义上的自我矛盾。我们知道,两个表述之所以会陷入语义上的自我矛盾,是因为它们所描述的两个事态在任何可能世界中都是无法同时存在的。就此而论,两个表述在语义层面的矛盾性从根本上说并不是表述的性质,而是人们在特定概念框架下所理解的性质。举个简单的例子来说,"张三的行为构成盗窃"与"张三的行为不构成盗窃"这两个表述存在矛盾,因为它们所描述的两个事态在任何可能世界中都无法同时存在。但"甲说'张三的行为构成盗窃'"与"乙说'张三的行为不构成盗窃'"这两个表述并不存在矛盾。理解了这些,我们再来看阿列克西所说的宣称不正义的概念缺陷。假设制宪者甲宣称其

---

① 参见〔德〕罗伯特·阿列克西：《法概念与法效力》,王鹏翔译,商务印书馆2015年版,第33—35页。
② 参见同上书,第39页。

所制定的宪法 a 是不正义的。在这个活动中，阿列克西说的矛盾首先不可能发生在"宪法 a 是正义的"与"宪法 a 是不正义的"这两个表述之间，因为在该制宪活动中并未确认其中任一命题；其次也不可能发生在"宪法 a 是正义的"和"甲宣称宪法 a 是不正义的"之间，因为它们之间并不存在矛盾（同样在"宪法 a 是不正义的"与"甲宣称宪法 a 是正义的"之间也不存在任何矛盾）。唯一可能的情况就是发生在"甲宣称 a 是正义的"与"甲宣称 a 是不正义的"这两者之间。但这依赖于一个预设，即甲不可能在不宣称 a 是正义的情况下制定宪法条文。但由于阿列克西承认甲可以在不进行正确性宣称的情况下发布命令，所以又一次地，这显然依赖于一个特定的规定性定义在非法律的命令与法律之间所做的独断区分。

除了上述一些论证之外，自然法学者还提出了另外一些论证来支持法律与道德之间的概念联系。例如，在富勒、摩尔等人看来，法律属于功能类（functional kind），对它的说明需要与特定的社会目标联系在一起，从而不可能是价值中立的；在德沃金看来，由于法律是一个解释性概念，法理学理论不可能是描述性的，而只可能是规范性的，因为它不可避免要进行道德评价。哈特、拉兹、科尔曼等法律实证主义者也从不同层面或角度对这些说法进行了回应。目前，关于法理论的性质与方法的争论尚在进行中。[①]但无论如何，理论本身的性质与理论之内的某个主张的性质是两个不同层次的问题。就此而论，即便恰当的法理论本身只能是评价性的，也不意味着它一定会主张"法律是什么"与"法律应当是什么"之间存在必然联系。

## 思考题

1. 法律与道德之间的关系可以在哪些不同的层面上展开？
2. 为什么法治理想不仅要求法律具有形式与内容的正当性，而且要求程序的正当性？
3. 如何理解哈特所说的"最低限度的自然法"？
4. 法律的概念界定应当满足哪些基本要求？

## 参考文献

1. 〔美〕约翰·菲尼斯：《自然法与自然权利》，董娇娇、杨奕、梁晓晖译，中国政法大学出版社 2005 年版。
2. 〔德〕罗伯特·阿列克西：《法概念与法效力》，王鹏翔译，商务印书馆 2015 年版。
3. 〔德〕卡尔·拉伦茨：《正确法：法伦理学基础》，雷磊译，法律出版社 2022 年版。
4. Derek Parfit, *On What Matters*, Oxford University Press, 2011.

---

[①] 参见〔美〕朱尔斯·科尔曼、斯科特·夏皮罗主编：《牛津法理学与法哲学手册》（上册），杜宴林等译，上海三联书店 2017 年版，第 8 章"方法论"。

# 第十二讲　正义

第一节　正义的概念与学说
第二节　正义的分类
第三节　正义与其他价值的关系
第四节　法律与正义的关系

正义,又被称作社会制度的首要德性,是人类追求的一种价值,正义的概念已成为评价社会制度的一种道德标准。本讲主要探讨正义的一般性问题,包括正义的概念与学说,正义的分类,正义与其他价值的关系,正义与法律的关系等问题。

## 第一节 正义的概念与学说

### 一、正义的概念

(一)正义的语义

在汉语中,对正义的理解往往从人自身入手。思想家们通常把人类的理想称为人道。所谓"道",含有人的"当然"之意。最初,"当然"和"应当"谓之"义"。这就是说,人类理想是"义"的本然含义。后来,孔子把"道"与"仁"等同起来,称之为"义",视"道"为原则、准则,把"义"规定为"当然"。而"道"与"义"通常连在一起使用,含义是人所追求的理想,以及评价人的标准或准则。而"正"与"义"连在一起使用,即正义是"道义"的引申,具有人的真理、真正、正确、最高、普遍、中立、中介等丰富的人性内涵。[①]可见,在汉语中,正义一词是指人所追求的生活最高理想、生活准则。

在古希腊,柏拉图同样提出了应该从人自身出发说明与理解正义。他认为,正义是一种至高无上的品德,它以理性为基础,一个以理性指导自己行为的人,就是一个正义的人,一个由具有理性的人治理的国家,就是一个正义的国家。理性正义首先是一种社会生活秩序,它基于城邦公民各自不同的社会身份和地位,使他们遵循一种符合自身社会身份之内在美德要求而生活和行动。他将正义定义为:"做应当做的事"[②],"注意自己的事而不要干涉别人的事","每个人必须在国家里面执行一种最适合于他们天性的职务"[③]。

从字面上看,正义一词泛指具有公正性、合理性的正当的观点、行为以至事业、关系、制度等。正义是指合法、平等、正直;而不正义则指非法、不平等或者不正直。[④]正

---

① 参见张岱年:《中国哲学大纲》,中国社会科学出版社1982年版,第254—256页。
② 〔古希腊〕柏拉图:《理想国》,郭斌和、张竹明译,商务印书馆1986年版,第152—173页。柏拉图将正义视为一种人类美德的道德原则,具体表现为在一个国家中每个人各司其职、各守其序、各得其所。
③ 北京大学哲学系外国哲学史教研室编译:《古希腊罗马哲学》,商务印书馆1982年版,第229页。
④ 参见〔古希腊〕亚里士多德:《尼克马可伦理学》,廖申白译注,商务印书馆2003年版,第139—143页。

义指与法律和政治联系在一起的道德概念集。公正常常被看作德性之首。亚里士多德在论及这一观点时,引用了"公正是一切德性的总括"这一谚语。①

(二)正义的本质

关于正义的性质,亚里士多德认为:"公正是何种适度的品质,以及它是哪两种极端之间的适度","我们看到,所有人在说公正时都指一种品质,这种品质使一个人倾向于做正确的事情,使他做事公正,并愿意做公正的事"。②

无论在西方还是在中国,人类早期都倾向于从人本身来理解正义,至少是从人的观点引出正义的观点。③ 但是,自中世纪以来,人类就以不同的方式远离了这种以人为中心讨论正义的基础,开始用社会规范、宗教、功利、利益、制度等观点取代人的观点来理解正义。

人追求正义,其目的并不在于单纯地获得社会规范、功利以及利益,也不在于企求神灵的保佑与慰藉,更不在于不正义现象的存在。真正说来,生活中的一切、人的世界的一切都是属于人的。正因为要追求"正义"的理想生活,才有了对属于人的规范、功利与利益的追求,才显现出非正义的生活存在。

正义的本质就是人对人的自身本质的确认。在这个意义上,"正义是人之为人的真正之义。正义的实质是把人的发展、人的价值、人的尊严视为人的世界、人的关系以及人的行为的根本"④。正义的全部意义就在于此。

综上,人类只有坚持对自身本性的追求,才能真正地处理好人的世界的复杂关系,进而发展与完善自己,获得幸福而有意义的生活。正义问题的提出与人不满足于生活的现存世界、现有状态是分不开的。在这个意义上,正义所追求的是一种理想状态。

正义是什么?对这一问题的回答,不同时代的思想家有着不同的认识,没有一个令所有人都满意的回答。正是由于这个原因,博登海默说:"正义具有一张普洛透斯似的脸,变幻无常,随时可呈不同形状,并具有极不相同的面貌。"⑤沈宗灵教授认为:"正义是一个相对的概念,是指它是有条件的、受制约的、可变的概念,并不是指根本不存在判断正义的客观标准。衡量任何一种观点、活动以及制度、事业是否符合正义的最终标准就是看它们是否促进社会进步,是否符合最大多数人的最大利益。"⑥

二、正义的学说

正义是一种理想性的追求,正义理论是关于正义实现的理想假设。正义理想之所以被视为人的最高准则之一,是因为它以人本身的发展为根据,以现实生活为根基。因

---

① 参见〔古希腊〕亚里士多德:《尼各马可伦理学》,廖申白译注,商务印书馆2003年版,第143页。
② 同上书,第138—139页。
③ 参见胡海波、宋禾:《正义、正义观与正义理论》,载《求是学刊》1998年第3期。
④ 同上。
⑤ 〔美〕E.博登海默:《法理学:法律哲学与法律方法》,邓正来译,中国政法大学出版社2004年版,第261页。
⑥ 沈宗灵:《法 正义 利益》,载《中外法学》1993年第5期。

此,以人为本,严肃而谨慎地抉择正义理想,对于确立真正的正义观及其正义理论具有理论与实践的双重意义。①

根据正义的来源,可以把正义的学说划分为神学正义论、理性正义论、规范正义论和社会正义论。

### (一) 神学正义论

神学正义论强调正义的标准是超经验的、超历史的、永恒的、完美的上帝意志。《圣经》是神学正义的圣典。《圣经》代表着神学正义发展的早期的思想,确立了神学正义论的基本精神。原罪说是基督教神学的基础,也是神学正义论的人性根基与本原所在。摩西五经的记载,既是上帝的诫命,又是人间的法律。上帝权衡时宜,对古人制定那样的法令,对今人制定这样的法令,但古往今来都适应着同一正义。② 上帝是正义之源,上帝的正义是永恒的、普遍的、超越时空的。

神学正义论的代表人物奥古斯丁将世界划分为上帝之城和世俗之城,它们的区分标准是善与恶。"善"指的是基督教的善,而不是某个城邦的善。奥古斯丁把法或正义也划分为两个层次:一个是永恒法,它是正义的最高标准;一个是人定法,它是永恒法的原则适用于特殊社会情况的基本要求。永恒法是"一切事物皆处于完美秩序的法",它"构成了正义和公道的普遍而神圣的源泉,正义和善从中流溢出来而进入其他的法"。③ "世俗法律试图服从永恒法的要求,并在人们关系之间实现正义,它也永远无法达到永恒法的那种完善"。④

中世纪的神学家托马斯·阿奎那(Thomas Aquinas),是神学正义论的另一个代表人物,他把法分为四种,即永恒法、自然法、神法和人法。永恒法是上帝的统治计划,世上万物都受永恒法的支配和调整。它处于法的序列之最高位,代表着最高的正义。只有上帝才知道作为整体的永恒法;人类凭借上帝赋予的理性,有能力了解永恒法的部分内容,这种人靠理性对永恒法的参与就是自然法。自然法低于永恒法,它是对永恒法的部分或不完善的反映,它至少能使人们了解到永恒法的某些原则。人法是"一种以公共利益为目的的合乎理性的法令,它是由负责管理社会的人制定和颁布的"。人法应当服从理性的要求。阿奎那认为:"在人类的事务中,当一件事情能够正确地符合理性的法则时,它才可以说是合乎正义的","如果一件事情本身违反自然的正义,人类的意志无法使其成为正义的"。⑤

### (二) 理性正义论

理性正义论认为,符合理性的,就是正义的,正义总是意味着理性。西塞罗认为,正

---

① 参见胡海波、宋禾:《正义、正义观与正义理论》,载《求是学刊》1998年第3期。
② 参见〔古罗马〕奥古斯丁:《忏悔录》,周士良译,商务印书馆1963年版,第45页。
③ 〔德〕列奥·斯特劳斯、约瑟夫·克罗波西主编:《政治哲学史》(上册),李天然等译,河北人民出版社1998年版,第197页。
④ 〔美〕E. 博登海默:《法理学——法哲学及其方法》,邓正来、姬敬武译,华夏出版社1987年版,第24页。
⑤ 〔意〕托马斯·阿奎那:《阿奎那政治著作选》,马清槐译,商务印书馆1982年版,第143页。

义是自然法与理性的体现,它是衡量实在法是否符合自然法的标准。正义是符合自然的,也正因为它是符合自然的,所以成为实在法的基础。在西塞罗看来,人定法应体现与自然法一致的正义,应符合真正的法——自然法——正确的理性。"法不是别的,就是正确的理性;它规定什么是善与恶,禁止邪恶。"① 因此,正义是不可缺少的因素。正义是使每个人获得其应得东西的人类的精神取向,是人类社会的道德要素。可见,在西塞罗的理论中,理性是最高原则,正义是隶属于理性的伦理概念。

柏拉图认为,正义是社会和国家生活中的原则,它与智慧、勇敢和节制一起构成了理想国家的四种美德。正义同时意味着通过各种德行的联合与和谐作用形成国家的整体秩序。他指出:"正义就是有自己的东西干自己的事情","每个人必须在国家里执行一种最适合他天性的职务"。② 在他看来,正义是绝对的,正义的基础是理性。对于个人来说,个人要达到正义必须让理性统治灵魂从而借助激情抑制欲望;对于国家来说,理想国由统治者、军人和生产者组成,如果他们各自拥有了其美德,国家就达到了正义。

古典自然法学派的思想家们,如格劳秀斯、斯宾诺莎、霍布斯、洛克、孟德斯鸠、卢梭等,他们以理性为基础,重申自然法之于法律和正义的重要意义,提出了自由、平等、博爱等与生俱来的自然权利,提出尊重和保护这些权利是政府和法律的选择,只有这样的法律才是正义之法。与此相适应,根据理性组织起来的政府,即奉行主权在民、自然权利、权力制约等的政府,才是正义的政府。

(三) 规范正义论

规范正义论认为法律就是正义的栖身地,法与道德、正义等是无关的,至少是没有必然的联系的,一个法律规则只要它具有形式的合法性,是经过合法程序制定出来的,它就是法律。换句话说,一个不正义、不道德的法律,只要它是合法地制定的,仍应被认为具有法律效力。这也就是所谓的"恶法亦法"。

分析实证主义法学派总体上坚持这种规范正义观。分析法学的代表人物奥斯丁倡导这种正义理论,法律本身就是正义;纯粹法学的代表人物凯尔森更是把这一学说推向极致。他认为,正义就是指合法性;将一个一般规则实际适用于按其内容应该适用的一切场合,那便是正义的。把它适用于这一场合而不适用于另一种场合,那便是不正义的。在合法性意义上,正义具有与实在秩序内容无关而与其适用却有关的特性。"正义"的意思是指认真地适用以维护实在法律秩序,正义是"在法律下"的正义。与法律秩序相一致并为它所要求。③

当代法学家也不乏规范正义论的倡导者。罗斯说:"正义观念结果变成了这样一种要求,即一个判决应当是适用一项一般性规则的结果。同专制相反,正义乃是对法律的

---

① 张乃根:《西方法哲学史纲》,中国政法大学出版社 1997 年版,第 58 页。
② 〔古希腊〕柏拉图:《理想国》,郭斌和、张竹明译,商务印书馆 1986 年版,第 154 页。
③ 参见〔奥〕凯尔森:《法与国家的一般理论》,沈宗灵译,商务印书馆 2013 年版,第 43 页。

正确适用。"①

（四）社会正义论

社会正义论被认为是当今世界人们关于正义的最重要的理论。罗尔斯指出："对我们来说，正义的主要问题是社会的基本结构，或更准确地说，是社会主要制度分配基本权利和义务，决定由社会合作产生的利益之划分的方式。"②所谓社会基本结构，是指一整套的主要的社会制度、经济制度、政治制度和法律制度。社会基本结构的正义是关于人的行为公正与否的判断标准。

社会基本结构的正义是首要的正义、最基本的正义，它的核心理念是在社会成员之间分配社会合作的负担和利益。罗尔斯也认为，"社会正义原则的主要对象或首要问题是社会的基本结构，即把主要的社会制度安排成一种合作体系"③。

罗尔斯提出了两个著名的正义原则："第一个原则，每个人对与其他人所拥有的最广泛的平等基本自由体系相容的类似自由体系都应有一种平等的权利；第二个原则，社会和经济的不平等应当这样安排，使它们：(1) 被合理地期望适合于每一个人的利益；并且(2) 依系于地位和职务向所有人开放。"④

新制度主义者认为，政治与社会生活是由制度构建的。政治制度通过向行为者提供成功和失败的标准，建立适当的行为规范，把权威和各种类型的资源授予某些人而不授予另一些人，从而影响个人和集团在已有制度内外的行为方式，影响政治共同体的普遍期望，直至影响到政治与社会生活的日常实践。简言之，只有社会基本制度是正义的，社会公正才可能实现。

# 第二节 正义的分类

## 一、分配正义与矫正正义

亚里士多德最早提出可以将正义分为分配正义（distributive justice）和矫正正义（corrective justice）。他认为，正义意味着某种平等。这种平等的正义又可分为两类。

---

① 转引自〔美〕E. 博登海默：《法理学：法律哲学与法律方法》，邓正来译，中国政法大学出版社2004年版，第284页。
② 〔美〕约翰·罗尔斯：《正义论》（修订版），何怀宏、何包钢、廖申白译，中国社会科学出版社2009年版，第6页。
③ 同上书，第42页。
④ 同上书，第47页。

分配正义,指根据每个人的功绩、价值来分配财富、官职、荣誉。①

分配正义(distributive justice)主要关注的是在社会成员或群体成员之间进行权利、权力、义务和责任配置的问题,包括一个团体中福利的恰当分配,原则是给每个人应得的福利。亚里士多德认为:"分配的公正在于成比例,不公正则在于违反比例。不公正或者是过多,或者是过少。"②哈特虽然没有明确提出分配正义问题,但是他从平等原则出发表达了对分配正义问题的观点。他提出:"正义观念的运用是不尽相同的,但隐于其间的一般性原则乃是,就人与人之间的相互关系而言,人们应当得到一种平等或者不平等的相对地位。"③基于此,一般正义的法律就是对相同情形给予一视同仁的待遇的法律,而一部不正义的法律则会以不平等的方式分配权利和义务。在现代社会中,分配正义通常是在立法层面执行的。"现代大多数有关正义的著名讨论通常将正义视为政府和社会的恰当结构",即从"社会制度"层面来讨论分配正义。

当分配正义的规范被一个社会成员违反时,矫正正义(corrective justice)便开始发挥作用了。矫正正义,又称改正正义,即对任何人都一样看待,仅计算双方利益与损害的平等。这类正义既适用于双方权利、义务的自愿的平等交换关系,也适用于法官对民刑事案件的审理,如损害与赔偿的平等,罪过与惩罚的平等。在现代社会中,矫正正义通常是由法院或其他被赋予了司法或准司法权力的机关执行的,它的主要使用场景是合同、侵权和刑事犯罪的领域。"矫正正义包括遭受其他人的伤害或者伤害了其他人的双方的改正。现代矫正正义的讨论经常发生在论证侵权法和合同法的恰当标准的语境中。"④

矫正正义与分配正义之间的关系,是一个非常复杂的问题。亚里士多德认为,两种形式的正义是比例问题:当一个人伤害了另一个人时,以及当存在福利的分配不均时,便超出了恰当的比例。"分配的公正在于成比例,不公正在于违反比例。"⑤在现代社会中,一般认为分配正义适用于立法或公法领域,而矫正正义则适用于司法或私法领域。

二、个人正义与社会正义

正义问题存在于个人行为和社会关系两个领域,因而人们对于正义的理解始终存在着个人与社会正义与否的问题。

正义问题首先是评价人的行为的标准。严格地说,"唯有人的行为才能被称为正义的或者不正义的"⑥。事实上,"不只是个人的行动,而且也包括许多个人的联合行动或

---

① 参见〔古希腊〕亚里士多德:《尼各马可伦理学》,廖申白译注,商务印书馆2003年版,第147页。
② 同上书,第148—149页。
③ 〔英〕哈特:《法律的概念》,张文显等译,中国大百科全书出版社1996年版,第156页。
④ 〔美〕布赖恩·比克斯:《法理学——理论与语境(第四版)》,邱昭继译,法律出版社2008年版,第126页。
⑤ 〔古希腊〕亚里士多德:《尼各马可伦理学》,廖申白译注,商务印书馆2003年版,第149页。
⑥ 〔英〕弗里德利希·冯·哈耶克:《法律、立法与自由》(第2、3卷),邓正来、张守东、李静冰译,中国大百科全书出版社2000年版,第50页。

者组织所采取的行动,都可能是正义的或者不正义的"①。

在现代社会中,"个人正义关心一个人如何成为好人,社会正义则关心如何建构一个好的社会","个人正义的基本要求是一种行为得到相应的回报","社会正义则是以社会为行为主体的公正,是社会所进行的权利与义务的分配行为"。②

罗尔斯论述了社会正义和个人正义。他认为,社会正义原则是指社会制度的正义,主要对象或首要问题是社会的基本结构,把主要的社会制度安排成一种合作体系。③个人正义原则是指"用于个人及其在特殊环境中行动的原则"。个人正义的实现离不开一定的社会和制度条件,脱离基本的社会制度的正义,个人正义则无从谈起。

在当代中国,人们对于正义的理解,着重关注个人行为是否符合社会秩序的要求,正义的含义通常包含两层含义:一是无私;二是不偏不倚。事实上,这是一种伦理正义观念。从理想状态说,追求以美德为中心的个人正义是合乎人类理想的,因为人类不仅需要一种普遍公正而持久稳定的社会秩序,还需要对幸福生活的持久增升的价值期待。实现社会正义,要求从制度构建做起,以公正的制度解决具体的社会不公问题。

### 三、形式正义与实质正义

#### (一)形式正义

形式正义起源于古老的"自然公正"原则,而这一原则又起源于自然法观念。它在适用上具有很大的灵活性。在古代,它是自然法、万民法和神法的基本内容。在英国法上,自然公正就是一种形式正义,它要求处理纷争的一般原则和最起码的公平标准,包括这样两项最低限度的公正标准,一是任何人不能审理自己或与自己有利害关系的案件,即任何人或团体不能做自己案件的法官;二是任何一方的诉词都要被听取。④

形式正义意味着对所有人平等地执行法律和制度,但这种法律和制度本身却可能是不正义的,所以形式正义不能保证实现实质正义。但形式正义可以消除某些不正义。例如,一种法律和制度本身是不正义的,但如果它一贯适用的话,一般地说,至少能使服从这种法律和制度的人知道对他有什么要求,从而使他可以保护自己。相反地,如果一个已处于不利地位的人还受到专横待遇,那就会造成新的、更大的不正义。

罗尔斯所说的形式正义概念,是指公共规则的正规的和公正的执行,在适用于法律制度时,就成为法治。他认为形式正义又可被称为"作为规则性的正义"⑤,包括下列含义:"应当的行为意味着可能的行为",即立法不能提出一种不可能做到的义务,并且那

---

① 〔英〕弗里德利希·冯·哈耶克:《法律、立法与自由》(第2、3卷),邓正来、张守东、李静冰译,中国大百科全书出版社2000年版,第51页。
② 麻宝斌:《社会正义何以可能》,载《吉林大学社会科学学报》2006年第4期。
③ 参见〔美〕约翰·罗尔斯:《正义论》(修订版),何怀宏、何包钢、廖申白译,中国社会科学出版社2009年版,第42页。
④ 参见〔英〕戴维·M.沃克:《牛津法律大辞典》,光明日报出版社1989年版,第628—629页。
⑤ 〔美〕约翰·罗尔斯:《正义论》(修订版),何怀宏、何包钢、廖申白译,中国社会科学出版社2009年版,第225页。

些制定法律和给出命令的人是真诚地这样做的。"类似案件类似处理""法无明文不为罪"等规定自然正义观的准则,它们是用来保护司法诉讼的正直性的指针。①

佩雷尔曼(Chaim Perelman)将形式正义与具体正义相对应,将其视为一种抽象正义;他认为正义的标准是"对每个人同样地对待""对每个人根据优点对待""对每个人根据工作对待""对每个人根据需要对待""对每个人根据身份对待""对每个人根据法律权利对待"。其中,第一个标准即"对每个人同样地对待",可以被看作是形式正义,另外五个则属于实质正义。②

戈尔丁(Martin P. Golding)将形式正义理解为程序正义,甚至将形式正义与诉讼正义等同。戈尔丁的形式正义是指程序正义,特别是诉讼正义。他说历史上最早的正义要求就是一种程序上的正义。尽管程序正义似乎是一种次要的正义,"但是我们应当把公平程序的标准区别于我们据以解释标准的正义理想"③。他提出了与审判有关的程序正义的九条要求和标准。

在现代法治中,形式正义与程序正义具有相同的含义,并认为程序正义具有独立的价值。萨默斯(Robert S. Summers)的《对法律程序的评价与概念》一文,较早提出了程序正义具有独立存在的价值。他认为,程序价值不是泛指评价法律程序的所有价值标准,而是专指通过程序本身而不是通过结果所体现出来的价值标准。他说:"程序价值是指我们据以将一项法律程序判断为好程序的价值标准,而这种价值标准要独立于程序可能具有的任何'好结果效能'之外。"④萨默斯认为一种具有下列条件的价值,可以被视为"程序价值":(1)它能够通过法律程序的特征得以实现;(2)它能够在法律程序的运作过程中而不是最终结果中得到实现;(3)它能够使法律程序的某一特征更易为人们所接受,而不论它对程序结果是否产生影响。⑤ 具体而言,他认为,程序价值的要求包括:参与性治理(participatory governance),程序合法性(process legitimacy),程序和平性(process peacefulness),人道性和尊重个人尊严(humaneness and respect for individual dignity),个人隐私(personal privacy),协商性(consensualism),程序的公平性(procedural fairness),程序性法治(the procedural rule of law),程序理性(procedural rationality),及时性和终局性(timeliness and finality)。⑥

(二) 实质正义

实质正义是与形式正义相对应的一种正义,它是追求事实上平等的一种理念或制

---

① 参见〔美〕约翰·罗尔斯:《正义论》(修订版),何怀宏、何包钢、廖申白译,中国社会科学出版社2009年版,第228—268页。
② 参见沈宗灵:《现代西方法理学》,北京大学出版社1992年版,第439—441页。
③ 〔美〕马丁·P. 戈尔丁:《法律哲学》,齐海滨译,三联书店1987年版,第235页。
④ 陈瑞华:《通过法律实现程序正义——萨默斯"程序价值"理论评析》,载《北大法律评论》1998年第1卷第1辑,北京大学出版社1998年版,第184页。
⑤ 参见同上书,第186页。
⑥ 转引自同上书,第187—192页。本书引用时,根据文义进行了相应的调整,process legitimacy译为"程序合法性",the procedural rule of law译为"程序性法治"。

度诉求。它不考虑形式上的正当,而关注实质上的平等。实质正义用于描述人们之间的关系,尤其是利益方面的关系是否符合某种实质性的标准或原则,如果符合,就是实质正义的,反之,则是实质不正义的。

罗尔斯认为实质正义是制度本身的正义,罗尔斯认为:"人类社会是一个互惠合作体系,即每个人都必须从社会合作所产生的经济利益中受惠,如果在社会合作中那些基于偶然出生而具有较高社会地位和自然禀赋者受惠更多,而较低社会地位和自然禀赋者受惠更少,那么,一种健全而持久的社会基本制度必须包含某种补偿性安排。"①

罗尔斯在《正义论》中提出的正义原则,第一是平等自由原则,第二是机会公平与差别原则。平等自由原则适用于宪制领域,对应于社会基本结构和制度,这些结构和制度必须充分保证社会所有人平等分配社会的基本权利,平等地享有最广泛的基本自由,包括思想、言论、信仰、人身以及各项公民权利。第二个正义原则既要求公平的机会平等,即"社会职位向所有人公平地开放",同时也要求用"差别原则"来调节社会和经济的不平等。②"差别原则"仅仅适用于社会经济领域,对应于社会经济权益的分配,即在政治领域的平等自由原则下,在确保财富创造和收入机会平等的前提下,罗尔斯主张对社会中"最少受惠者"实行差别对待,在经济利益和发展机会方面给予倾斜性配置。③差别原则是对实质上不平等的一种治愈,罗尔斯希望通过差别原则对冲平等原则带来的不正义的事实,追求实质正义的实现。

当代中国实行的是一种以按劳分配为主的混合分配制度,即对每个人同等对待、根据优点对待、根据需要对待、根据身份对待四种分配正义标准也被不同程度地采纳。

### (三)形式正义与实质正义的关系

关于形式正义与实质正义之间的关系,罗尔斯后来的观点与《正义论》中的观点有很大的不同。在《正义论》中,他主张一种纯粹的程序正义观念,在这种观念中,实质正义原则上依赖于程序正义;后来,他改变了这种观点,提出没有纯粹的程序正义,"就政治正义而言,不存在任何纯粹的程序,并且也没有任何程序能够决定其实质性内容,因而,我们永远依赖于我们关于正义的实质性判断"。④

罗尔斯提出:"我把程序正义与实质正义的区别看作是一种程序的正义(或公平)与该程序之结果的正义(或公平)的区别。"⑤他认为程序正义与实质正义之间不是相互对立的,而是相互关联。他认为:"一种程序的正义总是依赖于该程序之相应的结果的正义,或者说依赖于实质正义。"⑥在罗尔斯看来,程序正义包容在实质正义和形式正义

---

① 廖申白:《〈正义论〉对古典自由主义的修正》,载《中国社会科学》2003年第5期。
② 参见[美]约翰·罗尔斯:《作为公平的正义——正义新论》,姚大志译,上海三联书店2002年版,第76页。
③ 参见[美]约翰·罗尔斯:《正义论》(修订版),何怀宏、何包钢、廖申白译,中国社会科学出版社2009年版,第56页。
④ John Rawls, *Political Liberalism*, Columbia University Press, 1996, p. 429.
⑤ Ibid., p. 421.
⑥ Ibid., p. 429.

之中,是制定和实施法律活动的过程和方法的正义。

程序正义与实质正义存在着手段与目的之间的关系,程序正义是通向实质正义的过程或手段,通过程序正义一般能够实现实质正义的结果;当然,有时候也可能出现通过正当程序没有能够实现实质正义的情形。① "审判结果是否正确有时不以客观的标准来衡量,而充实和重视程序本身以保证结果能得到接受为其共同的精神实质。"② 通过诉讼作出判决,"只是以既判力为基础的强制性解决",它"并不一定意味着纠纷在社会和心理的意义上也得到了真正解决"。③ 这正是形式正义或程序正义的局限性。

既然程序正义可能带来不正当的结果,那么是否还应尊重正当程序运行的结果呢?对这一问题的回答,涉及个案正义和社会正义的权衡问题。一般说来,尊重程序正义的结果,就是尊重社会正义或制度正义,因为一旦否定程序运行的结果,追求个案正义,就会否定社会正义或制度正义的价值。因而,基于社会正义的假设,应当尊重程序正义的结果,意思是说,一个具体的个案只要其是依照法定程序运作的结果,就应当尊重这个结果,反之,就会出现以实质正义否定程序正义的问题。

不仅如此,为了克服形式正义的局限性,在制定法国家,一般通过立法技术上的改进来实现对形式正义的纠正,在立法时通常使用一般条款或原则来解决这一问题。

## 第三节 正义与其他价值的关系

### 一、正义与平等

亚里士多德认为,正义以适度为原则,以平等为基本含义。他说:"如果不公正包含着不平等,公正就包含着平等","既然平等的事是一种适度,公正的事必定是适度的、平等的"。④ 总之,正义总是意味着某意义上的平等。平等是一个具有多种含义的概念,它所指的对象可以是政治参与的权利、收入分配的制度,也可以是不得势的群体的社会地位和法律地位。它的范围涉及法律待遇的平等、机会的平等和人类基本需要的平等。⑤

马布利(Cabriel Bonnot De Mabby)认为公民的财产和地位平等是国家繁荣的必要

---

① 参见美国的辛普森案被称为"世纪审判",该案被普遍认为程序是正义的,而实质是不正义的。
② 〔日〕谷口安平:《程序正义与诉讼》,王亚新、刘荣军译,中国政法大学出版社1996年版,第5—6页。
③ 同上书,第48页。
④ 〔古希腊〕亚里士多德:《尼各马可伦理学》,廖申白译注,商务印书馆2003年版,第147页。
⑤ 参见〔美〕E. 博登海默:《法理学:法律哲学与法律方法》,邓正来译,中国政法大学出版社2004年版,第307—308页。

条件。他认为,平等一定会带来一切福利,因为它团结着所有的人,提高每个人的品格,培养人们相互怀有善意和友爱的情感。不平等将为人们带来一切不幸,降低人们的品格,在人们之间散布不和与憎恨。如果公民之间都是平等的,他们只珍重人们的美德和才能,那么竞赛自然会在公正的范围以内。假如把平等取消,竞赛马上就会变成嫉妒,因为竞赛的目的已经不纯洁了。如果立法者一开始就不集中注意力去建立公民的财产和地位的平等,那么他的一切努力都将徒劳无益。①

卢梭探究人类不平等的起源和基础,认为在人类中有两种不平等:一种把它叫作自然的或生理上的不平等;另一种可以称之为精神上的或政治上的不平等。② "在自然状态中,不平等几乎是不存在的。由于人类能力的发展和人类智慧的进步,不平等获得了它的力量并成长起来;由于私有制和法律的建立,不平等终于变得根深蒂固而成为合法的了。"③卢梭认为私有制是不平等的社会根源。

勒鲁(Pierre Leroux)认为人类必将走向权利平等,再进至事实的平等。他认为:"平等一词不是说我们试图创立一个全体公民人人平等的共和国,而是说平等是一种神圣的法律,一种先于所有法律的法律,一种派生出各种法律的法律","平等的信条可以实现,并且一定会实现","平等是一种原则,一种信条,一种信念,一种信仰,一种宗教"。④

德沃金区分了两类平等权利,第一类是受到平等对待的权利(treating people equally),要求平等地分配某些机会或义务。例如,每个公民在民主制度中都有平等的选举权,并且都只有一个投票权。第二类权利是作为平等的个体而受到对待的权利(treating people as equals),这一权利要求每个人都能受到同样的尊重和关心,强调人本身的平等,而不仅仅是某些机会或义务的平等分配。⑤

罗尔斯基于"原初状态"和"无知之幕"的理论假设,提出了两个正义原则:第一个是平等的自由原则,即每个人都应该在社会中享有平等的自由权利;第二个原则是差别原则和公平的机会均等原则。⑥ 第二个原则在优先适用第一个原则的前提下适用。差别原则要求在进行社会财富分配时,如果不得不产生某种不平等的话,这种不平等应该有利于最少受惠者,就是说,利益分配应该向处于不利地位的人们倾斜;公平的机会均等原则要求在公平的机会均等条件下职位和地位向所有人开放。它对形式的机会均等原则进行了修正。形式的机会均等原则意味着"前途是向才能开放的"(Careers are open to talents)。⑦

---

① 参见《马布利选集》,何清新译,商务印书馆1960年版,第26—27页。
② 参见〔法〕卢梭:《论人类不平等的起源和基础》,李常山译,商务印书馆1962年版,第70页。
③ 同上书,第149页。
④ 〔法〕皮埃尔·勒鲁:《论平等》,王道允译,商务印书馆1988年版,第21页。
⑤ 参见〔美〕罗纳德·德沃金:《认真对待权利》,信春鹰、吴玉章译,中国大百科全书出版社1998年版,第299—300页。
⑥ 参见罗尔斯在《政治自由主义》中把"原初状态"和"无知之幕"的理论假设前提修改成"理性多元论",但是其得出的正义两原则的结论并未发生变化。
⑦ 参见〔美〕约翰·罗尔斯:《正义论》(修订版),何怀宏、何包钢、廖申白译,中国社会科学出版社2009年版,第62页。

萨托利(Giovanni Sartori)认为,平等首先表现为一种抗议性理想,"一旦开始追求平等,曾经被认为是'自然'存在的权力、财富、地位及生存机会等方面的差异,就不再是一成不变地被人接受的差异了"①。就正义与平等的关系而言,萨托利认为,"平等表达了相同性概念","平等又包含着公正","作为相同性的平等和作为公正的平等的纠葛,在很大程度上来自并构成了语义上的重合,意大利语的 eguale,法语的 egal 和德语中的 gleich,不仅指'平等',而且严格地说,它们还带有英语中的'相同'(same)之意。用意大利语、法语和德语表达两物是平等的,就等于说它们是相同的"。他说,一旦区分精神意义上的平等和物质意义上的平等,就会认识到:"促进某些平等以弥补人们是——或者可能是——成而有别的这一事实,是公正的。"②

人类追求平等的根源,既有社会根源,也有心理根源。博登海默认为:"人的平等感的心理根源之一乃是人希望得到尊重的欲望。当那些认为自己同他人是平等的人在法律上得到了不平等的待遇时,他们会产生一种挫折感,亦即产生一种他们的人格和共同的人性遭到侵损的感觉。"③

平等意味着相同的情况相同的对待,不同的情况不同的对待,这就是通常所讲的同等对待原则。平等并不反对差别对待,只要这种差别对待能够符合"对社会中最不利的地位的人有利"的标准,它就是正义的。它内在地要求法律应当平等对待,如果一个法律规则规定了同等对待规则,则这样的法律就是平等的,也是正义的。它内在地要求法律规则,不仅要做到同样的情况同样的对待,还要区分不同的情况不同的对待。当然,差别对待也受到一定的限制,米尔恩(A. J. Milne)认为:"比例平等要求,在进行分配时,同等的情况必须被同等地对待,不同等的情况必须按照不同等的程度被不同等地对待。因此,那些需求较大的人应该得到较多,较强壮的人应该承受较重的负担,这是公平的。随之而来的是,当现存的分配不公平时,重新分配就被证明为正当。"④

罗尔斯看到了机会均等不正义的一面,提出公平的机会均等原则,要求"各种地位不仅要在一种形式的意义上开放,而且应使所有人都有平等的机会达到它们"。这一原则要求政府、社会采取措施给予天生不利者以某种补偿,以便天生不利者与有利者可以同等地利用各种机会。⑤

正义主张平等,但反对平均。亚里士多德认为,平等不等于平均,真正的平等应当合乎比例,按照个人的才能、品德和贡献来分配荣誉、地位和财物。

平等反对歧视。博登海默认为,"对歧视的反感处于平等要求核心地位"⑥。对于

---

① 〔美〕乔万尼·萨托利:《民主新论:古典问题》,冯克利、阎克文译,上海人民出版社 2015 年版,第 510—511 页。
② 同上书,第 512—515 页。
③ 〔美〕E. 博登海默:《法理学:法律哲学与法律方法》,邓正来译,中国政法大学出版社 2004 年版,第 311 页。
④ 〔英〕A. J. M. 米尔恩:《人的权利与人的多样性——人权哲学》,夏勇、张志铭译,中国大百科全书出版社 1995 年版,第 60 页。
⑤ 参见〔美〕罗纳德·德沃金:《认真对待权利》,信春鹰、吴玉章译,中国大百科全书出版社 1998 年版,第 68—69 页。
⑥ 〔美〕E. 博登海默:《法理学:法律哲学与法律方法》,邓正来译,中国政法大学出版社 2004 年版,第 312 页。

什么是歧视,的确没有一个为所有人普遍接受的定义,人与人之间某些事实上的差别是否能够成为法律规定差别对待的根据,在人类社会发展过程中会有不同的回答,但是基于出生、种族、性别、财富等的差别,经常引发人们对平等的困惑。罗尔斯对最少受惠者的偏爱,是一种通过政府或社会补偿或再分配机制使社会的所有成员都处于一种平等地位的愿望。至于如何确定最少受惠者,罗尔斯认为:"每个人都占据两种地位,一是平等公民的地位,一是在收入和财富分配中的地位,这样,确定最少受惠者可通过选择某一特定社会地位(如非熟练工人)或按达不到中等收入水平的一半的标准来进行。"①可见,罗尔斯对最少受惠者的确定综合考虑了政治地位和经济地位两方面因素,旨在以此匡扶正义。种族、性别、异教徒、残疾人、精神病人、难民等少数人群体,由于受到偏见、歧视,在政治、经济、文化生活中长期居于不利地位,理应是罗尔斯意义上的"最少受惠者"。

基于对弱者的特殊保护原则,现代民主国家通常采取肯定性行动政策,对社会中处于最不利地位的人予以保护,并取得了积极效果;但是,随着特殊保护政策的推进以及对肯定性政策的无所限制,又出现了"反向歧视"问题。比如,近些年来,福利制度受到了越来越多的挑战,政府提供的福利救济越多,发生道德公害和欺诈的风险就越大。阿瑟·林贝克(Assar Lindbeck)指出,道德公害从长期而论会比短期更甚。这是因为时间一长社会习惯就形成了,人们又以此去界定什么是"正常的",对福利救济的依赖就不再被视为依赖,而变成了"预期"。②

二、正义与功利

(一)中国历史上的"义"与"利"之争

在中国历史上,义与利之争是自春秋战国以来思想史中长期争论的问题之一。其中,冯友兰先生在《中国哲学简史》中说:"义则宜也,即一个事物应有的样子。它是一种绝对的道德律。社会的每成员必须做某些事情,这些事情本身就是目的,而不是达到其他目的的手段。如果一个人遵行某些道德,是为了不属于道德的其他考量,即便他所做的可观赏符合道德的要求,也仍然是不义","义是一种观念形式的规范"。③ 在这里,"义"可以解释为"应当做的事",具有道德内涵。义与利之争,实际上就是义与利两者以何者为重的争议。

关于利,张岱年先生在《中国哲学大纲》中说:"所谓利,即是能维持或增进人之生活者,亦即能满足人之生活需要者。""利"有公利和私利之分,"凡仅能满足一人之生活需

---

① 〔美〕约翰·罗尔斯:《正义论》(修订版),何怀宏、何包钢、廖申白译,中国社会科学出版社2009年版,第6页。
② 参见〔英〕安东尼·吉登斯:《第三条道路——社会民主主义的复兴》,郑戈译,北京大学出版社2000年版,第119页。
③ 参见冯友兰:《中国哲学简史》,赵复三译,民主与建设出版社2017年版,第34页。

要,或且损害人群之生活者,谓之私利。凡能满足大众生活需要的,则谓之公利"。① 墨家所谓利,"乃指公利而非私利,不是一个人的利,而是最大多数人的利"。儒家所谓利,则常指私利,认为私与利不可分。②

儒家认为义与利相反,并崇尚"义",概括地说,儒家重义轻利。儒家的代表人物孔子很少说利,只问其合义不合义,合义的行为也许即是有利的。③ 孔子说:"君子喻于义,小人喻于利。"④孟子尚义反利,以为一切行动唯须以义为准绳,不必顾虑其他。孟子说:"大人者,言不必信,行不必果,惟义所在。"⑤荀子则认为:"义与利者,人之所两有也。"他又认为:"义胜利者为治世,利克义者为乱世,上重义则义克利,上重利则利克义。"⑥荀子主张先义后利,以义制利。人不能完全去利存义,但须以义为主。⑦ 在法与正义的关系上,儒家主张"德主刑辅",实质上等于"义主刑辅"。

墨家重利,但并不是不讲义,而是强调贵义,认为义利是一致的。墨家的代表人物墨子主张,"义,利也","兼相爱,交相利"。⑧ 墨子认为,义与利并不是对立的,而是统一的,利即是义。一行为义与不义的标准,即在于此行为之利与不利。有利便是应当,无利便是不应当。墨家所谓利,概指公利。在正义与利益的关系上,墨家强调义利并重,正义(道德)与功利两者并不互相排斥。

法家的代表人物商鞅、韩非等人从"好利恶害"的人性论出发,提出了重利轻义的功利论。在法与正义的关系上,法家主张"圣王者不贵义而贵法"⑨。

(二) 正义论与功利主义

在西方思想史上,功利主义与自由主义对正义问题的认识,存在着明显的不同。功利主义的正义观强调社会整体福利的最大化,而自由主义的正义观则强调个人权利的优先性。

有关正义和功利的问题,西方的正义论和功利主义学说与中国历史上的义与利之争,仅从词义来看有某种共同之点,即一方强调正义、道德,另一方强调利益、功利。事实上却很不相同。它们之间不仅在社会、历史、文化背景方面根本不同,而且在理论观点上也大有不同。⑩

首先,中国历史上的义与利之争,倾向于将义与利视为截然对立的事物,而西方思想史中的正义论与功利主义,并不将两者截然对立起来,而是将两者联系起来,认为两

---

① 张岱年:《中国哲学大纲》,商务印书馆 2015 年版,第 569 页。
② 参见同上书,第 574 页。
③ 参见同上书,第 571 页。
④ 《论语·里仁》。
⑤ 《孟子·离娄》。
⑥ 北京大学《荀子》注释组:《荀子新注》,中华书局 1979 年版,第 392—393、456 页。
⑦ 参见张岱年:《中国哲学大纲》,商务印书馆 2015 年版,第 573 页。
⑧ 参见(清)孙诒让撰:《墨子闲诂》(上),中华书局 2001 年版,第 106—107、310 页。
⑨ 《商君书注译》,高亨注译,中华书局 1974 年版,第 144 页画策第十八。
⑩ 参见沈宗灵主编:《法理学》,北京大学出版社 2001 年版,第 57 页。

者只是着重点不同罢了。强调正义并不一定否认或排斥利益,甚至可以将正义解释为某种利益,例如亚里士多德认为:"政治学上的善就是'正义',正义以公共利益为依归。"① 同样地,边沁虽然反对自然法、自然权利的观点,但却并不排斥正义概念,他将功利解释为道德与立法原则,是衡量是非善恶的准则。

其次,中国历史上思想家对义与利的内涵的理解相对而言比较固定。西方思想史上的正义论和功利主义对正义和利益的理解却不断变化,特别是进入20世纪后将正义解释为多种价值,例如自由、平等、安全、和平、秩序、功利、共同幸福等。意思是说,正义和功利两个概念相互交叉,相互包容,正义促成利益的实现,利益衡量是现代法律实践中常用的一种方法。

最后,中国思想史上的义利之争,直接涉及对道德与法的作用的不同看法,而在西方思想史中,正义论和功利主义两者都比较重视法律的作用。比如凯尔森认为:"一个合乎正义的秩序正在企图实现的不是每一个人的幸福,而是最大多数人的最大幸福。社会秩序所能保证的幸福,只能是集体意义上的幸福,即作为社会权威立法者承认对某些需要的满足是值得加以满足的那些需要。"②

### 三、正义与利益

利益就是好处,是指人的某种需要或愿望的满足。柏拉图在《理想国》中说:"正义不是别的,就是强者的利益","正义是为强者的利益服务的,而不正义对一个人自己有好处、有利益"。③ 由此可知,柏拉图所讲的正义是与利益相关的。

19世纪初,英国伦理学家、法学家边沁首创的功利主义法学认为人的天性在于"避苦求乐",即но谋求"功利",这是人们行为的动机,也是区别是非、善恶的标准,道德和立法的原则。"功利倾向于给利益有关者带来实惠、好处、快乐或幸福","或者倾向于防止利益有关者遭受损害、痛苦、祸患或不幸福"。④ 立法的任务在于计算苦乐,"一切法律所具有或通常应具有的一般目的,是增长社会幸福的总和"⑤,即"最大多数人的最大幸福",社会利益即组成社会的各成员利益的总和。政府活动与立法应达到体现最大多数人最大幸福的四个目的:生存、富裕、平等与安全。其中最重要的是安全,财产与自由也包括在安全之内。

19世纪末德国法学家耶林进一步发展了边沁的学说,提倡新功利主义。耶林主张,法的目的在于利益,法律权利就是法律上被保护的利益。边沁为代表的功利主义者强调个人利益,而耶林的功利主义则强调社会利益,或个人利益和社会利益的结合。⑥

---

① 〔古希腊〕亚里士多德:《政治学》,吴寿彭译,商务印书馆1965年版,第148页。
② 〔奥〕凯尔森:《法与国家的一般理论》,沈宗灵译,商务印书馆2013年版,第33页。
③ 〔古希腊〕柏拉图:《理想国》,郭斌和、张竹明译,商务印书馆1986年版,第18页。
④ 〔英〕边沁:《道德与立法原理导论》,时殷弘译,商务印书馆2000年版,第58页。
⑤ 同上书,第216页。
⑥ 参见**沈宗灵**主编:《法理学》(第4版),北京大学出版社2014年版,第51页。

庞德认为,利益"是人类个别地或在集团社会中谋求得到满足的一种欲望或要求,因此人们在调整人与人之间的关系和安排人类行为时,必须考虑到这种欲望或要求"①。

关于正义和利益之间的关系,中国传统的"义""利"之争,强调两者之间的对立和不相容,两者之间不存在中间地带。而西方法学传统则与之不同,强调正义并不一定意味着否认或排斥利益,甚至可以将正义解释为某种利益,例如亚里士多德认为:"政治学上的善就是'正义',正义以公共利益为依归。"②同样地,边沁虽然反对自然法、自然权利的观点,但却并不排斥正义概念,他将功利解释为道德与立法原则,衡量是非善恶的准则。

罗尔斯提出的社会正义论主张正义优先于利益(福利)。罗尔斯认为:"在社会秩序中正义优先",因为"组成社会的人们具有某种程度的普遍利己倾向,利益之间会有各种冲突;为了实现某种稳定的社会安排,就需要一套原则来指导人民在各种社会安排之间作出选择、确定社会福利分配安排;每个人都拥有一种基于正义的不可侵犯性,这种不可侵犯性即使以社会整体利益之名也不能逾越"。③

如果一个国家的法律,满足正义原则并能增进社会整体利益,这样的法律一定是优良的法律,这样的社会制度,也一定是优良的社会制度。"一个社会,当它不仅被设计旨在促进社会成员的利益,而且也有效地受着一种公开的正义观调整时,它就是组织良好的,即(1)每个人都接受,也知道别人接受同样的正义原则;(2)基本的社会制度普遍地满足这些原则。"④

法律是社会生活中各种利益关系的调节器,法律能够缓解正义与利益的冲突。沈宗灵教授认为,法律对利益的调节方式,"从积极方面讲,包括对有关利益加以确认、鼓励或保护;对实现利益提供机会或优越条件;协调不同利益间矛盾;预防利益矛盾的产生和激化等等。从消极方面讲,包括对有关利益的限制、禁止;对利益纠纷加以裁决;对受损害一方提供补救;对损害他人利益一方实施制裁等等"⑤。

当然,应当看到,法律在调节利益关系中的作用不是无限的,而是有限的。"在决定法律秩序可以保障什么利益以及如何保障这些利益时,我们必须记住,法律作为一种社会控制工具存在着三种重要的限制。这些限制是从以下三个方面衍生出来的:(1)从实际上说,法律所能处理的只是行为,只是人与事物的外部,而不能及于其内部;(2)法律制裁所固有的限制——即以强力对人类意志施加强制的限制;以及(3)法律必须依

---

① 〔美〕罗斯科·庞德:《通过法律的社会控制》,沈宗灵译,商务印书馆1984年版,第55页。
② 〔古希腊〕亚里士多德:《政治学》,吴寿彭译,商务印书馆1965年版,第148页。
③ 〔美〕约翰·罗尔斯:《正义论》(修订版),何怀宏、何包钢、廖申白译,中国社会科学出版社2009年版,第6页。
④ 转引自〔英〕韦恩·莫里森:《法理学——从古希腊到后现代》,李桂林等译,武汉大学出版社2003年版,第417页。
⑤ 沈宗灵:《法 正义 利益》,载《中外法学》1993年第5期。

靠某种外部手段来使其机器运转,因为法律规则是不会自动执行的。"①

## 第四节 法律与正义的关系

法律与正义的关系,始终是思想家、法学家们重点关注的领域。他们从不同的视角,对法律与正义的关系进行论证,形成了一些代表性的观点:法律即正义、正义是衡量法律的标准以及正义与法律无关。

### 一、法律即正义

在法律与正义的关系上,一种观点认为法律即正义,正义是法律的化身。在这种观点看来,法律本身就代表了正义,法律是正义的栖身地。

古希腊思想家柏拉图认为:法律是正义与公正的体现,凡是法律所规定的就是公道的、合理的,否则就是不法行为或不公道的。他把行为的合法性与行为的正当性等同起来,他认为:"凡是对政府有利的对百姓就是正义的;谁不遵守,他就有违法之罪,又有不正义之名。"②

法律即正义,存在着明显的潜在争议。一般说来,对于符合正义的法,法即正义这一论断毋庸置疑是成立的;如果法本身不正义,这一论断就难以成立了。而法是否正义,则又涉及正义与否的标准问题。

### 二、正义是衡量法律的标准

正义是衡量法律是否符合法的目的的准则。这种观点在西方法律思想中通称正义论或自然法学。这里的正义即指自然法,它是高于国家制定的实在法的准则。

在自然法学说看来,凡符合自然、理性、道德要求的,就是正义的,反之,则是不正义的。自然法是一种高级法,是用以衡量实在法是不是法的标准。西塞罗认为:"因为当他们将公平的观念归于法律这个词时,我们也就给了法律以选择的观念,尽管这两种观念都恰当地属于法律。如果这是正确的……那么正义的来源就应当在法律中发现,因为法律是一种自然力,它是聪明人的理智和理性,是衡量正义与非正义的标准。"③

---

① 〔美〕罗斯科·庞德:《通过法律的社会控制》,沈宗灵译,商务印书馆1984年版,第55页。
② 〔古希腊〕柏拉图:《理想国》,郭斌和、张竹明译,商务印书馆1986年版,第19页。
③ 〔古罗马〕西塞罗:《国家篇 法律篇》,沈叔平、苏力译,商务印书馆1999年版,第158页。

### 三、正义与法律无关

正义与法律是无关的,两者之间没有联系,至少没有必然联系。一个不正义、不道德的法律,只要是合法地制定的,仍应被认为具有法律效力。这也就是所谓的"恶法亦法"之说。

19世纪分析法学派奥斯丁较早提出这种学说,之后,纯粹法学的代表人物凯尔森更是把这一学说推向极端。他认为,正义是一种主观的价值判断,"将法和正义等同起来的倾向是为一个特定社会秩序辩护的倾向。这是一种政治的而不是科学的倾向。鉴于这种倾向,将法和正义当作两个不同问题来处理的努力,就会完全拒绝要求实在法应该符合正义的嫌疑。""一个纯粹法理论在宣称自己无力回答某一个法律是否合乎正义以及什么是正义的要素的问题时,丝毫不反对要求合乎正义的法律。一个纯粹法理论——一门科学——不能回答这个问题,因为这一问题是根本不能科学地加以回答的。"①

### 思考题

1. 什么是正义?如何理解正义的分类?
2. 怎样理解形式正义和实质正义两者之间的关系?
3. 怎样理解正义与其他价值的关系?
4. 怎样理解法律与正义的关系?

### 参考文献

1. 沈宗灵:《现代西方法理学》,北京大学出版社1992年版。
2. 〔古希腊〕亚里士多德:《尼各马可伦理学》,廖申白译注,商务印书馆2003年版。
3. 〔美〕约翰·罗尔斯:《正义论》(修订版),何怀宏、何包钢、廖申白译,中国社会科学出版社2009年版。
4. 〔奥〕凯尔森:《法与国家的一般理论》,沈宗灵译,商务印书馆2013年版。

---

① 〔奥〕凯尔森:《法与国家的一般理论》,沈宗灵译,商务印书馆2013年版,第33页。

# 第十三讲 法治

第一节 人治与法治：两种治国方略
第二节 形式法治与实质法治
第三节 法治的样式
第四节 法治的条件

在现代民主国家中,法治已成为国家治理的基本方略。本章主要探讨法治的一般性问题,包括:人治与法治的概念、法治优于人治、形式法治与实质法治、法治的样式和法治的条件等。

# 第一节 人治与法治:两种治国方略

## 一、人治的概念

人治与法治是两种不同的国家治理方式,前者强调法律的作用,后者强调人,特别是贤人的作用,因此有时"人治"与"德治"是通用的。① 作为一种治国理政的方式,人治论者认为,国家主要应由具有高尚道德的圣君、贤者通过道德教化来进行治理。

中国古代儒家思想就体现了人治或者德治的观点,如"道之以政,齐之以刑,民免而无耻。道之以德,齐之以礼,有耻且格"②。古希腊思想家柏拉图在《理想国》中主张"贤人政治",并主张除非由哲学家为国王,否则人类将永无宁日。③

人治论者之所以主张由人来统治,原因在于其对个人、社会与国家之间关系的基本认识和基本假设。人治论者认为国家或者社会是由贤人或者由道德高尚的人来治理的;任何时代都必然有贤人或者道德高尚的智者;并且社会上一定会有办法把这些贤人、智者选拔出来。④

综上,人治是指主要依赖道德高尚的圣贤通过道德感化来治理国家的一种治国理政的基本方式。它强调圣人、贤人和道德教化对形成社会秩序的作用。

## 二、法治的概念

法治是什么?对此问题的回答,至今为止,仍然没有形成一个为人们普遍接受的概念。

根据《牛津法律辞典》的解释,"法治"是一个无比重要的,但未被定义的,也不能随便就定义的概念,它意指所有的权威机构,立法、行政、司法及其他机构都要服从某些原

---

① 参见沈宗灵主编:《法理学》,北京大学出版社2001年版,第143页。
② 《论语·为政》。
③ 参见[古希腊]柏拉图:《理想国》,郭斌和、张竹明译,商务印书馆1986年版,第214—215页。
④ 参见苏力:《制度是如何形成的》(增订版),北京大学出版社2007年版,第212页。

则,这些原则一般被认为是表达了法律的各种特性,如正义的基本原则、道德原则、公平合理的诉讼观念,它含有对个人的至高无上的价值观念和尊严的尊重。① 法治"是许多不同法律制度的法律家所熟悉的但却常被认为是一个意义难定的用语"②。也有学者认为,"法治的分析语境出自西方的思想和实践这两个不同的来源。法律实践家和法官总是站在法治对话的前沿,他们的实践则为理论家所解释。尽管法治有着丰富的、难以割断的实践的历史,但理论家所做的将它理论化的尝试却常常是杂乱无章的"③。

国际法学家委员会(International Commission of Jurists)在1955年的雅典会议④和1959年的新德里会议⑤上分别宣告了法治的原则,沈宗灵先生将两个宣言中对法治的规定归结为:(1)法治来自个人的权利和自由,包括言论、出版、宗教、集会、结社的自由以及自由参加选举从而使法律由当选人民代表所制定并平等保护所有人。(2)国家与政府要守法,保护个人在法治下的权利。(3)维护法治主要应依靠法官独立及法律专业(即律师)的独立。⑥

### 三、人治与法治之争

在中外思想史上,关于法治与人治的争论,主要有三次。第一次是我国春秋战国时期儒家与法家之间的争论,儒家主张人治,法家主张法治;第二次是古希腊思想家柏拉图与亚里士多德之间的争论,前者主张哲学王治国(人治),后者主张法治;第三次是资产阶级启蒙思想家主张法治,反对封建专制(人治)的观点。⑦

人治论与法治论之间的争论,焦点或者主要分歧大体上可以概括为以下三点:第一个主要分歧是国家治理主要依靠什么,是法律还是道德。人治论者认为主要依靠道德或者贤人;法治论者认为主要依靠法律。第二个主要分歧是对人的行为的指引,主要依靠一般性的法律规则来指引,还是针对具体情况进行具体指引。人治论者强调对人们行为主要采用具体指引,法治论者则强调一般性的法律规则对人们行为的规范指引。第三个主要分歧是在政治制度上应实行民主还是专制。人治论者主张实行君主制、君

---

① 参见《牛津法律大词典》,光明日报出版社1988年版。
② 国际法学家委员会秘书长让-弗拉维尔·拉蒂夫(Jean-Flavien Lative)在《自由社会的法治》中提出法治是一个意义难定的用语,International Commission of Jurists, *The Rule of Law in a Free Society*, 1959, p. v.
③ Guri Ademi, "Legal Intimations: Michael Oakeshott and the Rule of Law", *Winsconsin Law Review*, 845 (1993).
④ 1955年雅典会议庄严宣告:(1)国家遵守法律;(2)政府应尊重个人在法治下的权利并为其实现提供有效的手段;(3)法官应受法治指引,无所畏惧地和无所偏袒地保护和执行法治,并抗拒政府或政党对法官独立的任何侵犯;(4)全球律师应保持它们专业的独立性,肯定个人在法治下的权利并坚持每一个被控告者应受公正的审理。International Commission of Jurists, *The Rule of Law in a Free Society*, 1959, p. 2.
⑤ 1959年新德里会议重申了1955年雅典会议通过的宣言中所表达的原则,特别是独立的司法和法律专业对维护法治与适当执法的重要性;承认法治是一个主要由法律家负责发展和实施的动态概念,它不仅要由自由社会中个人民事和政治权利的维护和促进来实行,而且要建立个人的合法期望和尊严得以实现的社会、经济、教育和文化条件。International Commission of Jurists, *The Rule of Law in a Free Society*, 1959, p. 3.
⑥ 参见沈宗灵主编:《法理学》,北京大学出版社2001年版,第153页。
⑦ 沈宗灵先生在论述法治与人治之争时提出了这一观点,见沈宗灵主编:《法理学》,北京大学出版社2001年版,第143页。

主专制或寡头政治,法治论者主张国家应采用民主、共和(包括君主立宪)的体制。①

### 四、法治优于人治

亚里士多德认为,法治应包含两重意义:已成立的法律获得普遍的服从;而大家所服从的法律又应该本身是制定得良好的法律。② 这是有关法治的最为经典的论述。亚里士多德还提出了"法治优于一人之治"的观点,他说:"法治应当优于一人之治。"③这一论断至少包含三个推论:第一,良好的统治当免除情欲,免除任意或恣意,以减少不确定性;第二,人的本性使任何人皆难免会有任意、恣意和不确定性;第三,唯法律的统治即法治,可免除人的任意、恣意和不确定性。④

亚里士多德在提出法治优于人治时,他的提法是:"由最好的一人或最好的法律统治,哪一方面较为有利?"⑤他说,法治优于人治。为什么说法治优于人治呢?他认为第一个主要理由是法治等于神和理智的统治,而人治则使政治中混入了兽性的因素,意思是说法律没有感情而公正无私。因为一般人总不能消除兽欲,虽最好的贤人也难免有感情,也往往在执政时引起偏见。所以,他说:"若要求由法律来统治,即是说要求由神智和理智来统治;若要求由一个个人来统治,便无异于引狼入室。因为人类的情欲如同野兽,虽至圣大贤也会让强烈的情感引入歧途。唯法律拥有理智而免除情欲。""法律恰恰正是全没有感情的。"⑥法律恰恰正是免除一切情欲影响的神和理智的体现。"⑦

第二个理由是法律是众人制定的,而众人的智慧可能高于一人的智慧。即使是一个才德最高的人,其作为国家的统治者,"一切政务还得以整部法律为依归,只在法律所不能包括而失其权威的问题上才可让个人运用其理智"。⑧ 法治并不是人们感情冲动的产物,它是人们"沟通理性的体现,人们在自由开放的、不受权力关系压制的情况下,诚意地进行讨论协商,互相交换意见,尊重并全心全意地尝试了解对方的观点,大家都遵守以理服人原则,摆事实,讲道理,唯'理'是从,不固执己见,从善如流,以达成共同的认识(共识),并根据此共识来治理社会,或以此共识作为有关社会政策或安排的基础。"⑨

第三个理由是法律对人们行为的指引是一般性的,"法律总是一般规定,但实际情况中又有一般规定中不可能包含的事"⑩。在法律适用过程中,通过具体情况与一般规则的衔接,能够实现对人们行为的一般性的指引,从而达到公正。"法治是以国家名义

---

① 参见沈宗灵主编:《法理学》,北京大学出版社 2001 年版,第 143—146 页。
② 参见〔古希腊〕亚里士多德:《政治学》,吴寿彭译,商务印书馆 1965 年版,第 199 页。
③ 同上书,第 167—168 页。
④ 参见夏恿:《法治是什么——渊源、规诫与价值》,载《中国社会科学》1999 年第 4 期。
⑤ 〔古希腊〕亚里士多德:《政治学》,吴寿彭译,商务印书馆 1965 年版,第 162 页。
⑥ 同上书,第 163 页。
⑦ 同上书,第 169 页。
⑧ 同上书,第 163 页。
⑨ 陈弘毅:《西方人文思想与现代法的精神》,载《中国法学》1995 年第 6 期。
⑩ 〔古希腊〕亚里士多德:《尼各马可伦理学》,廖申白译注,商务印书馆 2003 年版,第 161 页。

制定和实施的,因而这种指引方式又有极大的权威性。这种高度规范性又具有极大权威性的指导方式,对社会成员来说,也就是法治的体现和要求,它是建立社会秩序的一个必不可少的条件。"①

最后,法治优于人治还在于法治总是与某种形式的民主相适应。亚里士多德主张,"群众比任何一人有可能做较好的裁断","多数群众也比少数人为不易腐败"。②卢梭认为:"凡是实行法治的国家——无论它的行政形式如何——我就称之为共和国;因为惟有这里才是公共利益在统治着。"③潘恩认为:"在专制政府中,国王便是法律,同样地,在自由国家中法律应该成为国王。"④

总体上讲,在现代国家中,随着民主制度的不断发展,但凡推行民主制度的国家,不管其社会制度是什么,大多主张法治,反对人治,主张建设法治政府,反对人治政府等。可见,推行法治已成为现代民主国家的基本共识。

## 第二节 形式法治与实质法治

法治的标准到底是什么? 在思考法治时,除了考虑法律在社会生活中得到一体遵行之外,还要不要考虑法律的内容是否符合正义或者道德的要求,即要不要考虑法律本身的善恶问题,据此把法治事实上划分为不同的类型,形成了形式法治与实质法治的二分。

### 一、形式法治

形式法治是指不考虑法律的内容,只要依法制定出来的法律,并在社会生活中得到普遍的遵守,依法而治就是法治。形式法治也被称为刚性的法治。侯健认为:"形式法治论认为,法治就是法律的统治,而不是人的统治;只要法律得到严格的实施,就是法治,而不管它们是什么样的法律。法治是一个形式性的概念,与法律的实质内容没有必然的联系。"⑤

形式法治不考虑法律的内容,而仅仅关注法律形式上规范与否。从思想史上看,黑

---

① 沈宗灵主编:《法理学》,北京大学出版社 2001 年版,第 159 页。
② 〔古希腊〕亚里士多德:《政治学》,吴寿彭译,商务印书馆 1965 年版,第 163—164 页。
③ 〔法〕卢梭:《社会契约论》,何兆武译,商务印书馆 1980 年版,第 51 页。
④ 〔美〕潘恩:《常识》,马清槐译,商务印书馆 1959 年版,第 54 页。
⑤ 侯健:《实质法治、形式法治与中国的选择》,载《湖南社会科学》2004 年第 2 期。

格尔认为:"法律规定得愈明确,其条文就愈容易切实地施行。但是规定得过于详细,也会使法律带有经验的色彩,这样,法律在实际执行过程中就不免要被修改,而这就会违背法律的性质。"①

关于现代形式法治,哈耶克认为:法治的意思就是指政府在一切行动中都受到事前规定并宣布的规则的约束——这种规则使得一个人有可能十分肯定地预见到当局在某一情况中会怎样使用它的强制权力,并根据对此的了解计划他自己的个人事务。②

在法律实证主义者看来,规则是首要的,而规则的内容则是次要的。富勒将形式法治概括于体现法律内在道德的"程序自然法"之中,并提出了合法性(legality)原则的八个方面,即法律的一般性、法律的公开颁布、法律不能溯及既往、法律的清晰性、法律不得自相矛盾、法律不得要求不可能之事、法律在时间之流中的连续性、官方行动与公布的规则之间的一致性等。他认为只有遵循"程序自然法"才能使人类行为服从于规则的治理。③

形式法治总体上又可分为两种类型,形式合法性的法治与形式正义的法治。形式合法性的法治强调法律的合法性创制,只要是依法制定的法律,人们就应当予以遵守。英国法学家拉兹被公认为是形式合法性法治的代表人物,他认为法治应当包括两个方面:(1)人们应当受法律的统治并遵守它;(2)法律也应当能够指引人们。④ 形式正义的法治则把法治看作形式正义在法律制度方面的实现。罗尔斯、菲尼斯等主张形式正义的法治。例如,罗尔斯说:"形式正义的观念和有规律地、公平地行政管理的公共规则,在被运用到法律制度中时,它们就成为法律规则。"⑤这种形式正义的法治不涉及法律由谁制定的问题,也不涉及基本权利、平等、正义。它包括下列律令:(1)应当的行为意味着可做的行为;(2)类似案件类似处理;(3)法无明文规定不为罪。这两种类型的形式法治,本质上都是价值中立的,它既可以服务于"善",也可能服务于"恶"。

二、实质法治

实质法治是指不仅要求依法而治,而且要求所依之法本身符合良法的要求,实现良法之治。实质法治内在地要求立法者避免内容上的恶法,追求善法或者良法,并追求良法在社会生活中的实现。"法治不仅是法律的统治,而且是'良法'的统治;法治旨在制约公共权力、保障公民自由和权利;法治建设不仅要健全符合一系列形式要件的法律制

---

① 〔德〕黑格尔:《法哲学原理》,范扬、张企泰译,商务印书馆1961年版,第316—317页。
② 参见〔英〕弗里德里希·奥古斯特·哈耶克:《通往奴役之路》,王明毅等译,中国社会科学出版社1997年版,第73页。
③ 参见〔美〕富勒:《法律的道德性》,郑戈译,商务印书馆2005年版,第46—47页。
④ See J. Raz, *The Authority of Law: Essay's on Law and Morality*, 2nd Edition, Oxford University Press, 2009, pp. 214-218.
⑤ 〔美〕约翰·罗尔斯:《正义论》(修订版),何怀宏、何包钢、廖申白译,中国社会科学出版社2009年版,第184页。

度,而且要使这套法律制度可以有效地制约权力和保障权利。"①

纵观历史,各个时代实质法治对良法的追求又有不同的侧重点。古希腊时期,实质法治关注的是法律内容的正义性。古罗马时期,良法为追求公平正义之法。如查士丁尼认为法学是"关于正义和非正义的科学"。② 到了近代,实质法治追求的良法则为追求自由或者体现自由之法。如洛克说:"法律的目的不是废除或限制自由,而是保护和扩大自由","哪里没有法律,那里就没有自由"。③ 黑格尔更认为:"自由构成法的实体和现实性,法的体系是实现了的自由的王国。"④在现代社会条件下,实质法治所追求的已经不限于保障个人自由,更要求公民社会、经济与文化权利的实现。如塔玛纳哈认为,19世纪"经典的自由观痴迷于限制政府暴政,它致力于为政府的行动划定界限,以确保个人享有自由去做乐意做的事情。在社会福利观下,法治规定政府有义务去帮助人民过上更好的生活,提升他们的生存状态,包括财富的正义分配"⑤。

在现代法治的条件下,实质法治特别关注法治与道德关系。其对法律的内容有道德上的要求,换句话说,法律的内容应当符合道德的要求,此处的法特指善法。所谓善法,是符合正义的追求、尊重自由权利、保障公民生活水平的法,而不是指维护非正义的安排、不平等的身份关系、对自由的剥夺的法。这种法治本身要求良法善治。

实质法治内在地要求良法善治。亚里士多德的法治概念,最早提出了良法的概念。其良法标准大体可以归结为:良法是为了公共利益而不是为了某一阶级或个人的法律;良法应该体现人们所珍爱的道德;良法必须能够维护合理的城邦制度于久远。⑥ 国内有学者认为,良法有广义和狭义之分。广义的良法是指对社会发展起积极或推进作用的法。反之,对社会发展起消极或阻碍作用的法是不良之法。狭义的良法是指通常所说"恶法非法"指称中与"恶法"相对的法,"恶法"则是指严重违背人类正义的法。⑦ 有学者认为,"良法的标准表现为三个方面:在法的内容方面,必须合乎调整对象自身的规律;在法的价值方面,良法必须符合正义并促进社会成员的公共利益;在法的形式方面,良法必须具有形式科学性。这三个方面的要求共同构成了良法的标准"⑧。

善治(good governance)是一个舶来的概念。国外学者对"善治"有多种解读和解释,其中法国学者玛丽-克劳德·斯莫茨(Marie-Claude Smouts)认为,善治包括四大要素:第一,公民安全得到保障,法律得到尊重,特别是这一切都须通过法治来实现。第二,公共机构正确而公正地管理公共开支,亦即进行有效的行政管理。第三,政治领导人对其行为向人民负责,亦即实行责任制。第四,信息畅通,便于全体公民了解情况,亦

---

① 侯健:《实质法治、形式法治与中国的选择》,载《湖南社会科学》2004 年第 2 期。
② 〔罗马〕查士丁尼:《法学总论——法学阶梯》,张企泰译,商务印书馆 1989 年版,第 5 页。
③ 〔英〕洛克:《政府论》(下篇),叶启芳、瞿菊农译,商务印书馆 2003 年版,第 36 页。
④ 〔德〕黑格尔:《法哲学原理》,范扬、张企泰译,商务印书馆 1961 年版,第 10 页。
⑤ Tamanaha, *On the Rule of Law*: *History*, *Politics*, *Theory*, Cambridge University Press, 2004, p. 113.
⑥ 转引自王人博、程燎原:《法治论》,山东人民出版社 1989 年版,第 11 页。
⑦ 参见李步云、赵迅:《什么是良法》,载《法学研究》2005 年第 6 期。
⑧ 李桂林:《论良法的标准》,载《法学评论》2000 年第 2 期。

即具有政治透明性。①

良法善治是现代法治的本质属性和基本特征。良法是法治的价值标准,也是法治的理性追求;善治是法治的运作模式,也是法治的实现方式。良法与善治的有机结合,既是现代法治的基本精神,也是现代法治的本质所在。

事实上,善治可能基于良法,也可能基于贤人政治。基于亚里士多德"法治优于一人之治"的认识,在现代社会中,善治倾向于基于良法而达成的善治。这种意义上的善治,内在地要求首先要把法律制定得良好(制定良法),并把制定得良好的法律付诸实施。

良法与善治的关系,可以从亚里士多德的法治概念中得到清晰的解释。"良法"和"普遍服从"构成其基本内核,其中包含的"良法"是法治的前提和基础,没有良法,也就不可能有法治,更不可能有善治;"普遍服从"是法治的条件,又是法治所要达到的状态。善治是良法运行的结果,良法的生命在于实施,没有良法在社会生活中的实现,再好的良法也只能是纸面上的良法,也不可能实现法治,更不用说善治了。因而,"良法与善治相辅相成,相互促进,缺一不可"②。

## 第三节 法治的样式

### 一、从人治走向法治

从人治走向法治是一个漫长的过程,其中充满复杂性和不确定性。法治或依法治国的确是一个值得追求的治国方略。

从历史上看,法治国家是在近现代社会才出现的一种治理理政的基本方式。在古代和中世纪,即使是个别时期出现的盛世,如罗马法的鼎盛时期,中国历史上的"贞观之治"等,与现在所讲的法治也不相同。在近现代社会,无论是社会制度相同的国家,还是社会制度不同的国家,在推行法治时,也往往采用不同的方式或者模式。这种现象说明了法治道路或模式的多样性。

不仅如此,一个国家从人治走向法治是一个漫长的过程。英国、美国、法国是三个典型的法治国家,这些国家也是经历了上百年才建立了法治。德国、意大利、日本三国,只是在第二次世界大战后在以美国为首的资本主义国家的支持下,经历了半个世纪才

---

① 参见〔法〕玛丽-克劳德·斯莫茨:《治理在国际关系中的正确运用》,肖孝毛译,载《国际社会科学杂志(中文版)》1999年第1期。
② 江必新、程琥:《论良法善治原则在法治政府评估中的应用》,载《中外法学》2018年第6期。

走向法治。因此,一个国家从人治向法治的过程,与本国的社会、经济、政治和文化条件是密切联系的,法治的兴衰与本国社会、经济、政治和文化条件的兴衰是并行的。

## 二、法治样式的多样性

法治的样式,又称法治的模式,是指一个国家法治不同于其他国家法治的特殊制度或原则。近代西方思想家、法学家不但进一步发展了法治理论,而且根据不同国家的法治实践,归纳出法治样式的特殊性,由此形成了与一个国家的民主政治相适应的法治样式。

从17—18世纪以来,法治理论和法治实践都表明法治道路没有统一的样式。近现代西方法治模式主要包括:英国的"法的统治"(the rule of law)模式,德国的"法治国"(Rechsstat)(国家权力的行使必须依法进行)模式,以及美国的"分权制衡"的法治样式。

法治样式与一个国家的经济、政治、宗教、文化、历史等条件有着密切关系,这是一国法治样式不同于其他国家法治样式的根本原因。一国与其他国家法治的社会基础条件不同,一国的法治样式因此也不同于其他国家的法治样式,即使是社会制度相同的国家,其法治样式也可能完全不同,由此造成了法治样式的多样性。

## 三、英国的法治样式

英国的法治样式,基本上是按照启蒙思想家的法治理论建立起来的。戴雪(A. V. Dicey)通常被视为近代西方法治理论的代表,也是英国法治理论的代表。他第一次比较全面地阐述了法治概念,他写道:"构成宪法基本原则的所谓'法治'有三层含义,或者说可以从三个不同的角度来看。首先,法治意味着与专横权力的影响相对,正规的法律至高无上或居于主导,并且排除政府方面的专擅、特权乃至宽泛的自由裁量权的存在。其次,法治意味着法律面前的平等,或者意味着所有的阶层平等地服从由普通的法院执掌的国土上的普通的法律;此一意义上的'法治'排除这样的观念,即官员或某类人可以不承担服从管治着其他公民的法律的义务,或者说可以不受普通审判机构的管辖。……作为其他一些国家所谓的'行政法'之底蕴的观念是,涉及政府或其雇员的事务或讼争是超越民事法院管辖范围的,并且必须由特殊的和或多或少官方的机构来处理。这样的观念确实与我们的传统和习惯根本相悖。最后,法治可以用作一种表述事实的语式,这种事实是,作为在外国自然地构成一部宪法典的规则,我们已有的宪法性法律不是个人权利的来源,而是其结果,并且由法院来界定和实施;要言之,通过法院和议会的行动,我们已有的私法原则得以延伸至决定王室及其官吏的地位;因此,宪法乃国内普通法律之结果。"[①]

---

① Albert. V. Dicey, *Introduction to the Study of the Law of the Constitution* (1885),1960, pp. 202-203.

这段话大致有三层意思：第一，人人皆受法律统治而不受任性统治；第二，人人皆须平等地服从普通法律和法院的管辖，无人可凌驾于法律之上；第三，宪法源于裁定特定案件里的私人权利的司法判决，故宪法为法治之体现或反映，亦因此，个人权利乃是法律之来源而非法律之结果。①

英国的法治模式，至少有两个核心要点，一个是法律至上（也称"法的统治""法律主治"），另一个是议会主权。在英国的法治模式中，法律高于国家，法律具有绝对权威，是典型的法律至上；同时，司法亦具有很大权威，法官裁决的判例具有法律效力，被称为判例法，就是说法官可以创造法，从而构成英国普通法的基本特征。当然，这一情况的产生不是偶然的，而是国会在同国王的长期斗争中用"法的统治"限制国王权力的结果。这一历史情况使英国资产阶级革命胜利后，"法的统治"以及与此相联系的"议会主权"成为英国宪制的两大原则。

在英国历史上，围绕着国王的权力与法律之间的关系经历了长期的斗争，最终形成了"王在法下"的传统，为英国的法治奠定了基础。亨利三世时期的大法官布拉克顿（Henry Bracton）提出法律使国王成为国王，无法律之处则无国王。他说："如国王不依法律而统治，国王必须将法律赋予的权力归还于法律，没有法律的地方就没有国王。"②布拉克顿所说的"国王在任何人之上，但在上帝和法律之下"已成为有关英国法治的至理名言，并为英国有限王权和法治的发展确立了基础。

英国的法治模式所采用民主政治体制为君主立宪制。在这种体制下，议会主权（至上）与法律主治之间并行不悖，密不可分。

### 四、德国的法治样式

与英国不同，德国的法治原则并没有"法的统治"的传统，德国法治的样式表现为18世纪末开始的宪制运动中形成的"法治国"模式，直到19世纪后半叶，德国最终确定了重视国家活动合法性的"法治国"。所谓法治国，是指国家权力，特别是行政权力必须依法行使，即国家依法实行统治，所以也称"依法行政"或"法治政府"。它只是从形式上要求行政的合法性，基本上不问法律的内容如何，因此被称为"形式意义上的法治"。③

德国法治国的历史发展可以分作三个时期：开明君主制时期、君主立宪制时期和立宪民主制时期。在这三个概念中，"开明""立宪"代表的是法治国的要素；"君主""民主"代表的是政体要素。④

第二次世界大战以后，德国开始向"实质意义上的法治"转变，并逐步实现了从"自由法治国"到"社会法治国"的演化。自由法治国强调对国家权力的控制，主张权力分

---

① 参见夏勇：《法治是什么——渊源、规诫与价值》，载《中国社会科学》1999年第4期。
② George E. Woodbine ed., Samuel E. Thome trans., *Bracton on Laws and Customs of England*, VoL 2, Harvard University Press, 1968, p. 33.
③ 参见孙笑侠：《法治国家及其政治构造》，载《法学研究》1998年第1期。
④ 参见刘刚：《德国"法治国"的历史由来》，载《交大法学》2014年第4期。

立,依法行政,法律至上,并倡导最大限度地实现个人权利或自由。正如德国学者伯阳所说:"19世纪的自由资产阶级坚决反对绝对的权力:通过对国家权力的控制、分立、限制与法官的监督,实现法律至上,并且保护个人与政治自由的目的。"①"法治国是国家与公民社会之间张力的产物。它不仅希望一套形式程序,包括分权和法院的独立,也要求在生命、自由和财产的安全意义上的实质性正义。"②这个时期,总体上说,德国法治仍然属于自由法治国时期。随着《德国基本法》的实施,该法第20条确立了民主政体,同时规定了法治国原则,承认了社会国原则。正是基于这一规定,德国的法治国实质上已经从自由法治国转向社会法治国。社会国的概念是从国家和个人社会之间的张力中产生的。它注重对劳动阶级整体利益中的对生存的确保、对充分就业和劳动力的保护。法治国限制了国家对社会进行干预的权利,而社会国则要求有这样的干预。③

### 五、美国的法治样式

美国法治的框架源于其联邦宪法。美国法治原则的关键在于政府应当根据法律来运作,无论是公民还是政府官员都从属于法律,立法权力亦受到宪法的限制。宪法是美国的最高法律,其主要内容是建立联邦制国家,各州拥有较大的自主权,包括立法权。它制定了国家制度、政府体制和国家的运行原则,阐明了美国立法权、行政权和司法权分立,各自行使特定的职责,同时相互制约。美国法治样式的精髓主要集中在这样几个方面:联邦制、权力分立与制衡,以及司法审查。

美国的联邦制,是指美国通过宪法确立的中央与地方之间关系。《美国宪法》对联邦政府和州政府各自的权力范围作了明确的规定,包括各自专有的权力、共享的权力和各自禁止使用的权力。赋予联邦政府特定的立法权、司法权和行政权;确立联邦政府至高无上的地位。并且,联邦政府享有的权力仅以宪法规定为限。《美国宪法》第10条修正案又进一步明确:"本宪法所未授予合众国也未禁止各州行使的权力,保留给各州行使,或留给人民行使之。"④

美国的国家权力,采用分权制衡模式,它以权力分立为基础,立法权、行政权、司法权分属三个部门,三部门互相牵制,并保持制衡。每一个部门在合作中也同样既保持独立又互相配合。"分立"是实现"制衡"的前提和基础,"制衡"是分立的目的和结果。美国的政党、政府、国会、总统等,均在权力分立的机制中发挥着不可取代的作用,并相互制衡。

---

① 〔德〕伯阳:《德国公法导论》,北京大学出版社2008年版,第36页。
② Peter M. R. Stirk, *Twentieth-Century German Political Thought*, Edinburgh University Press, 2006, p. 152.
③ Ibid.
④ 〔美〕杰罗姆·巴伦、托马斯·迪恩斯:《美国宪法概论》,刘瑞祥等译,中国社会科学出版社1995年版,第327页。

在权力分立制衡模式下,立法权由美国国会行使。《美国宪法》第 1 条规定:所有的立法权属于由参议院和众议院组成的美国国会。参议员每州席位相同,众议院根据人口的多寡来分配名额。参议院维持国会的相对稳定,六年一任;众议院则反映民意,代表两年一任。美国联邦的所有法律草案都必须经过两院的共同审议方能通过实施。这是国会最重要的权力。

《美国宪法》中并没有规定行政部门的架构及其权力,而是用较大篇幅阐述总统的相关问题,规定了行政权属于总统,总统应尽责地忠诚执行法律。总统最重要也最明确的权力之一,就是立法否决权,以此制衡国会的权力。总统有权否决国会通过的法案,但是总统的否决权又受国会的制约,以此实现行政权对立法权的牵制。

《美国宪法》第 3 条规定:司法权属于美国联邦最高法院及美国国会随时制定与设立的下级联邦法院。联邦最高法院是美国全联邦的最高法院,其判决对美国各级各类法院均有约束力,但是联邦法院系统并不高于州法院系统,二者之间没有管辖或隶属关系。从一定意义上讲,美国的法院系统是双轨制,既有联邦法院系统,又有州法院系统。

美国司法权对立法权和行政权的制约体现在美国的司法审查制度上。美国的司法审查制度,又称违宪审查制度,是美国法治样式的独有制度,并为其他国家法治的完善提供了参考。所谓违宪审查是指联邦最高法院在审理案件时,可以以国会或州议会的法律与联邦宪法相抵触为由,判定其无效而不予适用的一种制度安排。1803 年,在马伯里诉麦迪逊一案中,当时的联邦最高法院首席大法官马歇尔通过判决首次确立联邦法院有权对国会立法和总统签发的法案及采取的行动是否合宪进行审查。[①] 在审理该案的过程中,马歇尔大法官认为:宪法构成国家的根本法和最高的法律,违反宪法的法律是无效的,断定什么是法律显然是司法部门的职权和责任。如果法官不承担起维护宪法的责任,就违背了立法机构所规定的就职宣誓,据此,联邦最高法院在该案的判决中宣布《1789 年司法条例》第 13 条因违宪而被取消。这是美国联邦最高法院历史上第一次宣布联邦法律违宪。

美国法治的核心是尊重宪法和法律的权威性与至上性,强调政府应受法律的统治,遵从法律。他们认识到不受约束的权力必然导致腐败,绝对的权力导致绝对的腐败。为了防止权力滥用,美国法治的一个基本原则就是以宪法和法律约束权力。美国早期思想家认为:"如果人都是天使就不需要任何政府了。如果是天使统治人就不需要对政府有任何外来的或内在的控制了。毫无疑问依靠人民是对政府的主要控制;但是经验

---

① 美国第二任总统约翰·亚当斯(John Adams)在其任期(1797—1801)的最后一天(1801 年 3 月 3 日)午夜,突击任命了 42 位治安法官,由于匆忙导致 17 份委任令在国务卿约翰·马歇尔(John Marshall,同时兼任首席大法官)卸任之前未能及时发送出去;次日,继任的总统托马斯·杰斐逊(Thomas Jefferson)上任,国务卿詹姆斯·麦迪逊(James Madison)将这 17 份委任状予以扣发。威廉·马伯里(William Marbury)就是没有收到委任状的 17 人之一。马伯里等 3 人在得知委任状被麦迪逊扣发之后,向美国联邦最高法院提起诉讼。在审理该案过程中,该案的法官约翰·马歇尔为维护本党的利益,运用高超的政治智慧判决该案中所援引的《1789 年司法条例》第 13 条因违宪而无效。

教导人们必须有辅助性的预防措施。"①

美国保持其世界强国地位的秘密之一就是它的法治。托马斯·L.弗雷德曼(Thomas L. Friedman)说过:"秘密不在于华尔街,也不在于硅谷,不在于空军,也不在于海军,不在于言论自由,也不在于自由市场——秘密在于长盛不衰的法治及其背后的制度。正是这些让每一个人可以充分发展而不论是谁在掌权","我们所继承的良好的法律与制度体系——有人说,这是一种由天才们设计,并可由蠢才们运作的体系"。②

### 六、当代中国的法治样式

当代中国的法治不同于其他国家的法治样式,形成了具有中国特色的社会主义法治国家的法治样式。

当代中国的法治样式是在马克思主义法治原理与中国实践相结合以及不断总结我国法治建设的丰富实践经验和教训的过程中逐步形成的。(1)中国革命走的是农村包围城市、武装夺取政权的正确革命道路。在夺取全国政权以前,建立革命根据地,制定在根据地实施的法律法规,为新中国在全国范围内的法制建设积累了宝贵经验,成为中国法治发展道路的起点。(2)新中国的成立和社会主义制度的建立,开辟了中国人民当家作主的历史新纪元,为当代中国特色社会主义法治体系奠定了根本政治前提和制度基础。1949年,中国人民政治协商会议第一届全体会议通过的《中国人民政治协商会议共同纲领》和《中央人民政府组织法》开了新中国法制之先河。1954年,毛泽东同志主持起草新中国第一部《宪法》。1954年9月20日,一届全国人大一次会议通过《宪法》,初步奠定新中国人民民主法制的基础。(3)"文革"期间,我国法治建设遭到严重破坏,法制建设进程处于停滞状态。(4)1978年12月,党的十一届三中全会提出了发展社会主义民主、健全社会主义法制的任务。邓小平提出,"为了保障人民民主,必须加强法制。必须使民主制度化、法律化,使这种制度和法律不因领导人的改变而改变,不因领导人的看法和注意力的改变而改变","做到有法可依,有法必依,执法必严,违法必究"。③1982年12月4日,五届全国人大五次会议通过新宪法。1997年9月,党的十五大明确提出"依法治国,建设社会主义法治国家";"依法治国,是党领导人民治理国家的基本方略";1999年3月,九届全国人大二次会议通过宪法修正案,确定"中华人民共和国实行依法治国,建设社会主义法治国家",实现了从"法制"到"法治"的转变。2004年宪法修正案纳入人权保护、私有财产平等保护和社会保障制度。2010年中国特色社会主义法律体系形成,这是我国社会主义民主法制建设史上的重要里程碑,具有重大的现

---

① 〔美〕汉密尔顿、杰伊、麦迪逊:《联邦党人文集》,程逢如、在汉、舒逊译,商务印书馆1982年版,第264页。
② 〔美〕托马斯·L.弗雷德曼:《外交事务:荣誉勋章》,载《纽约时代周刊》2000年12月15日。
③ 《邓小平文选》(第2卷),人民出版社1994年版,第146—147页。

实意义和深远的历史意义。(5)党的十八大提出法治是治国理政的基本方式,要加快建设社会主义法治国家,全面推进依法治国;党的十八届三中全会提出建设法治中国的目标;党的十八届四中全会作出《中共中央关于全面推进依法治国若干重大问题的决定》,对全面推进依法治国,建设中国特色社会主义法治体系作出系统安排。党的十九届四中全会提出在法治轨道上推进国家治理体系和治理能力现代化。

中国特色社会主义法治道路或样式,根本特征是坚持党的领导、人民当家作主和依法治国的有机统一,强调依法治国与依规治党的有机统一,把党对依法治国的全面领导作为中国法治的根本保证。习近平指出:"党的领导是人民当家作主和依法治国的根本保证,人民当家作主是社会主义民主政治的本质特征,依法治国是党领导人民治理国家的基本方式,三者统一于我国社会主义民主政治伟大实践。"①

当代中国法治以人民民主为基础,人民代表大会制度是我国的根本政治制度,人民通过人民代表大会制度行使国家权力,同时强调协商民主。根据我国宪法的规定,国家的一切权力属于人民,人民行使国家权力的机关是全国人大和地方各级人大。人民依法通过各种途径和形式,管理国家事务,管理经济和文化事业。国家机构实行民主集中制原则,全国人大和地方各级人大都由民主选举产生,对人民负责,受人民监督。国家行政机关、审判机关、监察机关和检察机关由人大产生,对它负责,受它监督。同时,协商民主在我国民主制度中发挥着重要作用。"协商民主是实现党的领导的重要方式,是我国社会主义民主政治的特有形式和独特优势","加强协商民主制度建设,形成完整的制度程序和参与实践,保证人民在日常政治生活中有广泛持续深入参与的权利"。②

当代中国法治样式,坚持中国特色社会主义法治道路,坚持一国法治应与本国的国情相适应,中国的政治、经济、社会、文化等条件决定了中国法治样式不能照搬他国法治模式,必须立足于中国社会的实际,走出一条适合中国社会实际的法治道路。

当代中国法治强调依法治理,强调法治是治国理政的基本方略。全面依法治国是国家治理的一场深刻革命,必须厉行法治,突出强调法治社会是构筑法治国家的基础,法治政府是建设法治国家的重点,法治国家是法治建设的目标。在法治建设过程中,坚持全过程推进依法治国,"推进科学立法、严格执法、公正司法、全民守法"③。同时,特别强调依法治国、依法执政、依法行政的有机统一,强调法治国家、法治政府、法治社会一体建设,强调依法治国与依规治党的高度统一。

---

① 《习近平谈治国理政》(第3卷),外文出版社2020年版,第28—29页。
② 同上书,第29—30页。
③ 同上书,第30页。

## 第四节　法治的条件

### 一、法治的形式条件

不同社会性质的国家,由于政治、经济、社会、文化、宗教等制度的不同,虽然会选择不同的法治道路,采用不同的法治模式,但法治作为人类文明的共同成果,具有某种一般性。

#### (一) 法律统治

法律统治,又称法律主治,或者法律至上,其至少包括两层含义:其一,在法律体系内部,宪法具有至上权威,在法律位阶中具有最高的权威。宪法处于法律位阶的顶端,一切其他法律如违反宪法则无效。宪法的至上性内含着宪法是国家的根本法,是一个国家应当遵守的最高规范。其二,就法律在社会中的地位而言,法律具有至上的地位,法律高于任何权力,法律高于任何其他规范,法律高于任何个人。

法律高于任何权力是指任何权力包括国家权力与社会权力都必须在法律之下,受法律调整,任何权力都不得超越法律之外。任何国家权力包括各种实质上以国家形式出现的社会权力都必须有法律依据,受法律约束,违法行使权力要承担法律责任。

法律高于任何其他规范是指在社会规范体系中,法律规范居于最高地位,任何其他社会规范,包括道德规范、宗教规范、政策、纪律、社会自治规范等,与法律冲突者皆为无效。

法律高于任何个人,是指任何人(包括自然人和团体人)都在法律之下,均享有法律赋予的权利,并负有遵守法律的义务,任何人不享有超越法律的特权。

#### (二) 制约权力

不同的法治样式在对待国家权力问题上的立场基本上是一致的,这就是权力应当分开,集权是导致腐败的根源。英国法治的议会主权,实际上也隐含着立法权至上性或最高性,这是洛克的分权思想在英国制度中的体现。

自孟德斯鸠提出权力分立的思想以来,一些国家不同程度地受到这种分权思想的影响,建构其本国的法治模式。法国的法治模式基本上是按照孟德斯鸠的权力分立学说建立起来的,而美国的法治则在孟德斯鸠权力分立学说的基础上,进一步演化成权力分立与制衡。

法治总是与一定形式的民主相联系的。民主是现代国家法治的一个基本条件,也是法治的一个基本原则。现代法治国家总体上都是反对集权、主张推行某种形式的民主的。在民主模式下,法律由民选代表制定并由行政机关、司法机关执行。当然,现代国家的法治也总是以社会秩序为前提的,它既与专制、独裁相对立,也反对任何形式的无政府主义。

（三）依宪治国

在现代民主国家,法治的一般要求是依宪治国,宪法成为构建国家治理体系的根本法,实现依宪而治。

法治与依宪治国、依宪执政是密不可分的,它们有不同的含义,但又互相联系。法治必须以依宪治国为支撑和指导,才有可能真正实现,才不至于偏离方向,使法治蜕变为人治。所以,法治首先要求有一部好的宪法,并且得到有效的实施,否则法治就难以实现。因而,宪法在实现法治中起着核心和灵魂的作用。

法治是宪法制度中的一种要素,依宪治国的实现首先需要建立法治,但仅有法治还是不够的,还需要有民主制度和人权、自由的充分保障。①

（四）人权保障

法治以保障人权为依归,人权是法治的目的,法治是人权保护的基本方式。徐显明认为:"理想的法治,指的是通过法律实现的公共权力与公民权利相和谐的状态。公民权利为国家权力所尊重、所保护、所救助,人权是公权的本原、界限、目的,法律能够调处出这种状态,法治便存在。"②

《世界人权宣言》序言中规定,"为使人类不致迫不得已铤而走险对暴政和压迫进行反叛,有必要使人权受法治保护"。联合国认为,"法治"指的是这样一个治理原则:所有人、机构和实体,无论属于公营部门还是私营部门,包括国家本身,都对公开发布、平等实施和独立裁断,并与国际人权规范和标准保持一致的法律负责。它要求采取措施来保证遵守以下原则:法律至高无上、法律面前人人平等、对法律负责、公正适用法律、权力分立、参与性、法律上的可靠性、避免任意性以及程序和法律透明。③

就人权与法治的关系而言,法治是实现人权的保障,是确保人权得到尊重和保护的重要手段;而人权是法治进程中的依据和根本目标,贯穿于法治建设的整个过程之中,二者紧密相连。法治的目的在于创建一个以人权为唯一正当政治目标且以人民意志为唯一权力来源的法治政府,从而创建一个以人权为核心的法治社会。④ 法治的发展史也是人权发展的历史。

当然,也不容许任何国家借口"人权"干涉别国内政,侵犯别国主权。事实上,人权需要主权保护,没有主权就没有人权。

---

① 参见郭道晖:《宪政简论》,载《法学杂志》1993年第5期。
② 徐显明:《法治的真谛是人权——一种人权史的解释》,载《学习与探索》2001年第4期。
③ 参见《冲突中和冲突后社会的法治和过渡司法》,联合国秘书长报告,S/2004/616。
④ 参见徐显明:《论"法治"构成要件——兼及法治的某些原则及观念》,载《法学研究》1996年第3期。

## 二、法治的实质条件

法治的实质条件是指一个国家的法治应当具有的基本价值,只有满足这些价值,才有可能称得上法治;反之,一个国家虽然在形式上推行法治,但若其法治不满足这些实体价值,也不能称其为法治国或者法治。

### (一) 生存权

生存是一个人享有权利和自由的前提,没有了生存,也就无从谈及权利。一个法治国家,首先保障人的生存。《世界人权宣言》第3条明确规定:"人人有权享有生命、自由和人身安全。"

对生存权的保障,虽与一个国家的政治、经济、文化、宗教等条件密切相关,但总体上讲,不管是发展中国家,还是发达国家,都存在着生存的问题。法治首先要求一个国家在法律上保障公民的生命、自由和人身安全。

### (二) 安全

任何国家的法治,最基本的要求是保障人民的人身自由不受侵犯,未经合法理由,不受任何恣意的逮捕、拘禁或监禁。这是人身自由的基本要求,也是人身安全的最基本要求。"人民的安全是最高的法律。"[1]

在现代法治国家,国家的宪法和刑法、程序法都有保护人民生命、人身、财产等安全的规定,这是人民得以安定生活的基本前提,也是一个法治国家的基本条件。安全是法律秩序的作用之一,只具有从属性与派生性;安全有助于尽可能持久地稳定,并使人们享有生命、财产、自由和平等等其他价值。博登海默认为:"促进安全除了在作为落实和巩固法律秩序其他价值的一种工具方面的效用以外,还服务于它本身所具有的一些颇具有价值的目的。"[2]

### (三) 民主

民主的意思是人民的治理或政权。各国民主的模式因国情和条件不同而存在差别。当代中国的民主是社会主义民主,强调全过程民主,通过发展全过程人民民主,保障人民当家作主。这种社会主义民主不同于西方的代议制民主。民主是最可能保证社会成员及各阶层获得公正待遇的,根源在于民主过程的本质就是参与决策。"民主社会中任何成员都不能保证他参与争执时一定稳占上风,但可以肯定,他能公正地享有一份决策权",有时"也可能得不到公正的对待,但表示不满的渠道总是畅通的"。[3]

---

[1] 转引自〔美〕E. 博登海默:《法理学——法律哲学及其方法》,邓正来、姬敬武译,华夏出版社1987年版,第290页。
[2] 同上。
[3] 〔美〕卡尔·科恩:《论民主》,聂崇信、朱秀贤译,商务印书馆2007年版。转引自刘军宁编:《民主二十讲》,中国青年出版社2008年版,第261—262页。

民主是法治的前提和条件,没有民主也就无从谈法治;法治是民主的保障,离开法治,民主也不可能实现。哈耶克认为:"法治只在立法者认为受其约束的时候才是有效的。在民主制度中,这意味着除非法治也已构成了此社会共同体之道德传统的一部分(亦即那种为多数人所信奉且毫无疑问地接受的共同理想),否则它就不会普遍有效。"①

(四)自由

自由是人们追求的一个基本价值,每个国家的宪法和其他法律都规定了人民的基本权利和自由,同时人们行动要受法律、道德等各种规范的约束。法治在维护人们合法的自由和权利的同时,又约束他们不得侵犯他人的合法自由和权利或社会的利益。

法治反对国家机关及其工作人员滥用权力侵犯公民权利和自由的行为。哈耶克认为:"根据法治,政府只能当个人违反某一业已颁布的一般性规则时,才能侵入他原受保护的私人领域,以作为对他的惩罚。"②"法治的理想,既要求国家对他人实施法律——此乃国家唯一的垄断权——亦要求国家按照同一法律行事,从而国家和任何私人一样都受着同样的限制。"③宪法和法律之所以要规定对国家机关及其工作人员权力的限制,其目的就在于实现公民的权利和自由。

(五)平等

平等是与自由一样为人类向往的一种价值,现代国家的宪法和法律都规定了"法律面前人人平等"的原则;随着平等内涵的不断扩展,又逐渐增加了机会平等、反对歧视,承认合理的差别对待的内容。

像自由一样,平等始终是一个相对的概念,绝对平等是根本不存在的。哈耶克认为:"真正的法律的第三个要件是平等(equality)……任何法律都应当平等地适用于人人……法律面前人人平等的理想,乃旨在平等地改善不确定的任何人的机会,它与那种以人们可预见的方式致使特定的人受损或获益的做法都是极不相容的。"④

(六)人道主义

在现代社会中,人道主义日益深入人心,以人为中心已成为一种基本的世界观。人道主义包括这样一些基本信念:自然主义的宇宙观,认为宇宙是自然的,它依自己的本性运作而不受任何宇宙之外的东西的影响;人是自然的产物且人有自己的本性;每个人就是目的本身,而且目的本身就是人自身本质的一部分。

在不同社会制度和意识形态下,对人道主义会存在不同的理解,但现代国家的法律制度在人道主义方面存在了很多共同点。

---

① 〔英〕弗里德利希·冯·哈耶克:《自由秩序原理》,邓正来译,生活·读书·新知三联书店1997年版,第194页。
② 同上书,第262页。
③ 同上书,第267页。
④ 同上书,第265—266页。

在现代社会中,法律和法治必然体现人道主义精神,这已成为现代法律的基本精神,也是世界各国公认的做法。

(七)共同福利

现代国家在承认自由、平等和安全等作为法治的实体价值时,往往也提出"共同福利"的原则,但在资本主义社会尽管一些思想家赋予"共同福利"以崇高的解释,但实际上仅限于通过一些"社会保险"立法。社会主义国家则以实现国家繁荣富强和人民共同富裕为目标。

共同福利是调和权利冲突的一个重要考量因素。"每个社会秩序都面临着分配权利、限定权利范围、使其与其他(可能相抵触的)权利相协调的任务……正义要求,赋予人类的自由、平等和安全应当在最大程度上与共同福利相一致。"[1]根据博登海默的观点,共同福利意味着在分配和行使个人权利时绝不可以超越外部界限,它内在地要求在个人权利和公共福利之间创设一种适当的平衡,既尊重个人权利,又保护共同福利,实现两者之间的平衡。

(八)正义

在本书第十二讲中已研究了正义的概念。应重申的是,正义是一个相对的概念,它是一个有条件的、受制约的可变的概念,但衡量任何一种法律制度、事业是否合乎正义的最终标准是看它们是否促进社会进步,是否合乎最大多数人的最大利益。在现代法治条件下,法自身应当具有一般性和平等性,还应当具有正义性。

(九)和平

和平与发展是当今时代的两大主题。和平是促进人类发展的重要前提,和平是人类的共同向往,是人类追求幸福的基础。只有和平,人们才有可能发展,才有可能安居乐业。

当今世界,对于危及世界和平与安全的行动,诸如由殖民主义、种族主义和外国侵略、占领造成的侵犯人权的行动,以及种族隔离、种族歧视、种族灭绝、贩卖奴隶、国际恐怖组织侵犯人权的严重事件,国际社会都应进行干预和制止,实行人权的国际保护,构建人类命运共同体,这正是现代国家法治的一个艰巨任务。

和平的环境是经济社会可持续发展的前提,它对于人们美好生活的实现、人权保障、人的生命财产安全,以及消除人与人之间的隔阂,促进交流,都具有基础性作用。

**思考题**

1. 如何看待法治的多样性?
2. 什么是形式法治和实质法治?

---

[1] 〔美〕E. 博登海默:《法理学——法哲学及其方法》,邓正来、姬敬武译,华夏出版社1987年版,第296页。

3. 什么是法治？
4. 如何理解法治的条件？

## 参考文献

1. 〔古希腊〕亚里士多德：《政治学》，吴寿彭译，商务印书馆1965年版。
2. 〔美〕汉密尔顿、杰伊、麦迪逊：《联邦党人文集》，程逢如、在汉、舒逊译，商务印书馆1982年版。
3. 〔美〕E.博登海默：《法理学——法律哲学及其方法》，邓正来、姬敬武译，华夏出版社1987年版。
4. 〔英〕戴雪：《英宪精义》，雷宾南译，中国法制出版社2001年版。

# 第十四讲 法律与科技

第一节 法律与科技的一般关系
第二节 新科技对法律的挑战
第三节 法律对科技伦理挑战的回应
第四节 对科技风险的法律规制

尽管人与人之间的法律关系并不完全由自然的因果关系决定,但是关于自然现象或社会现象的某种因果关系的确认往往会影响法律制度的运作。① 如在愚昧无知的社会中,法律对因果关系的判断只能基于非常有限的朴素直觉,直至科学认识不断加强,人们才逐渐摒弃了滴血认亲、流放巫咒等落后制度。因此,科学和法律之间总是存在着紧密的联系。

进入 21 世纪以来,科技的迅猛发展不断地提醒人们"未来已来"。法律在过去几千年来所面向的人与物的二元结构、人对物的支配关系,在面对人工智能问题时似乎都失灵了;传统的责任分配理论似乎也难以处理自动驾驶、人脸识别等一系列新兴问题;随着元宇宙、数字藏品行业蓬勃发展,法律中的"物"的范围也随着"NFT"等概念的出现而在时刻发生变化……所有的这些已经发生、正在发生和即将发生的科技变化,都可能从根本上动摇传统法律秩序的基础,法律与科技的问题挑战着法律人的智识和能力。

## 第一节　法律与科技的一般关系

科学技术简称"科技",指影响人们生产生活的科学发现和发明,分为"科学"和"技术"两个部分。科学(science)是人类关于自然、社会、思维等客观事物和现象的知识体系,它以概念和逻辑的形式反映事物的本质与规律,是一种以知识为目的的求知活动。而"技术"(technology)的词根"tech"是指个人的技能和技艺,指向人的实践活动,以满足人类需求为目的。科学是独立于价值判断的事实判断,是对认识世界及其真理的追求;而技术是对科学发现的事实判断进行应用的实践活动,其中包含技术创造者和使用者的价值判断。

法理学所要研究的法律和科技的关系并不是单一层次的,其中既包括"实然"层面人们从认识论角度如何看待法律在现代科学认知下的性质和表现,也包括"应然"层面人们在规范性理论的框架中探讨法律如何应对科技应用问题并进行制度构建。

一、科技进步对法律的影响

科学技术作为一种社会现象,属于生产力范畴。与经济基础的直接决定作用不同,生产力通过生产关系间接决定法律及其发展变化。但法律有时也会与生产力发生某种

---

① 参见苏力:《法律与科技问题的法理学重构》,载《中国社会科学》1999 年第 5 期。

直接关系,如当代作为第一生产力的科学技术对法律的直接影响及其反作用。美国科学史家萨顿说过,"科学技术是最富有革命性的力量,是一切社会变革的根源"[①]。生产力决定了作为上层建筑之形态的法律制度、法律观念之演变。其中人类的意识观念来自生活现实,法律观念不仅受各种社会价值观念、意识形态的影响,同样受科学理论及科学所造成的社会变化的影响。

### (一) 科技决定了法律制度和法律观念的形成

法律是特定阶段特定社会群体所制定的规则产物,如果说政治直接负责选择并推动法律的形成,那么科学技术就是当时人们思想实践本质上的出发点和关键呈现,它决定了人们以什么样的眼光去看待法律、按照什么样的需求去建构法律。科技的发展决定着法律制度和法律观念的发展方向:

第一,科技的发展扩大了法律调整的社会关系之范围。一方面,科技发展对一些传统法律领域提出了新问题,使民法、刑法、国际法等传统法律部门面临着种种挑战,要求各个法律部门不断发展不断深化。另一方面,随着科技的发展,人类的社会生活发生了深刻的变化,出现了大量新的社会关系,新的立法领域不断产生,尤其是科技法日趋成为一个独立的法律部门。

第二,科技的发展在一定程度上提高了立法的质量和水平。新的科技手段,如网络听证被运用于立法,增强了立法的民主性、透明性,使立法具备了以前所不可比拟的信息基础。

第三,现代科技的发展,对传统法律部门提出了一系列问题。新技术的出现也导致了伦理困境和法律评价上的困难。如人工授精、胚胎移植、基因工程、器官移植、克隆技术、冷冻胚胎、代孕等社会现象的出现,都需要新的法律规范来重新确定人们之间的权利和义务关系。现代海洋科学技术的发展,就促使历史悠久的海洋法对一些旧的原则、规章和制度作出相应的改变,形成了新的原则、规章和制度,如关于大陆架、专属经济区、国际海床制度等都是在第二次世界大战以后逐步确立的。又如原子能法,它是随着原子能的发现及其用于和平目的、防止军事利用而发展起来的。国际环境保护法则是在工业飞速发展的情况下,人类生态环境遭到日益严重的破坏而形成的一个迫切需要解决的课题。

### (二) 科技作为工具的价值

科技为执法、司法和法律监督提供新的设备、手段和技能。科技被视为人类四肢和头脑的延伸,并带有强烈的实用主义特征。科技带给司法两个直观变化:一是实现了科技的司法扩张,这在司法证据审查中的表现尤为明显;二是增强了因果关系认定的客观性。科技通过实验观察方法发现的因果联系,能够影响法律制度(包括司法制度)中的

---

[①] 〔美〕G.萨顿:《科学的历史研究》,刘兵、陈恒六、仲维光编译,科学出版社 1990 年版,第 20 页。

责任分配方式。①

第一,辅助司法审判。随着社会生活和法律关系的复杂化,法律实践需要新的思维工具,否则律师、检察官和法官将无法承受法律文献日积月累和法律案件不断增多的重负。法律专家系统之所以首先在英美判例法国家出现,就是因为浩如烟海的判例、案卷如果没有计算机编纂、分类、查询,这种以判例为核心的法律制度就无法有效运转。人工智能法律系统强大的记忆和检索功能可以弥补人类智能的某些局限性,帮助律师和法官从事相对简单的法律检索工作,从而极大地解放律师和法官的脑力劳动,使其能够集中精力从事更加复杂的法律推理活动。此外,电子证据的出现挑战了既有的证据法则和事实认定的基础,人工智能和大数据技术的发展改变了法官的思维方式,一定程度上减轻了法官的工作负担,提高了同案同判的可能性。

第二,促进司法公正。人工智能法律系统为司法审判提供了相对统一的推理标准和评价标准,从而可以辅助法官取得具有一贯性的判决。司法过程中事实认定和法律适用的环节越来越深刻地受到了现代科学技术的影响。以大数据司法为例,人工智能从人类的法律理论中习得如何适用法律规范的知识②,但人工智能并不像普通的人类法律学习者一样受到记忆能力和推理能力的局限。而且人工智能可以通过算法不断进行自我进化,算法逻辑从数据分析转向深度学习使得人工智能具备了强大的学习能力,可以迅速在海量数据之间发现关联与区别,从技术角度排除非中立的价值判断立场,即自由裁量的影响。司法人工智能通过数据标注识别、案件要素抽取、知识图谱构建来进行算法建模,这个"机器人法官"拥有的不再是法官个体或者合议庭法官的有限能力和个体经验,而是包含海量类似案件信息及裁判结果的数据库运算,它所作的每一次判决,都是一项数据庞大的实证研究和综合衡量。③

第三,辅助法律教育和培训。人工智能法律系统凝聚了法律家的专门知识和法官群体的审判经验,通过软件系统或计算机网络实现专家经验和知识的共享,便可在法律教育和培训中发挥多方面的作用。人工智能法律系统的研制在法学理论视角上也具有价值和意义,包括方法论启示和提供思想实验手段,譬如通过功能模拟对法律推理进行模型化和数理分析,为认识法律推理的过程和规律提供了新的实验手段,深化人们对法律推理性质、要素和过程的认识。④

(三)科技引发伦理问题给法律提出新的命题

法律源于社会生活的需要,它是对现实社会生活关系的规范,而社会变革必然先于

---

① 参见张婷婷:《科技、法律与道德关系的司法检视——以"宜兴胚胎案"为例的分析》,载《法学论坛》2016年第1期。
② 参见张保生:《人工智能法律系统的法理学思考》,载《法学评论》2001年第5期。人工智能法律系统中的法理学思想来源体现在:第一,法律形式主义为人工智能法律系统的产生奠定了理论基础。第二,法律现实主义推动智能模拟深入主体的思维结构领域。第三,"开放结构"的法律概念打开了疑难案件法律推理模拟的思路。第四,目的法学促进了价值推理的人工智能研究。
③ 参见马长山:《司法人工智能的重塑效应及其限度》,载《法学研究》2020年第4期。
④ 参见张保生:《人工智能法律系统的法理学思考》,载《法学评论》2001年第5期。

法律的改变,这既体现了法律的稳定性,也暴露了法律的保守性。由于现代科技的进步扩大了主体行为的可能性空间,也加大了主体间发生利益冲突的可能性,互联网购物平台、在线打车、分时度假等各种新业态、新模式喷涌而出。数据和算法已成为智能互联网时代的重要生产要素,进而孕育了新型生产力和生产关系。这不仅使得现代性的"理性人"转化成依托数据挖掘的可计算的"微粒人",并"将会在这个数字和程序算法的世界里发展出一种新的人性形态"。与以往社会变革的一个重大不同是,它们涌现速度快、颠覆性强、复制度高、连锁扩张势头迅猛,呈现出全面的、深度的、爆发式的增长。① 因此法律需要重新界定某些权利义务关系、确立新的权利义务关系,需要适时予以变革甚至重构。

在谈到法律与社会发展的关系时,梅因认为:"社会的需要和社会的意见常常是或多或少走在'法律'的前面的。我们可能非常接近地达到它们之间缺口的接合处,但永远存在的趋向是要把这缺口重新打开来。因为法律是稳定的;而我们所谈到的社会是进步的,人民幸福的或大或小,完全决定于缺口缩小的快慢程度。"② 因此,我们只能在科学技术发展突破旧有的伦理道德、法律规范之后,在新的社会关系中归纳概括新的伦理道德规则,进而探索新的法律规范和法律治理模式。

## 二、 法律对科技进步的作用

### (一) 法律对科技进步的激励作用

随着现代科技的不断发展,法律不仅为技术发展提供了方向上的指引,而且能够为一些技术理论提供分析和实践的土壤,有效促进科技成果的商品化。一方面,产生经济效益的科技成果主要是一种无形产品,以其为标的的财产权就是各种形式的知识产权。科技成果的知识产权不仅涉及财产层面,也可能涉及人格权、身份权甚至国家安全等非财产的层面,这些都需要借助立法来规范。另一方面,促进科技成果源源不断地转化为现实生产力,离不开公平有序的竞争规则,也离不开相应的法律制度。

### (二) 法律对科技进步的保障作用

法律在控制科技发展所引起的各种社会问题、调整科学技术同其他社会现象的关系及防止技术的不当使用所引起的社会危害方面,都具有十分广泛而重要的作用。法律要对科技可能导致的问题进行必要限制,以防止产生不利的社会后果。现代科技既能为人类提供改造和利用自然的新手段,也可能带来严重的社会问题。科技本身是中立的,但人类对科技成果的误用和滥用会带来现实的或潜在的社会危害。因此,既要有相应的立法预先对科技活动继续规制,也要对科技活动产生的损害给予法律救济。

在德国,法律的保障作用还体现在法律对科研自由的保障:《德国基本法》规定了对

---

① 参见马长山:《智能互联网时代的法律变革》,载《法学研究》2018年第4期。
② 〔英〕梅因:《古代法》,沈景一译,商务印书馆1959年版,第15页。

基本权侵害的授权,法律保留了对基本权利加以限制的权力,即"法律保留"。但根据《德国基本法》,艺术自由和科研自由是国家立法所不能保留的,也即国家不能通过立法等方式侵犯科研自由,除非存在相冲突的基本权利。① 因此,法律可以确认科技发展在一个国家社会生活中的战略地位,保障、管理科技活动,对国际科技的竞争起到促进和保障作用,从而推动科技进步。就科学与法律的关系而言,法律基本上是以"(确保)学术自由"这项基本权利的方式为科学研究创造了一个不受影响的领地。

## 第二节 新科技对法律的挑战

新科技对法律的挑战可以大体区分为两类,即一般性法律挑战和伦理性法律挑战。

### 一、一般性法律挑战

（一）新兴科技的出现很迅猛,但它要求法律提出解决方案又很紧迫

与以往社会变革的一个重大不同是,新型技术涌现速度快、颠覆性强、复制度高、连锁扩张势头迅猛,呈现出全面的、深度的、爆发式的增长。② 正如梅因所预判的那样："社会的需要和社会的意见常常是或多或少走在'法律'的前面的。我们可能非常接近地达到它们之间缺口的接合处,但永远存在的趋向是要把这缺口重新打开来。"③立法相对于科技的发展而言永远是滞后的,但难点在于这些问题甫一出现,法官就需要即刻用个人的法律理解作出回应,可能需要重新界定某些权利义务关系、确立新的权利义务关系类型,等等,这种挑战是显而易见的。

以 Deepfake、ChatGPT、元宇宙为代表的深度合成技术与应用场景为例,它是以深度学习、虚拟现实为代表的生成、合成、制作文本、图像、音频、视频、虚拟场景等信息的技术。④ 这一技术的应用极广,从可做换脸视频的 Deepfake 开源软件,到 2021 年美国 Meta 公司将元宇宙描绘为数字技术构建、数字身份参与的虚拟空间,再到美国 ChatGPT 在两个月积累一亿用户,深度合成技术的商业开发迅速落地。与此同时,由于这项技术极大地改变了信息获取、人机交互的方式,一旦滥用可能会给个人肖像、企

---

① 参见〔德〕托马斯·M.J.默勒斯:《法学方法论》(第 4 版),杜志浩译,北京大学出版社 2022 年版,第 548 页。
② 参见马长山:《智能互联网时代的法律变革》,载《法学研究》2018 年第 4 期。
③ 〔英〕梅因:《古代法》,沈景一译,商务印书馆 1959 年版,第 15 页。
④ 参见张凌寒:《深度合成治理的逻辑更新与体系迭代——ChatGPT 等生成型人工智能治理的中国路径》,载《法律科学》2023 年第 3 期。

业名誉等人格和财产权益造成损害,甚至对社会秩序、国家政治稳定和安全造成巨大威胁。正因如此,尽管该技术刚刚投入市场,2021 年安徽警方就已经查获一起非法利用深度合成技术伪造手机用户人脸动态视频破解身份核验并为黑灰产业提供注册虚拟手机卡的案件。毫不夸张地说,我们的生活中似乎刚刚开始普及人脸识别技术,换脸软件和相关犯罪就出现了;而指纹识别刚刚替代了钥匙和密码,能够模仿他人指纹的"指纹膜"就已经悄悄进入市场了。

(二) 科技的难题突破了传统法律既有的概念和原则体系

科技的进步对于以往的责任划分理论、主观过错、法律主体、法律对象等一系列法律概念和法律原则都提出了挑战。例如,随着元宇宙、数字藏品行业蓬勃发展,法律中的"物"的范围也随着 NFC 的出现而发生变化。所谓的 NFT(Non-Fungible Token),指非同质化通证,实质是区块链网络里具有唯一性特点的可信数字权益凭证,是一种可在区块链上记录和处理的多维、复杂属性的数据对象。这种技术突破了以往民法和刑法中有关"物"的传统理解。意大利知名珠宝品牌宝格丽在 2022 年推出三款 NFT 元宇宙珠宝,价值百万欧元。这三款"珠宝产品"无论是图中的宝石还是镶嵌技术,在现实中都是不可能实现的,本质上是一种数字收藏品。但是 NFT 这一概念刚刚得到人们的认识,随之而来的就是实践中法律问题:周杰伦在社交平台上发文称,其持有的 NFT 已被盗,且该 NFT 在 1 小时前从周杰伦地址转出,并很快以 130 ETH、155 ETH 的价格在 LooksRare 多次转手交易。以当时 ETH 的价格计算,周杰伦的 NFT 价值超过 50 万美元。[1]

(三) 挑战法律职业的模式

人工智能技术的发展速度令人惊叹。在诞生至今的短短几十年内,人工智能从一般问题的研究向特殊领域不断深入。在其他领域专家系统研究取得突出成就的鼓舞下,一些律师提出了研制"法律诊断"系统和律师系统的可能性。[2] 1970 年布坎南和黑德里克发表了《关于人工智能和法律推理若干问题的考察》一文,拉开了对法律推理进行人工智能研究的序幕。[3] 法律推理的人工智能研究在这一时期主要沿两条途径前进:一是基于规则模拟归纳推理,20 世纪 70 年代初由沃尔特·波普(Walter G. Popp)和伯纳德·施林克(Bernhard Schlink)开发了 JUDITH 律师推理系统。二是模

---

[1] 参见《周杰伦持有的 NFT 被盗,且很快被倒卖》,载新浪网,http://ent.sina.com.cn/y/ygangtai/2022-04-01/doc-imcwipii1823527.shtml,2023 年 3 月 1 日最后访问。

[2] See Bryan Niblett, "Expert Systems for Lawyers", 29 Computers and Law 2 (1981). 其中还提到 1956 年纽厄尔和西蒙教授的"逻辑理论家"程序证明了罗素《数学原理》第二章 52 个定理中的 38 个定理。塞缪尔的课题组利用对策论和启发式探索技术开发的具有自学习能力的跳棋程序,在 1959 年击败了其设计者,1962 年击败了州跳棋冠军,1997 年超级计算机"深蓝"使世界头号国际象棋大师卡斯帕罗夫俯首称臣。20 世纪 60 年代人工智能研究的主要课题是博弈、难题求解和智能机器人;70 年代开始研究自然语言理解和专家系统。1971 年费根鲍姆教授等人研制的"化学家系统"之后,"计算机数学家"等系统相继诞生。

[3] See Buchanan and Headrick, "Some Speculation about Artificial Intelligence and Legal Reasoning", 23 Stanford Law Review 40(1970).

拟法律分析,寻求在模型与以前贮存的基础数据之间建立实际联系,并仅依这种关联的相似性得出结论。① 我国法律专家系统的研制于 20 世纪 80 年代中期起步,先后研发出"量刑综合平衡与电脑辅助量刑专家系统研究""LOA 律师办公自动化系统"以及"实用刑法专家系统"等。早期的法律专家系统由咨询检索系统、辅助定性系统和辅助量刑系统组成,具有检索刑法知识和对刑事个案进行推理判断的功能。法律专家系统在法规和判例的辅助检索方面确实发挥了重要作用,解放了律师一部分脑力劳动。但绝大多数专家系统目前只能做法律数据的检索工作,缺乏应有的推理功能。20 世纪 90 年代以后,人工智能法律系统进入了以知识工程为主要技术手段的开发时期。

人工智能以模拟人的全部思维活动为目标,但又必须通过征服不同思维领域来证明知识的每个领域都可以被精确描述并制造出类似人类智能的机器。因此,人工智能选择法律领域寻求突破存在下述原因:(1) 尽管法律推理十分复杂,但它有相对稳定的案件对象、相对明确的法律前提及严格的程序规则,且须得出确定的判决结论。(2) 法律推理特别是抗辩制审判中的司法推理,以明确的规则、理性的标准、充分的辩论为观察思维活动的轨迹提供了可以记录和回放的样本。(3) 法律知识长期的积累、完备的档案为模拟法律知识的获得、表达和应用提供了丰富、准确的资料。(4) 法律活动特有的自我意识、自我批评精神,对法律程序和假设进行检验的传统,为模拟法律推理提供了良好的反思条件。②

人工智能和大数据司法在近年来更是迎来高速发展,人工智能在案件事实中适用法律规范时能够实现快速精准的检索和分析,有着法律人无可比拟的"智商"优势,甚至可能影响法官作为整个法律制度运作核心之地位。但在实践中人工智能法律系统的应用也产生了其他关于技术价值问题,诸如人工智能的算法和数据收集两部分都存在特定的缺陷,算法决策具有权力属性,存在受价值偏好影响、算法黑箱的问题,司法大数据的样本收集、标注和阐释理解都会受到人为的主观影响。③ 这些实践中的新问题和新挑战是值得我们进一步探讨的。

二、伦理性法律挑战

随着文明形态日益复杂化,个体的权利与自由也将受到来自社会的更多限制,科技对人的伦理性主体地位发起了挑战。"人工智能"和"基因编辑"等都是当下引起最广泛社会关注的科技议题,它们都具有改变人类社会基本价值秩序的潜质,也都源于一种共同的世界观,即生命和智能的去神圣化和可操纵性。这种观念可以说是"现代性"的基础信念。然而,以往那些源于农业社会(无论是亨利二世时代的英国还是乌尔比安时代的罗马)的法律概念体系和思维框架还能否帮助人们控制面对生命和人工智能时代的

---

① 参见张保生:《人工智能法律系统的法理学思考》,载《法学评论》2001 年第 5 期。
② 参见同上。
③ 参见马长山:《司法人工智能的重塑效应及其限度》,载《法学研究》2020 年第 4 期。

各种法律和技术风险？这是当代法律人必须思考的问题。①

(一) 科技发展对人性尊严的侵犯和影响

第一,人与物的主客体关系。以往的人们总是倾向于假定我们的一切知识都必须遵照对象。②但是让对象一直遵照我们的认识的努力往往是失败的。康德以来人与物的二元对立是法律中主体与客体二元划分的哲学依据。但是在人工智能时代,这种划分已经不再是泾渭分明的了。所有的人工智能软件都可以通过算法迭代等方式进行学习,而且拥有远远超于人类的学习能力;ChatGPT的回答可能比专家的答复更全面、客观、权威;人工智能软件用0.6秒就可以写作一篇又快又好的新闻稿,那么它到底是不是人类呢？这些问题都对人的主体性提出了挑战。

第二,伦理关系。伦理关系作为人类生活世界的坐标系,对于生活秩序、价值判断都有基础性的意义。在索福克勒斯的著名戏剧《安提戈涅》中,由于父亲俄狄浦斯王弑父娶母的真相暴露,安提戈涅整个生活世界的坐标系、参照系和生活秩序都崩溃了,如果以母亲作为生物坐标系,父亲不再仅仅是父亲,也是哥哥,那么母亲从文化坐标系看又成了她的嫂子;如果以父亲为生物坐标系,母亲不再仅仅是母亲,也是祖母,那么父亲从生物坐标系看又是祖父。正是安提戈涅原本生活坐标系的混乱和高度不确定,使得她愿意付出生命的代价去固执地安葬她的哥哥,因为这种兄妹关系是她与先前那个物质世界、文化世界唯一不会改变的联系。③但是这种人伦关系无论多么重要,在现代医学发展的今天,都不得不受到挑战,甚至为新科技做避让。克隆技术中,小羊多莉没有父亲,但是有三个母亲,一个是提供DNA的基因母亲(芬兰多塞特白面绵羊),一个是提供卵细胞的线粒体母亲(苏格兰黑脸羊a),还有一个负责代孕的生育母亲(苏格兰黑脸羊b)。那么多莉与这三位母亲是什么关系？没有父亲的它又会面临什么？同理,在代孕关系中,代孕者与意向者谁才是真正的父母？在捐精需要保密的情况下,子女是否对自己的身世(亲生父亲)享有知情权？法律需要提供既符合伦理要求又能解决当前疑难的方案。

尽管目前人工智能技术还没有发展到机器能够自主决策、模拟人类思维和道德判断的强人工智能时代,但弱人工智能带来的伦理挑战仍不可小觑。换言之,科技对人类社会的影响并不以其发展程度的高低为标准,当前人们所面对的还不是算法发展将在何时以及如何接近人类心智的挑战,而是人类社会是否越来越依赖算法的运行并将演化为算法社会的挑战。④我们共同生活的架构以及诸多价值理念没有被明显消解,但

---

① 参见郑戈:《迈向生命宪制——法律如何回应基因编辑技术应用中的风险》,载《法商研究》2019年第2期。
② 参见李秋零主编:《康德著作全集 第3卷 纯粹理性批判》(第2版),中国人民大学出版社2004年版,第2版前言第11页。
③ 参见苏力:《自然法、家庭伦理与女权主义？——〈安提戈涅〉重新解读及其方法论意义》,载《法制与社会发展》2005年第6期。
④ 参见颜厥安:《人之苦难,机器恩典必看顾安慰:人工智慧、心灵与演算法社会》,载《政治与社会哲学评论》2018年第66期。

其真实的运作已经被重塑和改变。其背后的原因在于人工智能科技制造了双重不对称性难题,即技术开发者与应用者之间的不对称性,以及技术应用者与用户之间的不对称性。法律需要防止自己完全受技术的操控而将技术带来的影响限制在一定范围内,以使技术发展和法律运行方向相一致,技术应用和社会活动相协调。

(二)效率与公平的价值冲突

社会生产和组织方式的变迁,社会道德的进步,人们行为规范和行为方式的更新,都和科学技术的进步密切相关。每一个科学理论的提出,都向人们展示了新的可能、新的价值。[1] 在这里价值问题是不能回避的,即使对我们所逐一考察的基础也是如此。因为我们需要这些价值的指引,以便评价结果和事实并权衡各种对抗的利益。

在科技发展以越来越高的效率增加社会财富的总量的同时,原先的社会关系结构及与此密切相关的利益分配关系,也随着社会生产中采用了不断翻新的科技成果而一再发生变化。这样,或既有的利益平衡随之改变,或既有的贫富差距被进一步拉大。从目前情况看,世界上先进的技术和工艺几乎都集中在少数工业发达国家手中,而这种不平衡也往往会造成发达国家和发展中国家之间在国际分工中所享受的权利和所承担的义务的不对等。在同一国家或地区内,那些已经拥有较充分技术资源的人群常常能够轻而易举地抢先享用高新技术带来的好处,而那些在技术技能上本来就处于弱势的群体则更容易被排斥于科技发展的主流之外。新兴科技应用于社会有可能造就新的技术官僚,产生新的不平等。强大的公共权利与先进的科技手段相结合,会使个人变得更加弱小,个人自治乃至其生活空间的安全日益受到各种威胁。在这种情况下,尤其应当把权利理解为个人为免于社会危害而受到的保护,即他们的根本利益要受到保护,而不管在侵害它们时是否有可能(根据可获得的最佳信息)增进社会的整体利益。

(三)自由和秩序的价值冲突

当今网络技术的迅捷发展和网络的全球性扩展,又使法律面临着一个全新的空间——网络空间(cyberspace)。网络社会把一种前所未有的社会模式展现了出来,使政治、经济结构面临着重大的甚至是颠覆性的变革,置人类社会于被解构和重组的境遇之中,对当代政治、经济和法律都产生了巨大而深远的影响。在虚拟社会里,隐匿身份的便利迅即导致自由与责任的不对称。网络给全世界提供了一个交叉互动的交流环境,使人们体验到了一种空前的信息自由,但也会带来种种社会危害,如网络犯罪,如虚假信息、信息污染、儿童色情,等等。网络可以是一个高度个人化、自由化的世界,也能被当作实施恐怖、诈骗、侵权等恶行的天堂。人们在欣喜地享受网络空间带来的从未有过的自由和便利的同时,也不得不面对网络新酿的苦果:计算机犯罪,知识产权和个人隐私更容易受到侵犯,国家安全面临严峻挑战和威胁,等等。为此,人们亟需在网络空

---

[1] 侯纯:《科技与法律的价值整合》,载《科技与法律》2004 年第 1 期。

间构建适当的秩序。①

三、新兴领域的法律问题

(一) 人工智能技术

人工智能是相对于人类智能而言的,人类的智能活动通常表现为推理、学习以及自我改善,因此人工智能就可以理解为借助电子计算机来实现推理、学习以及自我改善等活动的机制。换言之,人工智能就是能够形成和运作这类活动机制的数据处理系统,或者像人那样思考的电子计算机。② 目前国内对于人工智能话题的研究始终保持着相当高的热度,学术界也开辟了有关"计算法学""智慧社会"等的学术讨论空间,探讨如何更好地处理法律与科技发展的关系。总体而言,人工智能主要由数据、算法和算力三大技术要素构成。

算力是客观的技术发展基础,是指以硬件为载体按照摩尔定律不断进化的数据处理能力,而数据和算法则附着了更多的非技术因素,表现出强烈的和社会进行信息交流转化的需求。两者的关系表现为:数据在人工智能技术构成中是反映社会事实的基础信息材料,而算法则作为人工智能的"理性"组建了材料运算的秩序和规则——在输入端决定信息将以何种形式被收集和处理成人工智能所需要的数据,随后将数据有序排列分析为人类需要的处理结果输出。

人工智能存在以下几类伦理问题:自动智能驾驶悖论、失业问题、人对人关系的异化和人工智能武器。③ 算法的真正社会挑战在于社会生活和实践的计算化,其本质是计算正义问题。而这种计算化又产生了三方面的难题:监管难题(如数据垄断、信息收集)、价值难题(如算法歧视、算法黑箱)和归责难题(如自动驾驶)。④ 这三者的关系可以进一步理解为:一方面是在技术是否应该使用的层面上存在着价值难题。出于文明社会的伦理要求,一项技术的运用与否关键在于是否对价值造成了不可逆转、不可救济的损害,如果造成了或者有造成该损害的较大风险,那么应当禁止或者限制该项技术的使用。另一方面是在技术实际运行的过程中存在着事先和事中的监管难题以及事后的归责难题,很多新兴技术在发展之初并没有办法预测其对社会造成的影响,出于社会发展的效益考量只能先行投入流通,于是便产生了事先的立法监管和事中的行政监管的难题,如何得以最大化地保证技术在监管轨道内平稳运行并产出效益、保证社会成员和社会秩序不受较大程度的冲击。而对于一些运行和调控失灵带来的问题,则需要法律对损害的当事人双方进行公平救济和责任分配,以实现法律作为社会再分配工具的风

---

① 参见侯纯:《科技与法律的价值整合》,载《科技与法律》2004年第1期。
② 参见季卫东:《人工智能开发的理念、法律以及政策》,载《东方法学》2019年第5期。
③ 参见赵汀阳:《人工智能"革命"的"近忧"和"远虑"——一种伦理学和存在论的分析》,载《哲学动态》2018年第4期。
④ 参见郑玉双:《计算正义:算法与法律之关系的法理建构》,载《政治与法律》2021年第11期。

险平衡功能。

以国内发展速度较快的区块链技术和自动驾驶技术为例来说明：

1. 区块链技术

区块链是以比特币为代表的数字加密货币体系的核心支撑技术，是一个去中心化的公共数据库。区块链技术是一种利用块链式数据结构来验证与存储数据、利用分布式节点共识算法来生成和更新数据、利用密码学的方式保证数据传输和访问的安全、利用由自动化脚本代码组成的智能合约来编程和操作数据的全新的分布式基础架构与计算范式。其特点是去中心化、公开透明，让每个人均可参与数据库记录。在区块链技术中有三个概念需要注意。交易(transaction)：一次操作导致账本状态的一次改变，如添加一条记录；区块(block)：记录一段时间内发生的交易和状态结果，是对当前账本状态的一次共识，是一个去中心化的、分布式的数据存储模块；链(chain)：由一个个区块按照发生顺序串联而成，是整个状态变化的日志记录，通过加密算法进行点对点传输。

区块链技术的"去中心化"理念既意味着其在金融、政务、物流等诸多领域均拥有巨大潜能和广阔前景。但应用也存在多种多样的风险，其中刑事犯罪风险表现为：由于较高的匿名性和交易的全球性，区块链技术在应用过程中容易成为犯罪的工具和对象，被洗钱、恐怖融资、逃税、逃汇、非法交易等违法犯罪行为滥用。民商事风险表现为：区块链技术与智能合约的结合使智能合约具备了防篡改、抗攻击、安全可信、公开透明等新特性，其功能和应用范围得到了极大扩展。但同时这种不可篡改及强制自动执行的核心优势也阻碍了智能合约的变更与终止，也即上文提到的算法增强法律性质本身的强制性这一挑战。因此，这种社会生活中的新主体的定位、管辖和责任追究又将带来许多新的法律难题，比如在认定区块链技术所涉的客体(应保护的数据)、主体(数据控制者和处理者)、内容(数据相关的权利义务关系)时存在法律监管的难点。

2. 自动驾驶技术

自动驾驶汽车是指能够在某些具有关键安全性的控制功能方面(如转向、油门或制动)无须驾驶员直接操作即可自动完成控制动作的汽车。作为新一轮人工智能大潮中最大的应用场景，各大科技公司已在自动驾驶汽车的研发上取得了令人瞩目的成就。国际汽车工程师学会(Society of Automotive Engineers International, SAE International)将自动驾驶汽车分为六级：L0 是无自动化，L1、L2 等级的自动驾驶系统只作为驾驶员的辅助，L3 作为过渡，真正意义上的无人驾驶专指 L4、L5 等级。

与传统汽车相比，自动驾驶汽车具有诸多明显的优势：第一，自动驾驶汽车将会大量减少交通事故的发生。全球每年约 70% 的交通事故的原因是酒后驾驶、超速驾驶、疲劳驾驶等，使用自动驾驶汽车可以避免这些人为因素。第二，自动驾驶汽车与共享经济模式结合，可以极大地减少私人保有汽车的数量，有效缓解交通拥堵问题，节省人们的通勤时间和成本，并且有效解决空气污染问题。第三，自动驾驶汽车还可以帮助更多的人享受便利的个人出行，特别是老年人、视力受损的人或因其他身体问题不能亲自驾驶汽车的人。

但自动驾驶技术还存在很多问题:首先,传统的交通法律体系以人类驾驶员为主体建构,各种责任规则以及保险制度都是围绕人类驾驶员来设计的。在自动驾驶时代,由于汽车本身具备了高度的自主性,因此必须首先确立其法律地位。其次,假如自动驾驶汽车造成了人身伤亡或者财产损失,就面临着如何承担对被害人的赔偿责任的问题,即法律归责问题。再次,由于自动驾驶汽车在运行的过程中需要不断收集行人或其他车辆的相关信息和数据,因此存在侵犯隐私和数据的危险,即法律价值问题。最后,在高度自动驾驶的状态下,智能网联的自动驾驶汽车面临被黑客攻击或恶意侵入的风险,如何确保网络安全也是一个必须予以正视的问题,即法律监管问题。

近年来,欧美各国不断通过立法确立自动驾驶的法律地位,这些法律不仅涉及自动驾驶汽车的路测,而且涉及自动驾驶汽车商用之后的各个方面,包括责任分担、保险制度、隐私保护、网络安全等。从我国的现行立法来看,全面部署自动驾驶汽车仍然存在诸多法律障碍。据不完全统计,自动驾驶汽车的全面部署,至少需要修改我国七个领域(包括交通安全管理、测绘、运输、信息、通信、质检、标准化)24 部以上的法律。[①]

(二)生命科学技术

人类生命科学技术在过去一百多年里取得了巨大进步,但也可能带来技术、伦理、社会和法律等方面的多维风险,而且这些风险是与人自身作为一个价值主体直接相关的。以基因技术为例,它不仅是一场技术革命,更是一场道德哲学革命。[②] 为协调人类正在和即将面临的新的价值冲突,必须妥善处理法律与伦理的关系,从而避免技术盲目性可能造成的严重社会问题。

1. 人工代孕技术

代孕可以按照不同的标准分为不同的类别。从胎儿与孕妇之间有无血缘关系的角度可分为妊娠代孕(Gestational Surrogacy)与基因型代孕(Genetic Surrogacy)。从是否收费的角度可将代孕分为有偿代孕和无偿代孕。[③] 这样区分的意义在于,可以对不同分类下的代孕行为所涉法益采取不同的保护策略和监管模式。

代孕出生的婴儿往往有多个父亲和多个母亲,如何确定其法律父亲及法律母亲将是对传统伦理观的一大挑战。其所引发的伦理问题主要有以下几个方面[④]:

第一,监护权存在争议。代理母亲在代孕过程中出于人之本能可能会对腹中的婴儿产生母爱,这足以促使她与契约母亲争夺婴儿的监护权。但如果生下的婴儿在生理上存在缺陷,双方当事人又会相互推卸责任。无论是监护权的争夺还是放弃,婴儿的利益都不能得到切实的保护,这对无辜的新生命来说极为不公。

第二,侵犯了人格尊严。代理母亲出于对金钱的追求将自己作为机器出售,自贱其

---

[①] 参见江溯:《自动驾驶汽车对法律的挑战》,载《中国法律评论》2018 年第 2 期。
[②] 参见樊浩:《基因技术的道德哲学革命》,载《中国社会科学》2006 年第 1 期。
[③] 参见王贵松:《中国代孕规制的模式选择》,载《法制与社会发展》2009 年第 4 期。
[④] 参见葛飞鹰:《"借腹生子":科技挑战法律与道德》,载《江西社会科学》2001 年第 7 期。

人格尊严,不仅是对人类种族延续过程神圣性的践踏,亦是对伟大母爱的嘲讽。早在古罗马法中就规定人不得成为商品,代孕中当事人之间的交易无异于将婴儿当作动物进行买卖,这是从文明向野蛮的倒退,必将受到伦理道德的谴责。

第三,代孕会造成亲属关系和伦理观念的混乱。如母亲为女儿代孕,姐姐为妹妹代孕,婴儿在家庭中地位的不确定性将严重扰乱家庭中的伦理关系。

第四,代孕可能会被滥用。如代生婴儿来更换残疾人身体上的某一器官,对一个权利主体的关爱导致对另一权利主体的残酷。

这些伦理拷问可以进一步划分为代孕与人的尊严、公序良俗与生育权这三项重要法益之间的冲突。代孕是否侵犯代孕者的尊严、是否侵犯代孕生产的小孩的尊严,都是代孕能否合法化的底线要求。因此国家对于有偿代孕应予禁止以践履其对人格尊严的保护义务;对于无偿代孕,由于其并未购买女性子宫的服务、并未买卖婴儿而并无侵犯人格尊严之嫌,则可以在考虑公序良俗等其他因素的情况下适当予以放开。但在我国已有的代孕实践中可以看到,民众并没有普遍接受代孕行为,寻求代孕者和代孕者会特意寻找不为人知的时间地点秘密进行代孕,同时因为代孕协议的履行中充满了风险,限制了代孕者的自由,往往也被认为违反公序良俗。但从事实层面来说,代孕是实现生育权的一种方式。要禁止代孕,特别是禁止那些不能怀孕、不宜怀孕者寻求代孕的协助,就必须要有充分的根据,必须符合法律保留原则和比例原则的要求。对于能够实现生育权且没有侵犯人格尊严的代孕行为,国家不应当全面禁止,而且应创造一定的条件去保护这些少数人的基本权利。①

2. 基因编辑技术

人类基因编辑技术是一种对人的 DNA 序列进行改造、修复等操作以改变特定遗传性状的现代生物技术,其应用可以通过个性化的治疗措施从根源上避免恶性疾病,尤其是严重遗传病的基因基础。目前人类基因编辑基本分为两种:一是体外编辑,主要是在肿瘤和血液系统疾病(如地中海贫血、镰状细胞贫血等)治疗中,对 T 细胞或干细胞进行特定的基因删除、增加、修复或替代等编辑操作;二是体内编辑,主要是在艾滋、乙肝等病毒性疾病以及严重的遗传性疾病的治疗中,向体内注射经过基因编辑的特殊病毒载体,以对体细胞进行相应的基因修改。② 在精准医疗方面,基因编辑大有可为。首先,基因编辑有利于攻克人类重大疾病治疗的难关。其次,基因编辑有助于提高生育质量和预防生殖缺陷。最后,基因编辑还有助于新药的研发和个性化靶向用药,进而产生更精准的治疗效果。③

但是,在作为"生命密码"的基因上做人体实验,完全不同于此前的任何医学实践。其风险概括为:不确定风险下的安全性疑虑,挑战生命法益与人性尊严,代际同意问题,

---

① 参见王贵松:《中国代孕规制的模式选择》,载《法制与社会发展》2009 年第 4 期。
② 参见王康:《人类基因编辑多维风险的法律规制》,载《求索》2017 年第 11 期。
③ 参见田野、刘霞:《基因编辑的良法善治:在谦抑与开放之间》,载《深圳大学学报(人文社会科学版)》2018 年第 4 期。

基因优选与社会不公。由于在技术上具有高度的不确定性和不可逆性,一旦技术上出现不可预测的差错,其不良后果可能要在数代人之后才被觉察,而且可能出现的危害后果本身往往也难以在短期内得到纠正。在伦理上,处于发展初期的基因编辑技术仍然会带来一系列的负担。对使用技术的个人来说,存在自主决定、隐私与保密、代际正义等问题,并可能严重侵犯人性尊严和生存价值。对使用技术的社会来说,弗朗西斯·福山(Francis Fukuyama)指出,即使以最好的意图进行,操纵一个人所有后代DNA的能力,对我们的政治秩序来说,仍将可能导致社会等级制度自然化。[①] 基因可能被作为未来社会阶层划分的新标准,产生新的社会分裂和不平等。

## 第三节 法律对科技伦理挑战的回应

### 一、法律的回应性特征

从功能定位来说,法律具有回应性特征。以塞尔兹尼克和诺内特为代表的美国伯克利学派,从类型学的角度研究了法律对当代社会现实的回应性特征,并把法律概括为压制型法、自治型法和回应型法。随着20世纪60年代西方国家各种社会矛盾的突出,传统法律面临着新的挑战,在保持法律稳定性的前提下及时回应现代社会面临的各种问题,成为法律回应性所应承担和解决的现实任务。[②]

法律的回应性体现了法律作为一种社会机制的开放性和灵活性,强调对法律的理解不能局限于既定的规则和权威结构,而是要具有更强的回应性。法律在回应技术发展和社会冲突中表现出一种自我调整机制,即不把技术的社会意义当作压制和驯化的对象,而是通过回应来安置技术的社会意义和潜在的价值冲突。[③] 面对社会矛盾冲突时,正确的解决方式并非僵硬地坚守规则,而是认真对待法律目的,使法律规则和法律原则都充分发挥作用,并且行使合理的自由裁量权,根据具体情况合理地调整法律适用。[④] 从回应性角度出发,法学的发展不仅要关注到某项具体科技对法律秩序的需求,更要看到在整个科技发展大环境下法律所面临的巨大变革。

---

[①] 参见王康:《人类基因编辑多维风险的法律规制》,载《求索》2017年第11期。
[②] 参见薛现林:《生命科技发展与法律的回应》,载《河北师范大学学报(哲学社会科学版)》2004年第4期。
[③] 参见郑玉双:《破解技术中立难题——法律与科技之关系的法理学再思》,载《华东政法大学学报》2018年第1期。
[④] 参见李晗:《回应社会,法律变革的飞跃:从压制迈向回应——评〈转变中的法律与社会:迈向回应型法〉》,载《政法论坛》2018年第2期。

## 二、法律的实践性、发展性特征

在哈耶克看来,真正意义上的法律是在历史的长河中经过无数代人的无意识地参与社会生活而获得、演进并被人们共同遵守的,其核心是包含在习俗、司法和文化传统之中的基本价值观念体系。随着法律的发展和社会生活产生新的需要,法律需要不断地改变。当前是一个科技主导的"后风险社会"。德国社会学家乌尔里希·贝克(Ulrich Beck)在韦伯提供的框架内进一步借助"风险社会"这个概念分析了技术官僚治国与科学家自我立法这一现代社会的基本特征给全社会带来的风险:"如果以前人们关注的主要是(来自神灵或自然的)外源性危险,那么当今社会的主要风险则具有一种历史上全新的属性:它们来自人类自己的内部决策,取决于一种同时具有科学性和社会性的人为建构。科学既是这种风险的原因和定义媒介,也是其解决方案的来源,基于这一事实,科学为自己带来了进一步科学化的新市场。"①

在古典时期的自然法精神基础上,康德提出的"人为自然立法"的主张进一步奠定了现代社会以理性为准则的法律框架,法律成为人们调节社会各种伦理关系和利益冲突的重要规则体系。然而随着科技力量的几何倍数增长,与之相伴而生的伦理增量也在快速上升。法律调节的已经不仅仅是单主体间的商品交换、定罪量刑的内容,而是和曾经新兴的海商法、知识产权法、环境保护法等相似,涉及更加专业化、精密化的独立学科体系(如计算机学、生命科学)。

法律人要成为船长才能裁判海商案件吗?曾经的答案是我们不必明白具体的开船技术,但我们需要清楚船长会遇到的各种风险情形。而面对如今新兴科技比之航海技术所具有的更加深刻且广泛的影响力,人们不得不重新审视并回答该问题。在实践性和发展性的要求下,法律的专业化进程在所难免,我们不能回避法律吸收特定领域专家意见的需求,否则就会将法律抛弃为狭隘固执的过去式。但同时也要警惕完全把法律武器递交给技术专家,使之沦为特别领域的专门立法和行业规范。

在"科学技术是第一生产力"的时代,技术的产业化使科技人员与资本家之间形成紧密的联盟,再加上技术官僚的配合,这样的"亚政治"到底有多大的发展空间,值得怀疑。某些对公众具有重要影响的决策不能交给任何领域的专家,而是需要在立法这样的"宪法—政治"过程中得到充分的商讨和审议,制定出更接近社会共识而不只是专业共识的法律。②

不过随着时间的推进,法律能够在案件中借助法律解释和具体化对专业立法进行消化和完善。比如在法律制定和运行过程中将有关的伦理原则和价值观念纳入考量,尤其是面对尚未建立制度化防控体系的新风险时,法律作为理性社会人的共识需要采

---

① Ulrich Beck, *Risk Society: Towards a New Modernity*, Mark Ritter trans., Sage Publications, 1992, p. 155.

② 参见郑戈:《迈向生命宪制——法律如何回应基因编辑技术应用中的风险》,载《法商研究》2019年第2期。

取预防思维和调控手段相结合的方式进行综合治理。而且可预见的是,科技权力也会通过教育培训、宣传普及等方式从专业群体向普通民众逐渐下放,这将减轻法律人对科技原理进行学习、理解以及专业对话的负担。

### 三、法律对科技的态度和立场

法律应当承担技术监管者的身份角色,而且其独立性和权威性应当得到保证,但采用怎样的思路和手段进行监管,则是当代法律人应该在"智慧监管"理念的基础之上进一步思考的问题。关于政府或者法律应当采用何种态度来应对科技风险问题,主要争议的是弱预防原则和强预防原则两个立场。

#### (一)较弱意义的预防原则

可以从两方面解读:其消极部分是,科技风险的不确定性并不能够成为政府不采取监管手段的理由;其积极部分是,预防性的监管手段要以成本—效益分析为标准,即应当以最小的手段获得最大的好处。弱预防原则在实践中被普遍接受,但是也面临大量批评,即成本—效益分析看似作出了成本最小最合理的选择,但它本身存在着极大的局限性。成本—效益分析方法具有反事实论证(counterfactual)与价值的不可通约性(incommensurability):一方面成本—效益分析的反事实论证属性无法说明其是否具有充分的说服力,是否确实符合理性;另一方面由于价值具有不可通约性,即使成本—效益分析作出了导致成本最小的选择,但却可能会挑战人们的基本价值信念。这两点表明成本—效益分析只能是空洞、盲目的认知性规则(epistemic rule),其根本局限性在于没有价值问题上的指导。

#### (二)较强意义上的预防原则

较强意义上的预防原则是指当存在严重损害其他人或下一代的健康或环境的危险,并且对损害或风险的性质并不存在科学上的确定性时,要突破成本—效益分析的界限,以"安全边界(margin of safety)是否获得确立"作为最主要的任务。强预防原则本身就是一种价值或者原则,是能够指导认知性规则、程序性要求和决定规则的成本—效益分析具体运作的基本标准。内含"保护人之生命尊严"这一价值导向的强预防原则,能够在面临重大科技风险时给予社会中弱势群体以更多的利益保护,但也对政府权威和法律权力提出了很高的要求。法本身的安定性决定了法律不能"朝令夕改",必须具备保守品格,因此对新事物它力求在保持现状的基础上有步骤、有节制地改造、修正和发展。①

如何才能通过预防原则在技术价值、社会价值以及法律价值之间实现平衡,同时又能控制法律的强制性特征不越出合理合法的边界,是实践中需要解决的难题。尽管如

---

① 参见邓达奇:《科技发展中法律与伦理的双重变奏:案例、逻辑与建构》,载《伦理学研究》2019年第6期。

此,学界普遍主张法律不仅应当对技术实践作出回应,而且应当在和技术价值的互动中重新构建法律自身的现代价值。

## 第四节 对科技风险的法律规制

20世纪中后叶,西方法理学中对法律概念基本模式的讨论发生了明显的转向,从"自上而下的权力意志统治设计"到"自下而上的同意性质的接受设计",对于法律"强制力"观念的讨论不断减弱[①]。然而杰米·萨斯坎德(Jamie Susskind)在《算法的力量:人类如何共同生存?》中向我们描述了这样一幅未来的法律图景:"法律将更多地表现为一道上锁的门,而非'禁止入内'的命令。"[②]以"智能武器"和"智能合同"为例,前者使得枪支武器只能在其持有者为合法拥有者的情况下被使用,假如该武器被偷窃或者非法交易,它在程序中将被识别为无法使用而成为一堆废铁。后者则严格按照算法规定的程序执行双方之间的交易,据合同中记载的违约责任直接执行合同双方的资金账户或完成所有权变更。相对于法律,算法在绝对的技术权力中反而逐渐表现出类似于国家权力的强制性,只要算法的设计者意图通过算法加强法律控制,人们将不再有能力去做法律所禁止的事情,而是别无选择地只能听从算法的安排。除此以外,传统法律未能实现的虚拟人格的设立、虚拟财产的管理和思想性控制,都在逐渐通过算法成为可能,人们将可能生活在一种事先设计的秩序之中。换言之,若将算法纳入法律执行过程,法律的概念可能会发生根本性颠覆。"智能合同"的效力来源于合同自我赋权,其使用的法与非法的二元符号结构将代替原有的法律规则层级论,法律成为内在化的自我指涉系统[③],其背后是法律秩序由围绕能量与物质构建向围绕信息构建的全面转型之趋势。

### 一、法律规制科技风险的原则

#### (一)尊重人的生命与尊严原则

第二次世界大战从两个方面深刻地影响了人们对生命科技的认识。一是科学技术被人们有意识地应用到军事活动中给人类带来的灾难;二是纳粹德国利用生命科技试验对犹太人实施的有计划的灭绝性屠杀。正是这两点在第二次世界大战后促使人们反

---

[①] 参见刘星:《法律"强制力"观念的弱化——当代西方法理学的本体论变革》,载《外国法译评》1995年第3期。
[②] 〔英〕杰米·萨斯坎德:《算法的力量:人类如何共同生存?》,李大白译,北京日报出版社2022年版,第58页。
[③] 参见余盛峰:《全球信息化秩序下的法律革命》,载《环球法律评论》2013年第5期。

思生命科技的目的,并在审判纳粹战犯的过程中,产生了指导生命科技活动的第一个基本规范《纽伦堡法典》。该法典规定:生命科学试验的唯一目的是保障、维护人的生命和有利于社会的利益;它的实施必须遵守严格的知情同意原则;它必须由合格的人员按照科学的标准进行,其核心可以概括为尊重人的生命与尊严的原则。《纽伦堡法典》作为一项国际公约和基本的伦理原则,成为1964年《赫尔辛基宣言》的基础和基本内容。从此以后,尊重人的生命与尊严成为人类进行医学试验、生命科技研究的基本伦理原则和立法原则。①

与此同时,起源于20世纪40年代克劳德·香农(Claude Shannon)提出了有关信息论和通信系统的思考,结合当时麦卡洛克(W. S. McCilloch)和匹茨(W. Pitts)发展的神经元计算科学,现代意义上的算法技术开始迅速发展并将人们带进了一个崭新的数据时代。人们逐步形成了一种以技术性和流动性为核心的在线生存样态,在这种生存样态中人们日益被数据化和算法化。这种方法论要求凸显人的主体性地位,并用主体性原则来构建现代社会。然而,技术平台往往会利用自身的技术优势,生成一种隐性的支配权和控制权,从而形成人工智能算法独特的运行逻辑。人工智能算法对作为现代伦理支撑的主体性原则、社会正义观和实质结果主义提出了严峻挑战,同时也对以强调个人幸福和权利优先性为特点的现代伦理带来了巨大挑战。这种挑战主要体现为人的主体性地位的消解、群组正义观代替个人正义观、人工智能在算法结果上的标签化效应等。在人工智能开发的原则和政策方面,国际社会已经初步形成了一些基本共识。例如,对国际通用的指针、标准、规格采取合作态度,尽量使设计方案统一化;为确保人工智能系统和智慧网络之间互联互通,必须共有相关信息;数据形式应该标准化;应该公开包括应用程序编程接口在内的接口和协议、知识产权的特许合同条件;确保技术的中立性以及透明性,判断结果的可解释性;等等。其中最重要的一点即是,在不同价值取向发生冲突时,进行选择的元规则被公认为要优先保护人的安全,慎重对待生命伦理,不得毁损人性的价值。在与人相关的复数价值判断标准之中,优先顺位的排序如下:生命—身体—财产。②

(二) 保障科学研究自由原则

科学发展需要一个宽松而自由的外部环境,否则将导致科学进步缓慢、停滞乃至倒退。小李克特(Maurice Richter, Jr.)提出:"科学对其社会环境的要求包括支持和自由,自由便涉及对'控制'的限制。具体地说,科学在某种程度上需要的是一般可用'自主性'这一类术语表示的那种自由。"③无疑,人类不能放弃科学技术,但更不能放弃对它的规范。

科学研究无禁区,并不意味着放任,技术的开发和应用则要受到严格评估和验证的

---

① 参见薛现林:《生命科技发展与法律的回应》,载《河北师范大学学报(哲学社会科学版)》2004年第4期。
② 参见季卫东:《人工智能开发的理念、法律以及政策》,载《东方法学》2019年第5期。
③ 李醒民:《科学的自由品格》,载《自然辩证法通讯》2004年第3期。

限制,从而在规范科学技术研究活动的基础上,实现保障科学研究自由的目的。公众关注科技的发展和应用,是社会进步的体现;舆论正确引导公众对科学技术的态度,是科技立法的社会基础。

我国人工智能开发的主要原则和实施方法可以归纳为以下九条①:

(1) 共享互信原则。人工智能的开发以社会共生、人与人交往的互信以及开发利益的普惠为根本价值目标。

(2) 个体尊严原则。在数据驱动的智网社会,人工智能开发必须切实保障网络安全、数据安全、个人信息安全以及公民的隐私权和名誉权。

(3) 民主参与原则。鉴于人工智能互联互通、渗透到生活的各个角落,仅靠自上而下的决定和监管必然存在盲点和漏洞,因而必须让利益相关者也参与相关决策。

(4) 国际合作原则。鉴于人工智能跨界互联互通的现状以及标准统一的经济合理性,人工智能开发应该立足于国际合作,对必要的规制也应该采取全球共同应对的方法。

(5) 相机规制原则。由于人工智能的技术复杂性和创新性,规范秩序的建构有必要让立法(刚性规范)与道德规范、政策(柔性规范)兼具并用,并对合规性问题采取多层化判断的方法。

(6) 公开透明原则。为了防止人工智能失控,确保设计者和企业的可问责性,对算法和程序应该要求公开、透明化,强调可说明性。

(7) 双重规制原则。对于人工智能开发实施设计问责和应用监督的双重规制方式。

(8) 追踪制裁原则。鉴于人工智能的本质在于信息输入与输出之间的关系,应对有关产品和技术的研发、应用实行全流程监管,并对违法和违规现象加大惩戒力度。

(9) 预防响应原则。针对人工智能开发中的风险要加强预防举措,并建立危机处理的预警和应急处理体系。

### (三) 科技、人类与环境协调发展的原则

科技进步的经济增长与法制保障应是一个相互作用、相互促动的协调机制。19世纪中叶,马克思探讨了现代化大生产对现代社会的革命改造作用;20世纪中叶,西蒙·库兹涅茨(Simon Kuznets)提出了可以计量化的"现代经济增长"的概念。上述理论家的分析表明,现代经济增长对现代社会的变革起着决定性的作用,它带来了社会物质财富的快速增长,引起了社会生活方式的巨大变化。因此现代各国,特别是发展中国家,都必须把发展现代生产力、提高经济增长率放在头等重要地位。② 这要求我们建设一个科技、经济、法律相互协调发展的体系。与此同时,我们也应当看到这个体系是围绕人来展开的,它组成了人类社会组织和活动的基本架构,但这个体系并不是孤立和封闭

---

① 参见季卫东:《人工智能开发的理念、法律以及政策》,载《东方法学》2019年第5期。
② 参见吴汉东:《科技、经济、法律协调机制中的知识产权法》,载《法学研究》2001年第6期。

的,人们在进行各项社会活动的同时也会与自然世界进行频繁的物质交流。

研究表明,环境规制和科技创新对经济发展质量存在协同提升效应。环境规制可引导科技创新更好地促进经济高质量发展。但在地区内部,科技创新的空间溢出效应估计系数为正,环境规制的空间溢出效应估计系数为负,说明地方政府采取科技创新有利于邻近地区经济高质量发展,提高环境规制强度将迫使本地污染严重的企业或产业转移到邻近地区,不利于邻近地区的经济高质量发展。①

由此我们可以看出,体系间各要素具有交错复杂的相互影响关系。简言之:科技创新可以带动经济发展,经济发展可以提升人类的生活质量,科技创新也可以加快有助于环境保护的绿色技术发展。但技术要注重保护人作为社会主体的特性和尊严,不能让人成为经济社会发展的工具;技术也不能盲目而无限制地发展,否则可能对资源和环境造成侵略性影响。而环境规制也必须以实现人的发展为导向,进行科学可持续的保护和进步。法律应当确立的秩序,不只是关于人和技术的伦理规制,还包括人和环境、技术和环境的伦理规制,而且也不只是考虑人类目前发展的公平正义要求,还需要考虑到代际的伦理观念和自然环境的公平正义要求,这样的一个综合全面的价值内涵也是回应型法或者说"重构模式"需要纳入考察的。

二、 法律的激励与规制措施:鼓励保护科技创新机制

如果科学技术的存在状态仅仅停留于学术报告、实验图纸、展览样品的阶段,那么它还只是潜在的而非现实的生产力。只有使科技行为与社会经济协调一体,大力促进科技成果商品化,经济才能高速增长,进而使社会对科技的物质、资金投入不断增加,使科技规模得以扩大,以保持或赢得经济上的竞争力,形成科技经济一体化协调发展的良性循环。

但是,科技成果的转化又是一个复杂的系统工程,除物质、资金投入外,还要解决其他一系列问题。例如:技术上要解决安全性能不够、成本高、不配套等问题;体制上要解决科技与经济相脱节等问题;等等。在这些方面,法律都可以发挥重要的调控功能。②我国在科技成果转化过程中存在的主要问题在于运营模式陈旧、运营质量和运营环境较差;现行有关法律可操作性不强,大量使用政策性语言,原则性规定较多,缺乏实施细则。科技法和知识产权法常有互相冲突、概念不一致等问题;高校没有知识产权处置权,利益分配相差较大,挫伤了科技人员成果转化的积极性。③ 由此,知识产权保护缺位、专利能力不足的问题愈演愈烈。

部分发达国家探索出较为成熟的科技创新保障模式。美国注重以法律保障科技创新,并根据政府制定的科技计划颁布相应的法律法规,将科技创新活动置于法律框架

---

① 参见上官绪明、葛斌华:《科技创新、环境规制与经济高质量发展——来自中国278个地级及以上城市的经验证据》,载《中国人口·资源与环境》2020年第6期。
② 参见付子堂:《论知识经济时代法律对科技行为的调控功能》,载《法商研究》2000年第1期。
③ 参见张武军、徐宁:《新常态下科技成果转化政策支撑与法律保障研究》,载《科技进步与对策》2016年第3期。

中,美国促进科技创新的多维度法律群,包括提升国家创新能力的法律、规范政府投入的法律、扶持中小企业创新活动的法律、激励创新主体积极性的法律等,如减免税收和政府采购制度、培养和引进科技创新人才的法律。由此取得的成效是:多维度的法律群优化了科技创新的法律环境,稳定多元的投资渠道拓宽了科技创新的资金来源,对中小企业的专门扶持壮大了科技创新的主体队伍,优惠的税收和政府采购制度降低了企业科技创新的成本,培养和吸纳相结合的人才措施提升了科技创新的人员层次。[1]

因此,科技成果转化的法律制度变革要从多个环节入手。在立法调控环节,应该对现有法律法规相互冲突、相互交叉的地方进行修改和完善,明晰政府、单位、个人在科技成果转化方面的责任、义务,进一步调动单位和发明人的积极性。在政策实施环节,应该推动市场调节,深化协同发展,提高科技创新的主体(如企业)的知识产权保护意识;健全人才培养体系,建立成果储备,同时通过行业联盟加强宣传推广,促进科技成果"走出去"。在执法司法环节,应该加大执法力度,打击违法行为,助力科技成果有效转化。[2]

## 思考题

1. 如何理解科学技术与法律的关系?
2. 新科技对法律提出了哪些挑战?如何应对这些挑战?
3. 法律规制科技风险应该遵循哪些基本原则?

## 参考文献

1. 李秋零主编:《康德著作全集 第3卷 纯粹理性批判》(第2版),中国人民大学出版社2004年版。
2. 苏力:《法律与科技问题的法理学重构》,载《中国社会科学》1999年第5期。
3. 张保生:《人工智能法律系统的法理学思考》,载《法学评论》2001年第5期。
4. 陈景辉:《捍卫预防原则:科技风险的法律姿态》,载《华东政法大学学报》2018年第1期。
5. 郑戈:《迈向生命宪制——法律如何回应基因编辑技术应用中的风险》,载《法商研究》2019年第2期。
6. 马长山:《司法人工智能的重塑效应及其限度》,载《法学研究》2020年第4期。

---

[1] 参见费艳颖、王越、刘琳琳:《以法律促进科技创新:美国的经验及启示》,载《东北大学学报(社会科学版)》2013年第3期。

[2] 参见张武军、徐宁:《新常态下科技成果转化政策支撑与法律保障研究》,载《科技进步与对策》2016年第3期。

# 第十五讲　法律渊源

第一节　法律渊源概述
第二节　法律渊源的分类
第三节　两大法系法律渊源的比较
第四节　当代中国的法律渊源

法律渊源(sources of law),也称"法的渊源",简称"法源",是法学的基本概念范畴之一。它与法律的适用密切相关,弄清楚这一概念及其相关理论学说,有助于准确地把握法律的来源。学习法律渊源,既能丰富已有的相关法源理论和学说,同时又能指引法官高效、精准地找到可供适用的法律。本章的主要内容在于澄清法律渊源的内涵,分清它的各种类别形式,并阐释当代中国法律渊源的相关内容。

## 第一节 法律渊源概述

### 一、法律渊源释义

法律渊源,作为一个专门的法学术语,源自于古罗马法的"*Fontes juris*",意为"法的来源"或"法的源泉"。学者们对法律渊源一词有不同的理解,以至提出了形形色色的法源概念。凯尔森就曾指出,法律渊源是一个含混、模糊的概念,以至于它在实践中几乎毫无用处,为了让它具有更清晰的含义,他提议人们以一个明确并直接地说明人们心里所想的现象的说法来代替这一令人误解的比喻语。①

与此同时,罗马法中的"*Fontes juris*"包括两层含义:第一层含义是,法律渊源概括出了古罗马的法官在司法裁判过程中哪些规范可以作为裁判规范和裁判理由的来源;第二层含义是,法律渊源既是对国家制定法的法律效力的肯定,也是对制定法以外的但又能成为法官纠纷解决依据的规范具有司法适用价值的认可。② 归纳起来,法律渊源的核心内容在于它构成了法律适用者借以形成裁判根据之来源。

《元照英美法词典》对法律渊源作出了五方面的解释,其实涉及人们在五个不同层面对该术语的使用③:

(1)法律的历史渊源。意指历史上发生的引发法律原则及规则之产生的行为或事件。在英国和西欧法律制度中,此类渊源包括罗马法、教会法、封建主义的原则、封建习惯、商事法等。

(2)法律的理论或哲学渊源。一些重要的原则或理论,对法律的形成和发展起到了决定性的作用,比如自然法学说对衡平法的影响,又如功利主义思想对19世纪英格

---

① 参见〔奥〕凯尔森:《法与国家的一般理论》,沈宗灵译,商务印书馆2013年版,第204页。
② 参见彭中礼:《法律渊源论》,方志出版社2014年版,第36—41页。
③ 参见薛波主编:《元照英美法词典》,法律出版社2003年版,第1273页。

兰法律改革的影响。

(3) 法律的正式渊源或形式渊源。这主要是基于某个机关的公认权威使得其所颁布的规则具有了法律效力,主要是从具备法律权威的形式和效力的角度界定法律之来源。

(4) 法律的文献渊源。意指法律文件记录以及法律著作文献,前者包括制定法汇集、判例报道集,后者指法律家的权威性著作。

(5) 法律的文化渊源。此类渊源包括学者著述、法学教科书、百科全书,它们可以帮助法官认识法律,但是这种说明并无法律上的约束力,法官并无义务适用它们。

以上五种关于法律渊源的界定各有侧重,体现了这一术语的多样性和复杂性,当我们谈论法律渊源时,须明确是在何种意义上使用该概念的。本书拟从司法的角度界定法律渊源,专指在司法裁判过程中能够被用作裁判依据的权威性理由。

有不少学者从法律形式论或立法中心论立场描述法律渊源的概念,本书从司法中心论的角度切入,对此有两点需要加以说明:

其一,由于出发点或切入视角的不同,学者们往往会形成"立法中心论"和"司法中心论"两种不同法律渊源观。前者将法律渊源看作立法机关制定法律所依据的材料,而后者把法律渊源看作司法机关裁判纠纷所依据的材料。[1] 对于法律渊源概念的整体把握须同时兼顾这两个视角,尽管如此,由于法律渊源主要是法律适用过程中的概念范畴,因此本书仍然将重点放在"司法中心论"的视角之上。

其二,法律渊源与法律形式存在关联,但所指涉的并非同样一个事物。法律渊源是法律借以形成的来源或源泉,是一个蕴含着"可能性"的概念,法律的渊源从本质上讲并不等同于法。法的形式是实在法的外在表现形式,采用这种形式表达自身的规范通常已属于实在法的范畴,因此它更多地是一个"现实性"或"实然性"的概念。对此,有学者提出了不宜用法的形式随意替换法律渊源的两点理由:"其一,在汉语中,渊源一词指根源、来源、源流的意思,将法和渊源连用,其含义主要应指法的根源、来源、源流,这同法的表现形式不是一回事;其二,法的渊源一词在国外法学著述中包括多种含义,其中只有法的形式渊源的含义才相当于国内学界所说的法的形式的含义。基于此类原因,讲到法的形式如果使用法的渊源这个概念,对中国读者来说,容易误解或生出歧义。对外国读者来说,也会用他们理解的法的渊源一词的含义,理解我们特指的法的形式的含义。"[2]基于以上原因,不宜混同使用这两个意思接近但性质不同的术语。

## 二、 法律渊源的属性

与法律形式等有关概念相比,法律渊源有其自身的独特属性,这体现在它具有较为鲜明的法律适用导向性、权威属性以及分量属性。

---

[1] 参见张文显主编:《法理学》(第5版),高等教育出版社2018年版,第87页。
[2] 周旺生:《法的渊源与法的形式界分》,载《法制与社会发展》2005年第4期。

第一,法律适用导向性。法律渊源旨在帮助法官确定个案中可适用的法是什么,它不可避免要与法概念打交道,涉及法律发现及法律解释方面的内容,但它在根本上与法律的适用密切相关,离开了司法裁判或法律适用的活动场景,法律渊源这一概念将会失去自身存在的意义。因此,须明确法律渊源的法律适用导向性,其最终目的服务于裁判根据的发现及适用。

第二,法律渊源的权威属性。一个事物算不算法律渊源,或者什么样的事物能够算作法律渊源,这是法律渊源理论首先要回答的问题。由于法律渊源最终体现为要充当根据,问题进一步转化为哪些事物有资格成为裁判根据。很显然,具有权威性的法律理由才能从形式上推导出裁判结论,这就是法律渊源的权威属性。准确而言,这种权威是一种形式或制度的权威性,以区别于实质性的权威。制度性权威源自立法和司法的直接或间接性确认,它为司法裁判提供了一种权威性的法律理由,并且是一种有法律效力的理由。与之不同,实质理由更侧重于一种内容上的合理性所产生的说服力,通常并无法律上的强制约束力。

第三,法律渊源的分量属性。除了以上两点特征之外,法律渊源还具有分量属性。在实践中,有些法律渊源的分量更重,另一些法律渊源的分量较轻,甚至在个别时候不同层级、类型的法律渊源还可能出现彼此冲突的现象,为此需要按照法律渊源分量的大小决定其优先适用顺序。法律渊源分量的大小取决于其权威性的强弱,一般来说制度性权威强的法律渊源具有较强的规范拘束力,其相应地具有更重的分量。法律渊源分量的意义,除了能够协调法律渊源冲突、决定不同法律渊源的适用序位,还决定着司法裁判中法官运用实质理由偏离法律渊源的难度①,随着法官想要偏离的法律渊源的分量的增加,其所承受的论证负担相应地也会加重。

## 第二节 法律渊源的分类

法律渊源的表现形式多样化,既有学说和理论从不同角度提出了各种各样的分类。明确了分类标准及具体类别,有助于人们认识不同层面或类型的法律渊源,同时也能展现诸种分类可能存在的问题。

一、法律渊源的一般分类

1. 正式法律渊源与非正式法律渊源

从学理上看,按照是否具有直接的适用效力,可以将法律渊源分为正式渊源和非正

---

① 参见雷磊:《指导性案例法源地位再反思》,载《中国法学》2015 年第 1 期。

式渊源。正式渊源与非正式渊源是一种最常见、也最具影响力的分类,基本上成为了中国法理学教科书中的通说。这一分类最早受到美国学者博登海默的影响,正式渊源是那些可以从体现为权威性法律文件的明确文本中获取的渊源,在美国普通法体系下包括宪法和法规、行政命令、行政法规、条例、司法先例等;非正式渊源体现为虽具有一定法律意义但并未在权威性法律文件中得到明确阐述和体现的材料,其涵盖正义标准、推理和思考事物本质的原则、衡平法、公共政策、道德信念、社会倾向和习惯法。[①]显然,在中国法治语境下,正式法律渊源主要指向了那些具有权威法律文件表现形式的规范性法律文件。

2. 直接法律渊源与间接法律渊源

根据与制定法的关系,直接还是间接具有法的效力,可将法律渊源分为直接渊源与间接法源。直接渊源是指在制定法中有体现,并且可以直接产生法的约束力,比如法律、法令、条例等。间接法源间接具有法的效力,其效力的发挥依赖于国家特定机关的认可,包括法理、习惯、学说、一般道德、宗教戒律、外国法等。

3. 成文法法律渊源与不成文法法律渊源

以外在表现形式为标准,将其分为成文法渊源和不成文法渊源。所谓成文法渊源,是指由有权专门机关制定、以成文形式表现的具有普遍约束力的规范性法律文件。成文法渊源有时也被称为"制定法",其形式包括宪法、法律、法规、规章、法令、条例等。不成文法渊源是指通常并不采纳成文或法典形式的规范性法律文件,在此意义上学者有时也使用"判例法"这个称谓。当然,我们也注意到,判例法有时候也会采取成文的形式,尤其是普通法系国家有进行判例编撰的传统;另外,不成文法渊源的范围要比判例法更广,除了判例法这种主要内容之外,还包括习惯、条约、法理、学说、公平正义、乡规民俗等。

4. 法定法律渊源与酌定法律渊源

根据法律是否有规定,可分为法定渊源和酌定法源。由法律直接规定的内容,并且法官必须适用的就是法定渊源,在大陆法系国家制定法就是法定渊源,普通法系国家中判例和制定法都是法定渊源。法律中未明确规定,由法官根据实际需要决定是否适用的就是酌定渊源,包括习惯、公认价值和社会观念等。法定渊源与酌定渊源的区别是:第一,前者是法律本身,后者是非法律性因素;第二,前者由法律直接规定,后者由法官自由裁量;第三,前者相对确定,后者在内容上具有较大的不确定性。[②]这一划分,以法源的司法适用为中心,将一些与司法裁判的无关要素排除在外了。

5. 主要法律渊源与次要法律渊源

以在司法裁判中适用的优先地位,可分为主要渊源和次要渊源。法的主要渊源是

---

① 参见〔美〕E. 博登海默:《法理学:法律哲学与法律方法》,邓正来译,中国政法大学出版社1999年版,第415页。
② 参见周安平:《法律渊源的司法主义界定》,载《南大法学》2020年第4期。

在裁判中优先使用的法源,包括制定法、判例法和习惯法三种;次要渊源居于一种附属性或次要性地位,包括权威的理论和公认的价值等。通常情况下,法官优先适用主要渊源,在穷尽主要渊源时可考虑以次要渊源填补空缺。在个别时候,次要渊源可纠正主要渊源的失误①,比如在主要渊源存在严重的实质缺陷时,法官可以考虑直接适用次要渊源。

6. 必须法律渊源、应当法律渊源与可以法律渊源

瑞典学者佩策尼克提出了必须法源(must-sources)、应当法源(should-sources)和可以法源(may-sources)三个概念,其区分标准在于法源约束力的性质。②具有较强的权威性,法官必须予以适用的是必须法源。如果说法官有较强的义务适用必须法源,那么对于应当法源仅具有相对弱的适用义务,对可以法源则具有完全的裁量权,可根据个案情境需要决定适用或不适用该种法源。

以上诸种分类都多少存在一定的缺陷,未能清晰解释法源的概念边界,具体来说主要存在两方面问题:

第一,过度延展法源边界,将某些本不属于法源的事物归置到本范畴之中。如学者所指出的,既有法源分类没有恰当地区分裁判依据与裁判理由之间的关系。法源指向的是裁判根据,解决的是"依法裁判"的问题,而裁判理由主要用以辩护司法裁判结果的公正性或合理性。③非正式渊源、次要渊源中的不少内容,其实所扮演的是裁判理由的角色,出现了与裁判依据的混同。如此一来导致的结果是,裁判者误将裁判理由当作裁判根据,从根本上背离了依法裁判的基本立场。

第二,混淆法源与法的形式,论者凭借自身喜好交替使用这两个概念。之所以会这样,主要根源在于站在一种立法中心论的立场上看待法源,"法律渊源站在'已立之法'的立场来看就成了法律的表现形式了"④。以至于认为法源就是具有权威表达的法的形式,而采纳权威形式的法就能充当裁判的依据。法源从字面上理解是那些能够形成法的质料来源,法的形式则是已然的、实际存在的法,二者的区别是明显的,法源是一个可能的、未然的概念,而法的形式则是已然和现实的存在。⑤不划清二者的界限,导致的结果就是人们会错把法源等同于法本身。

正式法源的概念未跳出法律形式论和立法中心论的视角,非正式法源的概念是否合适?那些时常被人们添加至非正式法源列表中的规范因素,虽然可能会对法官的法律选择或裁判结果的形成产生一定影响,但这种影响并不会产生决定性或依据性意义上的效果,故而"非正式法源"可能会成为一个单调且冗余的概念。严格来讲,非正式法

---

① 参见周永坤:《法理学——全球视野》(第4版),法律出版社2016年版,第44—45页。
② 参见〔瑞典〕亚历山大·佩策尼克:《论法律与理性》,陈曦译,中国政法大学出版社2015年版,第298—300页。
③ 参见雷磊:《法的渊源:一种新的分类法及其在中国语境中的运用》,载《河北法学》2021年第11期。
④ 彭中礼:《论习惯的法律渊源地位》,载《甘肃政法学院学报》2012年第1期。
⑤ 参见周旺生:《法的渊源与法的形式界分》,载《法制与社会发展》2005年第2期。

源并不是真正意义上的法源。

## 二、效力法源与认知法源

鉴于这种随意使用法源概念的混乱局面，有一种声音主张干脆放弃这个模糊的概念，转而用其他的概念取而代之。还有一种声音，倡导重新锻造法源的概念，以缓解概念上的混乱及其制造的困惑。

一些学者提出了一种新的法源分类，即效力法源与法认知源。效力法源系对法律适用者来说具有约束力的法规范，包括宪法、法律、法规、规章等。法认知源，也叫认知法源，是一种修辞性的或社会意义上的法源，虽然自身并无法律上的拘束力，却能够帮助法官恰当地认知或识别生效之法[1]，其效果建立在理性而非权威的基础之上[2]。这种分类固然新颖，但是哪些影响司法的因素可以作为法认知源呢？是否可凭法官的喜好或需求而定？如若这样的话，认知法源也将变成一个过度膨胀的概念。

认知法源聚焦于提供发掘有效力之法的视角，而并不直接生产对裁判产生约束力的法。效力法源与认知法源是一对对应概念，前者能够产生法律之约束力，直接拘束法官的裁判，后者更多地引导法官发现和鉴别法律，仅提供法律的内容来源。认知法源能否作为裁判的根据？对此也有一定争议。

有些论者会想当然地认为既然认知法源已是"法源"，自然可以直接作为裁判根据。假若如此的话再煞费苦心地区分效力法源与认知法源似乎意义不大。也有论者主张认知法源可以附条件地成为裁判根据，在司法过程中不得被单独使用，必须与效力渊源结合在一起才可能充当裁判根据。[3]本书赞同后一种主张，认知法源论唯有和效力法源结合起来，才有可能扮演裁判根据的角色，在未经过效力法源转化或者未与效力法源结合的情形下，法官不得径直将其援用为裁判根据，但这并不妨碍将其作为裁判理由使用。可以说，认知法源在司法实践中既有可能作为附条件的裁判依据，同时又可以作为普通的裁判理由。

效力法源专指那些具有效力来源的规范依据，它们表现为法律命题的形式，能够实际用作证立裁判结论的根据，这可以走出在正式法源下将所有法体系内部的东西都当作法源的误区，也是新法源二分法的进步之处。

认知法源依赖于内容而非得到效力认可的特性，帮助人们从内容上认识法规范。除了作为法规范的内容来源这一点外，它还设定了一项门槛条件，即需要得到权威性法律文件直接或间接的认可，才能真正获得认知法源的身份。只有效力法源可充当裁判根据，认知渊源，比如习惯，多数时候只能以裁判理由的角色影响司法裁判。然而，也有可能出现从认知法源向效力法源转变的情形，习惯被立法机关认可或被司法机关确认

---

[1] 参见〔德〕托马斯·M.J.默勒斯：《法学方法论》（第4版），杜志浩译，北京大学出版社2022年版，第64—65页。
[2] 参见〔奥〕恩斯特·A.克莱默：《法律方法论》，周万里译，法律出版社2019年版，第221页脚注865。
[3] 参见雷磊：《重构"法的渊源"范畴》，载《中国社会科学》2021年第6期。

为习惯法,此时它便超越认知法源成了严格意义上的效力法源。在施加限定条件这一点上,认知法源的概念比非正式法源看起来要严格和明确一些,等于通过条件限制缩小了裁判根据以外的法源的范围。

## 第三节 两大法系法律渊源的比较

法律渊源的具体内容是多样化的,包括成文形式的与不成文形式的。大陆法系与普通法系国家在法律渊源的具体类别和形式上并无实质性差异,其主要区别在于两大法系赋予各类法律渊源的权重有所不同。简单地说,在大陆法系国家,成文法渊源占据主要地位,但习惯、法理、学说、判例也慢慢开始发挥重要作用。判例是普通法系国家的主导性法律渊源,成文法也是英美法体系的一部分,同样也是一种类型的法律渊源。成文法与判例的交错、互动,是两大法系在法律渊源方面相互趋同和融合的一个重要表现。

### 一、两大法系的主要法律渊源

两大法系在法律渊源的内容上,有较大的相通之处。它们主要的法律渊源包括制定法、判例、习惯、学说、一般正义标准等。这里主要聚焦于制定法和判例两种最主要也是最重要的法律渊源。

(一)制定法

顾名思义,是通过专属立法以成文的形式表现出来的规范性文件。制定法的制定、修改和废止的过程,也被称为"立法"。

制定法是大陆法系国家法律渊源的主体部分,在法律渊源体系中拥有较强的制度性权威。法官"找法"或者"法律发现"首先就是要寻找这部分内容。制定法按照调整对象和调整方法,可进一步归入不同的法律部门法中。根据制定主体的不同,我国制定法的名称有很多种,比如宪法、法律、行政法规、部门规章、地方性法规、地方政府规章、经济特区授权立法、自治条例和单行条例等。

普通法系国家也十分注重成文立法,除了在司法审判过程中发展出来的判例法之外,成文法的数量日益增加,如美国除了拥有《美国宪法》《统一商法典》之类的全国性制定法,各州在很多事项上都进行了全面的立法工作,形成了初具规模的制定法体系。美国还有成文法汇编的传统:早期主要由私人机构对美国国会通过的联邦成文法进行法典汇编;从 1874 年 1 月 22 日起,美国国会开始进行官方的法典汇编;1926 年,美国国会开始汇编《美国法典》(Code of Laws of the United States of America),主要收录美国联邦的成文法,每六年出版一次该法典的最新完整版,其余年份每年出版一本汇总新法案的法律文本册作为附件。除了联邦法律之外,美国政府行政机构根据联邦法律的明确立法授权可制定行政法规,并可收录于每年出版的《联邦法规汇编》(Code of Federal Regulations)。

英国的制定法始于 1225 年亨利三世时期大宪章的再版,尽管英国法主体部分仍然是普通法,每年仍有大量新增的法律、法规。制定法内容调整的范围广泛,涉及婚姻家庭、财产、犯罪与刑罚等方面。一些常见的法律,包括《1965 年法律委员会法》(Law Commissions Act 1965)、《1968 年盗窃法》(The Theft Act 1968)、《1981 年伪造与假冒犯罪法》(Forgery and Counterfeiting Act 1981)、《1981 年犯罪未遂法》(Criminal Attempts Act 1981)、《1969 年制定法(废止)》[the Statute Law (1969)(Repeals)]等。①英国制定法的生产方式也是多样化的,既有议会立法,又有授权立法等。

(二) 判例

判例(case)是普通法领域中的一个核心概念是指已经生效的判决,法院在判决类似案件时可以援引为先例,这种被援引的先例即判例。先例(precedent)一般是指可以用来作为后来事件或案件范例或规则的先前事例,或者可以用来支持或证明某些相似情况或行为的先前事例,简单说就是,在后来案件中作为法律渊源的先前的司法判决。

判例与先例非常接近,判例主要侧重于对整个案件的叙述和报告,包括作出该判决的法官对该法律问题的意见;先例主要是指可以作为判例的先例判决中所包含的法律原则,能够对今后审理同样或类似的案件起到指导作用。在普通法中,判决与判例是一种包含关系,判例是从既有判决中产生的,但并非所有的判决都能成为判例,只有刊载在判例集上并被后案法官援引的判决才能成为先例。

普通法体系正是在遵循先例的实践中逐步发展起来的,"先例原则"或"遵循先例原则"——照字面意思来说就是"遵从先例,切勿破坏已有定论"(stare decisis et non quieta movere)或者说是"遵守先例,且不要扰乱已经确立的要点"(to adhere to decided cases and not unsettle established things),所表达的基本上是同一个意思。

就普通法法系来说,判例法一般是指高级法院的判决,确切地说,是指一个判决中所含有的法律原则或规则,对其他法院(或者甚至对本法院)以后的审判具有的约束力(binding effect)或者说服力(persuasive effect)。所谓"约束力"是指必须遵守,即法官在审理案件时应考虑上级法院甚至本级法院在以前类似案件判决中所确立的法律原则和规则;"说服力"是指某种影响力,仅仅具有说服性或参考性,不具有要求法律适用主

---

① 参见〔英〕威廉·格尔达特:《英国法导论》,〔英〕大卫·亚德里修订,张笑牧译,中国政法大学出版社 2013 年版,第 2—3 页。

体强制参照的效力,这种影响的程度取决于多种因素,比如作出判决的法院的地位、法官本人的声望、作为先例的那一原则或规则自身的表达、先例与待决案件的相似性程度等。

考虑到判例一词所关联的特殊语境,成文法国家适宜使用"司法先例"的概念,避免给人们以一种大陆法系国家要实行判例法的错误印象。一个案件如果判决思路正确,且该案件十分具有典型和代表意义,则可"判案成规""因案成例",它所蕴含的裁判规则或法律适用方案对未来类似案件具有重要的指导意义。大陆法系国家现在越来越注重司法先例的重要作用,比如德国联邦宪法法院的先例具有法律效力,能够获得和制定法一样的地位。中国最高人民法院和最高人民检察院发布的指导性案例,虽然尚不具备法律上的强制约束力,但在实践中对法官的裁判仍然有一定的约束性。

二、大陆法系的先例

在英美法系国家判例作为正式法律渊源的地位是不容置疑的,先例规则是从先前的已决判例中提炼和归纳出来的,后案法官除非证明眼前案件与先例案件存在着实质性的区别,否则都应坚持和遵守先例规则。在大陆法系国家,先例通常不被认为是正式的法律渊源,它虽然是重要的法律研究和法律教学素材,但难以作为法律渊源在裁判中被法官引用。

(一)大陆法系国家判例存在的必要性及功能

尽管如此,在大陆法系国家先例仍有存在的空间,对于某些具有制度性支撑的司法先例的背离必须有法律上充足的理由,否则很有可能构成法律适用错误。大陆法系国家的法治土壤中能够生发出先例,具有其内在的复杂成因。

第一,成文法的不完备性需要判例加以填补。

大陆法系国家多以成文法来架构法律体系,成文法在表达上必然存在一定局限,不仅具有滞后性,而且无法提前预料并调整未来生活中发生的各种事项,法律的不完备性是必然存在的。法律中的很多规定为判例的存在提供了空间。比如,一些法典除了列举法律渊源之外,还赋予法官一定的选择判例的自由裁量权。还有些法典虽对法律渊源不作明确规定,但是在法典中规定了一些一般条款和概括性规定,为法官发展法律提供了重要基础。①对于一般性条款或概括性规定的具体化,很重要的一个途径就是对判例加以类型化和具体化,故而它们也为判例的存在创造了空间。

第二,类似案件应类似处理的形式正义原则要求。

"等者等之,不等者不等之"的形式正义原则在司法工作中要求法官参照类似案件,用拉伦茨的话来说,法律的性质之一就是要"平等处理"或"平等对待",即对于本质上相

---

① 参见张骐:《法律推理与法律制度》,山东人民出版社2003年版,第86—91页。

同的事物或现象,法律应给予相同的法律评价。①类似案件应类似审判就不仅仅停留在抽象的道德观念或精神层面,而是已经上升为了一种法律原则,这意味着法院对于使用或拒绝使用指导性案例必须给出充分的理由,不得恣意为之。除此之外,在实践中当事人或代理律师对案例也是十分敏感的,"总是把活动重点放在对大量判例的研究上,并在论辩中加以引证"②。可以说,当事人将相关案例以证据的形式提交给法院已经成为一种经常性的做法。

第三,司法体系的科层制结构。

相关主体在实践中积极使用案例,还和科层制的司法结构紧密相关。"科层理想型"这个概念最早是由美国耶鲁大学法学院的达玛什卡(Mirjan Damaska)教授提出来的,与其对应的概念是"协作理想型"。根据达玛什卡教授的描述,科层型的司法组织表现为一种金字塔结构,处于上层的人权力越来越大,级别相同的官员则是平等的,但是当他们之间产生争议或遇到疑难问题时,往往会将争议事项提交给共同的上级去处理,下级的决策、裁决必须接受上级的全面检查和监督。③在这种科层制下参照类案是一种节省成本、规避风险的绝佳策略。梅丽曼在研究大陆法系国家的司法时也指出,实践中法官断案也会经常参照判例,这主要是因为:"第一,法官深受先前法院判例的权威的影响;第二,法官不愿独立思考问题;第三,不愿冒自己所作判决被上诉审撤销的风险。"④总之,司法先例作为某类案件的一个典型,因其蕴含了对某类法律问题的解决思路(裁判规则),而能够对未来类似案件发挥示例性的典范作用。

(二)中国司法中的指导性案例

司法解释和案例是我国最高人民法院协调全国法院审判工作的重要形式,对帮助各级法院和广大法官准确理解法律、正确处理案件起到了重要的作用。我国尽管不像普通法系国家那样存在着判例制度,但是在我国一直有案例的遴选、编撰和公布的传统。

新中国成立以后,案例制度逐步确立并得到发展。最高人民法院在成立初期就重视运用案例总结经验,指导全国法院的审判工作,比如在董必武同志的带领下,从1955年起开展了总结审判经验的活动,主要通过收集、整理和研究大量案例总结经验,规范法院的审判工作。1985年以前,最高人民法院通过内部文件下发案例的形式,指导全国法院的审判工作。1985年以后,最高人民法院决定在《最高人民法院公报》上定期发布案例,指导全国法院的审判工作。2010年7月,最高人民检察院颁布了《最高人民检察院关于案例指导工作的规定》;2010年11月,最高人民法院颁布了《案例指导工作规

---

① 参见〔德〕卡尔·拉伦茨:《法学方法论》,陈爱娥译,商务印书馆2003年版,第39—42页。
② 〔美〕约翰·亨利·梅利曼:《大陆法系(第二版)》,顾培东、禄正平译,法律出版社2004年版,第47页。
③ 参见〔美〕米尔伊安·R.达玛什卡:《司法和国家权力的多种面孔——比较视野中的法律程序》,郑戈译,中国政法大学出版社2004年版,第28—29、76—83页。
④ 〔美〕约翰·亨利·梅利曼:《大陆法系(第二版)》,顾培东、禄正平译,法律出版社2004年版,第47页。

定》，这标志着案例指导制度在我国正式得以确立。此后，两机关不定期地发布了一定数量的指导性案例，并要求下级机关在处理类似案件时予以参照。

与这种正式的案例制度相关联，还存在着一些非正式的案例制度。针对前述各种案例制度，一些专门从事案例研究、分析和评价的专门性组织、机构相继建立，例如在中国法学会下专门成立了一个案例法学研究会；最高人民法院司法案例研究院于2016年挂牌成立；另有五家高校也成立了专门的案例研究机构。最高人民法院的有关部门为研究、指导审判工作以及教学也制作了多种形式的审判案例汇编，包括各种"审判参考"（比如说最高人民法院刑一庭和刑二庭主编的《刑事审判参考》、最高人民法院审监庭主编的《审判监督指导与研究》、最高人民法院行政庭主编的《行政执法与行政审判》）和《人民法院案例选》《中国案例审判要览》等。一些地方法院也在定期推出一些案例分析与汇编，比如说北京高院的《指导案例》、天津高院的《天津审判》、上海高院的《上海法院案例精选》、浙江高院的《案例指导》、四川高院的《审判指导》、山东高院的《案例参阅与指导》、江苏高院的《参阅案例》、重庆四中院的《案例参考与研究》、珠海法院的《示范案例》等。此外，学界学者为了教学和研究所主编的案例分析或教材就更不计其数了。案例是一种记录过去审判经验与智慧的载体，在实践中它有解释和补充法律、指导审判工作、维护司法公正和提高司法效率、有效应对疑难案件、推进法制宣传、推动法学教育以及丰富法律理论等诸多方面的价值和功用。

我国法院在实践中对案例或先例做了非常有益的探索，在理论上我国是否适宜建立判例制度在上个世纪末有过许多争论。多数学者认为，我们不宜建立普通法那样的判例制度，但是案例在司法实践中的重要作用不容忽视。对于最高人民法院发布的指导性案例，办案人员在类似案件中应当参照，这里的"应当"虽不具备法律那种刚性的强约束力，但也不同于完全无约束力的普通案例，它是一种介于二者之间的"软指导力"，这种指导性效力的发挥能够得到制度性支撑和理性权威的双重保证。

三、普通法系的成文法

前面已初步介绍过普通法国家中的成文立法情况，我们应打破过去那种刻板的印象——误以为普通法系施行的就是判例法，制定法似乎没有立足之地。事实上，制定法在普通法系具有举足轻重的地位。立法机关的立法速度不仅越来越快，制定法数量甚至出现"膨胀"的趋势，而且制定法的地位有所提升，在与普通法出现冲突时可优先适用。

以美国的制定法为例，它大概包括三个层面的内容：

1. 宪法及宪法性法律

美国拥有成文宪法，美国联邦宪法由立宪会议制定和通过，于1789年3月4日生效，是世界上最早的成文宪法，由序言和7条正文组成，确立了人民主权、三权分立等原则，迄今已有27条宪法修正案。相比之下，英国虽然奉行议会至上原则，但并没有一部成文宪法,仅有一些重要的宪法性文件,比如《1679年人身保护法》《1689年权利法案》《1700年王位继承法》《1911年议会法》《1918年国民参政法》《1928年国民参政(男女平等)法》,以及《1948年人民代表法》等。

2. 法规

法规是由享有立法权的联邦政府、州政府或地方政府依照法定程序所制定的法律。提议的法规一般称为"草案"(bill),必须经专门立法委员会的审查和行政首长的同意才能成为法规。联邦法规的合辑称为联邦法典,而州法规的合辑称为州法汇编或州法规。①

3. 国际条约

国际条约是指国际法主体间缔结的有关相互权利义务关系的书面协议。广义的条约除以"条约"为名的协议外,还包括公约、宪章、盟约、规约、协定、议定书等。狭义的条约仅指重要的以条约为名的国际协议,如同盟条约、边界条约、通商航海条约等。国际条约在英国一律须由国会的立法履行,因此条约在英国法上并无直接的效力,所以并不能成为法源。但在美国法上,条约则有自动履行与非自动履行之分,前者无须等待美国国会立法便可在美国境内生效,因此可以成为法源的一种②,经过一定的转化和认可后,这种国际条约便成为国内法体系的组成部分了。

从20世纪开始,美国经历了一个成文立法猛增的阶段,无论是联邦层面还是州的层面均相继制定了大量的制定法。据统计,美国各州平均制定的法规与欧洲大陆法系国家平均制定的法规数量相等,可见美国全国制定法的数量可能会远超很多大陆法系国家。所以,时至今日,不能再仅仅只看重美国法体系中的普通法,也要高度重视散布于税收、社会福利、贸易、金融、环保等各个领域的制定法。③伴随着制定法的膨胀,美国法律也出现了一种"法律过时"(legal obsolescence)的危险,这表现为制定法一旦被通过很难被修正,以至于出现大量不合时宜的立法,与整个法律图景不相契合甚至与之矛盾。④所以,在普通法国家,制定法不是越多越好,也不意味着越少越好,制定法的数量应与本国法治发展的整体水平及法律体系相契合。

制定法与判例法之间发生冲突时,何者优先?一般认为,制定法的效力优先于判例法。如学者所言,"若制定法与普通法相竞争,则前者会胜利"⑤。立法权相对于司法权具有优越性,司法从属于立法,制定法因而占据了一种优势地位,制定法还可以根据现实需要补充、修改和废止判例法。

---

① 参见[美]伯纳姆:《英美法导论》,林利芝译,中国政法大学出版社2003年版,第35—36页。
② 参见王泽鉴主编:《英美法导论》,北京大学出版社2012年版,第123页。
③ 参见[美]伯纳姆:《英美法导论》,林利芝译,中国政法大学出版社2003年版,第41—42页。
④ 参见[美]盖多·卡拉布雷西:《制定法时代的普通法》,周林刚、翟志勇、张世泰译,北京大学出版社2006年版,第3页。
⑤ [英]威廉·格尔达特:《英国法导论》,[英]大卫·亚德里修订,张笑牧译,中国政法大学出版社2013年版,第3页。

## 第四节　当代中国的法律渊源

传统法律渊源的划分存在诸多弊端，未能准确划定法律渊源的边界。正式与非正式法源的划分尽管已被人们普遍接受，这对范畴仍然暴露出了立法中心论和法律形式论的视角，侧重于从外在权威表达形式角度辨识法源属性。非正式法源似乎一览无遗地将制定法之外的所有影响性因素都囊括在内，几乎成了一个无所不包的概念。它面临的问题在于，未能讲清楚自身的边界在哪里。如学者指出的，目前非正式法源无法与作为实质理由的裁判理由有效区分开来，制定法之外的多种影响因素和规范材料都被冠名以"非正式法源"，被不加区分地塞入了法源的范围之内。①效力法源和认知法源二元划分的引入在一定程度上解决了这个问题。

### 一、当代中国法的效力渊源

效力法源专指那些具有效力来源的规范依据，它们表现为法律命题的形式，能够实际用作证立裁判结论的根据，这可以走出在正式法源下将所有法体系内部的东西都当作法源的误区。当代中国法的效力渊源十分多样，包括宪法、法律、行政法规、地方性法规、规章、自治法规、经济特区法规、特别行政区的规范性法律文件、军事法规与规章、司法解释，以及国际条约和协定。

1. 宪法

宪法是我国的根本大法，是治国安邦的总章程。宪法规定了国家的根本方针、制度和任务，具有最高的法律地位和效力。宪法的修改程序比一般法律更加严格，由全国人大常委会或者 1/5 以上的全国人大代表提议，并由全国人大以全体代表的 2/3 以上多数通过。法律和其他议案由全国人大以全体代表的过半数通过。现行《宪法》于 1982 年 12 月 4 日由五届全国人大五次会议通过，在 1988 年、1993 年、1999 年、2004 年、2018 年对 1982 年宪法中的某些条款作了调整和修正，形成了 52 条修正案。

鉴于宪法适用活动的复杂性和特殊性，我们应从一种不同于普通法律的司法适用方式来理解宪法渊源。也就是说，不应局限于将宪法规范作为裁判根据来理解宪法渊源，"由于宪法的主要法律功能就是作为对普通法律进行合宪性判断的依据，所以可以将宪法渊源界定为'合宪性判断依据的来源'"②。宪法及宪法修正案是典型的宪法

---

① 参见雷磊:《法的渊源：一种新的分类法及其在中国语境中的运用》,载《河北法学》2021 年第 11 期。
② 雷磊:《"宪法渊源"意味着什么？——基于法理论的思考》,载《法学评论》2021 年第 4 期。

渊源。

### 2. 法律

法律有广义和狭义之分,广义上法律的范围较广,包括宪法、法律、行政法规等在内的一切规范性法律文件。这里所说的是狭义的法律,专指全国人大及其常委会制定的规范性法律文件。

狭义的法律效力仅次于法律,具体又可分为基本法律和其他一般性法律,二者在效力上是一样的,并不存在"上位和下位"之分。基本法律是由全国人大制定和修改的规范性法律文件,包括《民法典》《刑法》《民事诉讼法》《刑事诉讼法》《立法法》《行政诉讼法》《全国人民代表大会组织法》《国务院组织法》《香港特别行政区基本法》《澳门特别行政区基本法》《人民法院组织法》和《人民检察院组织法》等,这类法律调整社会生活的基本事项和重要事项。由全国人大常委会制定的规范性法律文件为非基本法律,涉及的内容也非常广泛。在全国人大闭会期间,全国人大常委会可对全国人大制定的法律进行补充和修改,但不得与该法律的基本原则相抵触。

《立法法》规定了一些"法律保留"的事项,有些事项必须且只能通过法律来调整,这包括:(1)国家主权的事项;(2)各级人大、人民政府、监察委员会、人民法院和人民检察院的产生、组织和职权;(3)民族区域自治制度、特别行政区制度、基层群众自治制度;(4)犯罪和刑罚;(5)对公民政治权利的剥夺、限制人身自由的强制措施和处罚;(6)税种的设立、税率的确定和税收征收管理等税收基本制度;(7)对非国有财产的征收、征用;(8)民事基本制度;(9)基本经济制度以及财政、海关、金融和外贸的基本制度;(10)诉讼制度和仲裁基本制度;(11)必须由全国人大及其常委会制定法律的其他事项。

除了全国人大及其常委会制定的规范性文件之外,其所作的决议或决定,如果内容上均有规范属性,也可以视为狭义的"法律"。比如,全国人大关于修改《立法法》的决定,其内容在效力上等同于一般性法律。同样地,全国人大及其常委会所作的立法解释,也可视同法律本身,与所解释的法律具有同等的法律效力。

立法机关将自己的某些立法权限授予特定主体,受委托的机关和部门在所授权限的范围内代行立法权产生的决定或决议,由此产生了授权立法。授权立法的效力位阶取决于授权主体和制定主体,同时要考察授权立法所制定的是否属于规范性法律文件,授权立法位阶与授权立法制定机关的地位相适应,与其制定的其他法规范的地位相同。[①] 根据2023年《立法法》的规定,上海市人大及其常委会根据全国人大常委会的授权决定,制定浦东新区法规,在浦东新区实施。该法同时规定,海南省人大及其常委会根据法律规定,制定海南自由贸易港法规,在海南自由贸易港范围内实施。上海市人大及其常委会和海南省人大及其常委会在授权范围内所制定的规范性法律文件,效力上与法律等同。

---

[①] 参见邓世豹:《论授权立法的位阶》,载《河北法学》2020年第5期。

3. 行政法规

行政法规在效力上仅次于宪法和法律，是国务院制定的规范性法律文件的总称。行政法规调整的面很广泛，内容上较为丰富。《宪法》第 89 条第 1 项规定了国务院的行政立法权，"根据宪法和法律，规定行政措施，制定行政法规，发布决定和命令。"国务院发布的决议、决定和行政命令，也属于行政法规的范畴。

国务院的行政立法权体现为两个方面：（1）行使职权立法。根据《宪法》和《立法法》的规定，制定行政法规。（2）行使授权立法。根据《立法法》第 12 条的规定，国务院还可行使授权立法。对于《立法法》所规定"法律保留事项"中尚未制定法律的，全国人大及其常委会有权授权作出决定，授权国务院根据实际需要，对其中部分事项先制定行政法规。同时也作出了一定限制，对有关犯罪和刑罚、对公民政治权利的剥夺和限制人身自由的强制措施和处罚、司法制度等事项除外。对于后一种授权立法，按照授权立法的效力位阶判断原则，其效力等同于全国人大及其常委会制定的法律。

4. 地方性法规

地方国家权力机关根据本行政区域内的具体情况和实际需要，在不同宪法、法律和行政法规相抵触的情况下，制定的规范性法律文件的总称是地方性法规，地方性法规的效力低于宪法、法律和行政法规。

按照制定主体的不同，地方性法规具体包括以下几种情形：

（1）省、自治区、直辖市的人大及其常委会制定的规范性法律文件。

（2）设区的市的人大及其常委会根据本市的具体情况和实际需要，在不同宪法、法律、行政法规和本省、自治区的地方性法规相抵触的前提下，可以对城乡建设与管理、生态文明建设、历史文化保护、基层治理等方面的事项制定地方性法规，法律对设区的市制定地方性法规的事项另有规定的，从其规定。

（3）除省、自治区的人民政府所在地的市，经济特区所在地的市和国务院已经批准的较大的市以外，其他设区的市开始制定地方性法规的具体步骤和时间，由省、自治区的人大常委会综合考虑本省、自治区所辖的设区的市的人口数量、地域面积、经济社会发展情况以及立法需求、立法能力等因素确定，并报全国人大常委会和国务院备案。

（4）自治州的人大及其常委会可以依照上述（2）中的范围行使设区的市制定地方性法规的职权。

（5）省、自治区的人民政府所在地的市，经济特区所在地的市和国务院已经批准的较大的市已经制定的地方性法规，涉及上述（2）规定事项范围以外的，继续有效。

地方性法规的立法范围主要限于两个方面：第一，为执行法律、行政法规的规定，需要根据本行政区域的实际情况作具体规定的事项；第二，属于地方性事务需要制定地方性法规的事项。

5. 规章

规章包括部门规章和地方政府规章两种形式。

部门规章是指国务院各部、委员会、中国人民银行、审计署和具有行政管理职能的直属机构以及法律规定的机构,根据法律和国务院的行政法规、决定、命令,在本部门的权限范围内制定的规范性法律文件。我国部门规章在数量上非常大,调整的内容也特别广泛。《立法法》对部门规章的制定施加了一些限制,部门规章规定的事项应当属于执行法律或者国务院的行政法规、决定、命令的事项。没有法律或者国务院的行政法规、决定、命令的依据,部门规章不得设定减损公民、法人和其他组织权利或者增加其义务的规范,不得增加本部门的权力或者减少本部门的法定职责。

部门规章的效力低于宪法、法律和行政法规。地方性法规与部门规章之间对同一事项的规定不一致,不能确定如何适用时,由国务院提出意见,国务院认为应当适用地方性法规的,应当决定在该地方适用地方性法规的规定;认为应当适用部门规章的,应当提请全国人大常委会裁决。

地方政府规章的制定包括几种情形:

(1) 省、自治区、直辖市和设区的市、自治州的人民政府,可以根据法律、行政法规和本省、自治区、直辖市的地方性法规,制定规章。

(2) 设区的市、自治州的人民政府根据《立法法》的规定制定地方政府规章,限于城乡建设与管理、生态文明建设、历史文化保护、基层治理等方面的事项。

(3) 省、自治区的人民政府所在地的市,经济特区所在地的市和国务院已经批准的较大的市也可根据本地实际需要制定地方性政府规章。

地方政府规章的调整范围,限于以下内容:(1) 为执行法律、行政法规、地方性法规的规定需要制定规章的事项;(2) 属于本行政区域的具体行政管理事项;(3) 应当制定地方性法规但条件尚不成熟的,因行政管理迫切需要,可以先制定地方政府规章。规章实施满2年需要继续实施规章所规定的行政措施的,应当提请本级人大或者其常委会制定地方性法规。

部门规章之间、部门规章与地方政府规章之间对同一事项的规定不一致时,由国务院裁决。

6. 自治法规

我国实行民族区域自治制度,民族自治地方的人大有权依照当地民族的政治、经济和文化的特点,制定自治条例和单行条例,这两类条例统称为自治法规,它仅在本民族区域自治地方生效。

自治条例,是指民族自治地方的立法机关在职权范围内制定的规范性法律文件,内容包括民族区域自治的基本原则、机构设置、自治机关的自治权等,是民族自治机关管理自治地方事务的综合性法规。

单行条例,指根据宪法的规定和本地实际情况,制定的仅规定某一方面特定事项的法律,或者对国家已制定的法律或法规作变通性规定。《立法法》规定,上级国家机关的决议、决定、命令和指示,如有不适合民族自治地方实际情况的,自治机关可以报经该上级国家机关批准,变通执行或者停止执行。

在备案和生效方面,自治区、自治州和自治县的自治法规有所不同。自治区的自治条例和单行条例,报全国人大常委会批准后生效。自治州、自治县的自治条例和单行条例报省、自治区、直辖市的人大常委会批准后生效,并报全国人大常委会和国务院备案。

7. 经济特区法规

我国改革开放设立了经济特区制度,经济特区独特的政策和地位,要求有一套与其经济和社会发展相适宜的法律。经济特区所在地的省、市的人大及其常委会根据全国人大的授权决定,制定法规,在经济特区范围内实施。

1981年全国人大常委会通过了《关于授权广东省、福建省人大及其常委会制定所属经济特区的各项单行经济法规的决议》,授权广东省和福建省的人大及其常委会制定经济特区法规。1992年全国人大常委会通过了《关于授权深圳市人大及其常委会和深圳市人民政府分别制定法规和规章在深圳经济特区实施的决定》,授权深圳市人大行使经济特区立法权。

经济特区法规不得与宪法、法律和行政法规相抵触。根据授权对法律、行政法规、地方性法规作变通规定的,在本经济特区适用经济特区法规的规定。

8. 特别行政区的规范性法律文件

我国实行一国两制的基本方针,国家根据宪法设立了特别行政区的制度。特别行政区的法律包括基本法和基本法以外的其他法律。

全国人大已分别于1990年和1993年制定了《香港特别行政区基本法》和《澳门特别行政区基本法》,对中央与香港特别行政区和澳门特别行政区的关系、特别行政区公民的基本权利和义务、特别行政区的政治制度、社会制度、经济制度、文化制度等事项作出规定。

《香港特别行政区基本法》和《澳门特别行政区基本法》在第18条规定了同样的内容,在香港和澳门特别行政区除了施行基本法以外,还施行基本法规定保留下来的香港和澳门的原有部分法律,以及香港和澳门特别行政区立法机关制定的法律。

9. 军事法规与规章

中央军委会根据宪法和法律,制定军事法规。中央军委各总部、军兵种、军区、中国人民武装警察部队,可以根据法律和中央军委的军事法规、决定、命令,在其权限范围内,制定军事规章。军事法规、军事规章在武装力量内部实施。

10. 司法解释

除了全国人大及其常委会行使法律解释权之外,最高司法机关还可以作出司法解释。

最高人民法院、最高人民检察院作出的属于审判、检察工作中具体应用法律的解释,应当主要针对具体的法律条文,并符合立法的目的、原则和原意。同时涉及审判和检察内容的,最高人民法院和最高人民检察院可以联合作出解释。

司法解释与法律具有等同的法律效力。

11. 国际条约和协定

我国参加和缔约的国际条约或协定,可作为效力法源在中国法院适用。国际条约,是指两个或以上国家之间,或国际组织之间,或国家和国际组织之间,在政治、经济、文化、外交等方面缔结的协议,其内容对各参加主体具有约束力。协定指国家间或国家对外活动的组织间,用于解决专门事项或临时性问题签订的短期契约文件。

《缔结条约程序法》规定,国务院同外国缔结条约和协定。全国人大常委会决定同外国缔结的条约和重要协定的批准和废除。经全国人大常委会批准的条约或协定与法律具有同等效力。

二、当代中国法的认知渊源

认知法源聚焦于提供发掘有效力之法的视角,而并不直接生产对裁判产生约束力的法。规范要素成为认知法源须获得直接或间接的制度性认可。主要包括指导性案例、社会一般道德以及习惯等。

1. 指导性案例

《最高人民检察院关于案例指导工作的规定》和《最高人民法院关于案例指导工作的规定》,均赋予指导性案例以"应当参照"的地位,指导性案例指导性效力的发挥能够获得实质合理性和形式权威性的双重保证。裁判论证说理的合理性确保其具有实质性的说服力,而"两高"依照法定程序选编和发布指导性案例则赋予其一种弱的形式权威性,张骐教授称此为"具有一定制度支撑的说服力"①。

对于"两高"的指导性案例如何定位,学界历来存在争议。常见观点主张,指导性案例并不具备法律上强制拘束力,而只有一种事实上的说服力。言外之意,指导性案例无法获得正式性法源或效力法源的地位。值得一提的是,2018 年修订的《人民法院组织法》和《人民检察院组织法》均增补了一点新内容,即"两高"除了能够发布司法解释之外,还可以发布指导性案例。有学者认为,指导性案例的法律效力有了宪法性法律方面的依据,可以获得与司法解释同等的地位。②既然指导性案例及其裁判要点具有类似于司法解释的效力,那么"在司法实践中,指导性案例的裁判要点既可以作为裁判说理依据引用,也可以作为裁判根据引用"③。对于这种新观点,我们应该予以重视。当然,有关指导性案例效力定位的争议仍然存在并将继续存在。

本书暂且将指导性案例的效力定位于一种认知法源,它一方面受到相关法律规定以及司法政策内容的影响,亦即与正式法律制度发生了勾连。另一方面,又不能直接将其当作裁判根据来援用。但其可以与效力法源结合在一起发挥作用,或者转变为效力法源之后再发挥法源性功能,比如个别指导性案例确立的裁判要点后来被新的法律或司法解释所吸收,则该裁判要点就演变成了效力法源。

《最高人民法院关于统一法律适用加强类案检索的指导意见(试行)》进一步以制度

---

① 参见张骐:《再论指导性案例效力的性质与保证》,载《法制与社会发展》2013 年第 1 期。
② 参见张骐:《论裁判规则的规范性》,载《比较法研究》2020 年第 4 期。
③ 胡云腾:《打造指导性案例的参照系》,载《法律适用》2018 年第 14 期。

化的方式强化了指导性案例的效力。它要求办案人员检索是否存在与待决案件相似的指导性案例,人民法院对于检索到的指导性案例应当参照作出裁判。如欲偏离相关指导性案例,应承担相应的论证责任,比如论证该指导性案例与新的法律、行政法规、司法解释相冲突或者为新的指导性案例所取代等。

## 2. 社会一般道德

社会公共道德不同于个体性道德,它将司法办案人员的个别道德观念或信念排除在外。社会公共道德形成于社会主体的沟通与交往之中,具有一定程度的客观性,因而也被称为社会一般道德。

道德的形态是多样化的,有的道德属于高层次的伦理美德,有的属于底线性道德。底线性道德适宜转化为法律义务,比如刑法中的大量条文均包含底线性的道德义务内容。大部分这种类型的规范虽有道德内容,但是实实在在的法律规则,能够提供具体的裁判规则,赋予其正式法源身份争议不大。另一些道德是要求较高的伦理美德,由于并不能为所有人都实际践行而难以被普遍化为一般性义务,此类道德要么难以入法,要么在法体系中只能以倡导型的条款出现,一些价值宣扬型、精神弘扬型的道德条款也属于这类范畴。

关于社会道德的法源地位,我们需要区分三种情况:

(1) 某种道德如果在法律体系中得到了规定,并且可供给裁判规则,便可认定其为正式法源,比如《民法典》中的公序良俗等原则。这时道德要求已经超越了伦理范畴而转化成了法,其身份和存在形式发生了质的变化。

(2) 如果某个道德虽然被融入了法体系之中,但它只是一种价值宣扬型或精神倡导型规范,并不蕴含可被援用作为根据的裁判规则,可落在上文所谈及的认知法源中,这再一次彰显了本书的一个主张,并非所有法体系中的内容都能成为法源,法和法源虽有交叉,但本质上并不是一回事。

(3) 除了以上之外其他类型的道德规范,基本上只是伦理范畴的存在,与法律规范存在严格的界限,但其中个别一般性的社会道德仍可在个案中作为裁判理由。

针对以上三种情形,类型(2)(3)中的道德均被排除在正式法源之外:(2)中的道德作为认知法源与正式法源的关系更密切一些;(3)所蕴含的道德是法律以外的一般道德,这类道德虽然与法源无关,但与裁判理由有联系,法官运用它们可以提升裁判的说理质量,实现裁判法律效果之外的社会效果。

## 3. 习惯

习惯是一种典型的认知法源,在司法中能够起到补充制定法的作用。习惯和习惯法并不相同,习惯提供法律的内容来源,而习惯法已经属于法律的范畴。关于习惯与习惯法的区别标准存在意思说、确信说、惯行说和国家承认说等。在实务上,习惯法的成立要件兼顾形式与实质的统一:实质上,人们长久以来一贯反复同一个行为,且对此形成了相当的内心确信;形式上,须通过法院的适用,认定其有法律上的效力。但对于违背公序良俗的习惯,则不认定其均有法律效力。①从习惯到习惯法,需要一个司法的中间转换环节。

我国《民法典》第 10 条规定:"处理民事纠纷,应当依照法律;法律没有规定的,可以适用习惯,但是不得违背公序良俗。"在法律规定出现空缺时,相应问题缺乏裁判根据,此时法官可根据《民法典》的授权认定习惯的内容,先经过司法程序将其转化为习惯法,再将该习惯法的内容作为裁判根据,以此解决纠纷。习惯作为认知法源,其法源性功能的发挥依赖于与制度权威的结合和转化。

## 思考题

1. 什么是法律渊源?法律渊源和法之间是什么关系?是否所有的法都能成为法律渊源?
2. 法律渊源与法律形式有什么区别?
3. 正式法源与非正式法源的划分标准和意义是什么?
4. 比较两大法系的法律渊源。
5. 当代中国的法律渊源有哪些?在司法实践中如何具体适用?

## 参考文献

1. 〔瑞典〕亚历山大·佩岑尼克:《法律科学:作为法律知识和法律渊源的法律学说》,桂晓伟译,武汉大学出版社 2009 年版。
2. 〔德〕托马斯·M. J. 默勒斯:《法学方法论》(第 4 版),杜志浩译,北京大学出版社 2022 年版。
3. 彭中礼:《法律渊源词义考》,载《法学研究》2012 年第 6 期。
4. 雷磊:《重构"法的渊源"范畴》,载《中国社会科学》2021 年第 6 期。

---

① 参见杨仁寿:《法学方法论》(第 2 版),法律出版社 2013 年版,第 269 页。

# 第十六讲  法律方法

第一节  法律思维与法律方法
第二节  法律推理
第三节  法律解释
第四节  法律论证

法学教育的重要宗旨之一，在于培养法科学生的法律思维。迈出法律之门之后，能够学会"像法律人那样思考"（Thinking Like a Lawyer）。法律思维和法律方法，可谓法律人安身立命之本。本讲将以法律思维、法律推理、法律解释、法律论证为主题，介绍它们的基本原理及在实践中的具体运作方法。

## 第一节　法律思维与法律方法

法律思维是法律职业群体的共通思维，常被用以解释法律现象和解决法律问题。虽然常人亦可对法律问题发表自己的看法，但与法律人的专业性判断或思维方式仍存在较为明显的差异。法律方法有广义与狭义之分，广义的法律方法与法律思维是同义的，包括所有法律人在实践活动中运用的方法，而狭义的法律方法一般指法官群体在法律适用过程中运用的方法，也被简称为法官裁判方法。

### 一、法律人的思维方式

对于日常思维之外是否存在一种独特的法律人思维这个问题，在学界之中存在不少争论。曾有论者试图解构法律人思维，指出法律人和普通民众一样都是看重后果判断的，习惯从后果出发思考问题，因而并不存在什么独特的法律人思维。实际上，无论从经验还是理论上看，法律人独特的思维方式都是客观存在的，它强调以法律规范作为思考问题的出发点，通过运用理性的价值判断，为法律现象提供解释方案，为法律问题提供解决思路。可以说，这种专业性的思维是一种"实践技艺"，需要在后天法律实践中通过训练习得，非常人所能轻易就能驾驭。

法律人的思维方式中，有两种思维特别引人注意。一种是强调以规则为基础进行推理（rule-based reasoning），这与法教义学的方法密切联系在一起；另一种是后果导向的思维方式，较多地受到了社会科学方法的影响。法律思维的二元论中，规则导向处于支配性地位，后果导向是一种辅助性或附属性的方法。

（一）规则导向与法教义学

传统的司法裁判理论通常包括两方面内容，即"找法"（也称"法律发现"）和"正当化裁判结论"。常规的司法活动是"顺向的"，即结合案件事实先寻找可供适用的法律规范，再依靠三段论推导出结论。法教义学推理所主张的基本上就是"从前提到结论"的一种顺向推理,它要求司法裁判活动受既有实在法的严格拘束。

司法三段论推理从既有的法律规则出发,将案件事实涵摄于特定规则之下,进而演绎推导出结论。这种正统的"基于规则的推理"模式离开了法律规则这一大前提就无法进行下去。

法教义学主张以教义性的方法来解释和适用法律,司法裁判应受法律的拘束,法官如无特别更强理由不得越法裁判。用公式表达即是:

"法律规范→规范解释(这个环节在简单案件中基本上可略去)→裁判结论"。

规则导向的法律思维与后果导向的法律思维之间存在五点差异:

(1) 两者的逻辑起点不同。基于规则的推理是一种顺向的推理,坚持从规则到结论的逻辑顺序;而后果主义的思维则是一种逆向的推理,从后果"倒果为因式"地寻找裁判方案。

(2) 二者旨在增进的价值不同。基于规则的思维所增进和维护的价值主要是形式正义,而后果主义推理更加注重对实质正义或裁判社会效益的观照。

(3) 裁决形成的理由依据不同。基于规则的推理是以法律理由作为裁决之正当化根据的,而后果主义推理是将某一裁决所可能带来的可欲后果作为证立该裁决的合理根据。

(4) 偏离法律的可能程度不同。从规则推导而出的结论即便不合理但也仍然是符合法治原则与整体法秩序的,而后果主义推理有可能会作出"超越法律"的裁决,因为它所考量的更多的是不同于法律后果的法外后果。

(5) 适用范围不同。基于规则的推理适用范围更为广泛,并且它能够维护法律和司法的确定性,而后果主义推理的适用范围基本上被限制在疑难案件的裁判领域。

(二) 后果导向与社科法学

后果导向的法律思维,集中体现于法律推理活动之中。与规则导向完全不同,走了一个相反的从"后果→规则→后果"的方向,它是以某个裁决所可能带来的后果作为逻辑起点,通过对后果可欲性的评价,回溯性地寻找或调试可供适用的法律规范。也就是说,它将某个裁决所可能产生的积极或消极后果作为采纳或拒绝采纳该裁决的理由。如果该裁决所带来的后果是可欲的、值得赞许的,那么就会支持作出该裁决,反之亦然。

这种通过对相关后果的预测和评价来实现对裁决的正当性证明的推理模式的基本结构如下:

因为,裁决 X 可以产生后果 Y;

并且,后果 Y 对政治、经济、社会以及公共福利是(不)可欲的;

所以,裁决 X 是(不)正当的、(不)值得辩护的。

它具有几个鲜明的特征:第一,逆向思维,其中必定有一个从"后果到规范"的思维环节;第二,将后果作为理由或诱因,来调控法律的选择和裁决的证成;第三,裁决存在不确定性,根源于后果本身不可靠,提前预测的后果不一定准确、客观、普遍;第四,由两个部分构成,一是对后果的预测和选择,二是通过后果对裁决进行证成。

可以说,关注后果或后果考量是社科法学论者的核心主张之一。社科法学以实用主义的姿态看待法律,并在法律之外寻求可靠、客观的后果。社科法学论者聚焦于法律规范之外的其他后果,包含政治、政策、道德、经济、文化等多种后果形式,这些后果在本质上都属于法律之外的后果。在他们看来,法官之所以要考量这些法体系外的后果,多半是因为直接适用规范所取得法律效果不可欲,可能表现为不符合政治要求、在道德上不合理、在经济上付出的成本较大而收益较小、社会影响不好、不符合国家政策、与通行的习惯或习俗相悖,等等。

从后果主义的具体作用来看,它可能实际上发挥执行规则和创造规则的功能。

(1)执行规则的后果主义也称适用规则的后果主义,拘束个案系争问题的法律规范是存在的,只不过该规范尚不完备,需要作出超越可能文义的解释,此时法官借助于后果导向思维探求规范目的及后果,作出目的性扩张或限缩等解释,此种"中间转换"的环节可为司法推理活动准备好大前提。

(2)创造规则的后果主义主要适用于无现成规范可依照的案件中,后果的预测及考量可发挥建构或续造规则的功用。

## 二、法律方法的特质

"方法"系指通向某一目标的路径。在科学上,方法是指这样一种路径,它以理性的、可检验的和可控制的方式导向某一理论或实践上的认识,或导向对已有认识之界限的认识。法律方法,便是用以思考法学问题并寻找答案的方法或路径。用更加专业的术语来讲,即法律人根据现行有效的法律规范解决个案争议的方法。

法律方法具有以下特点:

1. 法律方法以问题解决为导向

法律方法的目的在于为实践中的个案提供解决建议或方案,因此它是一种个案导向或实践指向的方法。在通常情形下,法教义学方法足以为简单案件或常规案件提供一套简便、高效的分析工具或裁决指南。有时由于各种原因案件会表现出疑难,传统教义学方法略显吃力,此时类推、目的性扩张、目的性限缩等法律方法应运而生,它们能够协助法官有力地应对疑难案件。法律方法的实践品性向我们表明,一套法律方法的成熟程度在一定程度上取决于其能否经得住疑难案件的考验。

2. 法律方法具有德性品质

司法在解决纠纷的同时,往往还承载着公共政策制定、道德风尚引导以及社会管理等职能。人类社会在某种意义上是一个道德共同体,司法推理不可能在道德真空之下进行,法官作为人而非神在适用法律的过程中势必会掺杂进某种道德考量。

法官除了具备常人的那种道德品性之外,还具有其他一些专业的司法德性,比如有论者指出为了使审判拥有道德品质,法官必须充分拥有五种司法美德:司法洞察力、司法勇气、司法节制、司法公正和司法独立。① 通常有德性的法官可能作出道德上可欲的判决,而很难期待道德败坏的法官作出真诚的、道德上值得赞许的判决。② 可以说,除了专业的法律思维之外,法官潜移默化地也在自修一种道德推理思维,以至于在个别复杂疑难案件中二者会通力合作。

3. 法律方法的核心是价值判断

司法过程的本质就是沟通法律规范与案件事实,以形成公正的个案判决。在这一过程中,法官不断地受到既有法律规范的拘束,同时又要致力于实现个案正义,而在这二者产生紧张时尤其需要价值判断出场,因为"价值判断是法官在个案中获至(获致)正义裁判结论所不可或缺的手段"③。故此可以主张:价值判断有可能出现在司法裁判的任何一个阶段。

在疑难案件发生的场合,尤其需要价值判断,这一点已成共识。疑难案件表面上看是语词之争,而实质上是潜藏在法律规定背后的价值分歧,对价值分歧或价值冲突的解决,依赖于法官的价值权衡和判断。至于简单案件是否需要价值判断,存在争议,一种观点认为简单案件的裁判只需要诉诸形式逻辑和规则,另一种观点认为简单案件中价值其实是以一种隐秘或默示的方式在发挥作用。

4. 法律方法的终极目标是实现正义

现代法学方法论的核心问题之一,便在于如何为个案寻求公正的判决。在绝大多数时候法官依法裁判的同时就能实现个案公正,在另一些时候依法裁判与个案公正会发生紧张和冲突,此时需要妥善协调二者的关系。很难设想一种不追求正义的法律方法,就像纳粹时期一些法学家企图利用法律方法将纳粹的意识形态注入法律之中,导致纳粹体制之下的司法官员打着"法律方法"的旗号行各种"不正义之实"。用德国学者默勒斯的话来说,法律方法背负着阻却不正义结论的任务④,与助纣为虐相反,它会成为法律人向邪恶或不正义说不的重要武器。

5. 法律方法是对话性和论证性的学问

法律人思维中最重要的内容之一,就是学会说理和论证,法律方法就是一种面向对话和辩论的学问。所谓对话,就是司法场域中有言说者和听众,二者之间通过对话和商谈实现理性的沟通,在此基础上才能形成理性的决策结果。故而,法律方法训诫法官要公开、如实地陈述决策理由,接受监督和批评。法律越是不清晰和不确定,案件事实越

---

① See Iris van Domselaar, "Moral Quality in Adjudication: On Judicial Virtues and Civic Friendship", 44 *Netherlands Journal of Legal Philosophy* 27 (2015).
② See Raymond Wacks, *Law, Morality, and the Private Domain*, Hong Kong University Press, 2000, pp. 97-98.
③ Meera Matthew, "Relevance of Value Judgment in Law", 14 *National Law School of India Law Review*, (Spr.), 2012.
④ 参见〔德〕托马斯·M.J. 默勒斯:《法学方法论》(第4版),杜志浩译,北京大学出版社2022年版,第58页。

是复杂和疑难,法官肩负的说理和论证的责任就越大。无论是对话,还是说理或论证,本身都是一种对司法专断的有力限制。

## 第二节 法律推理

### 一、法律推理的含义与特点

推理是从已知的前提中推导出未知结论的活动,法律推理(legal reasoning)是指法律实践的参加者从已给法律和个案事实这两种前提中推导出案件结论的活动。从性质上而言,法律推理是运用法律理由证立裁判结论的活动。

法律推理具有以下特点:

1. 法律推理要以法律规范作为前提

与一般的推理活动相比,法律推理的首要特点在于它要受到既有法律规范的拘束。法律规范是法律推理的基本前提,推理者不能直接根据道德或经济等理由展开推理,而必须从法律规定出发。推理者应受法的拘束,这是司法活动"依法"维度的重要内容。动辄逾越法律规定或者以法律之外的理由推理,根本上与司法活动的性质不符合,同时也是违背法治原则的。

2. 法律推理涉及对"法律是什么"的理解

法律推理本是司法或方法论的范畴,解决的问题是如何从法律中推导案件结论。这项活动其实也涉及法概念或法性质论的内容。在有些案件中,推理之前须探明法律规定的内容到底是什么。法律推理分为"关于法律的推理"(reasoning about law)与"根据法律的推理"(reasoning according to law)。前者是指有关法律是什么的推理,后者是指有关法律争议应如何按照法律来解决的推理。简单案件只需要根据法律的推理。在案件发生疑难时,须首先阐明推理所要依据的法律是什么。其实完整的法律推理,应该是"关于法律的推理"与"根据法律的推理"的统一。[1] 法官首先要确定在个案中法律是什么,其次他要探求对个案来说何种裁决是合理的或可欲的,法官应如何得出这样一个结论,需要提供哪些理由来加以证成。

3. 法律推理是一种运用法律理由说理的活动

说理(giving reasons)对司法裁判来说具有构成性意义,法律适用者对为何得出此种结论负有论证责任。可以设想,如果法律适用活动普遍不说理,这会导致一种怎样的

---

[1] See Joseph Raz, "On the Autonomy of Legal Reasoning", 6 *Ratio Juris* 2 (Mar., 1993).

结果？不说理导致的直接结果就是恣意和专断,由于不对外公开决定的理由,决策者可任性地作出自己想要的决定。无论是从法官所扮演的制度性角色,还是从当事人和社会公众对司法及法官的期待来看,为司法决定提供充分的理由是一项极为重要的工作。法律推理不仅是要给出一个法律适用方案,更重要的在于它要给出充分的理由,证成该结论是合法且合理的。

4. 法律推理具有自身的限度

法律推理自主性的范围是有限的,只是一种局部自主性。法律推理在本质上不可避免会卷入道德因素。假设在一些推理中,裁判的依据来源于法律之外的道德原则或理由,这并未从根本上改变法律推理的性质,仍然算得上是法律推理,因为法律推理的客观性与中立性并不要求一定排除诸如道德这种外在标准,而只是限制裁判者任意地援用非法律标准。①可见,一旦在理论上瓦解了法律推理的自主性命题,那么道德因素进入司法裁判的主张便能立得住了。道德权衡必然会影响法律推理,只不过其作用方式不同于规则。可以说,法律推理应同时兼顾形式与实质两个面向,形式面向聚焦形式合法性,着眼于以规则适用为基础的形式推理,而实质面向强调裁判结果的妥当性或可接受性,这就涉及对规则本身的正当性考察和对裁判结果的合理性考察。因此一个完整的法律推理过程,难免会涉及道德权衡的内容,它是规则推理与道德权衡的统一体。

## 二、法律推理的分类

法律推理有着两种相异的进路:一种是形式性进路,它表现为对规则的服从、程序的强调、逻辑的遵守和概念的重视,而对结果的公正性与否不作过多的价值评判,因此本质上拒绝或排斥实质性依据在推理中的运用;另一种是实质性进路,注重实质性依据在推理中的运用,更关注法律背后的立法目的、价值观念和推理结果的正当性。形式推理与实质推理并非截然相对的两个事物,正如阿蒂亚和萨默斯所说,"由此展开的推理所具有的全部说服力,基本上来源于两种说服力之间的结合,其一是包含于规则或其他相关社会事实中的特定实质性依据所具有的说服力,其二是以法治、效率等名义而成为可行的第二层次的实质推理所具有的说服力"②。

表 16-1　法律推理的类型

| 权威形式推理 | 以内容辅助渊源的推理 | 以渊源辅助内容的推理 | 纯粹实质推理 |
| --- | --- | --- | --- |
| 形式主义推理 | 形式推理 | 实质推理 | 实质主义推理 |
| 最高形式性 | 较高形式性 | 较高实质性 | 最高实质性 |

上述表格中这种划分的另一条依据乃是推理之形式化的高低,从左至右法律推理

---

① 参见陈坤:《法律推理中的独特思维倾向及其可能的误区》,载《现代法学》2020 年第 1 期。
② 〔英〕P.S. 阿蒂亚、〔美〕R.S. 萨默斯:《英美法中的形式与实质——法律推理、法律理论和法律制度的比较研究》,金敏、陈林林、王笑虹译,中国政法大学出版社 2005 年版,第 24 页。

的形式性越来越低、实质性越来越高。

第一,权威形式性推理是一种形式化最高的推理,它拒绝任何实质性的价值判断,严格地依靠逻辑关系来推导出结论,这大致相当于形式主义的推理,是形式推理的一种异化形式。

第二,以内容辅助渊源的推理,它具有较高的形式性,基本等同于我们一般意义上的形式推理,但它并不必然拒斥作为推理依据之内容正确性的考量,即使是涵摄的过程也总是包含着评价的因素在内。

第三,以渊源辅助内容的推理,虽然整体上归属于实质推理的类别之内,但也需要依靠逻辑作用的发挥,具有一种较低的形式性。

第四,纯粹实质推理,属于一种实质推理的异化形式,完全否认逻辑在推理过程中的任何作用,强调对作为实质依据的道德、经济、正义等的诉求,法律现实主义者或法律怀疑论者大都秉持这样的推理理论。

形式性法律推理与实质性法律推理相比,两者的区别是比较明显的,大致包括以下几个方面:

(1) 两者适用范围不同。形式性法律推理主要适用于简单或常规案件,而实质性法律推理主要用于解决疑难案件,有时这两种方法可以结合在一起使用。

(2) 灵活性程度不同。形式性法律推理适用相对机械,依赖于一种形式逻辑。实质推理的核心是价值判断和价值权衡,适用起来更加灵活。

(3) 追求的价值不同。形式性推理强调对规则的遵守和服从,落实的是一种形式正义。实质推理注重对法律规范背后目的和价值的挖掘,追求的是实质正义。

(4) 具体内容不同。形式性推理最主要的形式是演绎推理或涵摄方法,直接将法律规范与案件事实对应以得出结论。实质推理的常见形式是类比推理,通过相似性的判断,将先例中的规则适用于类似案件之中。

三、演绎推理

演绎推理在法学方法中表现为司法三段论推理,是法律方法中最常规的内容。它以既有的法律规则作为出发点,通过涵摄技术将案件事实置于特定规则之下,进而演绎推导出结论。这是一种正统的"基于规则的推理"模式,离开了法律规则这一大前提,整个推理就无法进行下去。

尽管这一推理模式在后来受到了来自类比推理、等置理论以及法律论证等方法的挑战,但是如果离开了规则、抛弃了逻辑,这后面的三种推理方法均难以自足。麦考密克极力捍卫三段论的基础性地位:"有些人极力否认法律推理从来都是严格的演绎性活动,如果这种否定试图走向极端,认为法律推理从来不是或者根本不可能是以演绎推理的形式而存在,那么这种质疑就是大错特错的。"[1]

---

[1] Neil MacCormick, *Legal Reasoning and Legal Theory*, Oxford University Press, 1978, p. 19.

演绎推理的基本构造如下：

T→R(对规则 T 的每个事例均可以产生法律后果 R)
S＝T(因为事实 S 是 T 的一个事例)
S→R(所以对于 S 也可以推导出法律后果 R)

根据这一模式，全部的司法活动就集中于为法律推论准备大、小前提，结论的得出不过是一种涵摄技术的运用，并且这一过程就是一种从"规则→后果"的顺向推理。

演绎推理的核心环节有二：一是找法；二是将案件事实与法律规范进行等置，以推导出案件的结论。

演绎推理主要适用于简单案件，具体包括两种情形：

1. 案件事实与规范事实完全对应

这是最为理想的情形，案件事实恰好与法律规范的要件事实完全一致，此时案件事实构成了规范事实的一个标准实例，可将规范事实所蕴含的后果转推给该争议案件。

以交通事故为例，《道路交通安全法》第 76 条第 1 款第 2 项及第 2 款规定："机动车与非机动车驾驶人、行人之间发生交通事故，非机动车驾驶人、行人没有过错的，由机动车一方承担赔偿责任；有证据证明非机动车驾驶人、行人有过错的，根据过错程度适当减轻机动车一方的赔偿责任；机动车一方没有过错的，承担不超过百分之十的赔偿责任。交通事故的损失是由非机动车驾驶人、行人故意碰撞机动车造成的，机动车一方不承担赔偿责任。"该条基本划清了机动车与行人发生交通事故时的责任分担规则，我们来通过一个简单的案例加以说明。

被告王某驾驶某某号小型客车沿阳枫线由阳新县大桥头往枫林镇方向行驶，该车行驶至阳新县某路路段时，与原告何某所骑自行车发生碰撞，造成何某受伤、两车不同程度受损的交通事故。阳新县公安局交警大队作出《道路交通事故认定书》，认定王某负本次事故的全部责任，何某无责任。原告受伤后住院治疗，花用医疗费 55 037.77 元。经司法鉴定，原告构成十级伤残。被告王某驾驶的小型客车在被告平安财保广东分公司处购买了交强险和商业三者险。被告王某支付原告医药费、残疾器具辅助费、鉴定费，但其他各项损失均未赔偿。① 原告多次与被告协商无果，遂诉至法院。

该案事实清晰、明确，在交通事故中原告的生命健康权遭受侵害，且自身无过错，二被告对损害结果的产生负有过错，应对原告的损害承担全部侵权责任。法院依照《道路交通安全法》和《侵权责任法》之规定，即可直接认定被告的侵权责任，相关赔偿项目与数额可以依法和酌情认定。

2. 案件事实与规范事实基本对应

案件事实与规范事实虽然并不是完全对应，但整体上呈现出了基本对应的关系，"它意谓规范总体明确，但存在一定扩张或缩小及自由裁量的例外，如在规范中有较为清楚定义的概念(武器、法人)、幅度规定(从重从轻减轻)、程度规定(如重伤的法定标

---

① 参见湖北省阳新县人民法院(2020)鄂 0222 民初 3984 号民事判决书。

准)、明文示例事项(如合同实质性变更)"①。这类案件中,法律规定个别内容存在一定弹性空间,但通过形式解释(扩大或限缩)便可澄清文义,案件的法律适用方案相对明确,对依靠演绎推理得出的结论通常并不会有太大争议。

我们通常认为交通事故要发生直接的冲突或碰撞,从而造成相应的损害。然而,实践中可能会发生一些特殊的情况,事故双方并未发生直接接触,但却造成了非机动车一方的人身伤害。我们接下来看看这样一个案例:

赵某在驾驶货车的途中,因故障抛锚停放在道路上,赵某遂在车后方的道路上摆放了石头等物品作为警示设施,但在车辆驶离时并未及时清理障碍物。翁某在未取得机动车驾驶证的情况下驾驶无号牌轻便二轮摩托车途经该路段,受障碍物影响而发生翻车,造成翁某受伤和车辆损坏的交通事故。事后,交警部门认定翁某未取得机动车驾驶证、夜间行驶未采取有效避让措施,承担本次事故的主要责任;赵某未及时清理摆放在道路上的障碍物,承担事故的次要责任。翁某向浙江省永嘉县人民法院提起诉讼。②

显而易见,该案的案件事实与规范事实呈现出了些微的紧张,只能勉强算得上是基本适应。案件争议焦点在于,本案的事故是否属于交通事故,如果属于则适用相关规定来解决侵权赔偿问题。根据《道路交通安全法》第119条第5项的规定,交通事故是指车辆在道路上因过错或者意外造成的人身伤亡或财产损失的事件。赵某在道路上摆放石头等障碍物的行为与其驾驶的车辆直接相关,也是造成翁某受到伤害的次要原因。根据2012年《最高人民法院关于审理道路交通事故损害赔偿案件适用法律若干问题的解释》第10条的规定,因在道路上堆放、倾倒、遗撒物品等妨碍通行的行为,导致交通事故造成损害,当事人请求行为人承担赔偿责任的,人民法院应予支持。2020年修订该司法解释时删除了这一条,但《民法典》中有类似规定。《民法典》第1256条规定:"在公共道路上堆放、倾倒、遗撒妨碍通行的物品造成他人损害的,由行为人承担侵权责任。公共道路管理人不能证明已经尽到清理、防护、警示等义务的,应当承担相应的责任。"据此,法官可以通过解释将这种虽未和车辆直接接触但却造成客观伤害的事件也涵摄至既有法律调整的交通事故之内。

### 四、类比推理

类比推理是一种法官经常使用的法律方法,它强调类似的案件要得到类似的判决,对于实现民主和法治具有重大的价值,对于解决疑难案件和初现案件也颇有助益。类比推理在大陆法系国家表现为依据规则的类推适用,而在英美法系国家则与遵循先例原则联系在一起。

1. 为何会产生类比推理

类比推理的出现,意味着传统的演绎推理不能满足司法裁判的需要,出现了一些无

---

① 郑永流:《法律判断形成的模式》,载《法学研究》2004年第1期。
② 参见浙江省温州市中级人民法院(2018)浙03民终2776号民事判决书。

法直接适用规则的情况。整体来看,类比推理的存在主要有这样几点理由:

第一,规则存在潜在包含的问题。规则的普遍性是存在例外的,一般会展现出"过度包含"(over-inclusiveness)和"潜在包含"(under-inclusiveness)两种情形。它们均导致了规则所指示的结果与规则背后的正当化理由所指示的结果产生了冲突,前者是指一般情况下规则的直接适用会带来其背后正当化理由所支持或反对的结果,但在某些情形中不会出现这种结果,过度包含可通过限缩解释来解决;后者是指规则背后的正当化理由所支持或反对的结果无法通过规则的直接适用得出,只有潜在包含才有运用类比推理的需要。

第二,形式推理的逻辑有限性。人的有限理性、形式逻辑的有限性和社会生活事实的变幻无穷,使得这一推理在特定情形或案件中无法奏效。形式推理最大的问题在于有可能导致推理结论的不确定性或不公正性。所谓不确定性是指法律存在不完备的品性,使得通过一个法律规定有时会推出复数的结论;所谓不公正性是指形式推理过度依赖条文式的法律规则,有时会推出一个合乎法律规定但明显有悖常识、经验和原则的结论,或者说这一推论在某种意义上是合法但不合理的。类比推理既不同于从一般到特殊的演绎推理,也不同于从特殊到一般的归纳推理,而是一种融合了演绎和归纳色彩在内的独立的实质推理形式。类比推理就其在法律方法中的地位而言,并不具有形式推理那样的普遍性,而只是一种特殊的、辅助的和补充的方法。

第三,"类似案件应获类似判决"的同等正义原则。法谚有云:"在同一理由应适用于同一法律下,类似的事项要得到类似的判决",这也是法律安定性的必然要求。如果一条法律规定不能够为当事人带来任何稳定的预期,那么人们必将无法以此来安排自己的行为,其权利义务一旦发生争议也必将处于一种不确定的状态之中。"同案应当同判"的形式正义原则要求法院和法官一方面严格遵守法律的规定,另一方面通过案例这一法治的细胞来实现形式正义,使得裁判结论能够最大限度地与既往类似案件相融贯。

2. 类比推理的一般模式

由于世界上并不存在任何两个完全一致的事物,所以区分相似性就显得不仅必要而且更加有意义了。现有关于类比推理的模式有多种,为我们熟悉的有:

(1) 孙斯坦的五段论。①

第一,事实模式 A(来源案件)有特征 X,Y 和 Z;

第二,事实模式 B(目标案件)有特征 X,Y 和 M,或者 X,Y,Z 和 M;

第三,A 在法律中是以某种方式处理的;

第四,在思考 A、B 及其相互关系的过程中建立或发现了一些能解释为何 A 那样处理的原则;

第五,因为 B 与 A 相似,所以 B 也应得到同样的处理。

---

① 参见〔美〕凯斯·R. 孙斯坦:《法律推理与政治冲突》,金朝武、胡爱平、高建勋译,法律出版社 2004 年版,第 77 页。

（2）伯顿的三部曲。①

第一，识别一个权威的基点或判例；

第二，在判例和一个问题案件间识别事实上的相同点或不同点；

第三，判断是事实上的相同点还是不同点更为重要，并以此决定是区别先例还是依照判例。

（3）布鲁尔的"A-W-R"模式。②

第一，从所选择的先例中溯因推理出一个规则；

第二，通过反思均衡来确证或否证由类比保证的规则；

第三，将由类比保证的规则通过演绎适用到目标案件中去。

不难看出，在上述三种类比推理的模式中，至关重要的一步就是判断先例案件与当前争议案件之间存在相似性，离开了这一环节，整个推理就无法继续进行下去。

通过比较研究，我们可以提出类比推理的一般模式，大致包括三个步骤：

第一步，寻找出一个合适的基点案件并从中提炼出一个规则或原则，一般而言对该规则或原则表述得愈具体，其能够类推适用的盖然性也就愈高，反之亦然；

第二步，通过区分技术寻找先例案件与当前争议案件之间的相关相似性与不同点，并通过比较来判断前述相似性与不同点何者更为重要，这是类比推理的核心；

第三步，根据同等对待的原则，将第一步中抽取的规则或原则类推适用到当前争议案件中。

3. 类比推理的核心环节

找到了一个先例案件或基点案件只是完成了类比推理的第一步，接下来法官便需要从先例中归纳或抽象出一个规则或原则，也即通常所说的判决理由或先例理由。为了决定是否将其适用于眼前的争议案件，就需要区分先例案件与争议案件的相似点与不同点，这种区分技术的使用在某种程度上构成了类比推理成败的关键。

类比推理最为核心的步骤在于区分先例与当前争议案件之间的相似点与不同点，这里需要注意一个更为细致的划分，亦即"相似点"还需进一步细分为"相关相似点"与"非相关相似点"。由于非相关相似点对于判断两个案件在实质上是否相似并无助益，故而它并不妨碍类比推理的运用，就此而言在类比推理的过程中可以过滤掉这部分事实要素，从而减轻案件比较的负担，把大量的精力投入对相关相似点的比较。

所谓不同点，是指两个案件彼此不为对方所共享的那些属性。对于不同点同样可以再细分为"正面不同点"和"负面不同点"，其中后者在对案件的实质区分上同样无太大意义，因此类比推理过程中只需重点甄选正面不同点。因而类比推理的过程就可以进一步精细化为：其一，识别出进行推理的基点情况；其二，描述基点情况与问题情况之

---

① 参见〔美〕史蒂文·J. 伯顿：《法律和法律推理导论》，张志铭、解兴权译，中国政法大学出版社1998年版，第49页。

② See Scott Brewer, "Exemplary Reasoning: Semantics, Pragmatics, and the Rational Force of Legal Argument by Analogy", 109 *Harvard Law Review* 923 (Mar., 1996).

间的相似点和不同点;其三,判断这些事实上的相似点或不同点何者更为重要。对类比推理来说,是否能够准确地区分出先例案件与争议案件在事实上的相关相似点与正面不同点,在很大程度上决定着类比推理的方向,也关系到推理结论的妥当性。

以"亚当斯诉新泽西州轮船公司案"(以下简称"亚当斯案")为例,该案事实大致如下:亚当斯所携带的个人财物在新泽西州轮船公司所经营的轮船包舱中被窃,而恰巧轮船门窗当时都是紧闭的,因此无须证明轮船公司对此存在过失,原告亚当斯一纸诉状将被告新泽西州轮船公司诉至法院,要求被告承担赔偿责任。[①]该案的判决理由是:轮船公司的责任类似于普通法中旅店经营者的责任,因此无须证明轮船公司方的过失,被告应对原告在轮船包舱中所丢失的财物承担责任。

判断先例案件与争议案件之间是否相似,要深入到判例的内部结构之中,仔细比对相关事实。

在亚当斯案中,我们可以找到两个与之类似的先例,一个是火车卧铺车厢案,另一个是旅馆案。考虑到当前争议案件的争点在于"在无法证明轮船公司存在过失的情况下其是否需要对顾客的财物损失承担责任",故而与此相关的相似点有:

(1)顾客的财物在享受服务的过程中受到损失;

(2)轮船包厢、旅店以及火车卧铺车厢均为旅客提供服务,而且此种服务是有偿的;

(3)公共服务的经营者基于契约和信任关系需要对顾客负担安全保障的义务。

对比和区分之下,两案的不同点在于:

(1)服务的提供主体不尽相同;

(2)提供的具体服务有明显差异;

(3)服务的价格有较大悬殊。

如果经过比较和分析,认为相似点在实质上对于两个案件而言更为重要,那么就作出将先例规则类推适用于争议案件的决定;相反,如果认为不同点在实质上对于两个案件更为重要,就要作出放弃将先例规则类推适用于争议案件的决定。

判断重要程度仍然是一项十分艰难而棘手的工作,在亚当斯案中,我们已区分出了相关相似点和正面不同点,接下来的工作便是判断何者更为重要。由于火车卧铺案的判决理由是"火车经营者只对开放式卧铺车厢乘客的财物损失承担过错赔偿责任",旅馆案的判决理由是"旅馆经营者要对顾客的财物损失承担严格赔偿责任",两个先例判决理由的最大区别在于是否需要以经营者的过失为必要要件,因此亚当斯案的关键就变成了轮船包舱更像是旅馆包房还是火车开放式卧铺车厢。

从提供的服务来看,轮船和火车更加接近,因为它们都是一种交通运输工具,都是将顾客从一个地点运送到另一个地点,但是这并不构成类比推理的理由,不要忘记亚当斯案的核心争点在于在无法证明轮船公司存在过失的情况下是否判令其承担赔偿义

---

[①] See Adams v. New Jersey Steamboat Co., 151 N.Y. 163 (1896).

务。以此来再次审视争议案件与两个先例案件的相似点和不同点,法官们发现亚当斯案和旅馆案更加相似,因为轮船包舱和旅馆包房不仅在构造上类似,同时由于这是一种不同于一般服务的高档服务,基于特殊的信任关系,经营者负有一种高度注意义务,因此要对顾客的损失承担一种严格的责任。基于这种判断和考量,法院认为"应当依据旅馆案的判决理由来类推裁决本案,一个受损的事实就足以判令被告对原告的损失承担赔偿责任"。

## 第三节　法律解释

法律解释是实践中最为常用的法律方法,它是运用一定的解释方法澄清法律规定的含义,消除法律适用过程中的模糊和不确定性,同时有助于提升法律的安定性和预期。我们需要了解法律解释的范围、法律解释的常用方法以及法律解释的限度。实践中应规范地运用法律解释,充分发挥其在解决复杂疑难案件方面的重要功用。

### 一、法律解释释义

**(一) 法律解释的概念**

自然科学领域中的"说明"(explanation)侧重于描述,旨在解释事物之间的因果性联系。人文社科领域中的"解释"(interpretation)是一种意义探寻的活动,意在探求某个对象文本的意义。法律解释,是指有关的组织或个人阐明法律规定含义的活动。

**(二) 法律解释的特征**

与一般的解释活动相比,法律解释具有以下特征:

1. 法律解释的对象是法律文本

在法律适用的过程中,由于存在法律规定不清晰或不确定,才出现了法律解释的需求。任何解释活动都必须有对象,法律解释的对象是法律文本,包括成文法与判例两种重要形式。成文法规范中的概念、规则及原则要素都在解释范围之内,而在解释判例时重点在于塑造判例规则的内容和意义。除了法律文本之外,法律适用者通常还会对案件事实进行解释,从法律的角度评价事实,并赋予事实以法律意义。

2. 法律解释具有实践品性

法律解释是在法律适用活动中进行的,它与个案裁判密切联系在一起。如果不将法律适用于具体个案中,法律规范自身存在的问题就无法展现出来。法律自身具有不完备的特点,这表现为法律有时是模糊的和不确定的,法律的规定有时滞后于社会的发展,还有一些时候法律对某些新的问题缺乏调整,出现了所谓的法律空缺状态,此时为了将法律规范与个案事实对应起来,就需要通过解释活动来弥合这种紧张或规范缝隙。法律解释同时也离开了个案事实,解释的直接目的是为个案寻求解决方案。

3. 法律解释体现出鲜明的价值取向性

从法律产生的角度来看,它本身就是在立法者之间形成的一种价值共识,凝结了对于特定问题的法律立场、价值和态度。除了直接表达价值的法律原则之外,法律条文背后也有规范目的。可以说,除了纯粹描述性的概念之外,法律与目的和价值是紧密联系在一起的。法律解释首先要尊重立法者的价值安排,立法者的价值安排形塑了法律秩序。可以说,立法者的价值判断是初次判断,而从司法中的价值出发进行判断则是二次判断。由于立法者的价值判断具有一般性或概括性,它在具体的个案当中往往难以发挥作用,司法者在解释法律的时候原则上应以立法者固定的价值判断为基础,但在立法所开放的判断空间里,法官结合具体情境得以进行司法上的价值判断,这种价值判断既可能是对立法者的价值判断的重新展现,也可能构成对立法者价值判断的冲击、补充和完善。但无论怎样,这都不意味着法官可以凭其所好随意地进行价值判断。

4. 法律解释受解释学循环的制约

在解释活动中存在一个有意思的现象,对整体的解释依赖对各部分的关照,而反过来对部分的解释又要回到整体中,如此便形成了一个解释学循环。法律解释活动,同样也难以走出这样一个怪圈。除此之外,我们用作解释根据的东西,本身需要再解释,而再解释也需要解释,这样的话解释活动将永无终止之日。法律解释活动本来是要澄清法律的含义,让法律规范的内容尽可能具体和确定,受解释学循环的影响,法律解释最终使得法律越来越不确定,这会让法律适用活动变得沉重不堪。

二、 法律解释的分类

依照法律解释主体及效力的不同,可分为正式解释与非正式解释。

1. 正式解释

也称有权解释或法定解释,专指特定的国家机关、组织或其他有解释权的主体对法律所作的解释,该解释具有法律上的约束力。在我国,根据解释主体的不同,法律解释又分为立法解释、行政解释与司法解释。

我国现行法律解释体制是由《立法法》和《全国人民代表大会常务委员会关于加强法律解释工作的决议》所确立的。全国人大常委会行使立法解释权,国务院行使行政解释权,最高人民法院和最高人民检察院行使司法解释权。

《立法法》第48条规定,法律解释权属于全国人大常委会。当出现两种情况时,可行使法律解释权:(1)法律的规定需要进一步明确具体含义的;(2)法律制定后出现新的情况,需要明确适用法律依据的。这种解释是一种典型的有权解释,全国人大常委会的法律解释与法律具有同等效力。

《全国人民代表大会常务委员会关于加强法律解释工作的决议》对法律解释权限的分配作出了规定:

(1) 凡关于法律、法令条文本身需要进一步明确界限或作补充规定的,由全国人大常委会进行解释或用法令加以规定。

(2) 凡属于法院审判工作中具体应用法律、法令的问题,由最高人民法院进行解释。凡属于检察院检察工作中具体应用法律、法令的问题,由最高人民检察院进行解释。最高人民法院和最高人民检察院的解释如果有原则性的分歧,报请全国人大常委会解释或决定。

(3) 不属于审判和检察工作中的其他法律、法令如何具体应用的问题,由国务院及主管部门进行解释。

(4) 凡属于地方性法规条文本身需要进一步明确界限或作补充规定的,由制定法规的省、自治区、直辖市人大常委会进行解释或作出规定。凡属于地方性法规如何具体应用的问题,由省、自治区、直辖市人民政府主管部门进行解释。

有权解释只能由享有解释权的主体依照法定权限和程序进行,其他任何组织和个人均不得从事有权解释活动。

2. 非正式解释

非正式解释,也称无权解释,是指享有法定解释权的主体之外的其他组织或个人所进行的解释活动,该类解释的特点在于其不产生法律上的拘束力。非正式解释又具体包括学理解释和任意解释。

学理解释,是指学者或法学研究机构及其人员对法律所作的学术上的解释。比如,学者在各类教科书中对法律条文的说明,属于典型的学理解释。

任意解释,指在司法活动中,任何组织或个人根据现实需要,对法律所作的解释或说明。比如,律师在代理活动中,从自己的角度对争议的法律规范所作的解释就是任意解释。

三、法律解释的方法

法律解释通常遵循一定的方法或标准,法律解释方法的选取是否得当在很大程度上决定着解释结果的合理性。经典的法律解释理论主要有文义解释、历史解释、体系解释和目的解释四种常见的方法。① 四种解释方法体现的价值侧重不同,文义解释体现的是安定性价值,历史解释代表了民主价值,目的解释追求的是实质正义价值,体系解释彰显的是融贯性价值。

---

① 参见〔德〕萨维尼:《当代罗马法体系 I 法律渊源·制定法解释·法律关系》,朱虎译,中国法制出版社2010年版,第166—167页。

1. 文义解释

文义解释，又称语法解释、文理解释或文法解释。在所有的解释方法中，文义解释是最基础性的，也是司法实践中广泛运用的方法。顾名思义，文义解释是从表面文法结构去解读法律规定的字面含义，"通过规范所使用的文字的解析，以正确理解法律的意涵。如果没有立法定义，文义解释是法律解释首先必须使用的方法，但并非唯一之方法"①。

语词具有一定的"文义空间"，在此空间之内，法官可以探求在具体个案中应赋予法律规定何种恰当的文义。比如《民法典》第26条规定："父母对未成年子女负有抚养、教育和保护的义务。成年子女对父母负有赡养、扶助和保护的义务。"如何理解这里的"父母"和"子女"呢？从最直观的字面含义来看，"父母"和"子女"一般是指具有血缘关系的"父母"和"子女"。但法律上的"父母"和"子女"的含义边界更宽泛，除了自然血缘意义上的"父母"和"子女"之外，还包括具有拟制血亲关系的"父母"和"子女"。故而，此处按照文义可以解释为包括具有自然和拟制血缘关系的"父母"和"子女"。

在文义解释中，根据解释的尺度的宽窄，可进一步区分为扩大解释、限缩解释和字面解释。在不同的情形下，根据具体的需要，有时需要对相关规定用语的含义作出限制扩大或限缩。

（1）扩大解释。作出比字面含义更宽的解释是扩大解释，上面例子中所谈及的"父母"和"子女"的例子属于典型的扩大解释。

（2）限缩解释。作出比字面含义更窄的解释属于限缩解释，此种解释实际上限制了相关规定的适用范围。《刑法》第111条规定："为境外的机构、组织、人员窃取、刺探、收买、非法提供国家秘密或者情报的，处五年以上十年以下有期徒刑……"司法解释将这里的"情报"解释为"关系国家安全和利益、尚未公开或者依照有关规定不应公开的事项"，这一解释对"情报"作了多重限定，属于限缩解释。

（3）字面解释。这也是文义解释中最经常运用的方法，指严格按照字面含义解释，既不扩大也不限缩。

2. 历史解释

法律是一种历史性的产物，无论是制定法还是判例均是如此。法律从其制定出来的那一刻起，就已成为一种历史性的存在。历史解释就是回顾立法的历史背景，分析当时的社会环境和背景资料，对法律的含义进行阐明的活动。历史解释总体上看是一种面向过去的解释方法。可供参考的历史性因素有很多，比如立法当时的讨论记录、社会公共政策、政治文化环境、经济发展水平等。

历史解释也有主客观之别，"主观主义者必须处理（法律）产生的历史。为了认识立法者之所想，我们必须评价立法资料。但是，客观主义者也承认产生历史这种解释准

---

① 李惠宗：《法学方法论》（第3版），新学林出版有限公司2018年版，第274页。

据。其间的区别在于,主观主义者希望认识立法者的意志并且认为受其约束;客观主义者尽管同样希望对立法者的意志加以认识,但却认为其不具有约束力"①。一般在文义解释难以满足客观实践需求时,裁判者便会转向历史解释。

法律要尽可能确定或稳定,但又不能一成不变。随着政治、社会、经济和文化的发展,法律也在不断地变迁。在这样一个动态发展的过程中,有的法律不合时宜而逐渐淡出历史舞台,同时又有一些新的法律不断被制定出来。因此,在解释法律时,参考历史资料和社会背景,可以揭示立法当时对法律内容的记载,有助于把握在当下该法律规范是否要继续沿用立法当时的含义。

3. 体系解释

在相继使用文义解释、历史解释以及目的解释仍然不能解决问题的情况下,法官还可以使用体系解释,这也是法律解释中常用的一种方法。任何法律规范都不是孤立地存在的,两个以上的规范因为某种亲缘关系彼此联系就能型构一个规范体系。当我们解释一个规范时,应将规范放置于某个部门法乃至整个法体系的脉络当中,注意该规范与其他规范之间的互动、牵制关系,尽可能作出一种协调、一致的解释,用专业性的术语来说,就是要做到解释的融贯性(coherence)。

体系的原本意义,就是要协调一致、消除冲突和矛盾。如杨仁寿所言,"利用体系解释方法,使法条与法条之间,法条前后段间,以及法条内各项、款间,相互补充其意义,组成一完全的规定,确具意义。换言之,就各个法条观之,其规定或不完整,或彼此矛盾,而有所谓'不完全性'或'体系违反',惟透过此项解释方法,均不难使之完整顺畅而无冲突,此乃属体系解释之功能"②。当然,体系解释有时会和文义、历史和目的解释等方法结合在一起使用。

4. 目的解释

法律规范背后通常会蕴含一定的目的,法律条文是表达目的的形式载体,而规范目的则是法律条文的实质内容。有时数个法律条文表达同一个目的,有时一个条文表达多个目的。目的解释显然是以探求规范背后的目的为取向的解释,相比于文义、历史解释,它的实质主义色彩要更加浓厚一些。

目的解释在何时是必要的呢?对此学界有过不少争论:有论者认为,对于任何规范的解释都离不开对其背后目的的探究,换言之,所有法律解释在一定意义上都是目的解释③;另一种观点认为解释本身有限度,并不是在任何时候都需要解释,通常只有在法律的理解与适用存在疑难的情况下才有必要开启解释活动④,而且目的解释的使用通

---

① 〔德〕罗尔夫·旺克:《法律解释(第 6 版)》,蒋毅、季红明译,北京大学出版社 2020 年版,第 112 页。
② 杨仁寿:《法学方法论》(第 2 版),中国政法大学出版社 2013 年版,第 143 页。
③ See Lon L. Fuller, "Positivism and Fidelity to Law: A Reply to Professor Hart", 71 *Harvard Law Review* 630 (Feb., 1958).
④ 参见〔美〕安德雷·马默主编:《法律与解释:法哲学论文集》,张卓明等译,法律出版社 2006 年版,第 3—40 页。

常要在文义解释或历史解释之后。此种解释方法序位的安排,主要是考虑到要尽可能保障法律的稳定性和可预期性。

立法一旦完成便已滞后,随着社会生活的变迁,需要对法律规范再进行解释。此时,应探寻立法者的目的,还是发掘其在当下社会中所拥有的客观目的,在法律解释理论中历来是有争议的,由此形成了主观说和客观说两种立场,即"要么是询问历史上立法者在其法律中以什么样的法律政策目的为基础('主观目的方法'),要么是以'客观目的'的方式,探求此时此地的,并且从现今的评价视角——首先是在当前的法律状况中——适当地赋予法律的规范目的"①。

(1) 主观目的解释论。主张探求历史上立法者的意志,探求历史上立法者的目的,这与历史解释的主观论有些接近。② 主观论者认为探求立法原意是对过去立法的尊重,然而却遭遇不少难题,因为当前争议的问题是立法者当初所预料不到的,他如果预料到该会作出何种判断? 一个更根本的问题,谁是立法者? 立法者的意图又如何确定? 是立法者群体中的某个人或某些人的意图,还是所有意图的加权和平均?③ 主观论并不能特别好地解决这些难题,使得主观论难以获得较大的说服力。

(2) 客观目的解释论。相比之下,客观论把立法者与立法文本剥离开,赋予文本独立的生命,就像撰写连环小说一样,立法者在写完小说之后由法官按照自己的理解续写,寻找法律文本在当下新的客观形势下所可能具有的真正含义。在当代的法律解释理论中,客观论立场更胜一筹,因为灵活和合理而取得了较多的支持。客观论更符合实践的需求,法律毕竟要运用于当下的法律实践。社会在发展,法律自然要与时俱进,解释者须根据变迁了的社会情势赋予法律以新的内容和意义。

### 四、法律解释的限度

法律解释的界限指向了解释的范围,关系到法律解释在司法裁判过程中占据何种地位。有两种相对极端的观点:一种观点认为法律推理就是适用规则的活动,规则无须解释便可径直适用,这完全否定了解释的可能和地位;另一种观点则主张法律的每一次适用都需要解释,法律适用和法律解释是一体两面的,这过分夸大了法律解释的范围与限度,容易走向一种泛解释论。

法律并不总是不确定的,只有在法律不确定时,才会和案件事实之间出现断裂或鸿沟,弥合此一断裂或鸿沟才需要解释性活动。法言云:规则清晰之时即为解释终止之日。可以说,在法律规则能够直接得到遵守或适用时,案件本身或案件相关规则是清晰的,"在普通案件范围内,当一条法律规则在实践中可以指导法律判决时,这一规则就是

---

① 〔奥〕恩斯特·A.克莱默:《法律方法论》,周万里译,法律出版社2019年版,第120页。
② 参见焦宝乾:《历史解释与目的解释的区分难题及其破解》,载《法商研究》2021年第5期。
③ See Larry Alexander, Emily Sherwin, *Advance Introduction to Legal Reasoning*, Edward Elgar Publishing, 2021, pp. 30-44.

清晰的或明确的,相应的,如果在实践中适用时出现了重大分歧,它就是不确定的"①。只有在规则的适用存在争议时,才需要法律解释。解释应该用在真正需要它的地方,即在案件发生真正疑难或不确定的地方,解释才需要登场。

伴随着法学领域出现的"解释学转向",法律中的理解与解释之间的界限也变得愈加地模糊不清了。想要理解一种法律实践,或者想要理解某个特定法律规范的意旨,最好的办法莫过于去解释它,因此出现了一种十分值得注意的现象,即一些法律中解释理论的倡导者主张"所有的理解都是解释"或者"理解就是解释,解释就是理解"。我们把这种解释性观点或立场称为"普遍解释""过度解释"或"泛解释论",其问题在于僭越了解释的范围。

关于"法学中的普遍解释主义",德沃金的建构性解释理论就是一个典型的代表。在德沃金看来,"法律是什么"并不是一个简单的分析性或描述性命题,而一直是一个包括道德考虑在内的评价性命题。换言之,一个法律命题的真假并不取决于社会事实,相反它是由道德评价所决定的。因此,法学不再是一种纯粹的描述性学问,而是一种面向政治评价和道德评价的规范性学问。相应的,法律实践也是一种必然包含规范性判断与评价的实践。德沃金认为传统的法律实证主义是一种被"语义学之刺"所刺到的理论,在此基础上他提出了一个雄心勃勃的命题,即认为法律是一种解释性的概念,法律实践也是一种解释性的实践,任何对于法律的理解都离不开对法律的解释。

普遍解释主义理论积极地肯定了解释在法律中所应发挥的重要作用,在人们对于法律的内容和含义出现分歧时,无疑是需要对法律进行解释的;但与此同时,普遍解释主义似乎走得有点过远了,它把解释的限度无限制地推向了一个极端,将一切对于法律实践所做的理解和说明都看作解释,这一点是不足取的。事实上,学界对于这种普遍解释主义的现象也给予了警惕,在文学领域中学者们围绕着"解释"与"过度解释"曾展开过激烈的争论,不少学者试图为一种"适度的解释理论"和"有限的解释理论"进行辩护。法律学者同样也从各种不同的角度对普遍解释主义进行了批评。总的来说,对这种理论的反对呼声要远远强于支持声。

一个最为常见的批评在于,普遍解释主义理论与真实的法律实践并不相符。实践中,人们之所以需要对法律进行解释,是因为人们对于法律的含义存在着实质性的分歧,需要运用解释的技术和方法来寻求答案。可以说,在大多数情形中,成文法文本的含义都是清晰的,不仅对法官来说是这样,而且对争讼案件的当事人、代理律师以及其他法律人而言同样也是如此,他们无可争辩地都同意那个法律文本的表面(字面)含义就是该法律的"真实的"含义。对于这种一眼看去就理解了法律之内容或意涵的情形,是否还有必要再进一步对其施加解释呢?答案是否定的。这主要有两个方面的原因:其一,法律解释不是任意启动的,它需要有一定的前提,比如说只有在法律不清楚或不确定时解释才有必要。简言之,解释的启动需要一定的"门槛条件",含义清晰的法律文

---

① 〔美〕安德雷·马默主编:《法律与解释:法哲学论文集》,张卓明等译,法律出版社2006年版,第47—48页。

本并没有通过门槛条件的测试,因此不能进入解释的范围。其二,如果人们对法律文本之内容已经达成共识,再允许对其进行解释有可能制造新的分歧,而且把简单问题复杂化的做法也不符合经济效益的原则。

普遍的解释主义会陷入一种无穷循环倒退的解释困境。假定对一个法律文本 X 的解释是 Y,作为解释的结果 Y 本身也需要解释,依此递推永远没有结束对法律进行解释的尽头。因此,对于那个法律文本的真正含义也就一直处于一种难以确定的状态中。哈特注意到了这一点,他说运用解释的方法和技术虽然可以减少法律的不确定,但是却无法彻底消除这种不确定的现象。原因在于解释规则本身就是指导我们使用语言的一般化规则,而它所用的一般性术语自身也需要解释。①解释的目标在于解决分歧、尽早确定法律文本的含义,而普遍解释主义显然在一定程度上难以实现这一目标。与此相关,如果对于法律文本采取一种普遍解释主义的态度,那么不同的解释者针对同一法律文本基于自己特有的知识背景、关注重点、法律素养往往会给出不同的解释,这至少对于含义本来就清楚、确定的法律文本来说是难以接受的。德沃金的建构性解释尤其面临着这个难题,由于价值的不可通约性,我们很难确定或判断究竟何者是"最佳可能的解释"。

在普遍解释主义理论的框架下,简单案件与疑难案件之间的界限被模糊化了,具体来说就是疑难案件的范围被极端地扩大化了。由于普遍的解释主义具有导致法律不确定、司法裁判丧失客观性以及加大法律运作的成本等危险,因此对于这一理论的接受需慎之又慎。

为了从根本上限定解释的范围,我们接下来要做的一个工作就是重构理解与解释的关系。既然普遍解释主义在将一切理解都当成解释这个问题上犯了错误,那么在法律领域中解释与理解本来应该是一种怎样的关系?

关于理解与解释的关系,在哲学诠释学中有较多的讨论。并且,在不同的发展阶段(比如古代诠释学、近代诠释学以及现代诠释学)、不同的学者那里,解释与理解呈现出了不同的关系。比如在诠释学的早期阶段,并不是特别注重区分解释和理解,二者常常被视为同一思维活动。在施莱尔马赫确立了一般诠释学后,他开始在解释与理解之间进行区分,并视二者为一种互补的关系。在狄尔泰的体验诠释学那里,为了使诠释学从实证主义的困境中摆脱出来,他严格区分了解释与理解,并将二者绝对地对立起来。海德格尔则对这种绝对的二分观提出了批评,他坚持理解与解释的同一性,认为理解就是解释,解释中又有理解。在他看来,理解是模糊不清的,所理解的东西必须通过解释才能变得清楚、变得可以理解。伽达默尔与海德格尔的立场基本一致,他将理解过程视为一种对话过程,在对话中的理解不是对参与对话的主体的理解,而理解会话者的语言,

---

① 参见〔英〕H. L. A. 哈特:《法律的概念》(第 2 版),许家馨、李冠宜译,法律出版社 2006 年版,第 121—122 页。

唯有借助于解释才能做到这一点。①

归纳一下,关于理解与解释的关系有三种观点:(1)解释与理解完全对立,分别指向精神科学与自然科学;(2)两者具有同一性,是一体两面的关系;(3)解释与理解互补,理解是解释的基础,解释以追求理解为目标。

就目前的理论研究看,前两种模式是不可取的,唯独第三种模式正确地在理解与解释之间划出了界线。简而言之,我们能够理解的法律规范,通常并不需要再解释就能适用。只有我们理解不了的规范,才需要通过解释澄清含义。只有摆正理解与解释之间的关系,才能准确把握住法律解释的范围。

### 五、法律解释与法律续造

与解释的限度问题相关,解释活动超越了一定的限度就可能演变为法律续造。法律续造更多地是大陆法系国家常用的概念,意指法官对法律进行的填充、延展和扩张活动,实质上已经进入了"造法"的范畴。在普通法系国家,更经常使用的概念是"司法立法"(judicial legislation)或"法官造法"(judge-made-law),这实际上都突破了传统法律解释的边界,进入了通过司法创制新规则的层面。

依照拉伦茨的看法,严格意义上的法律解释界限在于"可能的文义"。在"可能的文义"范围内法官仍然是在从事解释活动,超越此一界限则已属于法律续造。他又将法律续造进一步细分为两类:其一,超越"可能的文义",但仍在立法者原初计划范围内或者制定法自身目的的范围内,则属于制定法内的法律续造;其二,无法直接根据规范目的进行法律修正或补充,但仍在整体法秩序的框架和主导原则范围内,则为超越制定法的法律续造。②可见,两种不同类型的法律续造,其对于突破既有法律规范体系的范围和强度有明显的差异。

无论是以上何种法律续造活动,都存在一个共同的前提,即制定法出现了法律漏洞。为此,我们需要简单了解一下法律漏洞的概念。学者们给法律漏洞下的定义是"违反立法计划的不圆满性",佩岑尼克将法律漏洞分为四种:"(1)制定法对某个特定的案件缺乏规定(不充分的漏洞);(2)制定法以一种逻辑上不一致性的方式调整一个案件(不一致性的漏洞);(3)制定法以一种模糊的方式调整案件(不确定性漏洞);或者(4)制定法以一种道德上不可接受的方式调整案件(价值上的漏洞)。"③严格来讲,第三种(不确定性/规范模糊)尚不足以上升为漏洞,此种难题通常通过常规的解释技术就能够解决,第一种和第二种中的一部分(对于那些法律未规定其冲突解决规则的规范冲突)可以合称为"规范漏洞",而第四种可以被称为"评价漏洞",是指"在评价性的意义上,某个规则从表面上来看可以得到适用,但是出于一些评价性的理由(比如它的适用

---

① 参见潘德荣:《西方诠释学史》,北京大学出版社 2013 年版,第 288—293、337—339 页。
② 参见〔德〕卡尔·拉伦茨:《法学方法论(全本·第六版)》,黄家镇译,商务印书馆 2020 年版,第 461 页。
③ See Aleksander Peczenik, *On Law and Reason*, Springer, 2008, p. 18.

太不公平或太过荒唐等)导致该规则的适用存在争议"①。

　　法律漏洞的相关理论颇为复杂,限于篇幅此处无法具体展开。除了上述分类之外,一个更常见且清晰的分类是法律内的漏洞与法律外的漏洞。克莱默将这两种漏洞称为"按照现行法的漏洞"和"按照将来法的漏洞",因违反现行法立法计划的完整性而产生的漏洞,属于典型的按照现行法的漏洞,既有可能超出也有可能违背"可能的文义",法律适用者可以按照现行法对其加以修正。相比之下,法律政策的缺陷导致的法律漏洞留待将来法加以修正。两种不同类型的漏洞在填补方法上也有所不同,比如:按照现行法的漏洞,其常见的填补方法有类推、轻重推理、反面推理、目的性限缩等;按照将来法的漏洞,则可依据"失去法律意义的法律本身失效"原则加以整体修正、借助禁止权利滥用原则作个案相关的公平修正等。②

　　针对不同类型漏洞的填补,拉伦茨也提出过类似的观点:法律之内的法律续造方法,包括通过类推适用的方式来填补开放的漏洞,通过目的论的限缩来填补隐蔽的漏洞,其他基于目的对法律所作的修正,以及借助利益衡量来解决原则冲突及规范冲突;超越法律的法律续造,包括鉴于法律交易上之需要所进行的法律续造,鉴于"事物之本质"所从事的法律续造,以及鉴于法伦理性原则所从事的法律续造等。③法律漏洞的填补对于完善法律体系以及解决疑难案件具有重要意义,但必须慎之又慎。一般来说,对法律之外漏洞的填补活动应受到更加严格的限制,以确保法律续造活动能够在合乎法律秩序的框架下进行,从根本上尊重法治和公正。

## 第四节　法律论证

### 一、法律论证的含义

　　所谓论证,简单地说就是要对某个命题或结论的得出提供一个证立的理由,它的关注点在于什么是一个好的结论,以及这个好的结论是如何而来的。具体到司法裁判的场域而言,它要求某个判决结论的作出同时要做到论证前提的真实性、论证过程的合乎逻辑性以及论证结论的合理性。如果将司法三段论作为一种决定主义的推理图式,那么强调论辩、沟通的法律论证则是与之相对的非决定主义的推理图式,它更多地强调合

---

① Fernando Atria, *On Law and Legal Reasoning*, Hart Publishing, 2001, p. 75.
② 参见〔奥〕恩斯特·A. 克莱默:《法律方法论》,周万里译,法律出版社 2019 年版,第 159—203 页。
③ 参见〔德〕卡尔·拉伦茨:《法学方法论(全本·第六版)》,黄家镇译,商务印书馆 2020 年版,第 465—546 页。

理性的价值在整个论证过程中的作用。

法律论证与法律推理含义差不多,都是运用法律正当化裁判结论的方法。法律论证在欧陆法律方法论中较为盛行,法律推理在英语世界国家使用得更多一些。法律论证,是指裁判者运用法律理由证成特定结论的活动。

法律论证理论近年来在法学方法论研究中炙手可热,成了一种新型法律方法的典型代表,其内部也是学派林立、纷繁复杂,如维威格的非演绎性的问题思考方式论、佩雷尔曼的新修辞论、图尔敏的适当理由探索法、麦考密克的特殊实例命题、阿列克西的程序性法律论证观以及哈贝马斯的实践性论证思想等,这些不同的流派之间虽有差异,但仍可以归纳出以下共同点:其一,法律可以左右司法判决但不能完全决定之;其二,法律论证不仅仅是演绎性的推论还要根据命题进行合情合理的讨论;其三,法律论证除了符合法律之外还要符合正义;其四,法律论证中正当程序和理由论证具有重要的意义;其五,承认制度与实践之间存在互动关系。①

从法律论证的内容上看,它与演绎推理或三段论推理有密切联系。佩雷尔曼在法律论证中加入了听众的概念,并运用修辞学的理论来支撑其法律论证理论,强调法外理由对于形成一个合理的司法判决的重要性。阿列克西提出了法律论证的双重结构,内部证成旨在解决论证的逻辑有效性问题,外部证成聚焦于论证之前提的真实性问题。此外图尔敏等人也都提出了不同于传统司法三段论的法律论证理论。

然而无论法律论证的种类何其繁多和内容何其多样,在其中我们都能或多或少地看到三段论的影子。无论是何种法律论证理论,其必然要面对两个抉择:要么靠捏造一些幻想来伪装其推论符合形式逻辑的要求以避免指摘,要么将司法三段论内嵌于其法律论证理论模型中,如阿列克西的内部证成。法律论证理论并不具有完全的自足性,其生命力的延续仍然需要依托司法三段论。

二、法律论证的层次结构

法律论证理论认为法律论证可以分为内部证成(internal justification)和外部证成(external justification),前者从前提推导出结论的过程在逻辑上有效,后者聚焦于作为推理之大前提的法律本身如何变得完整、有效。②

(一) 内部证成

内部证成解决的问题是,裁判结论如何从法律中按照逻辑推导出来。内部证成大致与演绎推理重合,通常采纳三段论的推理形式。原则上,只要推理前提为真,此种推理结果一般为真。

如欲完成内部证成,需要以下条件:(1) 一条法律规范,它拥有清晰和具体的要件

---

① 参见季卫东:《法律解释的真谛(上)——探索实用法学的第三条道路》,载《中外法学》1998年第6期。
② See Jerzy Wróblewski, "Legal Decision and Its Justification", 14 *Logique Et Analyse* 412 (1971).

事实,并包含特定法效果评价;(2)个案事实,眼前待决案件包含了具有法律意义的相关事实;(3)该待决案件事实与法律规范的要件事实能够匹配或对应起来,赋予待决案件以同样的法效果评价。

这方面的例子不胜枚举,比如说:

(1)侵害英雄烈士等的姓名、肖像、名誉、荣誉,损害社会公共利益的,应当承担民事责任。(《民法典》第185条)

(2)张三在互联网上公开侮辱某英烈的名誉,造成严重的不良社会影响。

(3)张三应承担相应民事责任。

内部证成特别讲究遵循逻辑推理规则,以确保推理结论的可靠性。除此之外,它还有一系列要求:第一,普遍性的要求。这种普遍性体现为:一方面,如果要证立法律判断,必须至少引入一个普遍性的规范。另一方面,法律判断必须至少从一个普遍性的规范连同其他命题(比如案件事实形成的事实命题)合乎逻辑地推导出来。[1]第二,连贯性的要求。作为推理的前提之间应相互连贯,如果彼此冲突,则很难确保得出可靠的结论。第三,完备性的要求。强调推理的诸前提本身是完备的,比如法律是确定的、具体的和清晰的,案件事实是明确的,能够将规范命题与事实命题对应起来。[2]如果论证前提存在不完备的情形,则需要发挥外部证成的作用。

从内部证成的实践运作来看,它所发挥的重要功能是维护和实现"依法裁判"。依法裁判是对法官论证活动提出的根本性要求,裁判者应从既有法律中依靠逻辑推导出案件结论,而不是任意地引入法律之外的论据,或者将判决建立在非法律的理由或根据之上。内部证成的要点在于从法律规范中推导案件结论,它虽然不能保证裁判结论一定就是正义的或合理的,但能确保裁判的"依法"属性。就此而言,内部证成对于维护裁判的形式合法性具有重要意义。

(二)外部证成

外部证成逻辑上先于内部证成,当法律规定含义不清晰或不确定时,外部证成能够通过解释等方法使法律变得完备,内部证成才能顺利开展。可以看得出,外部证成并不直接生产案件结论,而只是通过各种具体的方法解决内部证成前提不确定或不具体的问题。外部证成与内部证成相辅相成,二者是密切统一在一起的。

在无法直接运用内部证成时,须先对论证前提进行外部证成。具体来说,外部证成适用的情形包括这样几个方面:

第一,法律规定出现模糊。法律模糊性使得规则的内容不确定,法律论证无法直接适用该规范,而须先运用法律解释方法澄清规范的含义。

第二,一般条款或概括性规定。法规范体系中有一些条款具有一般性或概括性,比

---

[1] 参见〔德〕罗伯特·阿列克西:《法律论证理论——作为法律证立理论的理性论辩理论》,舒国滢译,中国法制出版社2002年版,第276页。

[2] 参见雷磊:《法理学》,中国政法大学出版社2020年版,第139页。

如,民事法律活动不能显失公平,什么是"显失公平"就是典型的概括性规定。在适用之前,须先进行具体化。另外,法体系中的法律原则,一般也不得径直适用,比如"公序良俗原则",须进行类型化的建构之后再具体运用到相关案件中。

第三,法规范之间出现冲突。针对某个待决议题,存在多个法规范,且这些法规范之间存在冲突。此时,论证者同样无法径直适用其中某个规范,须事先进行外部证成。利用规范冲突解决规则,解决法律规则之间、法律原则之间以及法律规则与法律原则之间的冲突。

第四,法律存在空缺。立法出现了不圆满的状态,或者说出现了法律漏洞。此时,无现成的法律规范可供裁判适用。论证者可通过法律续造的方法,先续造出一条法律规范,然后再运用内部证成将该规范适用于待决案件中。

纵观以上四种外部证成的作用场合,我们能够看到,这四种场合基本上是疑难案件的四种类型。实践中,外部证成的具体作用方式也是多样化的。阿列克西提出了外部证成的六组规则和形式,包括:(1)解释的规则和形式;(2)教义学论证的规则与形式;(3)判例适用的规则与形式;(4)普遍实践论证的规则与形式;(5)经验论证的规则与形式;(6)特殊的法律论述形式。①

事实上远不止这些,能够用来使法律规范的内容更加具体和确定的方法都可以纳入外部证成的范围。后果主义考量也是一种形式的外部证成,如麦考密克所指出的,"所要解决的问题是如何在若干这样的裁判规则之间作出选择"②。不同的规范指向的后果不同,对未来法律实践和社会发展产生的事实影响亦不同,相关后果的考量、评价和比较会成为制约法官选择和锻造裁判规则的重要因素。

外部证成由于直接指向内部证成的前提,所以它更加关注实质正义。尤其是当外部规则存在不完整或实质缺陷时,论证者须通过实质性的价值判断才能锻造出完备的法律规范,从而确保内部证成从一个好的规范前提中推导出好的结论。

### 三、法律论证的一般规则

法律论证具有鲜明的对话性、沟通性和商谈性,以至于有些论者将法律论证称为法律议论。哈贝马斯倡导公共交往中的商谈规则,这些规则实际上构成了对法律论证的基本性限制,因此可作为法律论证的理性规则。

这里将哈贝马斯限制价值论证的程序规则重述如下③:

规则一,任何能够言说和行动的主体有权参与讨论。

规则二,任何人有权质疑任何主张;任何人有权将任何主张引入讨论;任何人有权表达他的态度、愿望和需要。

---

① 参见〔德〕罗伯特·阿列克西:《法律论证理论——作为法律证立理论的理性论辩理论》,舒国滢译,中国法制出版社 2002 年版,第 286—287 页。
② 〔英〕尼尔·麦考密克:《法律推理与法律理论》,姜峰译,法律出版社 2005 年版,第 95 页。
③ 参见〔德〕乌尔弗里德·诺伊曼:《法律论证学》,张青波译,法律出版社 2014 年版,第 83—84 页。

规则三,任何言说者不得被存在于商谈内部和外部的强制所妨碍,行使其在规则一和规则二中所规定的权利。

以上三条程序规则为价值论证和辩论的合理性设定了一系列条件,由此所形成的程序规则被称为"理性规则"。这些理性规则从各自的不同侧面发挥作用,共同限制法律论证程序中论证者的恣意,从而易于保障法律论证获得客观、理性的结果。

德国法律论证理论权威阿列克西重述了哈贝马斯的上述程序理性规则,并提出了一套适宜于普遍实践论辩的规则。

这套实践论辩规则由基本规则、理性规则以及论证负担规则三部分组成。①

第一,基本规则。

其一,任何一个言谈者均不得自相矛盾。

其二,任何一个言谈者只能主张其本人所相信的东西。

其三,任何一个言谈者,当他将谓词 F 应用于 a 时,也必须能够将 F 运用于所有相关点上与 a 相同的其他任一对象。

其四,不同的言谈者不许用不同的意义作出相同的表达。

这四点涉及论证的融贯和一致性、论证的真诚性等要求,确保论证能够在合乎逻辑的指引下进行。

第二,理性规则。

任何一个言谈者,必须应他人的请求就其所主张的内容进行证立,除非他能举出理由证明自己有权拒绝进行证立。这被阿列克西称为"普遍证立规则"。为了使论证能够公开、公正地进行,哈贝马斯的程序规则被阿列克西整合为同等地位规则(规则一)、普遍性规则(规则二)以及无强迫性规则(规则三),这些规则可确保法律论证走向理性化的轨道,因此统称"理性规则"。

第三,论证负担规则。

在法律论证过程中,任何人均可引入自己的主张和看法,同时任何人也可对相关主张提出疑问。相应的论证负担规则有四条:

其一,如果想要对类似事物做不同对待,则负有责任对这种不平等安排加以证立。

其二,如果有谁想对不属于讨论对象的命题或规范进行批评,则必须说明这样做的理由。

其三,已经提出论述者,只有出现反证时才负有责任进一步论述。

其四,如果有谁想在论辩中就其态度、愿望或需求提出与先前的表达无关的陈述或主张,那么他就必须应他人的请求证明其为何要提出这样的主张或这样的陈述。

如果将这些规则贯彻到法律论证的实践中去,势必能够有力地限制论证者的恣意,提升法律论证的理性化水平。当然,除了上述论证规则之外,法教义学的语句或诸种规

---

① 参见〔德〕罗伯特·阿列克西:《法律论证理论——作为法律证立理论的理性论辩理论》,舒国滢译,中国法制出版社 2002 年版,第 234—246 页。

则同样会对法律论证施加严格的限制,在此不具体展开。简而言之,法律论证应在法规范体系之下进行,不得任意超越教义学语句所划定的范围,法律论证者要处理好法教义学与价值判断、依法论证与个案正义的关系。

## 思考题

1. 什么是法律方法？法律方法有什么特点？
2. 法律解释的常用方法有哪几种？
3. 目的解释中有主观说与客观说,两种学说面临的批评有哪些？
4. 什么是类比推理？类比推理具有何种意义？
5. 如何理解内部证成与外部证成之间的关系？

## 参考文献

1. 〔美〕史蒂文·J.伯顿:《法律和法律推理导论》,张志铭、解兴权译,中国政法大学出版社1998年版。
2. 〔德〕罗伯特·阿列克西:《法律论证理论——作为法律证立理论的理性论辩理论》,舒国滢译,中国法制出版社2002年版。
3. 张骐:《法律推理与法律制度》,山东人民出版社2003年版。
4. 〔英〕尼尔·麦考密克:《法律推理与法律理论》,姜峰译,法律出版社2005年版。
5. 〔德〕乌尔弗里德·诺伊曼:《法律论证学》,张青波译,法律出版社2014年版。
6. 〔德〕罗尔夫·旺克:《法律解释(第6版)》,蒋毅、季红明译,北京大学出版社2020年版。
7. 郑永流:《法律判断形成的模式》,载《法学研究》2004年第1期。